人应该进行超越能力的攀登，

否则天空的存在又有何意义？

——〔美〕约翰·勃朗宁（John Moses Browning）

超越

Beyond

Growth

Integration

of

Technology,

技术、市场与
经济增长的历程

Market

and

Economy

许 涛 著

社会科学文献出版社
SOCIAL SCIENCES ACADEMIC PRESS (CHINA)

序 一

清华大学公共管理学院学术委员会主席

俞 乔

自从亚当·斯密的《国富论》问世以来，经济增长就是经济学研究的一个核心议题。学术界通过对经济增长源泉的探讨，形成了一系列理论。学者们从不同角度、不同侧面试图解释经济增长，以描绘经济增长的本质，揭示经济增长的关键要素。例如，投资、消费和进出口是经济增长的需求侧因素；而劳动力、资本和技术则是供给侧要素。同时，经济增长还受制度（包括文化）、区域、民主、健康等非经济要素的深刻影响。这些理论既是对已有经济增长成就的总结，也是对未来经济增长路径的指导。然而，现有文献着重分析影响经济增长的不同要素，虽然这些研究对于深入认识经济增长极为重要，但对于了解经济增长全景及内在逻辑仍嫌不足。

许涛的《超越：技术、市场与经济增长的历程》一书在此方面进行了有意义的探索和尝试。他通过对经济史和科学技术史的梳理，提出超越式经济增长的概念，并指出突破型技术创新引发的产业革命和市场容量的不断扩大是实现超越式经济增长的两大推动力量。超越一词具有超过、跨过、跳跃的意思，作者在这里使用超越，指的是经济增长跨过原来的轨迹，进入新的更高的轨迹。在广泛掌握历史资料的基础上，作者梳理了英国、德国、美国、法国、苏联和日本的发展历程，并分析了若干主要国家经济发展中的得失。作者还对技术创新与金融结构的关系、中国城镇化、经济全球化等相关问题进行了阐述和论证。作者的研究对认识世界经济发展的轨迹、理解经济增长、进而指导中国经济发展都有一定的益处。另外，作者掌握资料丰富、论述清晰，书的可读性较强。

经济增长的核心是全要素生产率的提高，全要素生产率的提高首先需要生产工具的改善。从石器时代到农耕时代，再到工业化时代、信息化时代，生产工具的改善一直是推动经济社会发展的最主要动力。人类的进化史就是一部生产工具不断改进的历史。虽然没有人会将人类与黑猩猩混为一谈，但人类与黑猩猩的基因相似度接近99%，尽管如此，人类却能不断地创造生产工具，改变自己的生活方式，而黑猩猩却始终不能。正如马克思所说，人与动物的根本区别是人能制造和使用工具。保罗·梅拉尔斯认为，技术、经济以及社会和认知行为的日益复杂化推动了人口爆炸，这一时期，人类开始制造复杂的工具，能更有效地利用食物资源，并产生了艺术和象征性的纹饰，人口的迅速增长超出了当地的承载能力，人类不得不向外发展，由此走向世界。

作者将突破型技术创新作为实现超越式增长的第一要素。从经济史的角度看，科技发展史的确与经济发展史存在很多重合的方面。科学技术既是人类文明的结晶，也是支撑人类更好发展的"拐杖"。由于推动经济革命的关键因素是科技，我们习惯于把人类历史上的巨大变化称为科技革命，也称为工业革命，但其实质和结果都是经济革命。通过观察250年来人类经历的三次科技革命和经济周期，可以看出，经济上行期的长度取决于技术进步所释放的推动力能够维持多久，技术进步越具有革命的性质，推动经济上行的时间就越长；同样，经济下行衰退期的长度也取决于新的具有革命性的技术进步酝酿时间的长短。

关于技术创新，尤其是突破型技术创新，作者梳理了其定义的区分。突破型技术创新的创新强度相比于渐进型技术创新要大得多。学术界一般认为，突破型创新的破坏性和渐进型创新的连续性在性质上存在冲突，这导致同一家公司难以同时开展这两种模式的创新。突破型技术创新起源于熊彼特提出的"创造性破坏"概念，即新兴企业通过突破型技术创新，可以推翻大企业的竞争力基础，使得绝对垄断成为不可能。突破型技术创新动摇了企业的竞争优势基础——企业当前主导产品是建立在旧的技术知识基础上的，而技术变革使原有的技术优势失效。

熊彼特以康德拉季耶夫的经济长波理论为基础，根据创新浪潮的起伏，把历史上发生的"创造性破坏"（即创造性地破坏市场的均衡）划分为三个长波：（1）1787～1842年是产业革命发生和发展时期；（2）1842～1897年为蒸汽和钢铁时代；（3）1898年以后为电气、化学和汽车工业时代。科学技术形成创新活动时打破了经济均衡，成为推动社会经济发展的主要动力。技术革命在产业结构的升级过程中创造了投资高潮和生产高潮，此时的经济周期处于繁荣阶段，创新占主导地位，主导产品供不应求。但与此同时，它也在制造潜在的投资低潮和生产低潮。一旦投资低潮和生产低潮变为现实，经济周期就进入衰退阶段，此时，重要的创新活动接近衰竭，主导产品供过于求，成本竞争取代创新成为衰退阶段的主要特征，全社会的总供给和总需求呈现从相对平衡到严重失衡的状态。每一个经济长波的涨潮期都伴随着技术革命，以及新的产业部门的相继建立，产业结构的调整和产业革命的产生势在必行。重要的是，突破型创新引发的创新群是每次新的经济长波的引爆器。突破型创新的带动作用使得各种技术创新不仅在空间上成群出现，而且在时间上成群集聚，因此在宏观上必然表现为周期性波动。

熊彼特提出的经济长波是技术－经济范式的变更，其本质是突破型创新连锁反应的集群。这种技术－经济范式转移的早期案例就是众所周知的几次产业革命。而几次产业革命都伴随经济中心、科技中心的转移。以英国为例，以蒸汽机技术为代表的突破型技术创新引起的创新集群导致第一次工业革命，带来了第一个经济长波，并使得英国取代意大利成为近代西方第一个科学技术中心，英国也在短短的几十年里成为西方的经济中心。英国之后，德国根据实际情况学习英国的科学知识，完成了化学工业领域的突破型技术创新，世界科技中心遂于1875年由英国转到德国。20年后，世界经济中心也由英国转移到德国。从微观层面来看，德国企业家非常重视采用其他国家的突破型技术创新成果。德国的企业家把突破型技术当作发财致富的手段，对新技术、新发明很敏感。一旦国内外有了新的发明和创造，德国企业家就会不惜一切代价甚至派出工业间谍把情报弄到手，动作之快令人吃惊。德国之后，19世纪后期到20世纪30年代，在美国，以爱迪生发明电灯为开端，以电力技术为代表，形成了突破型创新的连锁反应，使1860年以前还处于落后状态的美国，只用了30年的时间便跃居世界第一经济大国，并超过德国成为新的世界科技与经济中心。

值得注意的是，在英国、德国、美国发生的世界科技、经济中心转移具有一个共同的特征，就是三个国家当时都在某一个可能发生技术革命的领域采取了突破型创新战略。突破型创新像原子裂变一样发生链式反应，形成了新的产业或产业群，并进而推动这些产业或产业群占据世界领先地位，实现了科技－经济中心的转移。

与此形成鲜明对比的是，日本曾经创造了经济发展史的奇迹，作为一个后发国家，主动、快速吸收欧美发达国家的经验，在相对较短的时间里发展成一个产业竞争力强、经济发达的国家。但由于日本没有产生突破型技术创新，因而没能形成新的产业和产业群，也就没有能够实现科技和经济发展上的超越，相反，日本经济在发展到一定阶段后处于长时期的停滞状态。许多学者曾预言，日本将是继美国之后的科技－经济中心，但随着泡沫经济的破灭，这种观点也烟消云散了。日本之所以会形成这样的局面，关键就在于日本采取的是渐进型创新和模仿战略，没有形成新的产业和产业群。其技术与经济的领先地位主要体现在与发达国家的技术水平接近或是持平，因而其只能缩短与发达国家的科技和经济差距，而无法实现超越。

作者还对技术创新与金融结构的关系进行了分析。他认为，市场主导型金融结构更有利于突破型技术创新，而银行主导型金融结构更有利于渐进型技术创新，并分别以美国和德国为例进行了讨论。关于金融在经济发展中作用的理论，有金融促进论、金融无效论、金融中立论。显然，作者支持金融促进论。的确，通过观察不难发现，技术创新处处需要金融的支持，金融的作用就是优化资源配置、分散和防控风险，技术创新就是要更加智慧对改变资源使用方法，以达到更高效的利用，这个过程同时伴随风险。可以说，金融与技术创新紧密结合形成推动经济发展的重要力量。

市场容量是作者提出的实现超越式经济增长的又一个必要条件。市场早已不只是商品交换的场所，而成为商品和服务的交易行为和交易机制的总称。市场容量包括市场的广度和深度两个维度，决定市场容量或规模的要素有三个：购买者数量、购买力和购买欲望。市场需求是市场容量的推动力，两者相辅相成，通过用户确定的标量反映市场的需求，从而确定市场的容量或规模。要提高市场需求，最重要的途径就是推进城镇化和全球化。城镇化和全球化不仅是经济发展的产物，而且由于它们能有效扩大市场容量，因而也是推动经济增长的重要动力。

从经济史看，在人类的历史上的确存在几个关键性的转折点，其中发生在英国的第一次技术革命和第一次产业革命、发生在德国和美国的第二次技术革命和第二次产业革命，以及发生在美国的第三次技术革命和产业革命，都是影响人类历史进程的重大事件。英国主导的第一次全球化和美国主导的第二次全球化也让世界各国的生产和消费产生了重大变化，"地球村"已经不是一个概念，而是让全人类身处其中的现实。英国、德国、美国先后利用技术革命、产业革命以及市场容量的扩大成为世界科技和经济的领导者，实现了超越式经济增长。相应的，法国、苏联、日本等国虽然抓住了技术革命和产业革命的机遇，但仅是现有技术的使用者，而非推动者，在推动经济全球化的过程中没有精彩的表现，最终由于种种原因未能实现超越式经济增长。

中国具有相当大的经济规模和较强的科技实力，再加上拥有人力资本优势、完整的产业链和可持续发展的社会基础，已经具备在科技创新方面有所作为的主要条件。当前，以智能制造、生命科学和生物技术、新材料、新能源为核心的新一轮技术创新正在推进，新一轮产业革命正在孕育之中。站在历史的新起点，中国有条件抓住这一历史机遇，积极投身于新一轮技术革命和产业革命，并借此大步提升其生产能力，为世界经济发展做出更大的贡献。

2018 年 2 月于清华园

序 二

国家发展改革委员会国土开发与地区经济研究所原所长

肖金成

本书作者是我的博士研究生。他在中国社会科学院研究生院读博士期间，研究城镇化与经济增长的关系，博士毕业后进入清华大学博士后流动站，研究技术创新与经济增长的关系。博士论文与博士后出站报告整合为一本专著——《超越：技术、市场与经济增长的历程》。这是他多年潜心研究的成果，也是他多年心血的结晶。

作者通过对经济史和科学技术史的梳理，提出超越式经济增长的概念，并指出由突破型技术创新引发的产业革命和市场容量的不断扩大是实现超越式经济增长的两大力量。超越一词有超过、跨过、跳跃的意思，作者在这里使用超越，含义是经济增长跨过原来的轨迹，进入新的更高的阶段。在广泛掌握历史资料的基础上，作者梳理了英国、德国、美国、法国、苏联和日本的发展历程，提出了几个典型国家发展中的得与失。作者还对技术创新与金融结构的关系、中国城镇化、经济全球化进行了系统的阐述和论证。我认为，这些研究都是很有意义的，对我们认识世界经济发展的轨迹、理解经济增长甚至指导中国经济发展都有一定的启发。

经济增长的核心是全要素生产率的提高，全要素生产率的提高首先需要生产工具的改善。作者将突破型技术创新作为实现超越式发展的第一要素。从经济史的角度看，科技发展史的确与经济发展史存在很多重合的方面，我们习惯于把人类历史上的巨大变化称为科技革命，也称为工业革命，但其实质和结果都是经济革命。

作者在书中阐述了技术创新与金融结构的关系。关于金融在经济发展中作用的理论，有金融促进论、金融无效论、金融中立论。显然，作者支持金融促进论。作者在国家外管局工作多年，对金融也做了深入的研究，在书中他用两章的篇幅对美国和德国金融支持技术创新的机制进行了考查，得出了市场主导型金融结构有利于突破型技术创新，而银行主导型金融结构有利于渐进型技术创新的结论。我同意他的观点，技术创新需要金融的支持，金融的作用就是优化资源配置、分散和防控风险，可以说，金融与技术创新紧密结合是推动经济发展的重要力量。

作者在对德国进行考查后发现，后发国家为了推动工业化进程，尽快赶超发达国家，在资本市场尚不发达，短时间内又难以快速发展并加以完善的情况下，大多会借助银行等金融机构来实现快速的资本积累，然后投资于实体经济。企业的外源融资多依赖大型金融机构的资金，债权融资所占比重大，银企关系相对密切。企业通过举债进行融资，在使金融机构成为企业债权人的同时，也使债权人成为企业的管理者并参与企业的内部治理具备了可能性。这些都为债权治理创造了条件。

作者在对美国进行考查后发现，20世纪末至今，世界经济金融和科技发展呈现一些新的特点，其中金融与技术创新结合得越来越紧密成为一个重要的现象。由于市场主导型金融结构具有更强的激励机制，技术创新中各利益相关参与方可以根据参与技术创新的程度、在技术创新中拥有的自治权限以及享有决策权的方式等情况，相应地获得较为满意的经济收益，从而在激励机制方面不断地促进技术创新，尤其是促进具有突破性的高收益技术创新。

市场容量是作者提出的实现超越式经济增长的又一个必要条件。自亚当·斯密的《国富论》问世以来，市场这个古老的概念便被赋予了更多的现代意义。市场早已不只是商品交换的场所，而成为商品和服务的交易行为和交易机制的总称。市场容量包括市场的广度和深度两个维度，涵盖消费行为是否活跃、消费领域是否广泛、消费层次是否在不断提高等。既然市场是产权交换的场所，是消费行为的场所，而不论是产权交换还是消费行为，都与人口直接相关，一般而言，人口规模大、城市人口占比大的区域，消费行为就活跃。因此，市场的广度和深度与人口的变化息息相关。

市场容量（Market Capacity）即市场规模（Market Size），包括目标产品或行业在指定时间内的产量、产值等。决定市场容量或规模的有三个要素：购买者数量、购买力和购买欲望。也就是说，市场容量是市场需求量的测量目标，市场需求预期的好坏直接决定了企业是否要对该产品进行创新实验和投资。在经济学上，需求反映的是消费者对某一商品或服务在不同价格下需求的集合，而需求量是在某一确定价格下消费者的需求数量。市场需求是市场容量的推动力，两者相辅相成，通过用户确定的标量来反映市场的需求，从而确定市场的容量或规模。

提高市场需求，一方面要提高消费需求；另一方面要提高投资需求。其中，消费需求提高与否主要取决于是否有足够的购买者，以及购买者是否具有足够的购买力和购买欲望。这需要相应采取一系列措施。其中，最重要的途径就是推进城镇化和全球化。城镇化和全球化不仅是经济发展的产物，而且由于它们能有效扩大市场容量，因而也是推动经济增长的重要动力。

城镇化或曰城市化就是人口离开农村进入城市，由农民变为市民，成为工人或服务业从业人员。城镇化的动力最初来自工业化，在中后期主要来自城市服务业的兴起和发展以及产业的不断创新。美国经济学家霍利斯·钱纳里

（Hollis B. Chenery）在研究各个国家经济结构转变的趋势时曾概括了工业化与城镇化关系的一般变动模式：随着人均收入水平的提高，工业化的演进导致产业结构的转变，带动了城镇化程度的提高；同时，城镇化也为工业化提供了必要的条件，如劳动力、基础设施、生产要素流通、专业分工协作等。我从20世纪90年代开始研究城镇化问题，我认为，80年代允许农民进城务工经商是改革开放以来最有成效的制度突破。两亿多人从农村进入城市和城镇，从内地进入沿海，从中西部进入东部，不仅提高了收入和生活水平、改变了他们的生存状态，而且减轻了农村的压力，更重要的是为工业和城市提供了源源不断的劳动力，扩大了消费需求和投资需求，也就是说扩大了市场容量，其重要意义怎么估计都不过分。此后，1995年，我研究了农民工问题；1999年，我研究了中国的城市化历程；2007年，我研究了城镇化的载体——城市与城市群。而作者的博士学位论文则从新的视角研究城镇化与经济增长，全方位考查城镇化对经济增长的推动作用，得出了城镇化是经济增长的重要动力的重要结论。在本书中，作者用两章的篇幅阐述市场容量和城镇化，比其博士学位论文的研究更加深入。

城镇化是一个国家内部市场容量扩大的过程，而全球化则是一国市场容量外部扩展的过程。经济全球化是经济发展到一定阶段的产物，是世界范围内各国经济通过全球贸易、全球投资等方式和渠道形成全球市场的过程。经济全球化有利于资源和生产要素在全球的合理配置，有利于资本和产品在全球流动，有利于科技在全球的扩张。

在经济全球化进程中，社会分工得以在更大范围内进行，资金、技术等生产要素可以在国际社会流动并实现优化配置，由此带来巨大的分工利益，推动世界生产力的发展。先发展起来的国家在技术、资金等方面占据优势地位，在制定贸易、投资和竞争规则方面拥有更大的话语权，自然就成为经济全球化的主要受益者。中国也是经济全球化的受益者，改革开放后，通过引进外资和对外出口获得了快速发展，国力增强了，工业化水平和城镇化水平提高了。

中国已经进入新时代，已经具备相当的经济规模和科技实力，再加上人口众多（具有劳动力优势和人力资本优势）、产业基础良好（具有完整的产业链）、政治稳定（具有可持续发展所需要的社会基础），已经拥有在科技创新方面超越和突破的条件。中国的城镇化也正在积极推进，未来仍有数以亿计的农村人口到城市和城镇就业、生活，市场容量仍将继续扩大。同时，中国已是全球第一贸易大国，是经济全球化最主要的推动者。站在历史的新起点，中国应抓住新一轮技术革命和产业革命的历史机遇，积极推进"人的城镇化"，同时，以"一带一路"为抓手，大力推进经济全球化，为世界经济发展做出更大的历史性贡献。

2018 年 2 月 21 日于江西宜春

序 三

清华大学社会科学学院党委书记、经济学研究所所长

刘涛雄

现代经济学把宏观经济问题区分为长期问题和中短期问题两大类。中短期问题主要关心经济波动，而长期问题则主要关心经济增长。一般认为，经济增长涉及至少 10 年以上的经济总量的变化，而 10 年以下的经济总量变化更多是从经济波动的视角予以解释。现代经济学对经济增长来源的探索已经取得了可喜的进展，形成了一系列理论。但直至今日，关于经济增长的根本原因到底是什么仍然有很多争论。比如，在近几十年的理论进展中，一方面，关于人力资本、技术进步、制度变迁等对经济增长作用的认识得到了大大深化；另一方面，到底哪些方面是更根本的原因（而其他方面是这些方面引致的结果）则依然在争论之中。

应该说，无论是"长期"还是"10 年以上"都是一个十分宽泛的概念，很显然，站在十年和百年的视角，经济增长的来源可能有很大不同。比如，仅就技术进步而言，不同性质的技术进步对增长影响的持续期限显然有很大不

同，一些根本性技术进步，如电的发现和应用，对经济增长的影响恐怕长达几百年甚至上千年；另一些新的技术在几年之内就被其他技术取代。对"长期"和"超长期"或者"不同期限的长期"缺乏区分，是产生关于增长来源诸多争论的重要原因。许涛的《超越：技术、市场与经济增长的历程》便是站在"超长期"或至少数百年跨度的视角，通过对经济史和科学技术史的梳理，提出超越式经济增长的概念，并指出由突破型技术创新引发的产业革命和市场容量的不断扩大是实现超越式经济增长的两大推动力量。超越一词具有超过、跨过、跳跃的含义，作者在这里使用超越，指的是经济增长跨过原来的轨迹，进入新的更高的轨迹。作者将突破型技术创新作为实现超越式增长的第一要素，而将市场容量作为第二个必要条件。在广泛掌握历史资料的基础上，作者梳理了英国、德国、美国、法国、苏联和日本的发展历程，提出了几个典型国家发展中的得与失。作者还对技术创新与金融结构的关系、中国城镇化、经济全球化进行了阐述和论证。

我认为，这些研究都是很有意义的，为我们认识世界经济发展的轨迹、理解经济增长乃至指导中国经济发展都很有益处。另外，作者掌握资料丰富、论述清晰，书的可读性较强，相信本书对于非经济专业的读者也是大有裨益的。

2018 年 2 月于清华园

目　录

前　言

经济活动的本质是人类社会通过自己的知识和能力利用自然资源获得福利的过程。一个国家要崛起为大国并持久保持大国地位，主要是靠科技创新能力及其主要载体——制造业的竞争力，而不是靠自然资源，更不能靠殖民掠夺。历史上，葡萄牙、西班牙、荷兰都曾经是占有大量殖民地的"大国"，但由于缺乏科技创新的支撑，只能"昙花一现"。英国在第一次工业革命中迅速崛起为"日不落帝国"，但后来随着科技创新能力的减弱，"一战"后逐步沦为二流国家。美国之所以能够成为当今世界超级大国，关键影响因素正是其具有持续不断的创新能力。

从国际经验看，抓住世界科技革命和产业革命的历史机遇，实现科技创新能力的跨越式提升，是新兴大国崛起的成功之道。每次科技革命和产业革命都会带来世界经济的快速增长，并导致世界各国间国力和地位对比的重大变化。这也为新兴大国的崛起提供了难得的历史机遇。

今天，中国正处于重新崛起的伟大历史复兴进程中。从经济总量看，中国已经堪称世界大国；但也必须看到，经济的快速增长很大程度上是靠大量资源低效消耗和物质资本投入取得的，而非基于科技创新的支撑，因而存在经济发展不可持续的问题。还要看到，我国人口众多，人均资源占有量偏低，又不可能走发达国家掠夺别国资源的老路，因而要实现和平崛起，也必须依靠科技创新，充分激活和发挥十几亿国民巨大的创新潜力。这是实现中华民族伟大复兴的历史必由之路。

当前，全球新一轮科技革命和产业革命正在孕育兴起，并与我国全面建成小康社会、实现中华民族的伟大复兴形成历史性交会。这为我国后发赶超、实现和平崛起提供了难得的历史机遇。

中国作为一个后发展型国家，通过模仿来实现追赶是必要的。模仿虽可能是一段时期的捷径，却也很容易形成路径依赖（Path-Dependence），并会自我强化、自我积累。而这又往往会形成更好发展的巨大阻力——在继承被模仿者成功经验的同时，也会不知不觉地继承其诸多弊端。目前我国经济存在的问题主要表现为增长失速、某些行业产能过剩、劳动力成本上升等，但实质上这恰是过度依赖技术引进、外资、廉价劳动力及忽视自主研发带来的后果。如果把中国经济发展置于一个纵深的历史脉络中，中国在"前30年"的主要成就，是在一个一穷二白的传统农业国条件下奠定了近现代工业的基础，用30年时间走过了西方发达国家200年的道路；而"后30多年"的主要成就，则是主动融入世界大市场，在人口最多的低收入国家实现了空前广泛的发展。经过60多年的奋斗，中国发展了，但还远没有发达。从中国经济现有的基础和远景目标来看，中国经济发展的黄金阶段才刚刚起步。当然，这一切不会自然而然地到来，它需要我们积极作为。

　　站在历史的新起点，中国要经历一个以产业革命为主要内容的发展阶段才能跻身发达国家行列，或者说才能成为世界经济的引领者。而要真正完成这一历史任务，中国就必须在已有成就的基础上继续经历一个工业生产率高增长的阶段。其内容就是以高强度投资和自主创新为手段，以竞争性企业为主体，以全球市场为舞台，在技术和资本密集型工业领域实现广泛突破，来带动基础广泛的产业革命。

　　中国是个大国。所谓大国，首先是人口众多、地域广阔；其次是经济发展水平较高、军事能力强，当然还包括科技发展水平高、文化影响力强等。我国仍然是发展中国家，并且是最大的发展中国家。在几代人的努力下，我国已经具备了大力开展科技创新、实现超越式发展的独特优势。一是拥有强大的产业基础。作为世界第二大经济体，我国拥有世界上规模最大的制造业，产业配套条件完善。战略性新兴产业发展基础较好，部分领域处于世界前沿。二是研发人力资源方面具有比较优势。我国每年约有700多万名大学本科及以上学历学生毕业，理工科学生占比较高，研发人力资源成本远低于发达国家。三是创新的体制与政策环境不断得到改善。我国政府高度重视创新，确定了建设创新型国家的目标，研发投入持续增长，总量已居世界第二位。为推动大众创业、万众创新，中央和地方各级政府在企业登记、创新孵化器、风险投资、融资、税收等方面出台了鼓励政策。一些成功的创新型企业形成了巨大的示范效应，各类创客如雨后春笋般涌现出来。四是国内市场巨大。这有利于分摊研发成本、培育巨型企业，也有利于为创新提供有力的需求支持，并吸引全球企业和创新要素聚集。五是我国已成为经济全球化的主要推动者。中国不仅是经济全球化的受益者，也是其积极的推动者。而经济的全球化有利于我国深入地参与国际分工，发挥自身现实和潜在的比较优势，拓展海外市场，提高企业的竞争力。

机遇总是青睐有准备者。要实现中华民族的伟大复兴，成为世界经济的引领者，中国还有很长的路要走。千里之行，始于足下。中国正在寻找经济增长的"新动能"，寻求"动能转换"。历史告诉我们，那些能在世界强国之林中独领风骚的国家，无一不是伟大的创新者和市场开拓者。这也是本书的基本观点：只有通过突破型技术创新实现产业革命并不断扩大市场容量，中国经济才能实现超越式增长。换句话说，只有充分发挥我国的创新优势，释放创新潜力与活力，把知识进步和能力成长作为经济发展的基本驱动力，并始终以全球市场为舞台，主动适应全球化、引领全球化，中国才能真正成为经济强国，"中国梦"才能得以实现，才能为人类发展做出更大的贡献。

本书的特色

本书依靠挖掘科技发展史和经济史的相关史料提炼观点和路径，而不依靠深奥的数学模型和精深的计量分析得出结论。因此，本书主要是描述性的，试图通过梳理历史上一些国家的发展历程，为我国的发展提供新的视角。

现有文献中，讨论技术进步与经济增长之间关系的著作很多。最著名的当属 1929 年出版的托尔斯坦·凡勃仑（Thorstein

Veblen) 所著的 *The Engineers and the Price System*。书中首次提出了技术决定论。而法国的著名学者雅克·埃吕尔（Jacques Ellul, 1921～1994）则是技术决定论的典型代表。技术决定论的主要观点是："技术已经成为一种自主的技术"，并会按自己的逻辑引导人和社会做特定的调整；因此，技术因素是整个文化系统的决定性因素。尽管技术决定论也受到不少批判，但不可否认，技术决定论恰当地描述了西方近现代文明发展的特征。在这一点上，其符合马克思主义关于社会生产力是社会发展基础的论点。人们习惯于用"石器时代—青铜器时代—铁器时代（农业时代）—蒸汽机、内燃机时代（工业时代）—计算机时代（信息时代）"来描述时代的发展，而这也恰恰表明，正是科学技术决定了时代的性质——技术上有了新的突破，从而出现了新时代，进而不断推动人类社会向前发展。这也印证了邓小平同志关于"科学技术是第一生产力"的论断。

但本书认为，就经济增长而言，仅仅有技术是不够的。事实上，历史上很多在技术创新方面走在前沿的国家并未因此而实现大发展。如古代中国、16 世纪的意大利、17 世纪的荷兰，它们都曾在某些技术创新方面走在世界的最前列，但由于这些技术并没有太多改变人们的生产方式和生活方式，而仅仅被用于某些特殊的领域或特殊的群体，最终停止了发展的脚步。

1776 年，苏格兰经济学家、哲学家亚当·斯密发表了其鸿篇巨制——《国民财富的性质和原因的研究》（*An Inquiry into the Nature and Causes of the Wealth of Nations*，即《国富论》）。此书是现代经济学的奠基之作，也是最伟大的经济学著作之一。其中心思想是：看起来似乎杂乱无章的自由市场，实际上是个自行调整机制，会自动倾向于生产社会最迫切需要的货品种类和数量。自此，"市场"的概念逐渐为社会所广泛接受。市场，本是古时人类在固定时段进行交易的固定场所，到了近现代，市场的概念也包括所有的交易行为。因此，当人们谈论市场大小时，并不仅指交易场所的大小，还包括消费活动是否活跃。衡量市场大小的概念是市场容量或市场规模。市场容量是由使用价值需求总量和可支配货币总量两大因素构成的。一般的看法是，以下三个要素决定市场的容量和规模：购买者、购买力和购买欲望。

市场容量，是国家经济增长和企业发展的第一要素。没有市场容量的商品生产，是不能实现最终交易的生产。而不能实现交易的生产，就无利润可言，企业的发展也就不具有可持续性。同样，对于国家而言，没有市场容量的 GDP 指标也只是未来才能实现交易平衡的经济增量，其质量不高，因而蕴藏着经济失调的巨大风险。更为重要的是，由于缺乏市场容量，国家在发展过程中往往容易形成市场的割裂和两极分化，并最终导致社会的分裂。

有鉴于此，本书认为，技术创新尤其是突破型的技术创新，是经济增长的主观原动力，而市场容量则是经济增长的客观原动力。二者相互影响、相互促进，缺一不可。

本书的安排

把握经济增长这个宏观经济问题，本身就是很难的，更何况笔者所能掌握和理解的历史资料也很有限。因此，笔者并不期望能非常准确地描述超越式经济增长及其决定因素（或许这是不可能完成的事），更不奢望能以此指导中国经济的发展（笔者也不具备这样的能力），而只希望能通过本书的梳理和分析，从浩瀚的史料中发掘出一些自认为正确的东西，进而形成自己的思路和观点，为关心和关注中国经济发展的人多提供一个视角。

本书的内容主要分为两大部分，共 15 章。第一部分从第一章到第九章，主要是提出问题以及对相关经济史进行梳理，并在历史中寻找相关答案；第二部分从第十章到第十五章，主要是对中国经济的分析，并结合国际经验对中国经济的发展提出一些建议。各章的具体内容如下。

第一章，问题的提出。讨论了什么是超越式经济增长，以及在世界经济发展史上是否存在过超越式经济增长。

第二章，明确了实现超越式经济增长的决定因素。在厘清概念的基础上，进一步讨论了相对于历史上的超越式经济增长，现实中的超越式经济增长取决于哪些因素。

第三章，分析了技术创新对经济增长的重要作用。重点分析了突破型技术创新。它不仅能够创造出新的生产率更高的产业，还能改造传统产业，使之更具竞争力。

第四章，分析了市场容量对超越式经济增长的作用。市场容量为商品生产提供了舞台，为经济增长提供了动力。市场容量的大小直接关系能否实现超越式经济增长，而市场容量又可分为国内市场容量和国际市场容量。

第五章，回溯了英国如何通过第一次技术革命和第一次产业革命，从一个欧洲相对边缘的国家一跃成为世界工业化的领导者，成为"日不落帝国"。

第六章，回顾了德国如何抓住第二次技术革命和第二次产业革命的浪潮，后来居上，成为第二个现代科技中心，从一个相对落后的农业国迅速转变为一个强大的工业国，并引领世界科技和世界经济的发展。

第七章，分析了作为早期殖民地的美国如何在独立后抓住第二次技术革命和第二次产业革命的机遇，在引进、消化、吸收欧洲先进技术的同时，通过不断创新促使世界技术中心逐渐从欧洲转向美国；又如何通过大量的科技产业化，在很短时间内发展成为一个先进的强大的工业国。

第八章，进一步分析了"二战"后美国继续成为世界科技中心和经济中心的原因。"二战"中，美国并没有受战争的影响而衰落，反而一跃成为世界科技和世界经济的霸主，并延续至今。

第九章，从一个侧面描述了追随者与创新者的不同。法国、苏联和日本都曾经有过辉煌的发展史，都曾通过科技上的引进、消化及在某些方面做出非凡创新，而在经济发展的某一阶段出现惊人的增长，但都在辉煌后出现问题，甚至出现灾难性问题，探讨其原因何在。

第十章，讨论了研发投入对技术创新的关键性作用。技术创新不是凭空产生的，它内生于经济发展过程中。以往的研究大多将投资与技术创新（或生产率的提高）割裂甚至对立起来。而事实上，技术创新离不开投资，技术的产业化更离不开投资。

第十一章，以美国的投融资结构为例，分析了市场主导型金融结构与技术创新的关系。实践证明，市场主导型金融结构更有利于原创型的技术创新，对突破型技术创新也是必不可少的基础因素。

第十二章，以德国的投融资结构为例，分析了银行主导型金融结构与技术创新的关系。对于后发国家而言，"集中力量办大事"一直是一个较好的选项。德国的发展表明，结合本国的经济和文化发展状况选择合适的投融资方式也能不断促进技术创新，包括实现突破型技术创新。

第十三章，分析了中国经济发展状况以及如何构建有利于技术创新的金融结构。中国经济已进入新常态，需要寻找经济增长的"新动能"。而对构建适合中国技术创新的金融结构以推动创新和创业至关重要的是，中国必须抓住新一轮技术革命和产业革命的重要机会。

第十四章，讨论了国内市场容量对经济增长的重要作用。中国正在推进的城镇化，是人口的迁移与集聚，更是产业不断升级的过程。城镇化在总人口数量不变的情况下通过改变消费能力和消费结构，可以迅速扩大市场容量。

第十五章，讨论了开拓国际市场的重要性。中国积极参与并推动经济全球化，有利于深入地参与国际分工，发挥本国现实和潜在的比较优势，拓展海外市场，也有利于加速中国工业化的进程，升级产业结构。

新一轮科技革命和产业革命，主要集中在新一代信息网络技术、生物、新能源与新材料、智能制造等领域。这有利于解决我国经济社会可持续发展所面临的资源、环境、人口与健康等重大瓶颈问题。为抢抓新一轮科技革命和产业革命的战略机遇，我国应加快实施"双轮"＋"双引擎"创新战略，既要重视新技术对传统产业的提升，形成经济转型升级的"双轮"；也要高度重视科技创新成果的产业化，着力打造科技创新与商业模式创新的"双引擎"。

中国正处在新型城镇化和经济全球化的关键时期，推进以人为核心的新型城镇化，可以创造更加广阔的国内市场，促进经济社会协调发展。真正的大国崛起，不能靠封闭，而要靠开放。继续扩大国际交往，营造更加良好的国际市场环境，既是国际社会的需要，也是中国自身的需要。在推动战略性新兴产业发展的同时，积极、深度地参与和推进经济全球化，为"中国创造"营造一个良好的市场环境，不断扩大市场容量，最终形成技术创新、市场扩大与经济增长的良性互动。

要实现中华民族伟大复兴的"中国梦"，必须要有坚实的经济基础。只要我们创新发展思路、优化发展路径、抓住战略机遇、发扬真抓实干的作风，就能够实现超越式经济增长，"中国梦"就一定会实现。

第一章
世界经济史上存在超越式增长吗

　　打开历史的画卷，不难发现，人类的物质文化在过去的 200 多年中发生的变化远甚于之前 5000 年的所有变化。直至 18 世纪，人类的生活方式与古代并无实质上的区别，依旧是通过农耕、畜牧勉强维持生计，用马、牛等牲畜驮运货物，用帆、桨驱动船只，自己纺纱、织布、做衣服，日升而作，日落而息……然而，这一切在 18 世纪 60 年代，随着以瓦特发明的蒸汽机为主导的英国第一次技术革命以及紧随其后的第一次工业（产业）革命而发生了彻底改变——人造金属和塑料代替了木头和石块，铁路、汽车和飞机取代了马、牛等畜力，蒸汽机、内燃机、电力和原子能代替了风力和人力成为生产的主要动力，包括合成纤维的大量化工制品替代了传统的棉布、毛织品等成为衣服的主要原料。这正如卡尔·马克思在《共产党宣言》里所说的，"资产阶级在它的不到一百年的阶级统治中所创造的生产力，比过去一切世代创造的全部生产力还要多，还要大。自然力的征服，机器的采用，化学在工业和农业中的应用，轮船的行驶，铁路的通行，电报的使用，整个大陆的开垦，河川的通航，仿佛用法术从地下呼唤出来的大量人口——过去哪一个世纪料想到在社会劳动里蕴藏有这样的生产力呢？"[1]

---

① 《马克思恩格斯选集》第一卷，人民出版社，2012，第 405 页。

回顾人类的历史，最先创造出辉煌成就的当属"四大文明古国"——古巴比伦（位于西亚）、古埃及（位于北非）、古印度（位于南亚）和中国（位于东亚）。它们孕育了历史上最伟大的文明，并以此使欧亚大陆成为那个时代具有重大作用的世界中心。[①] 在四大文明古国之后，公元 1500 年，意大利曾在经济上居于首位。然而，随着地理大发现，主要商业航线从地中海转移至大西洋，16 世纪的西班牙、葡萄牙后来居上，开创了大航海时代；进入 17 世纪，荷兰成为海上强国和经济强国。然而，尽管人类逐渐从农耕文明走向海洋文明，经济活动空间显著扩展，也创造了越来越多的价值，但人类的发展仍未摆脱对自然力量的依赖，更多的仍是被动适应而非主动改变。世界各国基本上都在以几乎相同的平缓的节奏前进，只不过各有各的步伐。

第一次技术革命的发生则彻底改变了这一局面，人类开始更多地依靠知识和智慧有意识地改变世界。自此，新产品、新工艺、新产业、新商业模式层出不穷。那些在公元 1200～1800 年没有显著改变的指标，在随后短短的几十年里出现了惊人的变化。与之相伴，国家间的竞争也日益激烈并出现明显分化。个别国家成为技术革命和工业革命的最大受益者，从众多国家中脱颖而出，实现了经济的跨越式发展。特别是从 19 世纪 20 年代起，英国、德国、美国相继打破传统路径，产业结构发生根本变化，人均产出显著提高，超越了其他国家而成为世界经济的最强者。

---

① 〔美〕斯塔夫里阿诺斯：《全球通史》，吴象婴等译，北京大学出版社，2006。

什么是超越式经济增长

超越，就词义解析，可以被理解为超过、越出、越级提升等。本书所指的超越式经济增长，是指经济增长的模式和路径越出原来的轨迹，提升至新的轨迹，并带来经济效率的显著提升，以及经济活动广度和深度的明显拓展。

要讨论超越式经济增长，首先要确定我们研究对象的单位。在这里，我们将沿用俄裔美国著名经济学家、"美国 G. N. P. 之父"西蒙·史密斯·库兹涅茨（1901～1985）研究经济增长的对象单位——国家。在库兹涅茨看来，将国家作为单位而不是以家庭、公司、行业、地区、种族等为单位研究经济的超越式增长，是因为国家是巨大的人类社会集团，具有充分的政治独立并且通常有绝对的主权，因而可对自身的基本经济问题及相关问题做出决策。第一，基于共同的历史和文化遗产形成的人民感情的共同性，可以使一个民族国家作为一个整体行动，并因此具有不同于其他民族国家的过去、现在和未来的进步，包括对经济进步的兴趣和关心。正是由于这种兴趣和关心，许多国家的日报才会每天以头条新闻报道其有关人口、国民产值、农作物、工业生产的情况。第二，民族国家设有政府机构，能够做出众多的长期决策。这些决策通过大量行政、立法、司法行为推动或阻碍经济增长，其范围从税收、许可证的发放及公用事业的管理，到关于市场、联合或财产自由的立法等根本性事务。因此，如果我们对经济增长的研究侧重于各项政策问题，自然应该以拥有重大政策制定权的国家为单位进行研究。第三，主权国家（或者类似的政治实体）通过自己的决策，为国家管辖下的大型社会经济增长创造条件并影响其过程，而且国家可能也是能够解决经济增长过程中重大冲突的唯一机构。即使研究的目的只是了解增长过程如何发生，最好也以国家为单位。因为如果要使一个复杂、广泛的过程得到最深入的研究，就要以能够影响其过程的单位为中心进行分组归类，而不可能以对这一过程几乎没有明显关系的单位为中心。①

要衡量国家的经济增长，就必须有相应的衡量标准。本书将产值，包括总产值（即以要素费用或以市场价格计算的国内生产总值或国民生产总值）和人均产值，作为衡量经济增长的主要指标。之所以使用总产值而不是更为准确的生产净值，一方面是因为总产值数据的可得性优于生产净值；另一方面是由于考查的期限很长，且考查的又是增长的变化，从这一考查角度看，总产值与生产净值的差异也不太大。需要指出的是，本书所研究的经济增长是具有长期性的持续增长，是不会被短期波动所掩盖的量的增长。从长期看，全面的高增长会在增长率上产生更大的绝对差异，而这种绝对差异有助于经济力量方面的迅速变化。

英国经济学家尼古拉斯·卡尔多（Nicholas Kaldor, 1908～1986）在 1963 年列出了一些他认为能代表经济增长过程的典型特征。

---

① 〔美〕西蒙·库茨涅茨：《各国的经济增长》，常勋等译，石景云校，商务印书馆，2005。

（1）人均收入持续增长，并且其增长率不会趋于下降。

（2）劳动者人均物质资本持续增长。

（3）资本回报率几乎恒定。

（4）物质资本－产出比接近恒定。

（5）劳动力和物质资本在国民收入中所占份额几乎恒定。

（6）劳动者人均产出的增长率在各个国家之间存在较大的差距。

根据卡尔多所总结的上述经济增长的特征，美国经济学家罗伯特·巴罗（Robert J. Barro）将当今世界发达国家1820~1990年的经济数据，以每20年为一个时间段计算平均经济增长率（见表1－1）。

表1－1 当前发达国家的长期增长率

时期	增长率（%）	国家数量（个）
1830~1850 年	0.9	10
1850~1870 年	1.2	11
1870~1890 年	1.2	13
1890~1910 年	1.5	14
1910~1930 年	1.3	16
1930~1950 年	1.4	16
1950~1970 年	3.7	16
1970~1990 年	2.2	18

注：表中增长率是对数据可得的国家的简单平均。

资料来源：〔美〕罗伯特·J. 巴罗、夏威尔·萨拉－伊－马丁《经济增长（第二版）》，夏俊译，上海人民出版社，2011。

计算结果与卡尔多的命题相符，即实际人均 GDP 的增长率不具有长期下降的趋势，且第二次世界大战之后的增长率高于长期平均水平。虽然经济增长率从 1950～1970 年的年均 3.7% 下降到 1970～1990 年的年均 2.2%，形成了通常所说的生产率减速（productivity slowdown），但相比较而言，1970～1990 年的增长率从长期历史的角度看仍然是很高的。

巴罗也对包括亚洲和拉丁美洲的 15 个当前欠发达的国家和地区的数据进行了测算。从测算结果可以看出，1900～1987 年，这些国家和地区的平均增长率为年均 1.4%，且第二次世界大战之后的时期（1950～1987 年）同样显示了明显高于长期平均水平的增长率（见表 1-2）。

表 1-2　当前欠发达国家和地区的长期增长率

时期	增长率（%）	国家数量（个）
1900～1913 年	1.2	15
1913～1950 年	0.4	15
1950～1973 年	2.6	15
1973～1987 年	2.4	15

注：表中增长率是对数据可得的国家的简单平均。

资料来源：〔美〕罗伯特·J. 巴罗、夏威尔·萨拉-伊-马丁《经济增长（第二版）》，夏俊译，上海人民出版社，2011。

从对发达国家和欠发达国家经济增长率数据的对比可以看到经济增长的重要性。从长期来看，不同的经济增长率会使国家的发展最终呈现明显的分化：保持高经济增长率的国家会成为发达国家，而低经济增长率的国家则仍为发展中国家。

而对于同一个国家而言，如果将其经济增长率做调整，则会得到完全不同的结果。以美国为例，如果以 1996 年的美元计价，美国实际人均 GDP 在 1870 年为 3340 美元，2000 年则达到 33330 美元，年均增长率达到 1.8%。这使美国成为 2000 年人均 GDP 位列全球第二的国家（仅次于只有 40 万人口的卢森堡）。而如果将美国的这一年均增长率调低 1 个百分点至 0.8%，那么美国 2000 年的人均 GDP 就只相当于墨西哥和波兰的水平，美国也就只能算是一个中等发达国家或发展中国家了。

库兹涅茨将现代经济增长的特征总结为以下几个方面：

（1）现代经济增长的特征即人均产值的高增长率（每 10 年从 10% 以下增至 30% 左右）。就绝大多数发达国家而论，这总是伴随人口的巨大增长——每 10 年约增长 10%，远远高于以前各个世纪的增长率。而发达国家总产出量及人口的巨大增长会带来多重后果：从与后代人口规模相关的自然资源压力，到不同经济和社会集团间自然增长率的巨大差异。

（2）现代经济增长是以下述事实为标志的：人均产值增长率主要归功于各种要素投入质量的提高，而非投入量的增加，实质上也可以说是更高的效率或简单单位投入量的更高产出，以及实用知识的增长和有效利用这些知识的制度安排使然。人均产值每 10 年增长 15%（这意味着一个世纪可以翻两番），将造成难以解释的人均产量增长现象，其中只有很小一部分归因于人均投入量的增加。

（3）效率的高速增长是发达国家经济中所有主要部门的一个极为普遍的特征。虽然农业单位投入产出量的上升幅度低于工业，但若与其自身过去的水平相比，其提升也相当之大，甚至可以算得上一场农业革命，就像人们命名工业革命一样。技术变动和组织变动对部门效率的影响十分普遍且重大，它表明经济和社会的各组成部分都会受到其制度安排改变的影响。这些效率的变动趋势不仅有助于解释产值结构的迅速转变，而且可用于解释生产要素尤其是劳动的迅速转变。

（4）随着现代经济增长，总产量的来源部门一般会发生如下变动趋势：农业及有关产业部门的份额下降；制造业和公用事业所占比重上升；制造业内部由非耐用品向耐用品的转变，以及一定程度上消费品向生产资料的转变；一些服务业（包括个人服务、职务服务、政府服务）比重上升，而另一些服务（如国内服务）的比重则下降。这些都是众所周知的，也是通常用作现代经济增长同义语的"工业化"的基础特征，但在此必须强调的是，这是总产量产业来源转移和不同部门效率趋势发生变化综合影响的结果。

（5）总产量行业分布状况的各种趋势，反映了最终需求结构的变动。而需求结构的变动是人均产值的提高所致（因为各种产品的需求收入弹性不同），或者起因于并非对所有最终物品都有同样影响的技术变动。因此，现代经济增长是以一国产值行业结构的迅速变动，以及作为其后果的劳动就业部门比重的迅速变化为特征的。这些变化比以前几个世纪实际发生的要迅速得多。

（6）总产值和劳动力在不同规模和类型的经济组织（从小规模的自营企业到非个人公司以及政府）间的分配，也发生了类似的迅速变化。农业作为先前社会的主导部门，其相关转变意味着总产值中，小型自营企业所占份额的缩减，以及劳动力中个体业主和自营劳动者比重的下降。这些部门间的转变伴随企业规模的扩大以及各部门（如制造业和贸易）内部组织形式的变动——由小型非公司企业向巨大的公司组织转变。随着产业结构和技术的迅速变化，产值在不同类型和规模的生产企业内的划分，以及劳动力在不同规模企业间的就业状况及其在业主、自营劳动者和雇佣工人间的分配状况，也发生了急剧的变化：大企业的就业人员及雇佣工人在劳动力中的比例显著上升。一般来说，绝大多数分配上的急剧变动直接与产业结构有关联，即雇员由蓝领工作转向白领工作，或者由非熟练工作转向熟练工作。十分明显，劳动力在行业之间、阶层之间以及职业之间具有更高的流动性，是现代经济增长的一大特征。

（7）产值结构，特别是劳动力在行业、阶层和职业结构方面显著而急剧的变动，是现代经济增长极为重要的方面，它们需要以迅速进行制度调整的能力，以及人口在几代人之间或一代人内部较高的流动性为基础。技术变动和具有较高的人均产值对最终需求结构和国际劳动分工的不同影响会带来一系列连锁反应，其中劳动者所做出的反应成为传统生活方式变动中的重要环节。而传统生活方式又影响了经济增长。用不同集团之间的人口和劳动力在自然资源增长率上的差异，难以解释这种过于迅速的结构变动，正如人均投入的增加不足以说明人均产值的高速增长一样。

（8）人口增长的差异未必与上面这些变动所展示的经济增长机会的差异呈正相关关系。非农业人口自然增长率不比农业高，雇佣工人和自营劳动者相比，或者白领工人和蓝领工人相比，增长率也不高，都说明了这一点，而且即使这种相关关系存在，也只会是负的。因此，需要一代人或两代人之间大量的空间流动与职业变动来调整劳动力的供给，以适应产业结构的和企业类型不断变动的需要；同时，这种广泛的流动性在城市化中表现得最为突出，并且影响了人们的生活和消费状况，影响了一国经济中人们不断适合自身角色的机制，也影响了技能传播的世代沿革制度，甚至影响人们对自身在经济和社会中的角色和职责所持的观点。不同人口和劳动力集团经济地位的急剧变化，一定程度上可能导致摩擦和冲突，这需要政府在其中发挥重要的作用，公开舆论也要抑制这种摩擦，以保持政治上的统一。

（9）尽管国民产值的产业结构及其按不同类型企业分配的比重，以及与之密切相关的劳动力和人口的分配状况发生了急剧变动，但与现代经济增长有关的经济结构在某些方面的变动趋势并不明显。如在收入规模分配方面，有限的长期变化可能引起误解，至少在比较现代经济增长时期与其之前时期的时候是这样：在收入规模分配中，集团之间的流动率，上层和下层人口在身份上的转移率，现代经济增长时期比前几个世纪要高得多；而由于产业间和职业间的迅速转移，新兴产业和职业成为高收入的重要来源。因此，与这些新产业和新职业联系在一起的企业创新者，并不倾向于把自己和旧行业及旧职业拴在一起。

总的来看，库兹涅茨认为，一国的经济增长既包括人口增长也包括人均产值的增长。就部门产值分布而言，现代经济增长的必要条件是：农业部门生产率明显提高；工业部门尤其是制造业和交通通信业占全国总产值的比重的上升趋势，以及这些部门生产率的明显提高，限制了对劳动力或资本的吸收；一些国家服务部门和基本贸易占全国总产量保持不变或下降。产值结构，特别是劳动力的行业、阶层和职业结构的显著而急剧的变化，是现代经济增长的重要方面，因为它们要求迅速进行制度调整的能力和人口在几代人之间或一代人内部较高的流动性。库兹涅茨认为，一国经济增长有许多外部条件，大体可以归结为以下三方面：首先，世界范围的适用知识存量是有作用的，但是也仅仅是一部分；其次，经济资源的国际流动可通过外贸、资本流通中的借贷形式进行交换，也可通过拨款方式中的收付进行，移民也是重要方式；最后，特定的国家对别国的侵占行为。库兹涅茨指出，不发达国家落后的原因是多方面的，既有经济结构的原因，又有非经济结构的原因。

历史上是否出现过超越式经济增长

超越式经济增长就是要实现经济发展模式、发展速度、发展质量的超越，打破原来的发展模式和发展轨迹，形成新的发展模式和发展轨迹。那么，在人类历史上是否发生过这样的现象，也就是说是否出现过超越式经济增长？

公元 1000～1820 年，世界人均收入爬升缓慢，从全世界来看，大约提高了 50％。这个时期的收入增长在很大程度上具有"粗放"的特征，主要依靠增加生产要素的投入以支持该时期 4倍的人口增长。而 1820 年以来的世界经济发展则呈现更强劲的势头，更具有"集约"的特征，主要是通过采用新技术、新工艺，改进机器设备和加大科技含量的方式来增加产量。这个时期的人均收入增长超过了人口的增长：到 1998 年，人均收入水平已经相当于 1820 年水平的 8.5 倍，而同期世界人口增加了 4.6 倍（见表 1-3）。

表 1-3　世界和主要地区人口规模和增长率（公元 1~1998 年）

地区		1 年	1000 年	1820 年	1998 年	1~1000 年	1000~1820 年	1820~1998 年
		人口（百万人）				年均复合增长率（%）		
经济增长最快地区	西欧	24.7	25.4	132.9	388	0.00	0.20	0.60
	西方衍生地区	1.2	2.0	11.2	323	0.05	0.21	1.91
	日本	3.0	7.5	31.0	126	0.09	0.17	0.79
	总体	28.9	34.9	175.1	838	0.02	0.20	0.88
世界其他地区	拉丁美洲	5.6	11.4	21.2	508	0.07	0.08	1.80
	东欧和苏联	8.7	13.6	91.2	412	0.05	0.23	0.85
	亚洲（不包括日本）	171.2	175.4	679.4	3390	0.00	0.17	0.91
	非洲	16.5	33.0	74.2	760	0.07	0.10	1.32
	总体	202.0	233.4	866.0	5069	0.01	0.16	1.00
世界		230.8	268.3	1041.1	5908	0.02	0.17	0.98

资料来源：〔英〕M. M. 波斯坦、H. J. 哈巴库克《剑桥欧洲经济史》（第八卷）附录 B，王春法等译，经济科学出版社，2002。

上述两个时期，随着世界经济发展不同的情况，不同地区的人均 GDP 也发生了很大变化。2000 年以前，增长最快的地区和其他地区的人均收入水平差距并不大。而公元 1000~1820 年，经济增长最快地区的人均收入增速几乎是世界其他地区的 4 倍。其中西欧在公元 1000 年因罗马帝国灭亡而发生经济崩溃，平均水平有所下降，但到 1820 年，西欧及其衍生地区的进步使其平均收入水平大约达到其他地区的两倍。而自 1820 年开始，这一差距进一步迅速拉大，增长最快地区的人均 GDP 提高了 18 倍，而其他地区则只提高了 4.4 倍。到 1998 年，两个地区人均 GDP 之比几乎达到 7∶1。西方衍生地区和非洲，即我们这个世界最富有与最贫困的地区，两者的人均 GDP 之比甚至高达 19∶1（见表 1 – 4）。

表 1 – 4 世界和主要地区人均 GDP 规模和增长率
（公元 1 ~ 1998 年）

地区		1 年	1000 年	1820 年	1998 年	1 ~ 1000 年	1000 ~ 1820 年	1820 ~ 1998 年
		人均 GDP(1990 年国际元)				年均复合增长率(%)		
经济增长最快地区	西欧	450	400	1232	17921	– 0.01	0.14	1.51
	西方衍生地区	400	400	121	26146	0.00	0.13	1.75
	日本	400	425	669	20413	0.01	0.06	1.93
	总体	443	405	1130	21470	– 0.01	0.13	1.67
世界其他地区	拉丁美洲	400	400	665	5795	0.00	0.06	1.22
	东欧和苏联	400	400	667	4354	0.00	0.06	1.06
	亚洲(不包括日本)	450	450	575	2936	0.00	0.03	0.92
	非洲	425	416	418	1368	– 0.00	0.00	0.67
	总体	444	440	573	3102	– 0.00	0.03	0.95
世界		444	435	667	5709	– 0.00	0.05	1.21

注：国际元，直译为吉尔瑞 – 开米斯元（简称 G – K 元），是在多变购买力评价比较中将不同国家货币转换成统一货币或国际元的方法。最初由爱尔兰经济统计学家 R. G. Geary 创立，随后由 S. H. Khamis 发展。参见 R. G. Geary，"A note on the Comparison of Exchange Rates and PPPs between Countries"，*Journal of the Royal Statistical*，1958，Series A，121，pp. 97 – 99 和 S. H. Khamis，"A New System of Index Numbers for National and International Purposes"，*Journal of the Royal Statistical Society* 1972，Series A，135，pp. 96 – 121。

资料来源：〔英〕M. M. 波斯坦、H. J. 哈巴库克《剑桥欧洲经济史》（第八卷）附录 B，王春法等译，经济科学出版社，2002。

由此也造成了不同地区在全世界收入中的比重发生了重大变化，增长最快的地区包括西欧，以及西欧的衍生地区（美国、加拿大、澳大利亚和新西兰）和日本。在公元 1000 年时，亚洲（除日本以外）收入占世界 GDP 的 2/3 以上，西欧则不到 9%；而在 1820 年，它们的相对比重分别为 56% 和 24%；再到 1998 年，亚洲的份额降至约 30%，西欧与西方衍生地区加在一起的份额大约是 46%（见表 1-5）。

表 1-5 世界和主要地区 GDP 规模和增长率（公元 1~1998 年）

地区		1 年	1000 年	1820 年	1998 年	1~ 1000 年	1000~ 1820 年	1820~ 1998 年
		人均 GDP（10 亿 1990 年国际元）				年均复合增长率（%）		
经济 增长 最快 地区	西欧	11.1	10.2	163.7	6961	-0.01	0.34	2.13
	西方衍生地区	0.5	0.8	13.5	8456	0.05	0.35	3.68
	日本	1.2	3.2	20.7	2582	0.10	0.23	2.75
	总体	12.8	14.1	198.0	17998	0.01	0.32	2.57
世界 其他 地区	拉丁美洲	2.2	4.6	14.1	2942	0.07	0.14	3.05
	东欧和苏联	3.5	5.4	60.9	1793	0.05	0.29	1.92
	亚洲（不包括日本）	77.0	78.9	390.5	9953	0.00	0.20	1.84
	非洲	7.0	13.7	31.0	1939	0.07	0.10	1.99
	总体	89.7	102.7	496.5	16627	0.01	0.19	1.96
世界		102.5	116.8	694.4	34626	0.01	0.22	2.21

资料来源：〔英〕M.M.波斯坦、H.J.哈巴库克《剑桥欧洲经济史》（第八卷）附录 B，王春法等译，经济科学出版社，2002。

通过历史数据可以看出，1820 年可以被看作人类经济发展史中的一个重要的节点。从这个时间节点开始，世界经济发展开始分化，其最主要的表现就是国家的发展出现明显分化。个别国家或是一小部分国家依靠科技进步率先完成产业革命，从众多的国家中脱颖而出，实现了经济结构和发展方式的根本转变，经济增长速度明显提高，远远超过其他国家和地区；而大多数的国家则仍然保持着原有的生产方式，经济增长速度很低，甚至出现了停滞和下降，传统农业在国民经济活动中仍然占据着主导地位。

在实现快速发展的国家中，真正实现超越式经济增长的国家仅有英国、德国和美国。它们分别在不同的时代，创造性地发展出新的发展模式和发展轨迹，实现了明显高于以前的经济增长速度，从而在激烈的竞争中脱颖而出，最终成为世界经济的中心和引领者。首先，英国通过第一次技术革命率先完成产业革命，在西欧脱颖而出，成为工业巨人，进而成为世界巨人，为人类发展做出了巨大贡献。其次，德国后来居上，在引进英国、法国技术的基础上，大力发展自己的优势技术，推动了第二次技术革命的产生，并以此为契机完成了更高层次的工业革命，迅速从一个落后的国家发展成世界经济的领导者。最后，美国异军突起。美国作为英国昔日的殖民地，依靠移民将先进技术带到本国，并通过各种政策鼓励创新，形成了引进与自我创新并举的发展之路，紧紧抓住并推动第二次技术革命，在很短时间内完成了工业革命，成为世界经济的霸主。

与此形成对比的是中国。古代中国曾经是世界经济的中心，但直至20世纪初一直处于传统的农业经济状态，始终未能实现经济发展方式的转变，并随后在近现代工业化的冲击下迅速衰落。作为世界四大文明古国的中国，在第一个千年里，人口增长微乎其微，可能也没有什么人均收入的变化。几乎所有权威学者都认为，中国经济在公元 960～1280 年（宋代）出现了新的发展活力：人口增长加速，农业有了显著的进步。表 1－6 比较了中国和欧洲公元 1～1700 年的经济表现。在公元 1 世纪初，欧洲的人均 GDP 要高于中国。但是到了公元 1000 年，在罗马帝国衰落后，欧洲的收入水平出现了大幅度下降；而与此同时，中国开始了一个时代的经济扩张，使人均收入提高了大约 1/3。

表 1－6　中国及欧洲人均 GDP 水平（公元 1～1700 年）

单位：国际元

年份	1	960	1300	1700
中国	450	450	600	600
欧洲	550	422	576	924

注：欧洲不包括土耳其以及俄罗斯等原苏联国家。

资料来源：Maddison, *Coutours of the World Economy*（即将出版）。转引自〔英〕安格斯. 麦迪森《中国经济的长期表现——公元 960～2030 年》第二版，伍晓鹰、马德斌译，王小鲁校，上海人民出版社，2008。

在古代中国经济中，农业一直占最大的比重。到了 1890 年，它仍然占 GDP 的 68% 以上，使用整个劳动力的 4/5。在此之前的 2000 多年间，该比例至少不会低于此水平。与农业相关的技术也是中国科技最重要的组成部分，一些关于种植、施肥、灌溉以及农作物品种的选择等技术在这个过程中得到了改进，知识也成功地得到了吸收和消化。这种长期的技术吸收和消化过程，也可以视为技术进步，只是这种技术进步并没使中国经济发生根本性的改变。在唐代，中国就已经形成了城市文明，而欧洲却没有；到1820 年时，中国的城市化程度同 1000 年前相比并没有多大的提高，而欧洲的城市化程度却获得了突飞猛进的发展。到公元1500年，欧洲的城市化程度已经超过了处于明代的中国；到公元1800年，欧洲的城市人口比例已经是1500年水平的两倍，而中国在1820年时的城市人口比例仍然和1500年的水平相同。此外，尽管古代中国在1405～1433年做出几次重大的海外探险活动（Levathes，1994），但从那以后，造船业就失去了往日的辉煌，外贸则几乎被禁止。这使中国被隔绝在始于15世纪的世界上最大规模的海外贸易扩张之外。而正是这一扩张成为资本主义企业在欧洲得以迅速发展的关键因素。我们自豪于古代中国曾经创造了"四大发明"，也自豪于我们先人先进的农业技术、养殖技术等，但遗憾的是，古代中国的技术创新并不成体系，更没有因个别技术的创新而形成产业体系。这也构成了著名的"李约瑟之谜"——尽管中国古代对人类科技发展做出了很多重要贡献，但为什么科学和工业革命没有在近代的中国发生？不论做出怎样的回答，不可否认的事实是，中国没有自主地走上现代化之路，反而在近现代大大地落伍了。

在欧洲，意大利曾经是近代经济中心。公元1000～1500年，西欧的人口增长比世界上其他任何地方都快。城镇（人口超过1万人的城镇）人口的占比从0增长到6%，充分表明制造业和商业活动的扩张。能够养活日益增多人口的一个主要原因，是新技术的逐步采用提高了土地的生产率。在这个时期，欧洲重要的经济进步出现在意大利的几个城市中，如佛罗伦萨、热那亚、比萨、米兰和威尼斯。其中最成功和最富有的就是威尼斯。

威尼斯在地中海经济重新向西欧商业开放，以及发展与北欧的联系方面发挥了重要作用。它不仅为商业资本主义创立了一个制度基础，而且在航海技术方面也取得了长足进步。此外，它还助力把亚洲和埃及的蔗糖生产、丝绸纺织、玻璃吹制和珠宝加工等技术引入西方。在公元 10～14 世纪，造船技术和航海技术出现了重大改进，极大地降低了造船的成本，使得帆船的体量不断增大。威尼斯最大的企业是阿森诺（Arsenal）——公元 1104 年创建的国有造船厂。它经营的时间长达几个世纪，雇用的工人多达数千人。公元 1270 年前后，指南针在地中海投入使用，再加上航海图的改进，使得全年出海航行成为可能。有了指南针的帮助，同一艘帆船可以由原来每年在威尼斯和亚历山大之间一次往返航行增加到两次往返航行。玻璃工业是最早出现的制造业之一，威尼斯是欧洲玻璃吹制技术方面的先驱者，吹制的沙漏可以作为海员的计时工具。从 14 世纪起，威尼斯人开始制造眼镜。眼镜的出现极大地提高了艺人和学者的劳动生产率。在古登堡（Gutenberg，1398～1468）发明印刷术后不到 15 年，一个德国移民在 1469 年将此技术传到了威尼斯，从此威尼斯印刷业的生产率大大提高了，很快成长为意大利的印刷中心，并在欧洲名列前茅。威尼斯与亚洲的生丝和丝织品贸易最终导致欧洲出现进口替代：13 世纪，威尼斯的丝织品、缎织品和绒织品的质量在当时是最好的，体现了本地创造性与东方智慧的绝妙融合。这些产品为威尼斯的出口做出了巨大的贡献。威尼斯在发展贸易的过程中创立了一个大帝国：公元 1171 年，威尼斯城已拥有 6.6 万名居民；而到 16 世纪，人口则达到顶峰的 17 万人，成为西欧三座最大的城市之一。1388～1499 年，威尼斯在意大利大陆获得了部分领土，1557 年，这些地区的人口大约为 150 万人。16 世纪初，由于新奥斯曼当局限制威尼斯与叙利亚、埃及的贸易，再加上来自葡萄牙与亚洲直接贸易的冲击，威尼斯在贸易方面的作用大大降低了，特别是在利润率很高的香料贸易方面失去了领先地位。而随着大西洋国家造船技术的不断改进，威尼斯的帆船也很快落伍了：威尼斯商队不再青睐阿森诺造船厂的主要产品——桨帆并用帆船，而是将目标指向了新式方帆帆船。从 15 世纪起，威尼斯的资本开始逐步转移至意大利大陆的土地开垦和开发。16 世纪、17 世纪和 18 世纪，威尼斯的人口和收入均未出现显著的增长。

英国成为近代经济中心，也成为世界上第一个科技中心、经济中心。1500~1700 年，英国人均收入几乎翻了一番，而同期法国和德国的人均收入只增长了 1/3，意大利几乎没有增长。1700 年时，英国的 GDP（不包括爱尔兰）是荷兰的 2 倍；到 1820 年，它已相当于后者的 7 倍。与此同时，英国经济结构也发生了重要变化——农业劳动力的比重明显下降，而工业及服务业劳动力的比重则大幅攀升。纺织机械技术和蒸汽机技术引起了第一次工业革命，改变了整个生产和社会生活的面貌。

工业革命最显著的表现莫过于人类社会从农业时代走向工业时代，经济结构因此发生了根本性的变化。在英国，1688 年约有 75% 的劳动人口从事农业，而到 1801 年该比例降为 35%，1841 年进一步降至 23%。荷兰、英国和美国的就业结构变化见表 1-7。1801~1841 年，英国国民收入中农业的比重从 32% 降至 22%；工业所占比重却由 23% 提高到 34%，如果加上服务业（包括交通运输业和通信业），工业所占比重可高达 78%。工业的地位已经从原来附属于农业实现了反超，上升为国民经济中举足轻重的产业，彻底改变了英国千年来以农业为主的经济结构，并吸引着越来越多的资本和劳动力加入其中。

表 1 - 7　荷兰、英国和美国的就业结构（1700 ~ 1998 年）

单位：%

年份	产业	荷兰	英国	美国
1700	农业	40	56	—
	工业	33	22	—
	服务业	27	22	—
1820	农业	43	37	70
	工业	26	33	15
	服务业	31	30	15
1890	农业	36	16	38
	工业	32	43	24
	服务业	32	41	38

资料来源：〔英〕安格斯·麦迪森《中国经济的长期表现——公元 960 ~ 2030 年》，伍晓鹰、马德斌译，王小鲁校，上海人民出版社，2008，第 87 页。

工业革命使经济增长速度大大提高。机械力代替人力，将人的体力从繁重的工作中解脱出来，极大地提高了劳动生产率，使工业生产的增长速度大大高于机械化之前。英国在其工业生产高涨的 1850 ~ 1870 年，采煤量从 5000 万吨增加到 1.12 亿吨，生铁产量从 200 万吨增加到 600 万吨，棉花消费量从 26 万吨增加到 48 万吨，铁路里程从 1 万多公里增加到 2 万多公里。在英国产业革命的影响和带动下，18 世纪 10 ~ 80 年代，世界工业生产指数提高了近 2.3 倍（以 1913 年为 100，从 0.55 提高到了 1.8），其中

1812～1870 年，更是提高了 5.1 倍多（从 3.18 上升到 19.5）。

英国是世界上第一个进行工业革命的国家。它的领先地位一直保持到 19 世纪 70 年代。1870 年，英国的采煤量占世界采煤量的 51.5%，生铁产量占 50%，棉花消费量占 49.2%；贸易额占世界贸易总额的 25%，几乎相当于法国、德国和美国贸易额的总和；商船吨位超过荷兰、法国、德国、美国和俄国商船吨位的总和；英国伦敦成为世界金融中心；英国还是世界上最大的资本输出国和拥有海外殖民地最多的国家。其时，英国国运盛极一时，号称"日不落帝国"。

然而从 19 世纪末开始，英国的工业优势逐渐丧失，科研开发的投入也相对下降，再加上英国的学术界"过分重视理论轻视应用、重视科学轻视技术"的传统，英国在国际经济、科技等方面的地位不断下滑。

而与此同时，其他国家受英国崛起的启发，纷纷效仿并引进英国的技术、设备和工人，试图完成工业革命。其中法国、德国、美国等国家相继发生了工业革命，走上了工业化道路，也走向了强盛。

德国继英国之后成为世界经济中心。1871 年德国统一之后，在新技术革命的推动下，工业实现了跳跃式发展。德国紧紧抓住新技术革命的机会，大力发展新兴产业，迎头赶上了英国、法国。1871～1913 年，德国的工业生产增长了 4.6 倍，而法国仅增长了 1.9 倍，英国只增长了 1.3 倍。同期，德国在世界工业总产量中的比重也由 13% 提升到 35.7%，超过了英国和法国，成为欧洲第一经济强国。

德国经济的腾飞是建立在第二次技术革命基础上的。德国的主要产业的建立和发展都得益于当时最先进的技术创新。德国的钢铁工业得益于金属冶炼业的重大技术创新。1864 年，西门子和法国的马丁发明了平炉炼钢法，使世界钢产量在 1865～1870 年增加了 70%。1867 年克虏伯父子发明坩埚法，使德国的煤炭资源和铁矿资源得到充分利用，从而使钢的生产成本大大降低，也使得钢在德国被普遍使用。到第一次世界大战前，德国已完成了全国铁路网的建设，铁路长度共 9.33 万公里，铁路运输量（单位为吨千米）在 1850～1913 年提高了 20 倍。化学工业方面，德国优势显著。霍夫曼和柏林大学的一些学者集中研究了煤焦油燃料化工技术，合成了多种染料、香料、杀菌剂、解毒剂等，促进了德国煤化工业的迅速扩大。1837 年，德国化学家李比希提出了合成肥料理论，19 世纪 50 年代，氮肥、磷肥、钾肥的生产技术有了很大发展，大大提高了土地单位面积的产量。德国在 19 世纪末和 20 世纪初掀起了电气化高潮，形成通用电气公司和西门子电气公司两大电气集团，使以发电、配电为主要内容的电力工业，以及发电机、变压器、电线、电缆等电气设备制造工业迅速发展。在内燃机方面，德国取得重要技术突破：1876 年，奥托研制成功第一台四冲程往返活塞式内燃机；1892 年，狄赛尔发明了柴油机，进而推动了汽车工业和石油工业的兴起。1885 年，卡尔·本茨改进了四冲程发动机并发明了用电引燃的三轮汽车，早于美国的福特。19 世纪的后 25 年，德国在钢铁、化学、电气、内燃机等方面都已走在了世界前列，承担了开拓者的角色。

在欧洲的德国崛起之时，位于大西洋另一端的美国也在紧紧抓住第二次技术革命的重大机遇，在引进、消化、吸收欧洲先进技术的同时，大力推进技术创新，形成了自己的技术优势，并成为世界经济的中心。美国的工业革命晚于英国半个多世纪。在工业化开始之前，美国 90% 的劳动力从事农业，绝大多数工业处于手工业阶段，大多数制成品依赖从英国进口。可以说，美国的工业几乎是在一片完全空白的土地上建立起来的。在极为有利的自然条件、技术条件和社会条件下，美国的工业化发展极为迅速，很快超过欧洲各国成为世界第一经济强国。

技术市场的开放对美国这样的后发国家具有重要的意义。在当时技术保护和技术专利在国际市场发育还不成熟的情况下，引进和利用国外技术是最经济的一种选择。而美国作为移民国家，在早期的发展中注重充分利用移民和国外资本的流入引进技术，尤其是当时最先进的技术。其纺织、采矿、冶炼和铁路、水路交通等部门，基本上都是靠引进技术建立起来的。19 世纪末 20 世纪初，在美国和欧洲工业化国家出现了第二次技术革命，美国利用自己的发明并借鉴外国技术，迅速建立了自己的工业体系。

南北战争后（1865 年）到第一次世界大战（1914 年），是美国工业化突飞猛进和最终完成的时期。在这一时期，美国形成了统一的市场体系，国内市场以前所未有的速度扩容。与此同时，第二次技术革命方兴未艾，新技术和新发明不断涌现，为美国的工业化提供了良好的机会。这一时期，美国依靠大量引进的欧洲先进技术，以及自己的一系列重大发明，发展了一系列新工业，如钢铁、电力、汽车、石油采炼等。棉纺业是美国建立的第一个产业。19 世纪后半期，随着技术上的大力改进，在不到 50 年的时间里，美国的纺织机更新了三次，产量有了很大提高。电力电气工业是美国在第二次产业革命中兴起的新产业。在这方面，美国一开始就走在了前列。1882 年，美国建立了第一座商业电站，到 19 世纪 90 年代，大小电站已遍地开花，为居民、工矿企业和电车提供电力。随着电力工业的发展，电气制造业也迅速发展起来。由于美国在电气技术上领先，并且较早地建立了电气工业，美国的电气产品一开始就在国际市场上有较强的竞争力，并很快成为美国的重要出口商品。19 世纪末 20 世纪初，汽车工业逐渐实现了简单设计和初步的批量生产，形成了又一个重要的产业。尽管当时其产值与其他产业相比还很小，但发展迅速，尤其是出口增加很快。1905 年，美国的汽车产量为 2.5 万辆，而到 1910 年，产量已达到 18.7 万辆。同期，汽车（包括发动机零部件）的出口也由 200 万美元增加到 1100 万美元，到 1916 年更达到 1.23 亿美元。

巨大的国内市场容量为美国工业化发展提供了广阔的空间。在美国技术革命完成时，尽管出口贸易增加了 7 倍，但在国内生产总值中对外贸易仅占 10% 左右，大部分的工业制品仍在国内销售，国内市场对美国经济增长的作用比对外贸易大得多。19 世纪末 20 世纪初，由于工业的迅速发展，尤其是新兴工业的发展，美国成了世界头号工业强国。

超越点亮梦想，超越成就未来。美国人约翰·勃朗宁（John Moses Browning）曾说过：人应该进行超越能力的攀登，否则天空的存在又有何意义？可以说，自 15 世纪（中世纪）以来，随着地理大发现，世界各国开始相互认识、相互了解，也开始了相互竞争，上演着一场超越与反超越的大戏。在这场竞争中，经济竞争是核心内容。在近现代，有九个国家在不同的历史时期先后登场，对人类社会发展产生了重大影响。它们分别是：葡萄牙、西班牙、荷兰、英国、法国、德国、美国、日本、俄罗斯。在这场跨度达几百年的竞争中，这九个国家的发展及影响也各不相同，有的发展速度先快后慢，有的则先慢后快，可谓"你方唱罢我登场"。超越存在于历史，超越存在于未来。实现超越式经济增长，中国才能有更加坚实的经济基础，才能真正实现"中国梦"。

第二章

超越式经济增长因何而来

近二三百年来，第一个实现超越式经济增长从而成为世界经济增长中心的是英国。英国的资产阶级革命开启了人类社会从封建主义时代向资本主义时代的过渡，也使英国率先实现了生产方法的根本性变革，生产率得到明显提高。18 世纪 60 年代到 19 世纪中期，英国发生了以蒸汽机的广泛应用为主要标志的技术革命，这是资本主义生产关系出现以来的第一次技术革命。这次技术革命导致了人类历史上的第一次产业革命。产业革命的成功促成了机器大工业的建立，大大增强了英国的经济实力和综合国力，促使英国成为"世界工厂"。英国不仅在工业生产中取得了垄断地位，在世界贸易方面也确立了垄断地位，直到 19 世纪 70 年代，英国在世界工业生产和世界贸易中一直居首位。1870 年，英国工业生产占世界的 32%，世界贸易额占 25%，拥有的商船吨位超过荷兰、法国、美国、德国、俄国商船吨位的总和。英国靠强大的海运业控制着其他国家的贸易往来。当时的国际金本位制度实际上是以英国为中心的，而且，英国还向欧美各国和殖民地直接输出大量资本。可以说，欧美许多国家和资本主义经济是依靠英国的资金、技术人才和生产管理经验发展起来的。那时，英国的经济发展、增长的幅度对世界经济所起的作用是举足轻重的。

在 1830 年英国产业革命达到高潮时，德国仍然是个落后的农业国。但德国人不甘落后。大批德国人去英国和法国留学并且学成回国，德国政府也高度重视教育，并开创了教学、科研相统一的高教体系。德国还特别注意科学技术和工业的结合，出现了一批善于将科技成果应用于生产的企业家。1875～1895 年的 20 年间，世界科技中心逐步转移到德国，世界的经济中心也随之也转移到德国。德国只用了 40 年就完成了英国 100 年才完成的工业化过程，一跃成为欧洲经济的最强国。

19 世纪 80 年代，美国紧紧抓住第二次技术革命和第二次产业革命的历史机遇，并在 19 世纪末在工业生产方面超过了英国、德国，成为世界上最大的工业国和第一经济强国。到 1913 年，美国的工业生产占世界的 38%，相当于英国、德国、法国、日本的总和。到第二次世界大战结束后初期，美国的经济实力走向顶峰。1947 年，美国商品出口额占资本主义世界的 32.5%；1948 年，美国工业生产占资本主义世界的 56.4%，黄金储备占 71.3%。美国成为世界最大的债权国、资本输出国和国际金融中心。战后建立的国际货币体系也是以美元为中心的，这为美国的对外扩张提供了有利条件。直到目前，美国仍然是世界上经济实力、综合国力最强大的国家。从 19 世纪末以来，美国在世界经济发展中一直处于引领地位。

那么，在历史上众多的国家中，为什么只有英国、德国和美国先后实现了超越式增长呢？它们能够实现超越式增长又是由哪些因素决定的呢？从经验上看，这三个国家之所以能够实现超越式经济增长，并一跃成为世界经济的引领者，很重要的一点就是紧紧地抓住了历史机遇，尤其是新技术革命的历史机遇，从而将科技成果转化为现实的生产力，极大地提高了生产率，并不断为新产品开拓市场，使产业结构持续优化，形成了生产、消费的良性循环，实现了经济持续、高速增长。

超越式经济增长的决定因素

回顾近代经济史，我们可以清楚地看到世界经济中的两种主要趋势：一是技术创新对经济增长的贡献日益显著；二是世界经济中的各国日益开放，各国间的相互依赖程度日益加深。这两种趋势并非相互割裂。一方面，快捷的交通与各国创新者之间密切的交往，便利了新发明和新概念的推广；另一方面，技术变化日新月异，强化了互通贸易的动机并促成世界贸易一体化。因此，当学者试图总结过去的经济增长经验并规划未来的前景时，他们一方面对生产力和技术问题倍加关注；另一方面对国际竞争力和世界贸易体系的兴趣也日渐浓厚。

从历史上实现超越式经济增长的几个国家的发展历程看，实现超越式经济增长，需要有相当严苛的约束条件，或者说需要相应国家能够创造或抓住历史机遇，运用世界最新的科技成果改造自己的生产方式和管理方式，并且创造更加广阔的市场，从而使自己所生产的产品不仅能够满足自身不断提高的消费需求，也能满足整个世界不断提高的消费需求，使自己的生产方式影响世界经济的发展。具体来看，实现超越式经济增长必须具备以下两个条件。

实现超越式经济增长的第一个条件，也是其首要的决定性因素，就是突破型技术创新的产生及应用。

突破型技术创新能够使生产活动产生颠覆式的效果，实现技术跨越，并以此为基础实现经济超越，培育可持续发展的核心竞争力。

历史证明，突破型技术不仅有可能在短时间内赶超持续性技术的性能，而且还能够改变企业内部的组织结构、管理流程和价值取向，促使企业沿着新的技术轨道发展，最终在赶超的基础上替代原有的持续性技术。由于突破型技术创新抛弃了原有持续性技术创新的发展轨道，另辟蹊径，从而可以实现技术跨越。这种新模式常常使习惯于持续性技术创新思维模式的企业家陷入困境，却可以使技术落后的国家、地区、企业因此与技术相对领先的国家、地区、企业站到同一起跑线上，甚至获得超越它们的机会。

在经济增长中，创造"新"产品的技术革新是具有突出地位的。伴随技术上的创造发明而来的常常是生活条件的改变，无论其是创制出了新产品还是为老产品提供了新的制造方法，都是这样。实践表明，技术创新是实现经济结构变迁和经济可持续增长的核心。正是技术的不断创新，尤其是突破型技术的出现，催生了新的产业，并形成对原有产业的革新，从而推动了产业结构不断向高级化迈进，整个经济也随着生产能力和全要素生产率（Total Factor Productivity，TFP）的不断提高得以持续增长。英国经济学家安格斯·麦迪森（Angus Maddison）是研究经济增长历史的权威。他用大量数据描述了世界各国人均收入长期变化的情况（Maddison，2008）。他的研究显示：在 19 世纪之前，全球范围内的生活水平基本都处在温饱线上；而工业革命以后，世界经济跨入一个崭新的阶段，经济增长成为常态。历史经济数据还展示了世界经济增长的典型特征：19 世纪之前，传统农业主导着经济的命脉，随着工业革命的不断蔓延，一些国家率先进入经济高速增长的阶段。可见，工业化是全球经济增长的引擎。而工业化是与现代科学技术的发展相伴而生的。科技的发展催生了大规模的工业生产，而工业化的不断推进又为进一步的科技进步创造了条件。二者相互作用，相互促进。以美国为例。20 世纪，伴随工业化的进程，大量的农业科学技术得到研发、推广和使用，使美国的农业劳动力在 100 年间几乎全部转移到工业和服务业部门。目前，美国只有不到 3% 的劳动力在从事农业生产。可以说，是技术创新促成了工业化，并推动工业化的不断升级和生产效率的不断提高，进而为经济的持续增长奠定了基础。

在熊彼特提出"创新"（innovation）概念的时候，西方国家科技对经济增长的贡献率只有 5% ~ 21%；而到 20 世纪 60 年代，这个比例上升到 50%；到 80 年代，进一步上升到 60% ~ 80%；90 年代后，更逼近 85%。这再一次证明，财富主要来自智力的开发，来自有组织的研究和开发（R&D）活动。科技创新愈来愈成为经济增长和社会进步的决定性因素。

翻开世界经济发展的史册，我们可以看到，在人类的历史发展进程中，随着世界科技成果，尤其是突破型技术的发现、发明、创造和应用，世界经济也在随之发生广泛而深刻的变化，特别是随着世界科技中心的转移，世界经济中心也在随之发生转移。

实现超越式经济增长的第二个条件是巨大的市场容量。

市场容量巨大是一国经济经济增长的又一决定性因素。如果说生产率是经济发展的主观原动力，那么市场容量就是经济发展的客观原动力。没有市场容量的商品生产是不能实现最终交易的生产，蕴藏着经济失调的巨大风险，其发展质量必然不高。从这个意义上说，没有市场容量而仅仅依靠提高生产率来推动的 GDP 指标也是未来才能完成交易平衡的经济增量。只有具备一定规模的市场容量，才能够自然拉动企业投资和经济发展。

市场容量是由使用价值需求总量和可支配货币总量两大因素构成的。存在对使用价值的需求却没有可支配货币的消费群体是贫困的消费群体；而拥有可支配货币但没有使用价值需求的消费群体则是持币待购群体或十分富裕的群体。这两种现象均被称为因消费要件不足而不能实现的市场容量。

扩大市场容量有两种基本路径。一是城市化（Urbanization）。城市化也称城镇化，是指随着一个国家或地区社会生产力的发展、科学技术的进步以及产业结构的调整，其社会由以农业为主的传统乡村型社会向以工业（第二产业）和服务业（第三产业）等非农产业为主的现代城市型社会逐渐转变的历史过程。城镇化的过程包括人口职业的转变、产业结构的转变、土地及地域空间的变化。城市化可以使最广大消费群体的物质文化需求不断增长（即使用价值水准的提升），并可相应增加他们的可支配货币收入。二是全球化（Globalization）。国际货币基金组织（International

Monetary Fund，IMF）在 1997 年的报告中指出，全球化通过贸易、资金流动、技术创新、信息网络和文化交流，使各国经济在世界范围高度融合。在这一融合过程中，各国经济通过不断增长的各类商品和劳务的广泛输送，以及国际资金的流动和技术更快、更广泛的传播，形成相互依赖的关系。全球化亦可以解释为世界的压缩和视全球为一个整体。从驱动力角度看，全球化是全球商品市场和资本市场的融合过程。在这个过程中，国际贸易和国际投资壁垒不断减少。全球化可以使率先发展起来国家的一部分企业"走出去"开拓国外市场，这样不仅可为国内市场容量腾出空间，还可以开创更加广阔的国际市场，使得市场容量获得更大幅度的增加。

技术－经济范式

实践经验与理论研究都表明，影响经济长期增长的决定性因素是全要素生产率的提高。全要素生产率的提高主要基于技术进步，而技术进步主要来自研发（R&D）。按此逻辑推理，研发投入越多则全要素生产率提高越快。然而现实情况却不尽然。近年来，从研发支出占 GDP 的比例看，美国约为 2.7%，欧元区约为 2.1%，德国约为 2.9%，日本约为 3.6%，这基本上是历史上最高的研发支出水平。与此相应，近年来，美的经济增长率约为 2%，欧元区约为 1.5%，日本约为 1%。为什么历史上最高的研发支出水平却伴随着最低的经济增长率呢？是研发没有产生技术进步？还是技术进步没有造成经济增长呢？

研发产生的技术进步大家是有目共睹的，但缺乏突破型技术创新。在持续的研发投入推动下，商品生产和服务提供的技术手段不断进步，人们能够使用更加丰富、更高质量的产品，享受更优质的服务。然而，需要指出的是，这些技术进步主要是特定公司的专用型技术进步，而特定公司的专用型技术进步只能在更小的范围内被使用，它可以改良产品的生产过程、丰富产品种类、提高产品质量，但它不能产生具有更高生产率的全新产业，进而从根本上提高全要素生产率。最近的研究发现，美国公司研发投入占其销售收入的比例虽然在逐渐上升，但是其用于公开发表的研发投入比例不断下降，而其在专利性研究上的投入比例不断上升。[①] 说明美国研发投入增长带来的通用型科技进步在相对减少。通用型科技进步能够在更大范围内被使用，它可以产生突破型技术创新，甚至可以引发一场技术革命。

一场技术革命可以被定义为一批有强大影响的显而易见的崭新且动态的技术、产品和部门，它们能给整个经济带来巨变，能推动长期的发展并使之达到高潮。技术革命也可定义为紧密地交织在一起的一组技术创新集群，一般包括一种重要的通用的低成本投入品（这种投入品有时是一种能源，有时则是一种原材料），再加上重要的新产品、新工艺和新的基础设施。而新的基础设施通常会改进交通和通信的速度与可靠性，并大幅度缩减成本。

当然，并不是所有的技术或技术创新都能对经济产生如此重大的作用。事实上，绝大多数技术或技术创新只能改变生产的一

---

① Arora, Ashish, Sharon Belenzon and Andrea Patacconi, "Killing the Golden Goose? The Decline of Science in Corporate R&D", NBER Working Paper No. 20902, 2015.

小部分，因而很难从根本上改变经济的发展。只有重要的突破型技术创新才能在短时期内产生新的具有更高生产率的产业，也才能改造传统产业使之生产率提高，并进而使整个经济发展实现根本的改变。只有突破型技术创新的产生以及相应技术群的出现，才能被称为"技术革命"。每次技术革命都提供了一套相互关联的同类型的技术和组织原则，并在实际上促成了所有经济活动的潜在生产率的量子化跃迁。每次技术革命都会使整个生产体系得以现代化和更新，从而每50年左右总的效率水平就会提高到一个新的高度（见图2-1）。

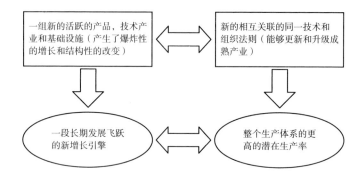

图2-1 技术革命的双重性

这套同类型的"工具"——包括硬件的、软件的和意识形态的——共同改变了所有人的最佳惯性思维方式的边界。这便是所谓的"技术-经济范式"。"技术-经济范式"就是"经济上的"最佳运行方式，因为每次技术转型都伴随相对价格结构的重大变化。这一变化引导经济主体密集地采用更强大的新投入品和新技术。这是一种美国科学史家托马斯·库恩（Thomas Kuhn）意义上的"范式"。因为在库恩看来，范式指的是一个共同体成员所共享的信仰、价值、技术等的集合。从这个意义上说，"科学革命"就是"范式转换"。"技术－经济范式"界定了"正常的"创新实践的模式和界域，并对那些遵循原则的人们许以成功。这些原则会在技术革命的核心产业中体现出来。

因此，每一次技术革命都是新产品、新行业和新基础设施的爆炸性发展，并逐渐产生出新的"技术－经济范式"。这一新的范式在其技术的扩散期间，会对企业家、经理、创新者、投资者和消费者在个人决策以及他们的相互作用方面加以引导。

两百年间的三次技术革命

在思考发展问题的时候，西蒙·库兹涅茨探讨了"划时代的创新"（epochal innovations）这一概念。这是指那些能够使增长方向发生重大变化的创新。对此，他在 1971 年的诺贝尔奖颁奖仪式上的演说中是这样说的，"那些人类知识进步中的重大突破是长期持续增长的主要源泉，它们扩散到了世界上相当大的部分，可以称为划时代的创新。经济的发展变迁过程或许被划分为经济纪元，划时代的创新以及它们所产生的独特性质的增长则是每一个纪元的特征。"

在那个特定场合，库兹涅茨主要指的是那些持续了几个世纪的时代，而自第一次工业革命以来的资本主义，只是其中的一个时代。然而，就在同一年，库兹涅茨又指出，"人们很难将一个阶段视为静止的，视为一个过程的部分。在此过程中好像只有该阶段的出现和最终消失才是唯一相关的重大变迁"。也就是说，"在每一个阶段之内时间发生的序列"是"一个完整的阶段理论不可或缺的一部分"。

从 18 世纪末开始，世界范围内相继出现了三次技术革命，并伴随出现了三次产业革命，世界经济增长也经历了三个不同的阶段。事实上，产业革命正是以机器的出现和工业时代的来临而命名的。19 世纪中叶的人们普遍认为，当时属于蒸汽机和铁路时代；稍后，当钢替代了铁、科学改造了工业，钢铁和电力的时代就到来了；汽车和大规模生产时代是在 20 世纪 20 年代降临的，而 20 世纪 70 年代后，人们越来越多地使用信息时代或知识社会等说法。表 2-1 界定了三次技术革命。

表 2-1　三次相继出现的技术革命（18 世纪 70 年代到 20 世纪最初 10 年）

技术革命	该时期的革命性技术	核心国家	产业革命	经济表现
第一次技术革命	蒸汽技术革命	英国	纺织业、钢铁业	英国成为"日不落帝国"
第二次技术革命	内燃机的发明、电力技术革命	德国	化学工业、汽车业、电力及机电制造业	德国追赶并超越英国
		美国	现代农业、石油业、汽车业、电力及机电制造业	美国追赶并超越英国、德国，成为世界经济新霸主
第三次技术革命	信息和远程通信技术革命、生物技术革命、新材料和新能源技术革命、海洋技术与空间技术革命	美国	计算机及通信业、生物制药业、新材料与新能源业、航空航天业等	美国引领世界经济发展

每一组革命性的技术都爆发在一个特别的国家，有时甚至在一个特别的地区。事实上，每一次技术革命都起源自某一核心国家，并会形成新的产业革命，使该国成为新的世界经济引领者。英国领导了第一次技术革命；德国和美国领导了第二次技术革命，当然英国和法国也曾参与其中；美国则单独领导了第三次技术革命。需要指出的是，尽管每次技术革命推动的发展高潮在长期内属于世界性的现象，但是技术革命的影响是从核心地区和国家向外围逐渐扩散的。这意味着产业爆发式发展和经济超越式增长出现的时间在所有国家并不相同，在有些情况下可能会推迟二三十年甚至更久。

每次技术革命都不是一蹴而就的，而是要经历一段很久的酝酿期。事实上，很多为技术革命做出贡献的创新很可能已经存在了相当长一段时间。这使得我们很难为历次技术革命找到某个恰当的开始日期，因而合理的选择在于指向一段宽泛的时期。还有一个需要明确的问题是，对于朝向一组新技术急剧转向的社会而言，需要出现一种显而易见的"诱发因素"。这一诱发因素象征着一种全新的潜力，能够点燃一群先锋人物在技术和商业上的想象力。而且其不只是一种技术突破，其如此强有力的原因还有低廉的价格。换言之，诱发因素要能清楚地显示出其将在成本上带给相关创新企业以明显的竞争优势。我们把这一事件定义为带来一场技术革命的"大爆炸"。

1829年，斯蒂芬森（George Stephenson）的"火箭号"蒸汽机车在从利物浦到曼彻斯特的铁路上赢得了比赛的胜利，宣告铁路和蒸汽动力时代的到来。1875年，美国"钢铁大王"，安德鲁·卡内基（Andrew Carnegie）高效的酸性转炉钢厂投入生产，开启了钢铁时代。而这些事件之所以在后来才被一一挑选出来，不仅因为当时只有企业家和技术人员的狭小圈子知晓这些技术，还因为在一个特定国家，这些技术能否得到广泛的应用取决于一系列复杂的环境因素。以第二次技术革命为例。19 世纪 70 年代，很难看出英国会因为德国和美国的奋进赶超和对新的生产财富潜力的充分挖掘而落后。其中应当确定有两次"大爆炸"事件分别帮助了这两个国家，推动了那次技术革命高潮的到来。其中之一是美国汽车大王亨利·福特（Henry Ford）1908 年推出了第一辆 T 型车，其显然是石油、汽车和大规模生产时代的标志。然而直到 1913 年，T 型车才从完全传动的装配线上被大批量生产出来。但不能否认，正是 1908 年的第一辆 T 型车为后来的标准化产品提供了原形。它代表的是未来的生产模式，并预先勾画出成本下降的前景，使大众消费成为可能。而我们现在所处的信息时代，最早也可以追溯到英特尔公司于 1971 年生产的第一台处理器——最早的和最简单的"芯片上的计算机"。它可以被看作信息时代诞生的标志，而其基础则在于低成本的微电子工业的魔力。

尽管诱发"大爆炸"的事件从表面上看可能是个渺小而相对孤立的事件，但经历这一事件的先行者由此发现了新的领域，并将其看作新技术对未来的有力宣示。这也是对企业家行为的召唤。

需要指出的是，新技术产生及应用之时，原来的技术并不会很快消亡，旧事物的逻辑和影响仍然会占据统治地位，并会进行顽强的抵抗。在经历一段痛苦而漫长的过程后，其潜力才会被最终耗尽。因此，每次技术革命从爆发到全面转向"新事物的逻辑"，需要二三十年由此到彼的动荡的转型过程。在此期间，新的更优越的能力将得以成功施展，从而加快旧事物的衰落。到这一过程充分发挥作用的时候，前一次技术革命的时代将告终结。

三次新产业及其基础设施的集群

每次技术革命均产生于一组协同作用、相互依赖的产业，以及一个或更多的基础设施网络。表 2 - 2 列出了三次技术革命对应的产业和基础设施集群。

表 2 - 2　历次技术革命的产业和基础设施

技术革命	新技术、新产业或得到更新的产业	新基础设施或得到更新的基础设施
第一次：始于 1829 年的蒸汽机和铁路时代，从英国扩散到欧洲大陆和美国	蒸汽机和机器（铁制，煤为动力），铁矿业和煤矿业（当时在增长中起核心作用），铁路建设，铁路车辆生产，工业（包括纺织业）使用蒸汽动力	铁路（使用蒸汽动力），普遍的邮政服务，电报（主要在一国铁路沿线传输），大型港口、仓库和航行世界的轮船
第二次：始于 1875 年的钢铁、电力、石油、汽车、重工业时代，德国和美国超过英国	廉价钢铁（尤其是酸性转炉生产的钢铁），用于钢制轮船的蒸汽动力的全面发展，重化工业和民用工程，电力设备工业，铜和电缆，灌装和瓶装食品，纸业和包装，批量生产的汽车，廉价石油和石油燃料，石化产品（合成品），内燃机，汽车、飞机、军用坦克和电力，家用电器，冷藏和冰冻食品	钢制高速蒸汽轮船在世界范围内的航运（通过苏伊士运河），世界范围的铁路（使用标准尺寸的廉价钢轨和枕木）、大型桥梁和隧道，普及世界的电报、电话（限于一国范围内），电力网络（用于照明和工业），公路、高速公路、港口和机场组织的交通网络，石油管道网络，普遍的电力供应（工业和家用），世界范围内的有线或无线模拟远程通信（电话、电报和海底电报）

技术革命	新技术、新产业或得到更新的产业	新基础设施或得到更新的基础设施
第三次：始于1971年的信息和远程通信时代，从美国扩散到欧洲和亚洲	信息革命，廉价微电子产品，计算机、软件，远程通信，控制设备，计算机辅助的生物技术和新材料	世界数字远程通信（电缆、光纤、无线电和卫星）因特网、电子邮件和其他网络化服务，多种能源、灵活用途，电力网络，（水陆空）高速物流运输系统

超越式经济增长绝不仅指突破型技术创新以及新产业的发展，也包括新技术对原产业的改造。因此，可能在很长一段时间新旧技术会共存，共同发挥作用。现实中，革命的潜力常常是通过新旧力量之间的联系产生的。事实上，许多共同组成的集群产品和产业已经存在一段时间了，它们或是发挥着相对较小的经济作用，或是作为主流产业的重要补充。煤和铁就是如此，在工业革命之前，两者都有着绵长久远的使用历史，但直到出现了蒸汽机它们才转而成为铁路时代的动力。19世纪80年代以后，石油、内燃机和汽车相继问世，但直到形成大规模生产之后，这三者才结合起来，成为一场真正技术革命的组成部分。信息革命也是如此：电子工业在20世纪早期就存在，在20年代的某些方面甚至发挥过重要作用；而晶体管、半导体、计算机和控制器则在60年代甚至比这更早就已经成为重要的技术，但直到1971年，横空出世的微处理器才让人们看到了廉价微电子产品广泛的新潜力——"芯片上的计算机"这一概念照亮了人们的想象力，将上述所有相关技术聚集成信息革命的强

大集群。

因此，每次革命都可被看作真正的新产业和新产品与其他得到更新的产业和产品的结合。当关键性的技术突破将它们结合在一起，使之成为强大、互动、连贯的商业盈利金光大道，并作用于整个经济之时，它们共同产生的影响才真正变得无所不在。

对现有的基础设施而言，有可能出现大规模的扩张，并由此形成意义重大的质的区别。第一次技术革命的铁轨铁路，建立了一国范围内的铁路运输和电报网络；而第二次技术革命的钢轨铁路则开创了洲际网络，并与钢制蒸汽船以及发向全球的电报一道，促成了真正意义上的国际市场的运转。电力、基础电网的建立使电器工业成为第二次技术革命的主要增长引擎之一；可以说，在第二次技术革命期间，电力作为一种遍及每家企业和每个家庭的普遍服务，发挥了"公用事业"的巨大作用，成为大规模生产革命得以扩散的关键性基础设施。

最后需要注意的是，每组集群都包含几种技术体系。它们的发展节奏并不一致，发展的顺序经常依赖反馈环路。信息革命肇始于芯片和硬件的研发，两者的增长又带来了软件和通信设备的繁荣，互联网的蓬勃发展则紧随其后。每一轮技术开发既得益于之前他人发明的技术和所创造的市场优势，也将惠及其后的技术开发。同样的情形也见于第二次技术革命：廉价的钢铁首先影响了铁路、轮船和民用工程，以后又武装了新的化学和电子工程产业。某些技术体系单独具有的重要性和日后呈现的发展序列，使它们成为孤立的革命，而不是伞状相互依赖的体系。

三种技术-经济范式

一组强大而有活力的新产业崛起，必然会伴随新的产业形成及发展，也需要有基础设施的支撑。这显然会极大地影响当时的工业结构和投资偏好。而旧的组织模式是无法应对这一巨大变化的。因此在整个经济体以及经济领域之外，新的机遇及其条件将使"行事方式"发生深刻的转变。这就是说，每次技术革命不可避免地会引起一次范式变迁。

技术-经济范式是一个最佳惯性模式，它由一套通用的同类型的技术和组织原则构成。这些原则代表这一场特定的技术革命得以运用的最有效方式，以及利用这场革命重振整个经济并使之现代化的最有效方式。其一旦得到普遍采纳，这些原则就成了组织一切活动和构建一切制度的常识基础。

出现新的技术-经济范式对创新和投资行为的影响之大，可以类比发现一片广阔的新大陆或找到大宝藏。对设计、产品和利润空间的开拓，迅速点燃了工程师、企业家和投资者的想象力。他们以试错法尝试应用新的财富创造的潜力，成功的实践和行为由此产生。新的最佳惯性方式的边界也就逐渐被确定下来。

这些先行者的行动指明了道路，带来了经济外部性的增加和相应条件（包括生产经验和对消费者的训练）。这使其他人越来越容易跟上形势。他们的成功发出了强有力的信号，指出了最有利可图的机遇所在。这就是为什么新范式最终会成为新的普及性"常识"。它渐渐地嵌入社会实践、立法和其他制度框架的构成因素中，促进了与之相适应的创新，也排除了那些不相适应的创新。

在随每次"大爆炸"而来的巨大转型中，技术－经济范式会发挥巨大的作用。当然，比起技术革命，技术－经济范式这一概念艰深得多，也更难以把握。技术－经济范式是选择最佳惯性方式的思维地图，它既包含对同类型技术的实际理解（这些技术具有几乎无所不及的适用性），也包含进入当时文化的一般常识法则——机械化、蒸汽动力、电力、大规模生产、信息和远程通信技术（ICTs）等。至于那些组织原则和指南就不那么显而易见了，尽管在眼下的信息时代，成千上万的咨询人士制作了有关从前和现在的各类表格，试图标明竞争力最佳惯性方式的准确变化方向（见表 2－3）。

表 2－3 历次技术革命对应的不同技术－经济范式

（18 世纪 70 年代到 21 世纪最初 10 年）

技术革命最初发展的国家	技术－经济范式
第一次产业革命 蒸汽机和铁路时代 英国	工厂生产 机械化 生产率/守时和省时 流体运动(以水力驱动的机器和借助运河与水路的运输为理想例证) 聚合的经济/工业城市/全国范围的市场 具有全国性网络的动力中心 规模意味着进步 标准零部件/以机器生产机器 随处可得的能源(蒸汽) (各种机器和运输工具的)相互依赖的运动

续表

技术革命最初发展的国家	技术－经济范式
第二次产业革命 钢铁、电力、重工业时代 石油、汽车和大规模生产时代 德国和美国超过英国	巨型结构 工厂的规模经济/垂直一体化 可分配的工业动力（电力） 科学成为一种生产力 世界范围的网络和帝国（包括卡特尔） 普遍的标准化 出于控制和效率的目的而建立的成本会计 巨大规模的世界市场/若在当地则"小"就成功 大规模生产/大众市场 规模经济（产量和市场容量）/水平一体化 产品的标准化 （基于石油的）能源密集型 合成材料 职能专业化/等级制金字塔 集权化/大城市中心和郊区化 民族国家的力量,世界范围的协议和对抗
第三次产业革命 信息和远程通信时代 美国，扩散到欧洲和亚洲	信息密集型（建立在微电子技术上的信息和通信技术） 非集权的一体化/网络结构 知识成为资本/无形的价值附加值 异质性、多样性、适应性 市场细分/职务的倍增 与规模经济结合的范围经济和专业化 全球化/世界和局部的互动 内向型与外向型合作/聚合 即时联系与行动/即时全球通信

　　需要特别注意的是，技术－经济范式既是扩散的推进器，也是一种阻滞的力量。说它是推进器，是因为技术－经济范式提供的模式可以被所有人追随，但它的形成过程需要时间，大约在"大爆炸"发生 10 年之后或更久。说它是阻滞的力量，是因为每

次技术革命的内涵都与前一次不同，因而社会对新的原则需要有一个学习的过程，而在学习中则必须要克服先前的范式成功带来的惰性，即前一范式的广泛存在会成为下一次技术革命扩散的主要障碍。这使技术革命所引发的转型不会仅限于经济领域，而会渗透政治领域甚至意识形态领域。这进而又会影响技术革命的潜力据以展开的方向。这种技术和政治之间的相互影响并不是偶然发生的，而是有其必然性。

革命、范式和发展的高潮

很多人认为，技术创新是通过积累而呈线性不断发展进步的，但实际上技术创新是随机的，而非连续的。这正如库恩所言，科学的历史是由那些极具洞察力的新思想推动的，而不是连续积累的效应。从这个意义上说，"常态科学"只是在科学首创确立以后的"精湛化"。从历史发展的过程看，技术创新也往往有其特殊的发展规律：重大的技术创新要么难以出现，要么会积聚出现而形成技术革命。而人们一旦意识到相继出现的技术革命的影响，重点就会转向那些复杂的相互关联的变迁上，一种非常不同的理解就会产生。这样的发展巨潮是通过巨大的跨越或持续约五六十年的高潮而实现的升级过程，每次都会在经济领域和广大的社会领域引发深层次的结构变化。

这里将"发展巨潮"（great surge of development）定义为一次技术革命及其范式在整个经济中得以传播的过程。这一过程不仅会在生产、分配、交换和消费方面导致结构变化，而且也会在社会中产生深刻的质的改变。这一过程从不起眼的事物开始，首先发生在有限的部门和地域，并取决于交通和通信基础设施的能力，然后逐渐将核心国家的大量活动囊括其中，并扩散到越来越远的外围。

因此，每次巨潮都代表着一个新的阶段。在这个阶段上，新的生产方式和生活方式将更深入人民的生活，在地球上也将得到更大范围的扩张。每次技术革命都将更多层面的生活和生产活动纳入市场机制；每次巨潮都扩大了生产方式与生活方式的进步相一致的国家集团，使新的生产方式与生活方式渗透并延及世界的更多角落，并不会受到国界的限制。

此外，技术革命通过随后形成的范式为平均生产率和质量设定了新的更高的标准，且这一标准是普遍都能达到的。发展的巨潮产生于对这一潜力充分的社会吸收，并最终将所有核心国家的经济提高到更高的生产率水平上。

需要注意的是，每次技术革命都需要大量地转移投资，金融资本在其中的作用至关重要。这也就意味着，如果要使每个新范式结出硕果，就需要在投资模式上、在以效率最大化为目的的组织模式上、在所有社会角色的思维地图和那些对经济及社会进程起调节和驱动作用的制度上，进行大量配套的变革。同时，这也意味着，进步可能还需要在方向上随时做出重要调整：已经积累起来的，可能不时需要进行"解除"；已经导入的，可能又需要被"卸载"。沿着既定的路径推进可能会陷入死胡同，而别人却可能趁机踏上新的轨道而实现超越。学习新事物也许需要忘记许多旧事物。

一次范式的转变为追赶和赶超打开了必要的机遇之窗，技术方向发生变化时也正是新来者难得的学习时期。因此，朝着最有利的方向进行结构性变革的能力，对于实现发展来说，对于在条件和机遇发生变化时维持和增加收益来说，是一项宝贵的社会技能。

当然，一种范式的潜力，无论如何强大，最终都将被耗尽。技术革命和范式都有自己的生命周期，它或多或少地服从任何创新都具有的那类曲线。第一阶段是新产业的爆炸性增长和迅速创新的时期。新产品接踵而至，并揭示了界定其未来轨道的法则。这样，范式就形成了，它的"常识"能够指引技术革命的扩散。第二阶段是一个高速扩散的阶段，它见证新产业、新技术体系和新基础设施伴随强劲的市场投资增长走向繁荣。第三阶段随新范式在生产结构中的充分展开，经济高速增长得以继续。在第四阶段，技术和范式的成熟性受到侵蚀，并在某一时点上技术革命的潜力开始遭到限制。尽管仍然有新产品引进，有新产业诞生，甚至波及整个经济系统，但这些创新的数量锐减而且不再重要。曾经作为增长引擎的核心产业开始遭遇市场饱和、技术创新收益递减的困境。这宣告这些产业接近成熟，整个技术革命的动力逐渐衰竭。

当一种范式的潜力达到极限，它所开拓的空间受到限制的时候，生产率、增长和利润就会受到严重威胁。这样一来，新的解决方案和重大创新的必要性及有效需求就出现了。人们希望从熟悉的路径中走出来。然而，在几十年现有范式成功发展之后，此时环境已经变得过度适应了。不光是企业，连居民甚至整个社会都已全盘接受并采用了现有范式的逻辑，将它作为

"常识"的标准。迫近耗竭的范式开始阻碍人们沿着既定的路径向前行进。

在技术革命所形成的核心产业走向成熟的过程中，它们在获得规模经济最后一些好处的同时，很可能已被巨额的固定投资所束缚。它们很可能已占据了强大的有利的市场地位（寡头垄断或几乎完全垄断）。这使得这些产业可以找到逃出陷阱的有效解决方法。这些方法很可能包括产业合并、人口迁移和某些与金融资本有关的非正规行动。然而，相比眼前的利益，重要的是如何开启下一次技术革命的进程。这其中，最重要的是意愿，即愿意在尝试中发现真正重大的创新。这些创新作为改良可以拓展已有技术的生命周期，或是减少外围活动的成本。

一些重大创新在扩大市场上已有技术的使用范围方面，同样发挥了重大作用：为了提高纺织机的生产率，多种粗陋的高压引擎在19世纪早期得到尝试性开发；20世纪初，科学管理的创始人弗雷德里克·温斯洛·泰勒（Frederick Winslow Taylor）发展了作为大规模生产之核心的对劳动组织的"科学管理"，提高了钢铁厂中运送钢产品的生产率；由于具有便携性，音频产品中的晶体管在20世纪50年代末开辟了巨大的新市场；而20世纪60年代早期，自动化在汽车业得到了长足的发展，数控机器工具则在六七十年代应用于制鞋业和航空业。这一切表明，引入一些真正的新技术可以使处于困境中的成熟工业重获生机。

部门与企业成熟和饱和的情况越严重，多种多样的试错活动就越强烈。正如库恩的"科学革命"模型那样，既有范式的限制和危机，将会促进和推动人们去打破原有的趋势，寻找新的方向。当每次技术－经济范式走到尽头的时候，它所遭遇的特殊障碍将会为寻找一套新的技术提供强有力的指南。为了技术革命的出现，必须开辟崭新的道路，做出关键性的突破。

尽管重大技术创新的酝酿期可以很长，但它们可能在任何时候发生。由于科学和技术生产的相对自主性，总有不同领域的潜在创新在幕后等待。因此在任何科学时点上，科学上可以构想的技术上可行的空间，总是比经济上使用、社会上认可的空间大得多。因此，处于不同开发阶段的许多种重要技术可能已经存在于经济之中了，只是它们的用途很少或很窄。某些技术只有当它们汇合在一起形成一场革命后，其潜力才会完全显现（其他的技术可能要再等数十年，或是永远不会得到充分开发）。所以，在压力和需求给定的条件下，一组新的重大技术可以在现有的技术开发中一同出现。

市场容量增加的经济效益

市场的概念，在古代是指在固定时段进行交易的固定场所，亦即买卖双方进行交易的地方。但随着经济、社会的发展，尤其在工业革命发生后，市场的内涵和外延都已发生了重大变化。市场已不仅指交易场所，而且是交易行为和交易机制的总称。即使仅就交易场所而言，也绝不只是简单的商品交换的场所，还包括股票交易、期货交易场所等。从广义上讲，所有产权发生转移和交换的关系都可以成为市场。

在市场经济条件下，市场对于国家、企业和居民都是极其重要的。没有市场，社会经济生活就无法进行。同时，由于国家或地区大小不同，经济发展水平和居民消费水平也存在差异，势必导致各个国家或地区市场容量存在差别。市场容量大的国家或地区需要进口大量商品，以满足本国或本地区的生产和居民生活的需要，这对于其他国家或地区的生产会起到促进作用；而市场容量小的国家或地区，商品进口的数量自然有限，对于其他国家或地区的生产所起的作用也就小。

市场容量包括市场的广度和深度两个维度，也即所有权发生转移关系的广度和深度，包括消费行为是否活跃、消费行为是否广泛、消费的层次是否在不断提高等。既然市场是所有权交换的场所，是消费行为的场所，而不论所有权还是消费行为都与人口直接相关，因此一般而言，人口规模大、城市人口多的地方，消费行为就更活跃。因此，市场的广度和深度与人口的变化息息相关。

西蒙·库兹涅茨（Simon Kuznets，1966）总结了19世纪西方工业发达国家经济增长的特性。他认为，经济增长很大程度上源于生产技术的提高，仅有很小一部分源于劳动力、资本和自然资源的投入。投入要素质量的提高、有用知识的增加、工业组织的改进、体制安排的完善，这些都会带来更为高效的增长效率。与此同时，最终需求结构也在发生显著变化。在生产过程中，需求结构的变化既是变化的原因，也是变化的结果。技术进步与需求收入弹性形成了复杂的随机关系，涉及资源在区域内重新分配的流动、劳动力比重在不同部门的变动、对外贸易的高速增长以及劳动国际分工的变化等。技术进步和技术革命不仅带来了生产效率的极大提高，也使得劳动力和产品从小公司和组织向大公司和组织进行明显的快速转移，导致生产单位的平均规模不断扩大，形成更大规模的资本投资和规模经济。

事实上，与产业革命相对应的确实是人口的变化。这其中包括两方面内容，即人口数量的变化和城乡人口结构的变化。产业革命使欧洲的人口数量实现前所未有的增长成为可能。尽管 19 世纪有数百万欧洲人移居海外殖民地，但到 1914 年，欧洲大陆的人口已达到 1750 年的 3 倍以上。人口爆炸式增长的原因主要是在技术革命的推动下经济和医学都取得了很大的进步。产业革命后，农业和工业生产率大幅度提高，这意味着衣、食、住以及其他生活必需品等生活资料有了很大的增长。欧洲大部分地区的饥荒逐渐成为历史，即便在一些地区出现了粮食歉收，也可通过新的运输工具从其他地区运送过来，保证粮食供给充足。在技术进步的推动下，医学和医疗条件得到提高，采取的许多公共健康措施使公共卫生条件得到显著改善。虽然当时人口的出生率并没有显著的提升，但是由于死亡率的急剧下降，人口急剧增长成为可能。北欧地区的人口死亡率从 1800 年至少每千人的 30% 降低到 1914 年每千人的 15% 左右。欧洲的人口从 1750 年的 14000 万人急剧增加到 1800 年的 18800 万人、1850 年的 26600 万人、1900 年的 40100 万人和 1914 年的 46300 万人。欧洲人口的这一增长率也比世界其他地区要高得多，以至改变了世界人口的数量对比（见表 2 - 4）。

表 2 - 4　世界人口数量对比

单位：百万人，%

地区		1650 年	1750 年	1850 年	1900 年
数量	欧洲	100	140	266	401
	美国和加拿大	100	1	26	81
	拉丁美洲	12	11	83	63
	大洋洲	—	—	8	6
	非洲	100	95	95	120
	亚洲	330	479	749	937
	世界	642	726	1227	1608
占比	欧洲	15.6	19.9	22.7	24.9
	美国和加拿大	15.6	0.1	2.3	5.1
	拉丁美洲	1.9	1.5	2.8	8.9
	大洋洲	1.9	0.3	0.3	0.4
	非洲	18.3	13.1	8.1	7.4
	亚洲	60.6	65.8	63.9	68.3
	总体	100	100	100	100

　　资料来源：斯塔夫里阿诺斯《全球通史》第十一章，吴象婴、梁赤民、董书慧、王昶译，北京大学出版社，2006。

　　从理论上讲，在给定其他条件的情况下，一个国家的人口规模越大，其创新就越多，技术进步越快。并且，创新之比与人口之比是指数关系，不是简单的等比例关系。原因主要有两个方面：一是知识在生产上具有重要规模经济和外溢效应；二是知识在使用方面不具有排他性。

　　美国物理学家杰弗里·韦斯特（Geoffrey West）和路易斯·贝特科特（Luis Bettencourt）等人研究发现，在城市生活中，人类的发明创造与人口的关系遵循"正 5/4 指数缩放"规则：如果一个城市的人口是另一个城市的 10 倍，那么，发明创造总量是后者的 10 的 5/4 次方，即 17.8 倍。这种相关性同样存在于教育、工作经验、智商等方面。

在人口数量增加的同时，人口的就业结构和消费结构也在发生变化。伴随技术革命和产业革命，劳动分工和专业化程度日益提高，成为城市人口聚集的驱动力。随着人口的这种转移，就业结构也发生了变化，大量从事农业的人口以及那些原始生产中的非熟练工人，转向了技术型职业或更高层次的职业。

城市化的内容之一就是人口离开农村进入城市，由农民变为工人或服务业从业人员等。史料显示，真正意义上的快速的城市化始于 18 世纪英国的产业革命，显著的标志就是世界城市人口的明显增加（见表 2–5）。城市化的动力最初来自工业化，在中后期主要来自城市服务业的兴起和发展，以及新兴产业的不断创新。美国经济学家霍利斯·钱纳里（Hollis B. Chenery）在研究各个国家经济结构转变的趋势时曾概括了工业化与城市化关系的一般变动模式：随着人均收入水平的提高，工业化的演进导致产业结构的转变，带动了城市化程度的提高；同时，城市化也为工业化提供了必要的条件，如劳动力、基础设施、生产要素流通、专业分工协作等。城市化既包括集聚因素也包括分散因素。其中的集聚因素能够通过产业集中节约成本。集聚程度较高的地区或增长极可以通过多种途径传播对区域经济产生积极的外部扩散效应。

城市化是一个国家内部市场容量扩大的过程，而全球化则是一国市场容量外部扩展的过程。经济全球化是经济发展到一定阶段的产物，是世界范围内的各国经济通过全球贸易、全球投资等

表 2 - 5　世界主要城市人口规模

单位：千人

城市	1800 年	1850 年	1880 年	1900 年
伦敦	959	2681	4767	6581
纽约	64	696	1912	3437
东京	800	365	1050	1600
莫斯科	2590	250	612	1000
上海	300	76	612	1000
布宜诺斯艾利斯	40	500	236	821
孟买	200	600	773	776
悉尼	8	20	225	482
开普敦	20	—	35	77

资料来源：斯塔夫里阿诺斯《全球通史》第十一章，吴象婴、梁赤民、董书慧、王昶译，北京大学出版社，2006。

方式和渠道形成全球市场的过程。经济全球化有利于资源和生产要素在全球的合理配置，有利于资本和产品在全球流动，有利于科技在全球扩张。

在经济全球化进程中，社会分工得以在更大范围内进行，资金、技术等生产要素可以在国际社会流动和进行优化配置，由此可以带来巨大的分工利益，推动世界生产力的发展。由于先发展起来的国家在技术、资金等方面占据优势地位，在制定贸易、投资和竞争规则方面拥有更大的话语权，自然就成为经济全球化的主要受益者。

虽然国际贸易自古有之，但在产业革命前，国际贸易主要建立在自然经济的基础上。早期国际贸易的主要功能是互通有无，国际贸易对经济增长的作用并不十分显著，贸易在一定程度上只是人们生活的一种补充，贸易的基础主要也是各国自然资源禀赋和生产技术的差异。地理大发现后，国际贸易开始成为各国有意识的商业活动，但这一时期的国际贸易是和殖民扩张相联系的，是在不断战争和暴力下的殖民贸易，而不是在自愿基础上的公平贸易。殖民掠夺和殖民贸易给各殖民地人民带来了深重灾难，却使欧洲人攫取了世界其他地区的大量金银财富，完成了资本的原始积累，为资本主义的发展奠定了物质基础。此外，殖民贸易还扩大了欧洲的海外市场，特别是美洲市场。而"欧美之间的贸易大大促进了欧美国家以分工交换为基础的市场经济的形成和经济实力的加强。从 18 世纪 60 年代开始，欧美国家逐渐形成了资本主义生产关系，并先后发生了工业革命"。

1720～1913 年，世界贸易增长率和世界工业增长率基本上是同步的；而 19 世纪 40～70 年代，世界贸易增长率超过了世界工业增长率。国际贸易作为商品销售和资本积累的方式，促进了资本主义生产方式及工业革命的产生和发展；同时，资本主义生产方式和工业化本身又客观上要求更广大的世界市场和更深入的国际分工和国际交换。由于工业化彻底改变了各国和世界的自然经济结构，国际分工和国际贸易变成了人类经济活动中的必要组成部分。工业革命后国际贸易出现了前所未有的发展，各国经济和世界经济也获得了快速增长。例如，1840～1870 年，英国的出口占国民生产总值的比重从 9% 上升到 16%，法国和德国也从原来的 7% 上升到 16%。在 18 世纪初到 19 世纪初将近 100 年时间里，世界贸易总额增长了 1 倍多；而进入 19 世纪后，仅前 70 年（1800～1870 年），世界贸易就增长了 6.7 倍。如果扣除价格下跌的因素，实际贸易量增长了 9.6 倍。从 1870 年到第一次世界大战前，虽然除英国外的主要欧美国家开始实行贸易保护政策，并先后出现了几次经济衰退，但世界出口总额仍然从 51.3 亿美元增加到 184 亿美元，增长了将近 2.6 倍。1870～1913 年，世界人均GDP 的年均增长为 1.3%，而 1820～1870 年仅为 0.5%，再往前的 1700～1820 年则只有 0.07%（见表 2－6）。值得注意的是，1870～1913 年，几乎所有国家的贸易增长都快于它们的收入增长。

表 2－6　1720～1913 年世界贸易和世界工业生产年均增长率

单位：%

时期	世界贸易年均增长率	世界工业生产年均增长率
1720～1780 年	1.1	1.5
1780～1820 年	1.37	2.6
1820～1840 年	2.81	2.9
1840～1860 年	4.84	3.5
1860～1870 年	5.53	2.9
1870～1900 年	3.24	3.7
1900～1913 年	3.75	4.2

资料来源：宫崎犀一、噢村茂次、森田桐郎《近代国际经济要览》，中国财政经济出版社，1990。

　　显然，国际贸易和工业化存在相互促进、相互强化的关系。由于工业化本身就是一国经济发展的过程，在这一层面而言，国际贸易和经济发展是相伴相生、密不可分的。

　　在世界经济舞台上，国家间竞争的利器仍然是生产率，拥有更高生产率的一方往往会成为竞争的胜利者。在实现超越式经济增长的过程中，拥有更高的生产率不仅是必要条件，而且是先决条件。提高生产率在微观上提高了企业的竞争力，在宏观上能快速增加国家的财富。生产率的提高主要依靠科技进步。尤其是突破型技术创新的出现能极大地提高生产率。技术革命往往与产业革命相呼应，突破型的新技术不仅能产生新产业，还能改造原有产业使之焕发新的光辉。在突破型技术创新的推动下，生产率将得到明显的提高，更加快速地创造大量财富。当然，生产率的提高离不开市场，市场容量扩大可以带来经济效益提高早已被印证。不断扩大的市场容量能为生产者创造更加广阔的天地。

第三章

改变世界的突破型技术创新

创新是指新工艺或新产品在世界上的某个地方成为新的生产实践。从经济学的角度看，创新是实践，而不只是研发。在经济学家熊彼特（J. A. Schumpeter）看来，开发和应用是并行的，是确定的事情。创新带有先行先试的特点，因而这种创新的实践在推广之前可能只是在某个国家或地区出现。当然，任何创新都是涉及新事物的原创（概念构思和开发），会涉及其试点应用。有创新构思的人和企业只是开端，要获得良好的前景，社会还需要以专业知识判断其是否值得开发，是否应该投资某个推荐项目；在新产品或新工艺开发出来之后，还需要判断是否值得尝试推广。

现代经济主要从事以创新为目标的活动，这些活动是包含多个阶段的完整的过程。

- 提出新产品或新工艺的概念
- 开发新产品或新工艺的前期准备
- 开发项目的融资决策
- 选定的新产品或新工艺的开发
- 新产品或新工艺的市场推广
- 成果评价以及由最终用户试用

- 某些新产品或新工艺的大规模应用

- 试用或早期应用之后的改进

对新创意和新实践的投资，虽然有可能挤掉某些熟练的投资活动，却可能激发大量为新产品制造服务的新投资活动，结果会对就业产生巨大的推动作用。

突破型技术创新

技术创新的定义

技术（Technology）是指人类在利用、改造和保护自然的过程中通过创新所积累的经验、知识、技巧以及为某一目的的共同协作组成的工具和规则体系。技术的任务是改造和控制自然，它包含两个层次——技术科学和工程技术。技术科学是介于基础科学与工程技术之间的各种现代学科群，它揭示同类技术的共同规律，但并不能完全解决某一生产部门的实际问题。工程技术则更接近生产，它综合应用基础科学、技术科学就研制中的技术问题，为生产提供专门指导。然而，工程技术领域内的发明创造并不等于社会生产，技术创新是一种新的生产要素与生产条件的组合，其本质是科学技术与经济的有效组合。

"创新"的概念是由熊彼特（J. A. Schumpeter，1912）首先提出的，其将创新视为经济发展的动力之源。该理论认为，创新是生产要素和生产条件的新组合，企业家通过提出创新方法，引进新产品、采用新方法、开辟新市场、改进生产组织等来提高劳动生产率，从而成为经济增长的主要动因。在熊彼特创新理论的基础上又发展出经济学理论的两个分支。一是将技术进步纳入新古典经济学的理论框架，主要成果就是新古典经济增长理论和内生经济增长理论。二是基于技术创新经济学，侧重研究技术创新的扩散和技术创新的"轨道"和"范式"等理论问题。国内学者傅家骥（1998）指出，技术创新是指企业经营者重新组织各种生产条件和要素，构建具有更高效率及更低生产费用的生产经营方法，目的是推出新的产品和生产方法、开拓新的市场、取得新的原料供应渠道，是融合技术、企业、商业和货币资金活动的一整套系统流程。

技术创新有广义与狭义之分。狭义的技术创新是指创造新技术并把它引入产品、工艺或商业系统之中，或者创造全新的产品和工艺以及对现有产品和工艺的重大技术改进，并将产品引入市场（产品创新）或使生产工艺得到应用（工艺创新）。1982年，弗里德曼提出，技术创新是对新产品、新过程、新系统和新服务的首次商业性转化。在经济合作与发展组织（OECD）编制的《技术创新调查手册》中，为收集数据而推荐的国际标准将技术创新定义为"包括新产品和新工艺，以及产品和工艺的显著技术变化。如果在市场上实现了创新（产品创新），或者在生产工艺中应用了创新（工艺创新），那么创新就完成了。因此创新包括科学、技术、组织、金融和商业的一系列活动"。由此可见，OECD所指的创新是比狭义的技术创新更广泛的综合性的概念。

基于广义视角，技术创新包括技术变化引起的一系列营销、管理、金融、技术、市场、组织变化乃至产业和经济体系的演变。广义的技术创新更加强调新技术（包括新产品和新工艺等）的首次商业化等具有经济意义的概念。

技术创新的研究和实践离不开创新水平的测度问题。技术创新水平的测度主要由两部分组成，分别是建立创新指标体系和收集指标使用的数据。当前可用来进行技术创新水平测度的数据主要有以下四种：一是关于 R&D 投入的数据，在 OECD 国家中按弗拉斯卡蒂（FRASCATI）手册加以采集；二是专利的申请、授权和引用等数据，其中主要的部分来自专利局、世界知识产权组织（WIPO）等；三是创新调查数据，OECD 国家按照奥斯陆（OSLO）手册的定义和方法，通过大规模的技术创新调查进行搜集；四是基于文献的创新产出 LBIO 指标数据，它反映科学出版物和引文的情况以及从技术和行业期刊报道上获得的有关企业创新产品的数据。这些科学技术指标数据在测试技术创新活动方面各有优势，但同时也都有明显的局限性。由于数据的可得性等问题，在实际应用中主要使用的是 R&D 数据和专利数据。

技术创新的分类

将技术创新按不同的标准分类，可以帮助我们更好地认识创新过程。因而创新分类研究是创新理论构建的基础。表 3 - 1 列出了从国内外学术界相关研究中归纳出的常见技术创新分类维度。

表 3 - 1　技术创新的基本分类

按内容	按重要性	按面向的市场	按技术来源	按生产要素	按范围
产品创新	渐进型创新	持续性创新	自主创新	节约劳动型	架构创新
工艺创新	突破型创新			节约资本型	
服务创新	技术系统的变更	颠覆性创新	模仿创新	中性（neutral）型	元器件创新
组织创新	技术经济范式的变革				

资料来源：作者根据文献整理。

按照创新对象和内容的不同，可将技术创新分为产品创新、工艺创新、服务创新和组织创新。产品创新是指作用于产品的技术创新，即为用户提供新的或改进的产品，故产品创新具体表现在一个企业的产品中；工艺创新又称过程创新，是指对现有生产过程技术的创新，包括新工艺、新设备和新的操作方法等；服务创新是指新的设想、技术手段转变成改进的或新的服务；组织创新涉及生产组织方式和相应的生产关系的变动，是制度安排上的一种创新，如麦当劳的营销模式。

按照技术创新的程度和强度的不同，即研发产生技术的先进性来分类，技术创新分为渐进型创新（incremental innovation）和突破型创新（radical innovation）（Mansfied，1968；Freeman，1977）。学术界一般认为，渐进型创新建立在原有技术轨道上，对现有产品的改变相对较小，能充分发挥已有技术的潜能，并能强化现有成熟型企业的优势；而突破型创新建立在一整套不同的技术原理之上，能够改变原有的技术轨道，常常会开启新的市场和潜在的应用，并会给现存企业带来巨大难题。

以创新面向的市场环境、对市场和产业的影响进行划分，可将其分为维持性创新和颠覆性创新。颠覆性创新的核心视角是市场细分和价值体系，强调的是将破坏性商业模式与技术创新进行组合。它以经济效益作为评价尺度，能引起新企业成长和已定型企业的衰败。维持性创新是指能对现有主流市场上产品性能改进做出贡献的创新（Christensen，1997）。

按照技术的来源划分，企业技术创新可分为自主创新和模仿创新。自主创新是指企业依靠自己的力量，通过自身的努力和探索实现技术突破，攻克技术难关，并在此基础上推动创新的后续环节，实现技术的商业化，获取商业利润的创新活动。模仿创新是在已有创新成果的基础上，通过合法的方式和手段（如通过购买专利技术或专利许可的方式）引进技术创新的成果，并在其基础上进行改进的一种创新形式。模仿创新并不是简单模仿，而是有所发展、有所改善的创造性模仿。

此外，技术创新还可以按照生产要素、范围等进行划分。

突破型技术创新的定义

根据历史发生的创新及其创新重要性的不同，英国苏塞克斯大学的科学政策研究所（SPRU）把创新分为以下四类。（1）渐进型创新（incremental innovation）。这是一种渐进的连续的小创新。（2）突破型创新（radical innovation）。这种创新的特点是做出了根本性的突破，常伴有产品创新、过程创新和组织创新的连锁反应，可在一段时间内引起产业结构的变化，甚至催生一个新的产业。（3）技术系统的变革（change of technology system）。这种创新一般以突破型创新为发端，产生具有深远意义的变革，影响经济的几个部门，并伴随新兴产业的出现。其集中体现在技术上有关联的创新群的出现。著名的例子有石化创新群，化纤创新群等。（4）技术－经济范式的变更（change of techno-economic paradigm）。这种变更，几乎影响经济的每一个部门，并改变人们的认识。它的兴衰将表现为经济周期，常常伴随许多突破型创新群以及这些突破型创新群所形成的技术系统变更。

突破型创新的创新强度比渐进型创新要大得多。学术界一般认为，突破型创新的破坏性和渐进型创新的连续性在性质上存在冲突，这导致难以在同一家公司同时开展这两种模式的创新。突破型技术创新起源于 Schumpeter（1934）的"创造性破坏"，即新兴企业通过突破型技术创新，可以推翻大企业的竞争力基础，使得绝对垄断成为不可能。突破型技术创新动摇了企业的竞争优势基础——企业当前主导产品是建立在旧的技术知识基础之上的，而技术变革使得原有的技术优势失效。真正意义上的突破型技术创新研究的兴起，是在 Dosi（1982）的经典论文《技术范式与技术轨道》发表之后。在该论文中，他将突破型技术创新和渐进型技术创新统一到一个理论框架之内。在 Dosi 开创性研究的基础上，后续学者从不同角度对突破型技术创新进行了研究。

P. Thomond 和 F. Lettice（2002）为了更好地区分各类不同创新之间的关系，通过总结 Tushnan，Anderson 和 Veryzer 等人的观点，对创新的相关概念进行了分类。他们基于创新可被看作一个从演化到革命的连续统一体的理念，将创新分为两类。（1）渐进的或演化的创新。其旨在提高现有产品、服务或商业模式的性能，且所提高的性能维度是历史上主流市场的主流客户所重视的维度。它们对于维持和提高主流市场的份额具有关键意义。（2）颠覆性创新。是革命性地突破企业家活动和财富创造的核心，几乎被界定为未来技术、产品、服务和产业的基础。颠覆性创新是用来描述高度非连续性和具有革命性本质的创新，它是相对于演化（evolutionary）及渐进型创新（incremental innovation）而言的。颠覆性创新是成功开发的产品、服务或商业模式，它们显著地转变了需求和主流市场的需要，并破坏了先前关键竞争者的竞争力。关于颠覆性创新和渐进型创新的具体内容和所需的外部环境见图 3－1。

图 3－1 创新的统一体模型

资料来源：P. Thomond and F. Lettice, *Disruptive innovation explored*，2002。

基于此，国际上对突破型技术创新的研究，不同的学者从不同的角度给出了不同的定义。以下观点具有一定的代表性。

Joseph Schumpeter（1934）认为，所谓的破坏性创新（突破型创新）是运用与从前完全不同的科学技术与经营模式，以创新的产品、生产方式以及竞争形态，对市场与产业做出翻天覆地的改造。

Dess 和 Beard（1984）认为，突破型创新建立在一整套不同的工程和科学原理上，通常能开启新的市场和潜在的应用。突破型创新经常给现存的企业带来巨大的难题，但它常常是新企业成功进入市场的基础，并有可能导致整个产业的重新洗牌。

C. M. Christensen（1997）认为，突破型技术创新是基于突破型技术的创新，是那些在并非按照企业主流用户需求进行的性能技术改进的轨道上进行的创新，也可能是暂时还不能满足企业主流用户需求的创新。突破型技术的发生与发展往往一开始在短期内在产品技术性能上低于原有产品，但以后会很快超越原有技术，并产生对原有技术的替代。

Frank Fernandez（1999）认为，突破型技术创新是推动产品报废，大范围取代现有的甚至最成功的现存产品的过程。

George Por（1999）认为，创新的最根本含义是变革，从渐进型创新、持续性创新到突破型创新、破坏性创新形成一个连续的统一体，突破型创新是这个统一体的边缘。突破型创新的特点就是非线性、高速度、不连续。

Lew Elias（2000）认为，突破型技术创新是那些通常会导致整个产业完全改变，并最终成为新产业旗帜的技术创新。

Erik vanBekkum（2000）认为，突破型技术创新是采用破坏性方法和力量产生突破性的创新与思想的方法。

RichardLeifer（2000）认为，突破型技术创新是能带来或潜在导致如下一个或几个方面后果的创新类型：一系列全新的性能特征；已知性能特征提高 5 倍或 5 倍以上；产品成本大幅度削减。

VadimKotenikov（2001）认为，突破型技术创新是使产品、工艺或服务具有前所未有的性能特征，或者具有相似特征但性能极大提高而成本大幅降低，或者创造一种新的产品。

综览上述对突破型创新概念的界定，可以发现，尽管各国学者对突破型创新的定义不尽相同，但也存在如下共识：（1）所有关于突破型创新的定义都是从其对市场、产业、经济的重大影响展开的；（2）突破型创新产品的出现往往相对渐进型创新而言，其区别在于创新强度的不同；（3）突破型创新产品的出现往往改变市场规则和竞争态势，甚至导致整个产业重新洗牌，包括通过大幅度降低成本、提高产品的技术性能等途径使采用传统技术的公司因无法实现盈利而退出市场，使市场上的领先企业溃败，新企业崛起，产业版图大大改变，或者产生一个新产业，摧毁旧产业；（4）突破型创新的出现经常建立在新的工程和科学原理上。

基于以上分析，可以对突破型创新给出以下定义。

突破型创新是导致新产品性能主要指标发生巨大跃迁，或者对市场规则、竞争态势、产业版图具有重大影响，甚至可能导致产业重新洗牌的一类创新。

突破型技术创新的形成及扩散

技术创新通常要经历三个阶段：实验室研究、开发研究和产业化、商品化阶段。最终将技术创新应用于生产、创新成果转化为生产力的是企业，而实现这一转化过程的企业行为就是企业技术创新。但是，突破型技术创新的形成并非企业行为，因为，突破型技术创新的突破点在技术创新的第一阶段。第一阶段即实验室研究阶段，是在调研的基础上，根据市场需求和科技发展趋势选择课题、构思技术原理、设计具有新产品特性的原始模型，在实验室进行试制样品、样机。而在第二阶段，技术创新是在实验室研究成功的基础上，挑选产业化前景明朗的项目，集中力量去解决生产中可能遇到的问题。到第三阶段，才可以形成新的生产线或由企业进行规模化生产。所谓突破型技术创新，往往是在技术理论、原始模型等方面具有突破性。这些方面属于基础研究的一部分，往往能作为公共知识被行业内外使用。一般而言，基础研究没有近期应用的目标，但从长远来看，其应用前景比较清楚，能为开发研究和应用研究指明方向、奠定基础。一旦有突破型的基础研究成果由企业通过开发研究、应用研究转化为生产力，将会在生产领域取得突破性进展。

根据以上定义，蒸汽机、内燃机、电力技术、化学工业技术、电子技术、互联网技术都具有突破型技术创新的特性。它们的产生和应用促进了技术革命和产业革命，极大地推动了经济的增长，具有划时代的意义。以下就以蒸汽机、内燃机和电力技术为例加以说明。

1. 蒸汽机的产生

英国新型的棉纺织业和采煤业急需新的动力机械，催生了蒸汽机。18 世纪 60 年代，棉纺织业在英国还是一个幼弱的工业部门，而传统的毛纺织业却处于垄断地位，因此，棉纺织业迫切需要革新技术，以提高产品竞争力。棉纺织业在积极革新纺织技术的同时，也在积极寻找更强大、更稳定的新的动力支持。在 19世纪初期，水力织布机技术已经达到完善并开始普遍推广，但是纺织厂必须建在远离城市且道路能够到达的河边，不符合市场经济和交通运输的要求；同时，水力受自然条件的限制，具有不稳定性。因此，棉纺织业的发展迫切需要新的动力机械。英国采煤业也面临同样的情况。传统的采煤业需要动力来推动水泵抽排矿井深处的水，而随着采煤量的不断增加，传统的以牲畜为动力的排水设施已完全不能胜任这项工作。这种强大的需求，成为蒸汽机发明的重要推动因素。

自然科学成就和生产技术水平的提高是蒸汽机发明的必要条件。从巴本到瓦特的各式蒸汽机的发明依据的科学原理是以当时出现的大气压、真空和热学理论为基础的。瓦特改进纽可门的蒸汽机得益于化学家布莱克提出的潜能、比热和热容量理论；而冶金技术和机械制造技术的进步，则是把蒸汽机技术原理物理化为蒸汽机实物的技术保证。

蒸汽机技术是上述公共知识传播与个人创造相结合的产物，而且也绝非在一时由一人创造的，而是由不同的人经过长时间的研究才形成的。而这个过程既体现了发明者的努力与智慧，更得益于公共知识的形成和传播。正是有了公共知识，技术创新才得到不断推进：早在公元 1 世纪，古罗马时代的赫伦就发明了一种玩具——蒸汽反冲球，它是近代蒸汽机的雏形；文艺复兴时期，达·芬奇曾留下了用蒸汽开动大炮的图样；1615 年，德·高斯用实验验证过用蒸汽抽水的可行性；1690 年，法国物理学家巴本发明了第一部活塞式蒸汽机；17 世纪末，英国军事工程师塞维利积极进行蒸汽泵的研究，并造出了人类历史上第一部能实际应用的蒸汽机；1712 年，英国铁匠纽可门综合巴本蒸汽机和塞维利蒸汽机的优点，研制出了更实用的抽水机器；之后，英国工程师斯密顿对纽可门蒸汽机做了各种函数关系的实验，并写出了 130 多个实验报告。而瓦特正是在斯密顿实验研究的基础上，创造性地发明了近代蒸汽机。在瓦特之后，人们开始把蒸汽机引向大功率、高参数、经济、安全、可靠的现代化发展方向。美国发明家伊文思在纽可门和瓦特发明蒸汽机的基础上，发明了高压蒸汽机。

2. 内燃机技术的形成

同蒸汽机一样，内燃机的发明和完善也经历了一个不断推进的过程。在这个过程中，众多的发明家、工程师都发挥了极其重要的作用。他们既是公共知识的贡献者，也是公共知识的享用者。正是这种相互促进使得内燃机得以产生和应用，并不断得到完善。

19 世纪内燃机的发展，从采用的燃料看，经历了从火药机、煤气机到汽油机、煤油机、柴油机的演变；从燃料的化学能转化为机械功的方式看，经历了从真空机到爆发机再到压缩机的演变。1869 年，法国发明家里诺制成了第一台实用的二冲程内燃机；1862 年，法国工程师德罗萨提出了四冲程原理；1876 年，德国工程师奥托制成了第一台四冲程往返活塞式内燃机。19 世纪末，石油逐渐取代煤炭、煤气作为燃料，为适应需求，德国工程师和发明家戴姆勒制成了第一台现代四冲程往复式汽油机；1886年，滕特和卡雷斯特曼延制成煤油机；1892年，德国工程师迪塞尔发明了柴油机。自此，往复活塞式内燃机的发明基本完成。

3. 电力技术的形成

19世纪电磁学的创立为电力技术的产生和应用奠定了理论基础。1821年，法拉第制成了一台用化学电源驱动的近代电动机的雏形；1834年，俄国科学家雅科比制成了一台回转运动的直流电动机；1834年，美国铁匠戴文泡特用电磁铁和电池制成了一台电动机；1860年，意大利物理学家巴奇诺基发明了环形电枢，并制成了包含环形电枢、整流子和合理的励磁方式的直流电机，基本具备了现代电动机的结构和形式。

1831年法拉第发现电磁感应定律后，1832年法国人皮克西兄弟制造了世界上第一台手摇永磁式交流电和直流电发电机。1834年，该仪器制造商制成了第一台商用直流发电机。1870年，德国的西门子基于自激原理制成了自激式直流发电机；1878年，俄国科学家雅布洛琪科夫制成了一部多相交流发电机；1885年，意大利物理学家法拉里研制出二相异步电动机模型；1889年后，俄国工程师多里沃先后发明了三相异步电动机、三相变压器和三相制。

总的来看，近现代的技术革命是与科学革命紧密相连的。可以说，没有科学革命就不会有技术的革命。15世纪下半叶，以近代天文学革命、近代医学革命和经典力学的创立为标志的第一次科学革命，为第一次技术革命奠定了坚实的理论基础；20世纪初，以物理学为先驱的第二次科学革命，为第二次技术革命创造了条件；20 世纪中期以后的科学革命，则促成了现代信息技术、新材料、新能源、航天业的巨大发展。而这些突破型技术创新都不是由个人、企业等微观主体单独完成的。相反，其具有明显的公共性，是建立在科学进步基础上的。与此相应，突破型技术创新也具有明显的公共性，属于公共知识，对所有的微观主体都具有普遍的影响力。

突破型技术创新与产业结构变迁

西蒙·库兹涅茨指出，技术创新常常能够创造全新产业并生产新的产品（Kuznets，1930；Burns，1934）。需要明确的是，库兹涅茨所指的技术创新应该是突破型技术创新，因为只有突破型技术创新才能起到如此重大的作用，也只有突破型技术创新才能与产业革命联结起来，实现产业的根本性变化。

18 世纪初，以蒸汽机的发明为突破，形成了第一次技术革命，实现了工业生产从手工工具到机械化的转变。从 1780 年到 1870 年，在最早实现这一技术突破的英国，纺织用棉量增加了 200 倍，钢铁产量增加了 350 倍，煤产量增加了 42 倍。从 1770 年到 1840 年，英国工人日均生产效率提高了 20 倍。正如马克思所说，"资产阶级在它的不到一百年的阶级统治中所创造的生产力，比过去一切世代创造的全部生产力还要多，还要大"。[1]

---

[1] 《马克思恩格斯全集》第一卷，人民出版社，2012，第 405 页。

以电力技术为突破，发电机、电动机、无线电通信等电气化产业的形成和发展，大大推进了工业化进程。1880 年美国建立第一个发电厂，到 19 世纪 90 年代电动机已经在工业中得到普遍使用。19 世纪末，在电力工业和内燃机的基础上，汽车制造业开始形成。1900～1914 年，美国汽车产量剧增 140 多倍。1870～1913 年，美国工业增长了 8.1 倍，工业产量跃居世界首位。与此同时，世界工业生产增长了 2.2 倍，钢产量增长了 50 多倍，石油开采增长了 255 倍，铁路里程增长 4 倍，世界贸易总额增长了 3 倍多。

"二战"后，以电子技术为主导，生产在机械化、电气化的基础上逐步实现了自动化。动力系统、传输系统、工具系统、检测系统、信息系统、控制系统和基础设施组成的综合技术体系，彻底改变了生产的形态。技术创新在经济增长中的占比显著提高，在发达国家平均占 49%，有些甚至高达 60%～70%。20 世纪 60 年代，美国经济增长的 2/3 来自新技术、新工艺的贡献，科学技术投资与经济效益之比达 1∶23。科技因素在美国经济增长中所占的比例，1929～1941 年为 33.85%，1941～1948 年为 50.8%，1948～1953 年为 52.8%，1953～1964 年为 44.6%，1964～1969 年为 71.9%，20 世纪 80 年代达到 80%。[①]

突破型技术创新不仅能创造全新的产业，还能不断地带动一系列的技术创新。突破型技术创新发生之后，往往会引发一系列的渐进型技术创新，他们会共同改造现有的产业。即新技术在催生新产业的同时，还能促进现有产业采纳新技术，从而使现有产

---

① 杨敬年：《科学、技术、经济增长》，天津人民出版社，1981。

业的生产能力得到提高，步入更高的阶段。新技术可以降低已有产品的生产成本，这被称为"过程创新"；新技术还可以在已有产品的基础上发明新的产品，这被称为"产品创新"。而产品创新又可分为两大类：一是新产品与原有产品为垂直关系，即创新产品与原来产品的功能相近，但质量有所提高；二是新产品与原有产品有水平关系，即创新产品具有新的功能，因而能增加消费的多样性或者增进生产的专业化。实际上，正是得益于新技术在部门间的传播，许多老产业的生产能力得到大幅度提高。新技术在部门间的流动是 20 世纪美国经济中技术创新活动的一个基本特征。

蒸汽机对产业的影响

在人类发展历程中，蒸汽机的发明和广泛使用无论怎样赞美都不过分。它与第一次产业革命紧紧相连，被认为是第一次产业革命的开始和标志。更重要的是，它开创了人类历史上的几个先河：一是以机器替代人的技能和努力，机器的快速、规则、准确和不知疲倦使大规模生产成为可能；二是用没有生命的动力资源替代了有生命的动力资源，从而为人类开辟了一个全新的几乎无限的能源供应渠道；三是人类从此可以大量使用新的更加丰富的原材料，特别是用矿物资源替代了植物和动物资源。

首先，它促进了交通运输业的革新。在蒸汽机被运用之前，交通运输的主要动力来自人力、畜力、风力等。蒸汽动力的运用彻底改变了交通运输技术的面貌，并直接导致蒸汽机车、火车、轮船的发明和应用。1807 年，美国工程师富尔顿在美国造成以蒸汽机作为动力的轮船"克莱蒙特"号，并在纽约州的哈得逊河上进行了历史性的航行，成为世界上轮船的首创者。自此，航运业由帆船时代进入轮船时代，开启了航运业的新时代。1814 年，英国发明家、工程师斯蒂芬逊研制成能牵引 30 吨重量的蒸汽机车；1825 年，他设计研制成世界上第一台客运蒸汽机车"旅行号"，开辟了陆上运输的新纪元。19 世纪 40 年代后，英国出现了铁路建设的热潮，随后，美国、法国、德国、俄国等国也开始大规模建设铁路，并很快形成了联通全国的铁路网。铁路网的形成使得货物运输的能力大大提高、成本大大降低，从而使得贸易空前繁荣，并推动了整个社会生产方式的巨大变革。

其次，它改变了传统产业的发展轨迹。蒸汽机因纺织业和采矿业发展的需求而产生，并得到不断改进；与之相应，蒸汽机的广泛运用则极大提高了纺织业和采矿业的效率和生产能力，并使其整个业态发生了根本性变化。同样，蒸汽机被广泛应用于冶金、印染、机械制造、化工等一系列工业部门，要么创造新的行业，要么使原有的业态得到彻底改造，成为现代工业生产的一部分，从而极大拓展了工业生产的广度和深度。在工业革命初期，机器制造多用手工并且多为木制。到 18 世纪末，英国才开始使用蒸汽机和简单车床制造部件；而到 19 世纪初，已经发明出各种锻压设备和金属加工车床，使机械制造业从此建立起来并具备了一定规模。尤其是煤化工、炼铁和炼钢业，在这一时期得到了空前的发展；进入 19 世纪后，得益于蒸汽抽水机、蒸汽凿井机的广泛应用，英国的煤产量迅速增长，并在 1835 年成为欧洲第一大产煤国；1790年，首次采用蒸汽动力鼓风，使冶铁过程的燃料消耗大幅下降；到

19世纪中期后，转炉炼钢技术和平炉炼钢技术相继产生并得到推广，使世界钢产量在1865～1870年增加了70%。煤、钢共同构成了工业化的基础，在很长一段时间里，煤产量和钢铁产量都是工业化、现代化的标志。

最后，它促进了生产方式的变革。蒸汽机的使用使原来的"手工作坊"转变为工厂，而工厂制度的产生则推动了机械化大生产的实现。工厂是人类历史上最重要的劳动组织变革之一，在这之后才有了真正意义上的社会化大生产。它不仅提高了生产效率，而且使大批农民和手工业者成为雇佣劳动者，从而确立了资本主义的生产方式，推动人类社会由农业经济时代进入工业经济时代。

总之，蒸汽机技术带来了社会生产力的巨大发展。蒸汽动力的广泛运用带动了纺织工业、冶金工业、煤炭工业、交通运输业、机器制造业的飞跃发展。在1770～1840年的70年间，第一次技术革命和产业革命的发生地英国的工业平均劳动生产率提高了20倍，英国也因此成为世界上最先进的资本主义国家。可以说，蒸汽机的产生和应用具有划时代的意义，对人类社会的各个方面都产生了极其深远的影响。正如马克思所说，蒸汽机的发明与应用，在短时间内改变了整个世界的面貌。正是这项技术的发明和广泛应用，创造了一系列全新的产业，并彻底改造了原有的传统产业，使之迈上新的发展阶段。

内燃机对产业的影响

如果说蒸汽机与煤炭开采业紧密相连，并彻底改变了产业形态，那么，内燃机的出现和应用则与石油开采业紧密相连，并将工业生产推向了一个崭新的高度。内燃机的产生使得汽车制造和飞机制造得以实现，并且随着内燃机的不断改进，石油冶炼及石油化工行业得到了巨大发展。而正是汽车、飞机、石油化工以及与其相关联的其他产业共同构成了 20 世纪世界经济最为重要的产业群。

内燃机的发明推动了汽车行业的产生和发展。在内燃机出现之初，蒸汽机和电力都曾作为汽车的推动力，这三种推动力的形式都要求有一套精巧的加油或填料装置，但汽油发动的汽车在运行距离等方面更胜一筹，从而使内燃机在技术性能上更具优势。而且，内燃机的性能在 1900～1905 年比电力或蒸汽动力技术得到了更为迅速的提高。此外，已经成长为世界第一大生产国和消费国的美国具有丰富的石油资源，美国国内的汽油价格比电力价格低，从而使内燃机汽车比电力汽车具有运行成本上的优势。1900年，美国制造商的蒸汽推动汽车有 1681 辆，电力卡车有 1575 辆，汽油燃料汽车有 936 辆（Flink，1970）。根据登记注册的数据，1902 年的蒸汽汽车和电力卡车的数量，在纽约和洛杉矶都超过汽油燃料汽车的数量；但到了 1905 年，内燃机则成为美国汽车动力的主导技术。汽车的产业化给美国经济带来了巨大的影响。1900年，美国组建了 57 家汽车制造厂，它们当年的生产总值不少于500 万美元（如果按 1994 年的美元价格计算，统计数字略大于6500 万美元）。这些厂家也开展实验性的研究工作。1909 年，按照行业附加值的大小排列，汽车行业在美国排第 17 位；而到1925 年，汽车行业已名列第 1。正如表 3－2 所示，1900 年美国登记在册的汽车有 8000 辆，1910 年有 458300 多辆，1930 年则达到 2300 多万辆（Clark，1929；Fishlow，1972），成为美国最大的行业（以附加值衡量）。而除汽车行业外，1900 年已有的行业中尚无其他行业用不到 30 年的时间就成为美国最大的行业。

表 3-2　美国登记在册的汽车数量（1900～1993 年）

年份	数量（辆）	年份	数量（辆）
1900	8000	1960	61671390
1910	458300	1970	89243557
1920	8131522	1980	121600843
1930	23034753	1985	131846029
1940	27165826	1990	143549627
1950	40339077	1993	146314000

资料来源：U. S. Department of Transportation，1985；U. S. Depatment of Commerce，1975；Statistical Abstract of the United States，1995。

当今世界，美国、德国和日本是汽车制造强国。长期以来，这些国家都保持了超群的实力和强劲的发展势头。而其优势首先源自持续不断的技术创新。以德国为例。德国汽车产业高度重视研发，努力提高核心竞争力。德国工业领域的研发人员中，有 28% 从事汽车的研发工作；而在汽车工业中，有 1/9 的员工供职于研发部门。德国汽车工业平均每 10 天就有 1 项专利产生，每年获得的专利达 3650 项，是名副其实的世界冠军。这一切确保了德国汽车工业在全球的技术领先优势，也凸显了德国汽车工业在德国经济中的核心地位。

汽车行业的产生和发展为其供应行业的变革提供了动力和机

会，极大地带动了相关产业的产生和发展。汽车工业就像是吸引各种投入的磁铁，吸引了包括机器工具、喷洒车身的漆、玻璃、橡皮、钢铁（包括大量的钢铁合金）、铝、镍、石墨、电气设备、电子器件以及"二战"后的塑料等行业的集聚。内燃机在汽车行业和航天飞机行业得到了广泛应用，这大大促进了对石油产品的需求，特别是从精炼熔化油中提炼的燃料，推动了石油和化学产业的迅速发展。20世纪70年代后，面对消费者对燃料需求的日益增长，以及政府要求降低污染的强制性命令，汽车制造商在设计对美国市场的产品时，不得不重新考虑发动机和传输系统，这大大增加了汽车制造中半导体和电子零部件的应用，包括集成电路、微型处理器和计算机。以德国为例，在汽车制造过程中相应供应商不断提高汽车电子技术的含量。目前，汽车电子技术含量占整车的比例约为40%，而在高档汽车上，电子和电器部分已占汽车价值的一半。

内燃机的发明和使用使农业生产发生了重大革命。尽管蒸汽机的出现改变了工业生产的格局，但是，以蒸汽机作为动力的拖拉机由于太笨重而未获成功。19世纪后半叶，美国发明了收割卷轧机、联合收割机等，但动力还是马匹。内燃机发明后，很快就在割草机、播种机、脱粒机、拖拉机等农业耕作机械中被广泛使用，并取代了传统的畜力耕作机械，大大提高了农业的生产效率。尤其是以内燃机为动力的拖拉机，更是给美国农业带来了巨大变化。1915年，美国首次出售以内燃机为动力的拖拉机，当年的销量为25000台；而到1951年，则达到580万台。1860～1916年，美国的农场从260万个增加到640万个，可耕种面积从近25

亿亩发展到 53 亿亩，农场主的农机具资产从 25 亿美元增加到 360 亿美元（1920 年数据）。

总之，内燃机的发明造就了 20 世纪的石油世纪，使石油变成了战略资源，使新能源和新兴工业得到大发展，同时作为新的动力，也直接推动了交通工具的革命和农业的现代化。

化工技术对产业的影响

化学工业是用化学方法创造新产品的产业。它是以生产为目的改变物质的经济活动。化学工业的诞生改变了人类单纯依靠自然资源的历史，从而可以主动创造资源。化学工业发端于欧洲，成熟于美国。德国和美国成为成功运用化工技术迅速崛起的国家。

从历史上看，德国的崛起首先与化学工业的兴起相联系，而这又源于德国对化学的研究和化工技术的掌握。1830 年，当英国的产业革命达到高潮时，德国还是一个落后的农业国。可是经过了 19 世纪前 50 年基础科学的全面发展，尤其是在 19 世纪 60 年代和 70 年代科学技术的兴盛之后，德国已在理论科学、技术科学、工业生产等方面后来居上，并于 1875 年成为世界科技的中心。19 世纪中后期，比利时人厄恩斯特·苏维尔（Ernest Solvay）经过十多年的试验和改进，创造了新的制碱法——苏维尔制碱法，能够最大限度地节约原材料。随着新技术的迅速传播和广泛应用，凭借无机化工工业的迅速发展，落后于英国的法国和德国得以实现了发展的超越。在新的制碱法的推动下，作为"在技术上最重要的无机化学产品"的硫黄酸的生产量迅速增加，而它又被广泛用来生产其他无机化合物。1900 年，英国硫黄酸的产量是德国的近两倍；但仅仅过了 13 年，这种情况就发生了逆转，德国年产量为 170 万吨，而英国只有 110 万吨。

1871 年，德国煤化工技术居世界首位；1873 年，德国染料工业的产量、质量都超过了盛极一时的英国。19 世纪 60 年代末，德国的染料工业规模很小、很分散，并且主要从事仿造活动，但在此后不到 10 年的时间里，德国企业就已经控制了世界染料市场的一半左右；到世纪之交时，其份额进一步增加到 90% 左右。而且，这还没有计算这些德国企业在其他国家分支企业的产量。到第一次世界大战爆发时，有机化学工业部门就业人数和投资占全部化学工业部门的一半以上。得益于不断的技术创新，直到目前，德国仍然是世界上最强大的化工制品生产国之一。德国化工工业的三大优势领域是基础有机化学品、初级塑料产品及药品。这三个领域的产品各自均占德国化工生产总量的 15% ~ 20%。按销售额排名，依次为特种及精细化工品、聚合物药物产品、石化及衍生物、洗涤类产品、无机基础化学品和农用化学品（见表 3 - 3）。

表 3 - 3　德国化工工业经营状况

年份	营业额（亿欧元）	就业人数（万人）	研发投入（亿欧元）
1995	1123	53.6	53
2000	1350	47.0	71
2005	1528	44.1	79
2010	1711	41.5	94

资料来源：德国联邦统计局。

美国于 1859 年打出第一口油井以后，大力发挥石油开采技术的优势发展石油化学工业。到 20 世纪，随着石油开采和提炼技术的不断进步，美国的石油化学工业迅速成长，美国也成为"石油化工技术王国"。1927～1934 年，美国的纤维、塑胶和橡胶三大合成工业发展迅速，除化肥工业外，其余化工行业全部成为行业冠军。

美国化工技术创新的一个重要成果就是合成纤维。合成纤维具有与塑料、合成橡胶相同的特征，它们都起源于 20 世纪 20 年代和 30 年代关于聚合化学制品的基础研究。大量新设立的合成纤维工厂（主要是尼龙、丙烯酸树脂和聚酯）开始替代天然产品（主要指棉花和木材），并最终占据主导地位。而后者（天然产品）很久以来一直是纺织品制造和使用的基础原料。到 1968 年，人造纤维超过棉花和木材的合计产量（按重量）。1966 年，人造纤维开始被使用在消费品上。其中，使用量最大的行业是服装业，使用量几乎占合成纤维总产量的 1/3。产品大部分是妇女和儿童的服装，其次是包括地毯、织物、家具等在内的家用装饰产品。工业中的使用主要集中在轮胎上，其次是加固塑料。此外，其他产品的生产也广泛使用合成纤维，包括软管、绳子、带子、箱包以及过滤器等（见表 3-4）。

医药行业是美国另一个突出的化学工业部门。医药行业也发端于欧洲，主要是德国，但能使其成为国家重要产业的是美国。19 世纪中期，美国的医药行业和化学工业都离不开始于德国的技术；19 世纪后半期，不仅整个美国医药产品均从德国进口，甚至广泛使用的医疗教科书也是从德国引进的。这种状况一直持续到

表 3 – 4 合成纤维在各使用领域的市场占比（1966～1975 年）

单位：%

使用领域	1966 年	1969 年	1970 年	1975 年
妇女和儿童服装	21	22		
男人和男孩服装	11	11		
服装	44	44		
家用装饰	29	31	30	31
其他消费品	12	12		
工业消费品	23	24	21	19
出口	4	n. a.		
其他产品			5	6

资料来源：Spitz，*Man-Made Fibers Fact Book*，1988。

19 世纪 90 年代，甚至美国一些最早和最为成功的医药生产企业如辉瑞公司（Pfizer）也有德国的印记。20 世纪，美国医药行业开始挖掘国内日益增长的科学知识存量。"二战"促使美国的医药行业转向正规的自主研究，并与国内那些从事生物医药前沿领域研究的大学建立了更为紧密的合作关系。"二战"后，联邦政府显著加强了对生物医学研究的支持。这从全国卫生研究所（National Institutes of Health，NIH）预算经费的巨幅增长可见一斑：1950～1965 年，全国卫生研究所在生物医学研究上经费投入的实际增长率不低于 18%。截至 1965 年，在所有投资于生物医学研究的费用中，联邦政府占近 2/3 的份额。1965 年以后，这种大幅度增长的势头有所减弱，但这也从侧面反映了私人对研究开发投资的加速增长，特别是在 20 世纪 80 年代早期。1993 年，全美国在生物医学研究开发费用上的总支出超过 300 亿美元，其中 39% 为联邦政府投资，50% 为企业投资（Bond and Glynn，1995）。1953 年，分子生物领域的一项重大发现揭开了美国医药行业技术变迁新纪元的序幕。沃森（Waston）和克里克（Crick）确认了 DNA 的双重螺旋结构，找到了一种更为有效的药物发明方法。生物技术不仅创造了现存药品（例如胰岛素）的新生产技术，而且创造了新的医药研制技术（Henderson et al.，1998）。

连续性工艺技术的采用和大规模生产能力是 20 世纪美国化学工业的一个重要特征。在这方面，美国早期从事大规模生产的经验帮助了美国化学工业向以石油为基础的原料过渡。20 世纪初期，美国引进以内燃机为动力的汽车技术，并在随后得到快速发展。这使其对液体燃料的需求几乎是永无止境的。这种需求反过来刺激了石油提炼行业的发展。大规模的石油提炼行业要求开发连续的与之相适应的工艺技术。在两次世界大战之间，美国在石油提炼行业的领先地位为支持其化学工业的基础原料从煤向石油的转变提供了关键的知识以及工程和设计方面的技术；同时，美国巨大的市场规模在早期阶段就使美国石油行业的企业能够采取大规模的生产形式进行产品（如氯、苛性苏打、碱、硫黄酸、过磷酸钾等基本产品）生产。化学产品绝不仅是石化燃料，还有一大批中间产品，如漆、肥料、杀虫剂、除草剂、塑料、炸药、合成纤维、燃料、溶剂等。而这些中间产品又成为其他工业生产的重要原料，使得产业链进一步得到延伸和丰富。

电力、电子技术对产业的影响

电力技术革命是第二次工业革命的核心之一,它的关键是电能的产生与利用。电能的使用成为人类在使用动力方面的又一次巨大的飞跃,由电力技术促成的电气工业的产生和发展,也成为改变 20 世纪工业历程的重大事件。20 世纪中期,电子技术的发明和广泛应用,则直接将人类带入"电子时代"。电力和电子技术的产生,不仅带来了技术上的飞跃,还促进了生产方式的一系列创新,并最终使人们的生产和生活方式发生了巨大改变。

第一,电力技术促进了全新产业的形成和大发展。电话诞生于 1876 年,由美国人贝尔发明。而到 1879 年,电话局已遍及纽约;1885 年,电话在欧洲普及;1927 年,美国电话台数达到世界总台数的 61%。电力技术还推动了无线电技术的发展和无线电产业的形成。无线电技术起源于欧洲,而无线电工业则发展于美国。1906 年,美国人 L. 福雷斯特发明了无线电关键部件——真空三极管。1910 年,美国建成第一个无线电广播电台。自此,收音机进入家庭,并于 1926 年建成全国广播网。1939 年,美国 RCA 推出世界上第一台黑白电视机;1948 年,美国贝尔电话研究所发明了半导体;1960 年,美国人使激光得到应用。正是随着电力技术的产生和应用,美国成为名副其实的世界科技中心。

第二,电力改造了钢铁冶炼业。随着电力成本的下降,冶金行业对电力的使用和依赖加深,企业能够使用较大的电炉来冶炼钢铁,使得钢铁的产能和品质都得到很大的提高。1889 年,美国的一流技术使其钢铁产量超过欧洲,居世界第一位。

第三，电力促进家庭消费产业的产生和发展。很多适用于家庭消费的发明虽然已经存在多年，但由于缺乏合适的能源而被暂时搁置。电力作为一种新的能源，相比煤炭和石油具有更加明显的优势。它使很多适用于家庭消费的工业品得以产生和广泛应用。早在 19 世纪 50 年代和 60 年代，像空气净化器、洗碗机以及洗衣机这类设备就已经被发明出来了，但是一直被束之高阁，直到电动机发明出来后，它们才有了实际应用的可能（Giedion，1948）。20 世纪 20 年代，随着家庭收入的逐步上升，家用电器被越来越多的家庭所使用。电力技术使得家电产业得以迅速发展（见表 3 - 5）。

表 3 - 5　战后美国引进的主要电器

20 世纪 50 年代	20 世纪 60 年代	20 世纪 70 年代	20 世纪 80 年代
带冷冻库的冰箱	洗碗机	微波炉	家用电脑
电视	中央空调	热力泵	大屏幕电视
衣服熨斗	空间加热器	垃圾捣碎机	录像机
自动洗衣机	除霜冷冻冰箱	食品加工机	CD 机
室内空调设备	废物处理器		家用卫星接收机

资料来源：Schurr et al.，1991，图 11.7，图 11.8，图 11.9。

第四，电子技术将人类带入"电子时代"。电子技术革命归功于两项关键的发明：晶体管和计算机。1947 年，贝尔电话实验室发明了电子晶体管，使得电子技术革命的发生成为可能。20 世纪 50 年代，计算机技术取得突破性进展。晶体管和计算机的商业化生产使得电子技术革命得以实现，并迅速产业化。电子技术的发展使"二战"后世界经济出现了三个新的产业：电子计算机、电子软件以及半导体部件。目前，德国拥有世界技术领先的电子电气工业，德国电子元件主要产品包括：半导体产品（集成电路、高度保真分立元件）、电阻器、电容器、缩合器、感应器、无源及混合微电路、电子机械元件（连接器、开关）和印刷/混合电路板等。而且，德国制造的电子元件一半以上用于出口，出口的80%以上进入西欧国家。德国之所以能够在电子电气工业具有优势，主要得益于其持续的技术创新能力。德国电子电气工业每年的革新开支为150亿欧元，占该行业营业额的10%。其中，研发投入120亿欧元，约占德国工业总研发投入的1/5。

第五，电子技术促进了成熟产业的运营方式和技术变革。创新的电子类产品支持了这些产业领域内新兴企业的发展，并促进了成熟产业的运营方式和技术变革，例如电子通信业、银行业和航空业、铁路运输业。此外，新产业形成又带动了上下游产业的形成和发展，从而形成了"产业链"。例如，汽车产业和商用航天飞机产业的发展，极大地带动了对燃料、合成材料等其他上游产业的产品需求，由此为这些产业扩大规模和提高效率提供了外在动力。

突破型技术创新与经济增长

统计分析表明，在18世纪后期到19世纪80年代的约1个世纪里，目前15个发达国家中，人口大约平均增长了3倍，而人均产值却增长了 5 倍，国民生产总值（GNP）至少增长了 15 倍，在有的国家甚至是 30～50 倍（见表 3 - 6）。与之形成鲜明对比的是，在公元 1000～1750 年的几个世纪里，欧洲的人口是按每 100 年增加 17% 的速度累进增加的，而人均产值每 100 年的增长倍数则在 1.25～1.5 变动。或者说，其间的人均经济增长率尚不足现代经济增长率的 1/4 甚至 1/20。[①] 如果以 20 世纪主要国家的经济增长情况与此进行对比，差距会更大。经历了第一次产业革命和第二次产业革命的欧洲国家及其在北美和大洋洲的移民国家，在世界财富总额中所占的份额不断增加：1938 年，它们以大约占世界 17% 的人口占有大约 57% 的世界收入；而 1949 年，它们在世界收入中的占比已增加到近 2/3。[②]

表 3 - 6　部分国家经济年增长速度

单位：%

国家	起始年份	起始年份～1913 年		1913～1959 年	
		总产值增速	人均年产值增速	总产值增速	人均年产值增速
日　本	1880	4.4	3.4	3.8	2.6
美　国	1871	4.5	2.2	3.1	1.8
加拿大	1872	4.0	1.9	3.1	1.5
瑞　典	1863	3.1	2.4	2.4	1.7

---

① 〔美〕西蒙·库兹涅茨：《各国的经济增长》，商务印书馆，1985，第 27、323 页。

② 〔美〕西蒙·库兹涅茨：《各国经济增长的数量方面：增长率水平与变化》，《经济发展与文化变迁》第 5 卷第 1 期，1956 年 10 月号，第 17 页。根据其估计，西欧在 1938 年占世界财富的 27.7%，美国占 25.9%；该数字在 1949 年时分别为 22% 和 41%〔转引自《剑桥欧洲经济史》（第六卷），经济科学出版社，2002，第 50 页〕。

续表

国家	起始年份	起始年份~1913年		1913~1959年	
		总产值增速	人均年产值增速	总产值增速	人均年产值增速
丹　麦	1872	3.2	2.1	2.2	1.2
挪　威	1865	2.1	1.3	2.8	1.9
德　国	1853	2.6	1.5	2.4	1.4
法　国	1855	1.7	1.5	1.3	1.5
意大利	1863	1.4	0.7	2.2	1.7
英　国	1857	2.6	1.6	1.3	0.8
荷　兰	1900	2.2	0.7	2.6	1.3

资料来源：《国民经济评论》1961年7月号［转引自《剑桥欧洲经济史》
（第六卷），经济科学出版社，2002，第25页］。

　　率先完成产业革命的国家不仅在经济总量上实现超越，其
产业结构也伴随现代经济的增长而发生巨变。正如西蒙·库兹
涅茨（Simon Kuznets）所言，经济增长不仅是个总量问题，而
且是个结构问题，即伴随经济增长，经济结构有从农业向工业
再向服务业发展的过程，这就是产业结构不断升级的过程。随
着新产业的产生以及现有产业被新技术改造，一方面生产的规
模得以扩大；另一方面生产的效率也得到很大提高。生产规模
的扩大和生产效率的提高正是产业结构升级的过程，也是经济
增长的过程。从发达国家的经济增长过程看，在1个世纪里，
农业部门的产值份额从40%以上下降到10%以下，而工业部门
的产值份额则从22%~25%上升到40%~50%，服务业部门的
产值份额也有所上升。如果从劳动力的部门份额变动来看，结
构变动更为明显。农业部门的劳动力份额在1个多世纪内下降

了35%～50%。① 最先实现超越式经济增长的国家是英国，最先从农业生产活动向非农业生产活动转变的国家也是英国。在 1688年，只有 1/5 的英国家庭可以明确地归入非农职业集团，而且大部分工业活动是农业生产者在淡季以家庭为单位组织的。到 19世纪上半期，英国农业劳动力占比开始稳步下降，到 19 世纪下半期则出现迅速下降，至 1901 年，大约只有 8.5% 的劳动力从事农业劳动。与之相应，英国农业占国民生产总值（GNP）的百分比也从 18 世纪中期的 40%～45% 下降到了 19 世纪初的约 1/3，再降至 1851 年的大约 1/5。到 1881 年，该比例只有约 1/10。在美国，19 世纪初期大约有 73% 的高收入就业人口是从事农业生产活动的，但到 1870 年时降至 53%，1910 年时进一步降至 31%，到 1940 年这个比例已经降到 17%。与此相应，美国的制造业产出水平在 1920 年时较 1913 年水平增长了 22%，在 1923 年时较1913 年又增长了 41%。

表 3-7　世界制造业生产占比情况

单位：%

国家	1870 年	1913 年	1936～1938 年
美　　国	23.3	35.8	32.2
德　　国	13.2	15.7	10.7
英　　国	31.8	14.0	9.2
法　　国	10.3	6.4	4.5

---

① 〔美〕西蒙·库兹涅茨：《各国的经济增长》，商务印书馆，1985，第 330 页。

续表

国家	1870 年	1913 年	1936～1938 年
俄　　国	3.7	5.5	18.5
意 大 利	2.4	2.7	2.7
加 拿 大	1.0	2.3	2.0
比 利 时	2.9	2.1	1.3
瑞　　典	0.4	1.0	1.3
日　　本	11.0	1.2	3.5
印　　度	11.0	1.1	1.4
其他国家	11.0	12.2	12.7

　　注：1936～1938 年的数字在使用时应该有所保留，因为当时苏联的制造业产量已经大到足以令人怀疑其统计数字的正确性，因而该占比情况存在不准确的可能性。

　　资料来源：国际联盟（League of Nations）《工业化与世界贸易（1945 年版）》〔转引自《剑桥欧洲经济史》（第六卷），经济科学出版社，2002，第 24 页〕。

　　熊彼特以康德拉季耶夫的经济长波理论为基础，根据创新浪潮的起伏把历史上发生的"创造性破坏"（creative destruction，熊彼特将企业家视为创新的主体，其作用在于创造性地破坏市场的均衡）分为三个长波：（1）1787～1842 年是产业革命发生和发展时期；（2）1842～1897 年为蒸汽和钢铁时代；（3）1898 年以后为电气、化学和汽车工业时代。并对此展开了更深入细致的研究。他认为，科学技术形成创新活动时打破了经济均衡，成为推动社会经济发展的主要动力，其作用机制是技术创新波动—投资波动—经济增长的周期性波动。每一个长波均与一次大规模的产业革命紧密相连。产业革命是技术革命大规模集中的浪潮。每一个经济长波推动经济增长的技术革命从产生到消亡的时间一般为

50～60 年（一般繁荣期和衰退期各占一半，呈对称分布），并以资本积累为基础。危机是大规模旧投资的寿命终点，又是大规模新投资的起点。技术革命在产业结构的升级过程中创造了投资高潮和生产高潮，此时的经济周期处于繁荣阶段，创新占主导地位，主导产品供不应求。同时它也制造着潜在的投资低潮和生产低潮。一旦投资低潮和生产低潮变为现实，经济周期就进入衰退阶段，此时，重要的创新活动接近衰竭，主导产品供过于求，成本竞争取代创新成为衰退阶段的主要特征，全社会的总供给和总需求呈现从相对平衡到严重失衡的状态。综上，不难看出，每一个经济长波的涨潮期都伴随技术革命，以及新产业部门的相继建立，产业结构的调整和产业革命的产生势在必行。重要的是，突破型创新引发的创新群是每次新的经济长波的引爆器。由于突破型创新的带动作用，各种技术创新不仅在空间上成群出现，而且在时间上成群集聚，因此在宏观上必然表现为周期性波动。

熊彼特所研究的经济长波是技术－经济范式的变更，其本质是突破型创新连锁反应的群集。这种技术－经济范式转移的早期案例就是众所周知的几次产业革命。而几次产业革命都伴随经济中心、科技中心的转移。以英国为例，以蒸汽机技术为代表的突破型技术创新引起的创新集群导致第一次工业革命，出现了第一个经济长波，并因此使得英国取代意大利成为近代西方第一个科学技术中心，英国也在短短的几十年里成为西方的经济中心。在英国之后，德国根据实际情况学习英国的科学知识，完成了化学工业领域的突破型技术创新，世界科技中心遂于 1875 年由英国转到德国；20 年后，世界经济中心也由英国转移到德国。从微观层面来看，德国企业家非常重视采用别的国家的突破型技术创新成果。德国的企业主把突破型技术当作发财致富的手段，对新技术、新发明很敏感。一旦国内外有新的发明和创造，德国企业主就会不惜一切代价甚至派出工业间谍把情报弄到手，动作之快令人吃惊。德国之后，19 世纪后期到 20 世纪 30 年代，美国以爱迪生发明电灯为开端，以电力技术为代表，形成了突破型创新的连锁反应，1860 年以前还处于落后状态的美国只用了 30 年的时间便跃居世界第一经济大国，并超过德国成为新的世界科技、经济中心。

值得注意的是，英国、德国、美国发生的世界科技、经济中心转移具有一个共同的特征，就是三个国家都在某一个可能发生技术革命的领域采取了突破型创新战略。这些突破型创新进而像原子裂变一样发生链式反应，形成了新的产业或产业群，并进而推动这些产业或产业群占据世界领先地位，实现了科技－经济中心的转移。

与此形成鲜明对比的是，日本由于没有产生突破型技术创新而没能形成新的产业和产业群，也就没能实现科技和经济发展上的超越，却在经济发展到一定阶段后处于长期的停滞状态。20 世纪中叶，日本经济蒸蒸日上。许多学者据此认为，日本将是继美国之后的科技、经济中心，但随着泡沫经济的破灭，这种观点也烟消云散了。日本之所以会形成这样的局面，关键就在于日本采用的是渐进型创新和模仿战略，没有形成新的产业和产业群。其技术与经济的领先地位主要体现在其技术与发达国家的技术水平接近或持平，因而其只能缩短与发达国家的科技和经济差距，而无法实现超越。美国大企业深谙突破型创新对经济的巨大影响，洛克菲勒（John Davison Rockefeller，1839～1937）就直言："经济的成功不是来自于别人已做得很好的事情，而是来自于别人不能做或者做不好的事情。"（John Rockefeller，1972）统计表明，美国的技术创新78%为首创或技术突破型，它是美国持续经济繁荣的主要动力（R. Mller and M. Hobday，1995）。

　　需要注意的是，技术创新（包括突破型技术创新）绝不能仅仅归因于一小群发明者和技术人员的天才。天才无疑在其中起了一定的作用，但更为重要的是，能在不断扩大和深化的市场中使各种有利因素结合在一起。正是在不断扩大和深化的市场的刺激下，很多发明才逐渐有了实用性，成为可推广、可复制的商品。实际上，很多发明在成为商品之前的很长一段时间就已为人所知，但因为没有市场需求，它们无法在实际生产中放射应有的光辉。蒸汽机的发明和应用就是典型的例证。蒸汽能用作动力，在古希腊时代的埃及就已经为人所知，甚至得到了应用，但它仅被用于开启庙宇的大门。此后，以蒸汽作为动力的发明基本就停滞在这个水平上。到18世纪，在英国，为了从矿井中抽水和转动新机械的机轮，急需一种新的动力之源，后续的一系列发明和改进才得以发生，直到最后研制出适宜大量生产和使用的蒸汽机。这充分说明，技术创新必须与现实的生产需要紧密结合起来才具有经济价值。而这一过程需要有人、财、物不断地加入其中：这是一个持续的集体行为过程。

第四章

市场容量：广阔天地大有可为

　　市场自古就有。在古代，市场是买卖双方进行交易的场所，是人们对在固定时段或地点进行交易的场所的称呼。在中国，原始的市场被称为"市井"。这是因为，最初的交易都是在井边进行的。《史记正义》写道："古者相聚汲水，有物便卖，因成市，故曰'市井'。"《周易·系辞》就市场的起源写道："神农日中为市，致天下之民，聚天下之货，交易而退，各得其所。"虽然关于原始市场始于神农氏的说法带有浓厚的神话传说意味，但有一点可以肯定，我国古代社会进入农业时期，由于社会生产力有了一定发展，有了可供交换的少量剩余产品，因而原始市场产生了。到西汉时，全国已有六大商业城市，其中的国都长安最为繁荣。根据《史记·货殖列传》的记载，当时市场上流通的商品已有七大类近百种商品，甚至包括作为劳动力被买卖的奴婢，可见市场之繁荣。

　　随着生产的发展、交易种类的增加和交易频率的加快，市场的含义也发生了很大变化，不但指交易场所，也包括交易行为。进入近现代社会，尤其是西欧进入资本主义经济时代后，作为交易场所的市场也不再仅仅指传统的货物交易的场所，还包括股票市场、期货市场等。而作为交易行为，消费行为的活跃度则是其核心指标。因此，在谈到市场的大小时，并不仅指场所的大小，还包括消费行为的活跃度。现在，从广义上讲，所有产权发生转移和交换的关系都可以称为市场。市场也被认为是由供给方、需求方、交易设施等硬件要素和交易的结算、评估、信息服务等软件要素构成的商务活动平台。

按照经济学的定义，市场是社会分工和商品生产的产物。哪里有社会分工和商品交换，哪里就有市场。市场在其发育和壮大过程中，也推动着社会分工和商品经济的进一步发展。市场通过信息反馈，直接影响人们生产什么、生产多少以及上市时间、产品销售状况等，同时联结商品经济发展过程中的产、供、销各方，为产、供、销各方提供交换场所、交换时间和其他交换条件，以此实现商品生产者、经营者和消费者各自的经济利益。按照不同的分类方法，市场可以被划分为各种不同的类别。而与经济增长关系最为密切的是市场容量。

市场容量（Market Capacity）即市场规模（Market Size），包括目标产品或行业在指定时间内的产量、产值等。决定市场容量或规模的要素有三个，即购买者数量、购买力和购买欲望。也就是说，市场容量是市场需求量的测量目标，对需求的市场预测的好坏直接决定了企业是否对该产品进行创新实验和投资。在经济学上，需求反映的是消费者对于某一商品或服务在不同的价格之下的需求集合，而需求量是在某一确定价格之下消费者的需求数量。在不同价格下，需求量会不同。在这个意义上，需求就是价格与需求量的关系。可以说，市场需求是市场容量的推动力，两者相辅相成，通过用户确定的标量反映市场的需求，从而确定市场的容量或规模。

要提高市场需求，一方面要提高消费需求；另一方面要提高投资需求。其中，提高消费需求，主要取决于是否有足够的购买者，以及购买者是否具有足够的购买力和购买欲望。这需要采取一系列相应的措施。其中，最重要的途径就是推进城镇化和全球化。城镇化和全球化不仅是经济发展的产物，由于它们能有效扩大市场容量，因而也是推动经济增长的重要动力。

城镇化

城镇化也称城市化，其不仅是一个经济现象，也是一个动态的复杂的社会过程，且一般来说，这个过程会持续相当长一段时间。但放在历史的长河中，城镇化只是一个阶段性的过程。之所以说是"动态"的过程，是因为城镇化有其产生和发展的过程，它会随着工业化、现代化的演进而不断变化并向前推进。之所以说是"复杂"的过程，是因为城镇化涉及人口问题，但它并不仅指人口从农村转移到城镇，还伴随很多经济、社会、文化等各个方面的变化。之所以是"阶段性"过程，是因为在工业革命之前，也即工业化之前，不存在城镇化问题，只是在工业革命引发工业化之后，城镇化才得以发生并发展，而且当工业化和现代化发展到一定阶段时，城镇化就基本停止了，也就是说不存在永远的城镇化。

城镇化最早始于欧洲，对城镇化的研究也最早兴于欧洲，并受到欧洲学者的密切关注。随着城镇化在世界范围内的进行，对城镇化的研究也越来越广泛、越来越深入，积累了丰富的研究成果。

城镇化概念的界定

在研究城镇化的过程中，不同学科的学者往往有各自的视角，如建筑学家会从建筑学的视角考查城镇化，人口学家会从人口变迁的角度考查城镇化，经济学家会从经济运行机制变化的视角分析城镇化，而社会学家则更关注城镇化过程中的社会问题，等等，因而对城镇化的定义并不相同。由于这些定义都是局限在一个侧面去考查城镇化，因而都如同盲人摸象，具有片面性。

最早是建筑学家给出了"城市化"的概念，其可以追溯到1867年出版的《城市化原理》。该书是西班牙城市规划设计师赛达（A. Serda）的著作。他从城市规划与建筑学的视角对城市进行了审视和阐述，并从工程技术的角度使用了"城市化"的概念。他对城市化的理解侧重于城市建筑景观的规划。

人口学家从人口转移的角度对城市化进行了定义。他们强调，城市化就是农村人口向城市转移和集中的过程。J. O. Hertzler提出，城市化的核心是人口的流动和集中，即人口从乡村地区流入大城市，即分散的农村人口向城市集中。①

经济学家以不同的经济形态来定义城市化。如城市经济学家沃纳·赫希就认为，城市化是农村经济形态转变为城市经济形态的变化过程，即从人口稀疏且分布相对均匀的空间向相对集中且

---

① 〔美〕J. O. 赫茨勒：《世界人口的危机》，何新译，商务印书馆，1963，第52页。

分布不均匀的空间变化的过程，也是农村经济向城市经济转变的过程。[①] 由于经济学家将经济划分为农村经济和城市经济两大部类，因而城市化的定义一般都强调其是农村经济向城市经济转化的过程和机制。

社会学家对城市化的定义则强调城市社会生活的发展变化过程。如社会学家 Louis Wirth 在 "Urbanism as a way of life"（1938）一文中对城市化的定义就以人们生活方式的转变为出发点。他认为，城市化意味着人们的生活方式从乡村生活方式向城市生活方式发生质变的过程。[②] 社会学家 P. Sorokin 认为，城市化不仅是生活方式的转变，还有意识、行动等的转变，因此，他将城市化定义为人们从农村意识、农村行动方式和农村生活方式转变为城市意识、城市行动方式和城市生活方式的过程。[③]

地理学家对城市化的定义强调人口、产业的空间布局，指出城市化是人口、产业从农村地区向城市转移和集中的过程。如在日本地理学家山鹿城次看来，城市化不仅包括人口的迁移，还包括产业的转移。他认为，现代的城市化概念应该包括三个方面：原有市街的再组织、再开发；城市地域的扩大和城市关系的形成与变化；大城市地域的形成。[④]

随着城市化进程的加快，社会实践的丰富和各学科理论研究

---

① 〔美〕沃纳·赫希：《城市经济学》，刘世庆译，中国社会科学出版社，1990，第22页。

② Louis Wirth, "Urbanism as a way of life", *American Journal of Sociology*, 1989, 49V, P. 46~63.

③ 崔功豪等：《城市经济学》，江苏教育出版社，1992，第68页。

④ 〔日〕山鹿城次：《城市地理学》，朱德泽译，湖北教育出版社，1986，第106页。

的深入，人们对城镇化有了越来越系统的认识，并逐渐形成了一些综合性的定义。

在现有的对城镇化的定义中，美国城市经济学家 Vernon Henderson 对城镇化的界定是最具代表性的："人口从乡村（rural）向城市（urban）环境的转移，是典型的短期过程（transitory process），尽管在社会上和文化上会经历镇痛（traumatic）。它是人口从传统的非正式的政治和经济制度的乡村环境转移到相对匿名（anonymity）和更正式的城市环境中……城市化是国家产出构成从乡村农业转向城市现代制造业和服务业的结果。"①

城镇化动力的研究

既然城镇化是伴随工业化产生的，那么，城镇化的动力就与工业化有紧密的联系。从经济、社会发展实践以及理论研究的情况看，相对不同国家或地区。推动城镇化进程的动力存在明显的不同，主要可区分为发达国家的城镇化动力和发展中国家的城镇化动力。

对于发达国家的城镇化动力，我国城市经济学家高珮义在其著作《中外城市化比较研究》② 中做了比较系统的研究。其在研究中总结归纳了有关城镇化动力的以下主要观点。一是工业化论和产业革命论。这种观点是对欧美发达国家城镇化的总结。其根据是，在伴随产业革命到来的大工业时代，规模经济产生了，使

---

① J. V. Henderson, *Urbanization*, *Economic Geography and Growth*, Brown University working paper, 2003.
② 高珮义：《中外城市化比较研究》，南开大学出版社，2004，第 409~411 页。

生产形成了一个有机的系统，且一般都集聚在城市里，因此，随着工业化的推进，城市化或者城镇化便伴随而来。而城镇化的加速又会使更多的人口向城镇转移，从而创造了更多的需求，为工业化提供了源源不断的动力。二是农业剩余产品论。这一观点认为，城镇化是农业大发展的产物，即其是由农业生产力的发展决定的：农业生产力发展，能创造足够的粮食时，会促进贸易的发展，而贸易的发展正是城市存在和发展的重要条件。因此，只有农业剩余产品不断增加，城镇化才能发生、发展。三是劳动分工论。该观点认为，劳动分工是城市经济组织的基础。[①] 正是劳动分工推动了产业发展，尤其是第二、三产业的发展，才使得城镇得以发展。也就是说，正是由于社会分工的出现，城市才得以形成并不断发展。[②] 四是科技革命论。苏联的一些学者认为，科技进步是城市体系发展的重要因素，[③] 尽管它不是唯一的因素，却是必不可少的因素。

关于发展中国家的城镇化动力，它既与发达国家的情况有相似之处，也有自己显著的特点。相关研究主要得出以下理论观点。

一是二元结构理论。该理论认为，在很多发展中国家都存在以农业和农村为代表的传统经济和以工业和城市为代表的现代经济的二元经济结构；当二元经济发展到一定阶段时，要么经济发

---

① R.E. 帕克等：《城市社会学》，宋俊岭等译，华夏出版社，1987，第 2 页。

② 城镇化与小城镇课题组：《国外城市化：译文集》，中国城市规划设计研究情报所，1987，第 94 页。

③ A. 霍拉萨尼扬等：《科技进步与城市发展》，申议等译，中国城市规划设计研究情报所。

展陷于停滞，要么经济出现融合逐步走向一元经济，而走向一元经济的过程也就是城镇化的过程。在城镇化过程中，农村人口大量向城市和城镇转移，产业尤其是第二、三产业不断在城市获得更大发展，整个经济、社会结构发生巨大变化。在这方面的研究成果包括：刘易斯（W. Arthur Lewis）的二元经济模型、拉尼斯－费景汉（John C. H. Fei and Gustav Ranis）模型、托达罗（Michael P. Todaro）的劳动力迁移模型、乔根生（Dale W. Jorgenson）的二元经济模型。这些学者通过数理研究，对二元经济的产生、发展、结果等都做出了精巧的分析，成为解释经济现象、指导经济活动的重要参考。我国城镇化在发展过程中也存在明显的二元经济特征，因此，20世纪80年代初，这些理论传入中国之后，便在国内产生了巨大反响。同时，中国的很多学者也根据这些研究成果，发展出了更加符合中国国情的经济理论。

二是人口迁移理论。人口迁移理论是由人口学家提出的理论，他们从人口迁移的角度来研究城镇化，用人口从农村向城镇转移的程度来衡量城镇化水平。19世纪末，莱文斯坦（E. G. Ravenstein）最早提出了"人口迁移法则"。他通过分析人口迁移作用力，得出人口变迁过程中存在推拉力规律的结论。而在推拉力规律中，他着重强调了吸引力（拉力）的主导作用。而后，一些学者在这一思想的基础上逐渐发展出了推力－拉力理论、人口移动转变假说、人口迁移引力模型、迁移决策理论等，形成了一个较为完备的理论体系。在这一理论体系中，推力－拉力理论有着更为广泛的影响力和接受度。1959年，唐纳德·博格（D. J. Burge）发表了有关人口"推力－拉力理论"（push-pull theory）的论文。博格认为，人们在迁移过程中会受到两种力量的作用：既会受到原居住地的推力，也会受到其迁入地的拉力，并在这两种力量的共同作用下产生迁移。由此，他还归纳了构成推力和拉力的各方面因素。在博格研究的基础上，1966 年，埃弗雷特·李（Everret S. Lee）对推力－拉力理论进行了进一步研究，并给出了更详细的分析。在他的研究中，不仅有推力和拉力两种力量，还增加了原居住地相关因素、目的地相关因素、迁移过程的中间障碍因素和个人因素，且这四个因素都既有推力也有拉力，构成了判断迁移者是否迁移、迁往哪里的依据。1990 年，马赛（D. Massey）进一步发展和完善了推力－拉力理论，指出人口的迁移不仅与推力－拉力相关，还与迁移者获取信息的能力密切相关。Wilbur Zelinsky 则认为，人口的迁移、流动受多方面因素的影响，包括社会发展条件、人口出生率、人口死亡率等，而且这些因素直接决定了人们迁移与否。根据他的研究，他将社会发展划分为 5 个阶段，且在每个阶段，人口的迁移和流动又都呈现不同的特点，而与之相应的城镇化也表现出不同的特征。人口迁移引力模型则是学者们借鉴牛顿万有引力定律，将人口规模大小及与城市距离的远近等因素作为是否迁移的作用因素，而设计出的相应理论模型。1946 年，齐夫（Zipf）在其提出的互动假说基础上建立了第一个人口迁移引力模型。随后，在互动假说和人口迁移模型的基础上，索玛梅捷（Sommermeijer）又建立了新的模型——引力模型。他们两人具有几乎相同的研究思路。而劳瑞（Lowry）则另辟蹊径，利用统计模型，用经济和吸引力等解释人口迁移。在他的模型中，经济和吸引力因素包括：失业率、制造业的工资率、用非农劳动力表示的两地区人口数量等。20 世纪 70 年代，在行为科学的影响下又发展出一套迁移决策理论。该理论将研究从经济方面转向了人的行为方面，一系列从个人到家庭层面分析迁移的相关动机与决策的理论逐渐形成。

城镇化的发展阶段研究

城镇化既然是一个阶段性的过程，那么其自身在这一过程中也自然会存在不同的发展阶段。R. M. 诺瑟姆（Ray M. Northam）通过归纳总结将不同国家和地区的城镇化（城镇人口数占总人口数的比重不断提高）描述成一条被拉长的 S 型曲线。[①] 他认为，城镇化不是单一连续的，而是可以划分为不同阶段的，具体可以划分为初期、中期和后期三个阶段。其中，初期阶段城镇化水平较低，发展速度也比较慢；中期阶段城镇化水平提高很快，农村人口迅速向城镇集聚；后期阶段是城镇化水平已达到较高水平，人口从农村向城镇迁移减缓甚至停滞。由于这三个阶段与拉长的 S 相似，因此，可以用 S 型较为形象地描述城镇化的发展过程。这也成为对城镇化发展最为著名的描述（见图 4 - 1）。

美国是在新大陆上建立起来的崭新国家，其城镇化与经济社会的发展几乎同步，因此，其城市化进程经历 1 个多世纪才得以基本完成。1840 年，美国的城市人口占总人口的比重就已经超过 10%；但直到 1960 年，美国的城市化率才达到 70%。从城市化的年平均增长率看，美国每年仅提高 0.5%，可以说是比

---

① Ray M. Northam, *Urban Geography*, New York: John Wiley & Sons, 1975.

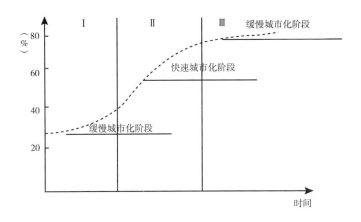

图 4 - 1　城市化进程的 S 型曲线

资料来源：谢文蕙、邓卫，1996。

较低的，但其发展的轨迹较为清晰，基本呈沿着 S 型曲线的阶段性上升。

　　如果说美国的城市化水平提高较为缓慢，那么，日本则完全相反。日本是后发国家，经济发展和城市化率的提高都具有后发国家的特点，即属于追赶型，因此速度较快（见图 4 - 2）。日本学者今野修平根据日本城镇化的特点，将日本城市化历程划分为如下三个阶段①：第一阶段，城市化（Urbanization）；第二阶段，特大城市化（Metropolitanization）；第三阶段，特大城市群化（Meglopolitanization）。而日本学者山田浩之则将城镇化过程划分为集中型城市化、郊区化、逆城市化三个阶段，且每个阶段又分为

①　周牧之：《城市化：中国现代化的主旋律》，湖南人民出版社，2001，第 281 页。

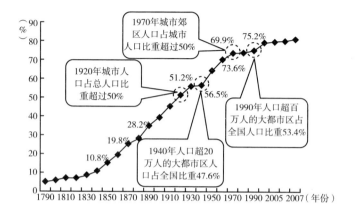

图 4 - 2　日本城市化率的变化

资料来源：今野修平《中国城市化问题的整理与对策建议》，2001。

绝对和相对两个时期。[1]

　　除了在理论上的划分外，一些学者还试图建立模型来分析城镇化过程。其中，比较有代表性的模型是差异城市化理论（Theory of Differential Urbanization）模型和城市发展阶段（Stages of Urban Development）模型。[2] 这两个模型都假定城市具有发展的周期性。1933 年，盖伊尔和康图利（H. S. Geryer and T. M. Kontuly）共同提出了差异城市化理论模型。该模型的前提假设是，大、中、小城市的人口净迁移量随时间变化而变化，而且这种变化可划分为三个阶段，即大城市阶段、过渡阶段和逆城市化阶段。

　　工业革命以来的历史经验表明，工业化和城镇化是驱动现代

---

[1]　〔日〕山田浩之：《都市的经济分析》，东洋经济新报出版社，1980。

[2]　王放：《中国城市化与可持续发展》，科学出版社，2000，第 63 ~ 67 页。

化的两个"轮子"，而且，这两个"轮子"必须协调发展才能成功实现现代化。世界上发达国家的发展过程都既是工业化不断推进的过程，也是逐步提高城镇化率的过程。未来，世界范围内城镇化率还会有显著提高。根据2012年4月联合国发布的《世界城市化展望（2014）》所做的预测，2011~2050年，世界范围内生活在城市和城镇的人口将会从36.3亿人增加到62.5亿人；与此相应，世界范围内的城镇化率将由2011年的52.08%提高到2050年的67.13%。其中欠发达地区的城镇化率也将提高到64.08%。[①]

与城镇化相关的其他研究

对城镇化的研究必然要涉及城镇化的载体——城市与城镇，于是，城镇化的研究也就延伸到城市的形成、规模、发展等，并形成了一批有代表性的研究成果。

区位理论。区位理论解释了城市和城市体系中经济活动的空间布局原理，揭示了城市发展在空间上的基本规律。其中最有影响力的是城市区位论和行为区位论。城市区位论是克里斯塔勒（Walter Christaller）在冯·杜能（J. H. Von Thunen）的农业区位论和韦伯（Alfred Weber）的工业区位论基础上提出的中心地理论。[②] 城市区位论的观点可概述为四点：（1）一个区域会有中心

[①] 联合国经济和社会事务部：《世界城市化展望》，http://www.hse365.net/renju huanjing/yiju/2012051543201_2.html。

[②] 〔德〕沃尔德·克里斯塔勒：《德国南部中心地理原理》，常正文译，商务印书馆，1998。

及中心地带；（2）各区域之间会以各自中心为节点结成网状；（3）各个中心发挥着不同的功能；（4）相同等级的城市间的距离最近。① 行为区位论则否定了传统理论所坚持的"经济人"假设，强调区位选择行为的目标不是最佳化，而是奉行"最小努力原则"。美国地理经济学家史密斯（D. M. Smith）、普雷德（A. Pred）等学者都从"行为人"出发对区位选择决策做了深入的研究。

城市最佳规模理论。20 世纪 60 年代，经济学家以集聚经济理论为基础提出了最佳城市规模（Optimal city size）②，包括最小成本分析和成本－效益分析等。1964 年，W. Alonso 建立了集聚经济与人口规模间的二次函数模型来度量最佳城市规模。1976年，巴顿（K. J. Button）从城市行政管理、私人成本与效益、最佳城市工业人口规模三个方面，分析了城市规模的成本和收益，并依此探讨最佳城市规模。苏联的霍列夫从城市功能的角度提出决定城市规模的首要因素是城市在国民经济中的职能，可以通过对城市职能的分类来确定最佳的城市规模。1974 年，J. V. Henderson 提出，"城市规模的不同是由于他们专业化生产不同的贸易产品，那么城市的规模大小就会因不同的两个城市能支持不同水平的交通成本和拥挤成本而不同"。③ 还有一些学者认为，城市规模变化不是以人口为基础的静态过程，而是以城市网

---

① 张建平等：《区域经济理论与实践》，中央民族大学出版社，2007，第 4～5 页。
② 郑长德、钟海燕：《现代西方城市经济理论》，经济日报出版社，2007，第 38～39 页。
③ 〔日〕藤田昌久等：《空间经济学——城市、区域与国际贸易》，梁琦译，中国人民大学出版社，2005。

络为基础的动态过程，并建立了城市网络理论（Urban Network Theory）。2000 年，卡皮娄（Roberta Capello）和卡马格尼（Roberto Camagni）结合城市网络理论提出了有效规模理论（Efficient City Size）。该理论认为，仅对城市的规模进行单方面的有效评价而不进行网络规模评价是不够的，因此，在评价城市最优规模时，既要考查城市的专业化水平，也要考查城市体系的网络整合程度，而且二者同样重要。其结论是，对城市规模的考查必须从"最佳规模"转变为"有效规模"。[①]

城市规模分布理论。城市发展不仅有规模问题，还有不同规模城市的分布问题。西方城市经济学家对此也有深入的研究。他们的研究主要围绕城市规模的首位分布和序列分布两个经验法则展开，代表性的研究成果有：马克·杰斐逊（Mark Jefferson）的城市首位率，用来解释一个国家大量人口集聚于首位城市的发展趋势；奥尔巴克的序列分布法则以及齐夫法则，主要反映城市等级和城市规模之间的经验关系。后者的研究尽管缺乏严格的存在性证明，但作为序列分布方面的典型代表，其经验总结则得到了很好的印证。对这一研究的重要性，克鲁格曼（1996）指出，"城市等级和城市规模之间的关系是经济学中最不可忽视的实证规律之一"。[②]

可持续视角的城市理论。可持续发展一直是学者们高度关

---

① 罗伯塔·卡皮娄、罗伯塔·卡马格尼：《从"最佳规模"到"有效规模"》，朱玮、王德译，《城市规划》2003 年第 3 期，第 91~96 页。

② P. Krugman, Confronting the mystery of urban hierarchy, paper given to the TCERNBER-CEPR trilateral conference, Economics of Agglomeration, Tokyo, 1996.

注的发展理念，在城市化理论方面也不例外。在可持续发展的指引下，城市化理论可分为生态学派的城市化理论和新城市化理论。生态学派的城市化理论突出"以人为本"的理念，强调人与自然、人与生态环境的协调发展。19世纪末，英国社会活动家埃比尼泽·霍华德（Ebenezer Howard）在其所著《明日的田园城市》（*Garden City of Tomorrow*）一书中提出了"田园城市"的概念，畅想了一个兼具城市和乡村优点的理想城市。美国学者帕克（R. Park）等学者根据生态学理论，认为城市是一种生态秩序，人与人之间相互依存、相互制约的关系共同决定了城市的空间结构。美国建筑学家伊利尔·沙里宁（E. Saarinen）在他的《城市：它的生长、衰退和将来》（1942）一书中提出了有机疏散的城市结构观点。他认为，城市是个有机体，其内部秩序和有机体的内部秩序一致。20世纪下半叶，在欧美等发达国家出现了逆城市化的趋势，一些学者据此提出了"新城市主义"（New Urbanization）的理念，并成为城市规划建设过程中重要的价值取向和指导思想。他们的宗旨是：尊重城市社区的地方文化特色，提升城市生活品质，在城市建设、发展中体现"以人为本"的理念。英国城市规划专家汤普森更明确地指出，新城市主义是要在城市化过程中保留风貌、保护生活、持续发展。①

---

① 施岳群等：《城市化中的都市圈发展战略研究》，上海财经大学出版社，2007，第63~64页。

城镇化对经济增长的作用机制分析

经济增长与城镇化的内在联系

英国经济学家安格斯·麦迪森（Angus Maddison）长期致力于研究世界经济增长的历史。不同于一般的经济学家运用计量经济学方法进行分析，他通过对世界经济不同部分增长动力及其变化进行分析，以各国经济数据为基准，用大量数据描述了世界各国人均收入长期变化的情况（Maddison，2008）。他的研究显示：19 世纪之前，全球范围内的生活水平基本都处在温饱线上；直到工业革命以后，工业生产逐渐代替农村生产成为社会的主角，世界经济才跨入一个崭新的阶段，经济增长才成为新的经济现象。

考查经济方面的历史数据可以发现，19 世纪之前，传统农业在经济活动中占据绝对的主导地位；而随着工业革命的发生，工业生产很快成为经济活动的主角，工业产品和工业技术也不断向周边地区输送和传递，工业化在一些国家率先取得成功，随之而来的是经济增长的实现。可见，工业化是全球经济增长的引擎，而且在工业化的同时，农业现代化和城镇化也成为必然。作为世界第一经济强国的美国，原本是一块新大陆，经过 19 世纪的发展，才逐渐成为一个工业占比较高的国家。20 世纪，随着经济的发展和科技的进步，尤其是农业科技的进步，美国农业生产的效率得到快速提高，以越来越少的劳动力在相同的土地上生产出更多的农产品。这使得美国的农业劳动力在 100 年间几乎全部离开土地转移到工业和服务业部门。目前，美国仅剩下不到 3% 的劳动力还在从事农业生产，却可以生产大大超出自身需要的农产品。美国经济发展的变迁所体现出农村劳动力离开农村，转移至工业和服务业领域从事生产，并带来经济和社会发展巨大变化的过程，也就是城镇化的过程。

从国际经验和经济增长理论可以看出，一个国家的经济增长通过生产要素的投入和全要素生产率（TFP）的提高来实现。在现代经济学中，生产要素包括劳动力和资本，土地已经不在其列。现代经济学的生产函数描述的是，如何让劳动力和资本等要素按一定的组合各自发挥作用，从而将生产要素转化为最终产品。其形式可以表述为：产出 = F（要素，效率）。其中 F 代表生产函数。然而，面对同样的生产函数，为什么国家之间会存在巨大的经济增长差异呢？大量的研究表明，50% 以上国家间的收入差距来自 TFP 的不同。而影响 TFP 的因素主要有技术水平、制度和地理因素。

城镇化的重要特征就是人口逐渐从农村转移至城市。由于人是经济和社会发展的主体，人口的迁移势必会带来经济的变化和社会的变迁。首先，人口从农村迁移至城市，会使作为城市主导产业的制造业和服务获得更多的劳动力，从而会压低劳动力的成本，使得这两大部类产业因成本的相应降低得到更大的发展。其次，人口由农村向城市转移的过程同时也是人口由分散逐步集中的过程，而人口的集中会带来消费、投资等一系列变化，进而也会引起经济的变化和社会的变化。最后，城市几乎占有罗伯特·巴罗所强调的决定经济增长的所有因素，相对农村，城市的就业机会更多，受教育程度更好，拥有更好的医疗服务、更低的人口出生率，更有法制的社会管理以及更有利的国际贸易条件。因此，城镇化与经济增长之间的联系，首先就在于城镇化过程中造成的劳动力因素及其相关因素的变化对经济增长的作用。

从现实观察看，经济增长与经济集聚几乎是相伴而生的。增长是时间维度，而集聚则是空间维度。没有空间维度，增长就缺乏载体。因此，增长和集聚必然要相互作用，没有集聚，增长难以产生。事实上，大量的理论研究也表明，经济集聚是影响 TFP 的关键因素之一。

早在 1895 年，Alfred Marshall 就指出，集聚有三种机制——劳动力池效应、地方化投入共享和技术外溢。随着经济发展，服务业在经济活动中发挥越来越重要的作用，人才、知识和创新的作用日益显著，集聚带来的好处也越来越明显，集聚与增长的整合研究也就成为必然。集聚与增长的整合研究也使得经济学第一次在一般均衡框架下整合了空间和时间两个维度。尤其是在 1977 年，Avinash Dixit 和 Joseph Stiglitz 建立了垄断竞争模型——D-S 模型之后，经济学处理报酬递增的理论和方法大大向前迈进了一步，从而催生了新增长理论的革命。1991 年，以保罗·克鲁格曼（Paul R. Krugman）为代表的新地理经济学家，用本地市场效应和价格指数效应解释了经济集聚的原因，并使得经济活动的空间研究得以在一般均衡原理的基础上展开。这就将新地理经济学纳入主流经济学的标准分析框架中。新地理经济学与新增长理论存在内在逻辑的相似性，它们都强调报酬递增的内生性，而且都使用 D-S 模型。因此，新地理经济学的集聚机制与新增长理论的增长机制往往相同。

一般的观察和研究表明，在城镇化过程中存在明显的经济比较效应、集聚效应和规模效应，且三种效应都发挥着重要作用：既促进了城市的形成，也对经济增长产生了重要影响。因为，人口的迁移不仅使劳动力的供给发生了重大变化，而且人口迁移过程中需求的变化还会造成资本存量的增加和产业结构的变迁；此外，在集聚效应和规模效应的作用下，边际效应递减的规律也会被打破，从而使经济增长更具长期性、稳定性，进而使得整个区域乃至整个国家经济发展的模式和效益发生重大变化。

历史上，学者们都很重视城市在经济活动中作用，城市化一直被看作经济发展过程中的一个重要因素（Bairoch，1988）。在不同的历史时期，不同的学者会从不同的角度对城镇化进行定义。由于定义不同，其得出的城镇化带来的经济社会作用也就各不相同。按照美国城市经济学家 Vernon Henderson 对城镇化的定义，城镇化是工业化和现代化的结果，是随工业化、现代化而产生的，也就是随经济增长而产生的。那么，城镇化是不是仅仅是被动的结果呢？也就是说，城镇化是不是不会对工业化、现代化乃至现代经济增长产生反作用呢？事实并非如此。从发达国家和一些发展中国家工业化、现代化、城镇化的历史经验看，存在一个普遍的规律，那就是在工业化、农业现代化催生城镇化的同时，城镇化也在推动工业化和农业现代化，进而有力地带动了经济增长。

本书根据现有的城市化与经济增长关系的研究文献和国际经验，将城镇化对经济增长的作用途径归纳如下。

一是农村人口向城市、城镇迁移，增加了劳动力和人力资本的供给和投资需求，使资本存量提高并增加了消费需求，促使产业结构高度化；二是人口集聚使得人口集中度提高，从而产生集聚效应和空间效应，使得生产的规模报酬递增、全要素生产率提高。

具体来看，一是城镇化过程中劳动力的迁移对劳动力供给的影响。城镇化将原来农村的隐性失业人员从土地上解放出来，使劳动力供给发生了变化，劳动力数量在人口基数不变的情况下得以增加。二是农村劳动力向城市迁移也使得人们的需求发生了变化。工厂的固定资产投资、城市的基础设施投资以及房地产投资都将因此增加，而投资的增加使得资本存量不断提高。三是城镇化往往与产业结构高度化相呼应。城市是服务业尤其是现代服务业发展的主要载体，因此城镇化与产业结构高度化可以说是相伴相生、相互促进。而产业结构高度化正是促进 TFP 提高必不可少的条件。四是城镇化过程中的集聚效应提高了 TFP 对经济增长的作用。城市具有人口密度高、产业集中、产业结构高度化等特征。在一定程度上，集聚会降低交易成本，带来边际收益递增，从而使资源在城市配置的 TFP 更高，经济增长更具可持续性，并有更高的效率。此外，在集聚效应的作用下，城镇化还会推动城市群的形成；而城市群在产业上的高度合作与竞争便于技术外溢，反过来又会进一步推动创新，具有明显的空间关联效应。这有利于提升整个区域经济的协同增长能力，提高区域经济增长的效率，从而使经济增长更具规模效应，并拉动整体经济更好地发展（见图 4-3）。

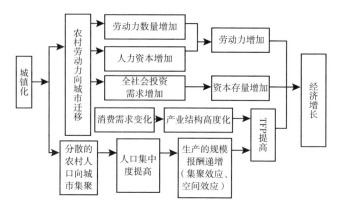

图 4 – 3　城镇化对经济增长的作用机制

城镇化通过人口迁移促进经济增长的机制

经济学家威廉·阿瑟·刘易斯（William Arthur Lewis）在研究城乡二元经济方面有突出成就。他通过长期的观察和研究，提出了著名的二元经济发展理论。该理论是建立在以下严格假设基础上的。

假设 I：劳动力的供给是无限的。刘易斯发现，发展中国家人口众多，人口增长率高，而众多的人口主要集中在广大农村地区和传统农业经济部门。由于传统农业的劳动生产率低下，需要更多的人从事农业生产，农村地区需要大量的劳动力。在完全竞争的条件下，劳动的工资等于产品价格乘以劳动的边际产品，即 $W = p \times MP_L$，$MP_L = 0$，所以这种劳动的剩余是一种绝对剩余。一方面，由于城市的劳动生产率远高于农村，城市的工资水平也高于农村，从而农村劳动力有了离开农村进入城市动力；另一方面，由于农村储备的劳动力数量十分庞大，可以源源不断地向城市输送，因此，可以假设这些劳动力的供给是无限的。

假设Ⅱ：由于传统农业基本上处于原始状态，只能维持基本生存，不能创造出更多的劳动成果，因此，其边际生产力几乎为零，甚至为负。也就是说，在现有生产技术的基础上，增加或减少劳动力对农业生产而言没有特别的影响。

假设Ⅲ：由于农业劳动生产率很低，土地资源有限，减少农村劳动力对农业生产不会产生重大影响。这预示着在传统的农村地区存在着大量的隐性失业，这些隐性失业不可能对现实生产产生积极的影响。

假设Ⅳ：由于上述农村与城市劳动生产率的差异，城市劳动力的收入会始终高于传统农村劳动力的收入，再加上农村地区储备了大量的劳动力，劳动力的供给可以被看成无限的，所以，城市会一直吸引农村劳动力进入，直到农村劳动力已经没有再转移的可能时为止。

在以上假设的基础上，刘易斯利用图4-4的模型对二元经济进行了理论上的分析。他认为，二元经济国家经济发展的过程就是现代工业部门吸收传统农业劳动力的过程。

尽管刘易斯模型忽视农业发展、工业化技术选择、人口自然增长以及城市就业特点等因素，但其敏锐地抓住了发展中国家农业劳动力转移的核心问题，并运用动态分析方法，对农业剩余劳动力转移的动态过程做出了深入分析，成为指导二元经济转化成一元经济的最重要的理论思想和经济学工具。

对农村劳动力向非农产业的转移，相当多的研究将重点放在

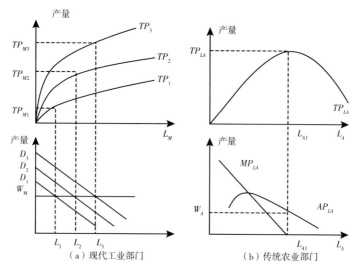

图 4 - 4　刘易斯经济发展模型

总结其中的规律上。在这些研究中，比较有影响力的研究有配第 - 克拉克定理、库兹涅茨的三次产业结构演化理论和钱纳里 - 赛尔昆的产业结构转换理论。

　　从世界主要国家的历史数据可以看出，在经济活动的历史过程中，一国的产业是在不断变化之中的。一、二、三次产业在国民经济中的比重的调整过程，也就是国民经济发展变化的过程（见表 4 - 1）。一般看来，在经济发展的初期，农业都在国民经济中占据重要地位，农业人口占总就业人口的大多数；但随着经济的发展，尤其是工业化的推进，越来越多的农村劳动力离开农村，进入城市工业体系，工业在国民经济中占据主要地位，从事工业的劳动力占总劳动力的比重也很大；当工业化进行到中后期，工业吸纳劳动力的能力开始减弱，越来越多的劳动力开始进入服务业领域，

表4-1　有关国家劳动力在三次产业中的转移状况

单位：%

国家	项目	1872	1878	1897	20世纪初	1912	1930	1936	1958	1963	1971
日本	年份	1872	1878	1897		1912	1930	1936	1958	1963	1971
	第一产业	85	78	72		62	52	45	37	29	16
	第二产业	5	9	13		18	19	24	26	31	35
	第三产业	10	13	15		20	29	31	37	40	49
美国	年份	1870	1880	1890	1900	1910	1930	1940	1950	1960	1971
	第一产业	50	50	42	37	31	22	17	12	7	4
	第二产业	25	25	28	30	31	31	31	35	34	31
	第三产业	25	25	30	33	38	47	52	53	59	65
英国	年份		1881	1891	1901	1911	1931	1938	1951	1966	1971
	第一产业		13	11	9	8	6	6	5	3	2
	第二产业		50	49	47	47	47	46	45	34	40
	第三产业		37	40	44	45	47	48	52	59	58
德国	年份		1882	1895	1907		1933	1939	1950	1963	1971
	第一产业		42	36	34		29	27	23	12	8
	第二产业		36	39	40		41	41	44	48	48
	第三产业		22	25	26		30	32	33	40	44
法国	年份	1866			1901		1931	1946		1962	1971
	第一产业	43			33		24	21		20	13
	第二产业	38			42		41	35		37	39
	第三产业	18			25		35	44		43	48

资料来源：安腾良《近代日本经济史要览（第2版）》，东京大学出版社，1980，第25页。

使服务业开始占据国民经济的重要地位，服务业从业人数不断增加，成为经济社会领域最主要的就业领域（见表 4 - 2）。

表 4 - 2 产业份额变化的标准形式

人均 GNP (1964 年等价美元)	占 GDP 份额（%）			占总就业人口份额（%）		
	农业	工业	服务业	农业	工业	服务业
低于 100	52.2	12.5	35.3	71.2	7.8	21.0
100	45.2	14.9	39.9	65.8	9.1	25.1
200	32.7	21.5	45.7	55.7	16.4	27.9
300	26.6	25.1	48.2	48.9	20.6	30.4
400	22.8	27.6	49.6	43.8	23.5	34.7
500	20.2	29.4	50.4	39.5	25.8	34.7
800	15.6	33.1	51.4	30.0	30.3	39.6
1000	13.8	34.7	51.5	25.2	32.5	42.3
高于 1000	12.7	37.9	49.5	15.9	36.8	47.3

资料来源：钱纳里、赛尔昆：《发展的型式 1950~1970》，经济科学出版社，1988，第 32 页。

当然，这种转移也并不是永无止境的。随着农业剩余劳动力向城镇的转移，农村劳动力减少、农业技术提高、城镇就业难度增加等，会逐步使得农村劳动力收入与城镇劳动力的收入接近。当劳动者感觉在城乡之间工作的实际收入相近、生活水平相当时，这种转移就会趋于停止。到这个时期，也就是城镇化完成的时期。

城镇化通过集聚效应对经济增长的作用机制

城市能够以优势的环境与条件吸引众多个人、企业和机构在城市内集聚。城市的集聚主要源于其规模经济效益、市场效益、人才效益、设施效益等。正是这些效益的吸引区域中的资源、人才、资金、信息、交通和技术等向城市集聚。

集聚经济建立在一定区域内存在报酬递增的基础之上。在人口和产业集聚的区域，知识和技术相对集中，创新的可能性也就更大，且这些创新被应用于实践的概率也更高，提高劳动生产率的可能性也就更高。从微观机制上，集聚可以产生共享、匹配和学习。其中，共享不仅指公共品、准公共品的共享，还指知识的共享；匹配包括信息的匹配、机会的匹配等；而学习则包括知识的产生、积累、传播等。对此，Rosenthal and Strange（2004）曾指出，集聚经济主要源自投入品共享、知识外溢、劳动力市场汇集、本地市场效应、消费和寻租等方面。

经济增长具有集聚的特性，早已被很多发展经济学家所认识。Hirschman 早在 1958 年就指出，经济起飞不可能同时出现在多个地区，当某一个区域实现了经济起飞，那么，率先取得经济起飞的地区就会产生一股强大的力量，将其周边地区的资源吸引过来，形成一个集聚区。"[①] Black and Henderson（1999）在研究城市化和增长之间的关系后，得出了城市化影响内生经济增长，经济增长又会影响城市规模的结论。在内生增长的分析框架下，Martin and Ottaviano（2001）建立了增长与集聚之间直接垂直关联的反馈机制。而 Hohenberg and Lees（1985）和 Quah（1996）分

---

① 〔日〕藤田昌久、〔比〕雅克·弗朗科斯·蒂斯：《集聚经济学》，刘峰等译，西南财经大学出版社，2004，第 500 页。

别运用计量研究方法，通过大量的定量分析，发现经济增长与经济活动的地理集聚呈显著的正相关关系。

在新地理经济学家看来，人口和产业的集聚可以被看作其对应的地理区域的经济增长。[①] 因为，科技创新和社会变革在空间上趋于集中，而创新则是促进现代经济增长的关键因素。另外，经济增长通过创新促进了经济活动的空间集聚，人口和产业的集聚又带来了更低的创新成本，从而促进经济增长。在集聚与经济增长这一相互促进的过程中，最终会形成集聚与增长的累积循环。在现有的对集聚与增长关系的研究中，最有影响力的是劳动力流动理论、直接垂直关联理论和间接垂直关联理论。在这些理论研究的基础上，还有很多实证研究。这些研究都表明，集聚与增长之间存在相互作用。

全球化与经济增长

国际货币基金组织 1997 年的报告对全球化的定义为：全球化是通过贸易、资金流动、技术创新、信息网络和文化交流使各国经济在世界范围高度融合，各国经济通过不断增长的各类商品和劳务的广泛输送，国际资金的流动，以及技术更快更广泛的传播，形成了相互依赖的关系。也有人将全球化定义为，在货物、资本、生产、技术、信息等生产要素跨国流动加速发展的条件

---

① 〔日〕藤田昌久、〔比〕雅克·弗朗科斯·蒂斯：《集聚经济学》，刘峰等译，西南财经大学出版社，2004，第 501 页。

下，全球市场经济的进一步融合，国家和其他政治力量出现整合和重组，各国之间的联系和相互作用大大加强。

经济全球化的发展历程

从历史上看，经济全球化可以追溯到古丝绸之路，它是古代连接中西方的商道，是 2000 多年前西汉张骞出使西域开辟的自中国古代都城长安起，经中亚国家、阿富汗、伊朗、伊拉克、叙利亚而直抵地中海，并以罗马为终点的全长 6440 公里的货运通道。因为这条路上主要贩运的是中国丝绸，故被 19 世纪末德国地质地理学家李希霍芬命名为"丝绸之路"。可以说，"丝绸之路"是有记载的最早的全球范围经济交往活动的载体，也可以说是最早的经济全球化。

15～17 世纪的地理大发现（Age of Discovery），又名探索时代或大航海时代。新航路的开辟是近代意义上的经济全球化的开端。当时，欧洲的船队出现在世界各处的海洋上，寻找着新的贸易路线和贸易伙伴，以发展欧洲新生的资本主义。

地理大发现对全世界尤其是欧洲产生了前所未有的巨大影响，它让地中海沿岸的经济活动进入了数千年来最活跃的时期。由于葡萄牙人和西班牙人率先发现了新航路并进行了环球航行，意大利城邦失去了它们对东方贸易的垄断，欧洲的重心转移到伊比利亚半岛。19 世纪，北欧的法、英、荷三国开始活跃，他们主导了大西洋的经济活动，其中一部分国家的影响力延续至今。随着远洋探索的展开，跨洋的商业活动变得越来越频繁。海外贸易累积的财富激发了欧洲人在美洲和亚洲的殖民事业，推动了资本主义与工业革命的发展。可以说，地理大发现以后，原先相互分离的区域性市场逐渐连接成世界市场，由此第一次出现了"生产与消费都成为世界性"的全球化的高速发展趋势。

18 世纪末 19 世纪初，以蒸汽机为标志的第一次技术革命浪潮，促使英国带头实现了产业革命，并逐步波及全球。其基本特征就是资本主义生产方式的全球化。人类自此进入资本主义发展时期。18 世纪中后期，以英国为先导，在欧美先进国家陆续发生的以蒸汽机为动力、以纺织业为中心的产业革命迅速发展，使机器大工业迅速替代工厂手工业，生产能力得以成百倍的提高。随着资本主义国家生产能力的不断发展，机器大工业不断创造出远远超出本国市场所能容纳的大量商品。狭小的国内市场不能满足资本主义生产能力迅速扩大的需要，于是"资本一方面……要征服整个地球作为它的市场，另一方面，把商品从一个地方转移到另一个地方所花费的时间缩减到最低限度。资本同时也就越是力求在空间上更加扩大市场，力求用时间去更多地消灭空间"。① 跟随奔走于世界各地在海外寻求商品销路的资本家的足迹，大量廉价的过剩的工业产品打破国家的藩篱，涌向世界，推动了国际分工和世界市场的形成，促进了经济全球化的大发展。世界各大洲和各国之间的经济联系大大加强，国际贸易有了很大发展。因此，如果说地理大发现为经济全球化提供了空间基础，那么机器大工业则为经济全球化提供了物质基础。没有产业革命就没有机器大工业，没有机器大工业就没有世界市场，没有世界市场就没

---

① 《马克思恩格斯文集》第八卷，人民出版社，2009，第 169 页。

有经济全球化。

也正是在这一时期，英国成为"世界工厂"。经过工业革命，英国工业产量已远远超过了国内市场的容量。到19世纪中叶，英国一半以上的工业品要销往国外，国内生产所需的大部分原料也要靠国外供应。这种情况在英国最大、最主要的棉纺织工业上表现得尤为突出。当时英国所生产的棉织品的绝大部分销往国外，生产所需的棉花则来自美国、印度、巴西、埃及等国家。在这一时期，英国不仅是世界消费品的主要供应者，也是生产资料——机器设备的主要供应者。因此，这一时期机器大工业的发展标志着经济全球化向前迈进了一大步。

19世纪后半叶至20世纪初的半个世纪是经济全球化发展最为显著的时期，也是进展最快的时期。随着第二次技术革命的发生，资本主义大生产由蒸汽机时代进入电力和电气时代，以纺织工业为中心的产业革命变为以钢铁、石化、电气、机械制造、汽车为代表的重化工业革命，生产力获得了新的大发展。在这一时期，汽车、铁路和铁质轮船成为新的交通运输工具，电话、无线电、电报成为新的通信手段，大大缩短了时空距离，为国际贸易大发展提供了新的物质技术基础。也是在这一时期，新崛起的资本主义强国和老牌的资本主义强国共同开拓全球市场、共同瓜分殖民地，世界上几乎已经没有与资本主义生产和世界市场相隔绝的土地和领域了。尤其是对外直接投资，在这一阶段随着资本输出的增加而大幅度增加，标志着国际分工和经济全球化进入了新阶段，也标志着国际经济关系由商品贸易的外在联系进入生产分工的内在融合。

在这一时期，老牌的经济强国英国仍然在世界经济中占据重要地位，但其重要性已经明显下降，后起之秀德国和美国开始走向前台，成为新一轮经济全球化的主要推动力量。其他先发展起来的资本主义国家如法国、奥地利等也都加入其中，共同推动世界市场在广度和深度这两个维度上的大发展。

当然，经济全球化的发展也不是一帆风顺的。1914年第一次世界大战的爆发中断了正在迅速发展的经济全球化。"一战"后，西欧各国经济陷于严重的混乱，一时难以恢复。美国经济尽管未受影响，仍在快速发展，但到1929年，美国也爆发了史上最严重的经济危机——大萧条，并引发世界经济大危机。此后，又爆发了人类史上涉及范围最广、最持久、最残酷的第二次世界大战，世界经济受到非常严重的破坏。残酷的战争打乱了经济全球化的正常进程和秩序，严重破坏了各国、各地区的经济交往。也是战争让人们更加认识到和平之重要。而要和平，就必须加强国际经济交往。尽管"二战"后世界又处于相当长时间的冷战时期，但是经济全球化的进程并未因此而停滞，恰恰相反，经济全球化获得了新的生机和更大的发展。在第二次世界大战结束前夕，调节世界经济和国际关系的三大组织——关税及贸易总协定（General Agreement on Tariffs and Trade，GATT，简称"关贸总协定"）、世界银行（World Bank，WB）和国际货币基金组织（IMF）应运而生，标志着经济全球化从自发过程开始走向制度化过程。也是在这一时期，以信息通信技术、航空航天、新材料、新能源为代表的新技术革命，将工业化进程引入了新阶段，发达资本主义国家进入经济大发展时期，也就是"经济高速增长时期"，实现了经济的高度现代化。还是在这一时期，国际贸易得到了空前的大发展，国际贸易增长率超过了经济增长率，跨国公司如雨后春笋般地成长起来，将国际分工和国际经济关系推上了一个新高度。世界经济形成了以生产经营跨国化、信息传播全球化、科技与产业梯度扩散为特征的全球化新趋势。

20世纪80年代末90年代初，苏联解体、东欧剧变，冷战随之结束，越来越多的国家开始把注意力集中到经济发展和综合国力的提升上。以微电子、生物工程、ICT技术为代表的新一轮技术革命得到进一步发展，西方发达国家开始从工业社会向信息社会转变；跨国公司不仅在数量上、规模上有了更大的发展，其经营理念和运营方式也发生了重大变化。世界经济的融合程度空前提高，使世界市场的各个组成部分的时间距离和空间距离都大大缩短，为全球性贸易、投资和金融业务的开展提供了最为便捷的手段，从而将经济全球化推向了一个崭新的发展阶段和前所未有的高度。更为重要的是，随着国际组织职能、规模的扩大和发展，世界经济运行日益规范化和规则化，实现了物资流、资金流、信息流和知识流的全球畅通。这标志着经济全球化的时代已经真正到来。在这一时期，作为世界科技发展"领头羊"和世界经济引领者的美国发挥了最为重要的作用，同时，美国也成为新一轮经济全球化中最大的受益方：美国商品、美国公司遍及全球，美国的生产能力和创新能力持续提高。更为重要的是，主要国际经济组织均由美国掌控，世界经济规则也由美国主导。基于此，美国在世界经济中的霸主地位更加巩固。

经济全球化与经济增长

国际贸易和对外直接投资通过深化国际分工和专业化生产可以提高劳动生产率、促进资本积累。经济学家普遍认为，分工和专业化生产能够提高劳动生产率。柏拉图（Plato）早在公元前380年就论述了专业化分工对增进社会福利的意义；威廉·配第在17世纪末也认识到专业化对生产力进步的意义，并指出荷兰人之所以有较高的商业效率，是因为他们使用专用商船运输不同的货物；亚当·斯密在《国富论》的开篇就阐述了分工的效果："劳动生产力上最大的增进，以及运用劳动时所表现的更大的熟练、技巧和判断力，似乎都是分工的结果。"马克思也认为，专业化能够提高劳动生产率："构成工场手工业活机构的结合总体工人，完全是由这些片面的局部工人组成的。因此，与独立的手工业比较，在较短时间内能生产出较多的东西，劳动生产力提高了。在局部劳动独立化为一个人的专门职能之后，局部劳动的方法也就完善起来。经常重复做同一种有限的动作，并把注意力集中在这种有限的动作上，就能够从经验中学会消耗最少的力量达到预期的效果。"[1]

国际贸易扩大了市场范围，从而促进了生产分工。亚当·斯密认为，分工是经济增长的源泉，分工水平取决于市场范围。他指出，"分工起因于交换能力，分工的程度，因此总要受交换能力大小的限制。换言之，要受市场广狭的限制。市场要是过小，就无法鼓励人们终生专务一业"。美国经济学家阿林·杨格

---

[1] 《马克思恩格斯文集》第五卷，人民出版社，2009，第393~394页。

（Allyn Abbott Young）发展了斯密的理论，认为"报酬递增取决于劳动分工的发展，劳动分工取决于市场规模，而市场规模又取决于劳动分工，经济进步就存在于上述条件之中"。显然，在杨格看来，市场范围和分工演进互相促进，导致报酬递增，从而推动经济进步。以杨小凯、张永生（2003）等为代表的新兴古典经济学家则认为，分工演进是专业化收益和交易费用两难冲突折中的结果。如果分工收益增加速度超过交易费用增加速度，那么分工演进会越来越快，经济会进入起飞阶段。对外贸易是市场范围扩展的显著标志，对外贸易的扩大必然能够促进分工的深化和生产率的提高，加速经济增长。

国际贸易突破要素和产业供给约束瓶颈，促进了资本积累。经济增长的一个重要制约因素是要素或中间产品供给不足。国际贸易可以通过以下途径突破这些供给约束。

首先，正如大卫·李嘉图所言，对外贸易是实现英国工业化和资本积累的一个重要手段。在古典经济学的世界里，随着人口增加，食品等生活必需品的价格会因土地收益递减规律的作用而逐渐昂贵，工资即劳动力的价格也将随之上涨。在商品价格不变条件下，工资上涨使利润下降，从而妨碍资本积累。通过进口外国较便宜的食品等生活必需品以及原料等初级产品，能够一定程度上减缓本国土地收益递减导致的工资上涨和利润下降，保证资本积累和经济增长。

其次，生产要素进口可以增加一国要素供给。对大部分国家而言，由于在资源禀赋方面存在差异，因而不可能完全拥有生产所需的全部生产要素。这时，生产要素进口对经济增长显得十分重要。对大部分发达国家而言，在其经济起飞过程中，无一例外都曾从欠发达国家通过进口获得稳定而便宜的原料。这些生产要素的大量进口，一方面弥补了国内相关要素的供给不足；另一方面大大提高了生产企业的利润率。这对维持国内投资水平，进而促进经济增长起着重要的推动作用。对大部分发展中国家而言，不仅与发达国家一样，需要进口部分国内稀缺的自然资源，而且更为重要的是，发展中国家普遍缺乏生产现代机器设备的能力。而从发达国家进口先进的机器设备，不仅可提高劳动生产率，而且可以使各种资源得到更为有效的利用。毫无疑问，当一国存在某种资源短缺时，通过进口可以打破经济增长的瓶颈，使生产可能性边界得到最大扩展。

再次，在国内资本品生产能力有限条件下，进口国外资本品可以提高本国投资水平，增加储蓄率，有利于资本积累。在国内投资品供给弹性有限的条件下，提高投资率的一种办法就是进口国外资本品。投资率的提高会增加国民储蓄，从而有利于资本积累。而且，当一国国内投资品供给相对经济增长需求不足时，国内投资品价格一般会高于国际市场价格，这时通过进口国外投资品能够平抑投资品价格，从而提高实际投资水平，提高投资利润率。高投资率是经济增长的主要因素，Temple（1998）、J. B. Delong 和 L. H. Summers（1991）等经济学家认为，设备投资的回报率很高，超过50%。这一点对发展中国家尤其重要。发展中国家通常在生产资本货物方面缺乏能力。对资本货物的进口实行贸易自由化，会降低资本货物的相对价格，提高资本货物的投资率。而对资本货物实行贸易限制，则不仅会提高资本货物的相对价格，而且会降低国内储蓄，造成实际投资水平的下降。罗德瑞克认为，那些受贸易限制而资本货物投资价格相对较高的国家，通常投资率较低。

最后，在专业化分工不断深化的现代经济社会里，制成品生产通常需要大量中间产品的投入。对于任何一个国家，大量中间产品由本国生产不仅是不经济的，也是不可能的。这一点对于国内市场狭小的国家尤其如此。中间品进口不仅可降低中间品的价格，也可提高中间品的产品质量，从而大大提高本国制造业的生产率和本国制成品的国际竞争力，进而提高本国的利润水平，增加外汇和资本积累。

国际贸易由于扩大了市场、增加了外部需求，因而有利于资本积累。第一，当一国存在闲置资源时，贸易会使市场范围扩大，一国可以充分利用国际市场需求，把国内剩余的资源投入生产。发达国家往往存在资本过剩，可以通过资本市场或对外直接投资获取回报，也可以扩大国内生产并通过贸易实现资本增殖。而对于发展中国家，在经济发展初期，充分利用剩余劳动力则是其经济现代化的前提和条件。通过不断吸收剩余劳动力进行出口产品的生产，不仅有利于农村剩余劳动力的转移，还可通过出口劳动密集型产品，提高劳动力生产要素报酬，从而增加资本积累。

第二，一国由于国内市场限制，可能会出现剩余产品，而国际贸易能够为一国剩余产品找到出路。这就是亚当·斯密"剩余产品出路论"（Vent for Surplus）的内核。亚当·斯密认为，通过对外贸易扩大本国市场、刺激需求，可以产生促进本国经济增长的动力。其假定一国在开展对外贸易之前处于不均衡状态，存在闲置资源或剩余产品，当一国转向开放后，对外贸易就可为本国剩余产品提供出路。他认为，对外贸易可以"为国内消费不了的那一部分劳动成果开拓一个比较广阔的市场。这就可以鼓励它们去提高劳动生产率，竭力增加它们的年产量，从而增加社会的真实财富与收入"。由于出口的是剩余或闲置资源生产的产品，无须从其他部门转移资源，也不必减少其他国内经济活动，而且出口带来收益及换回本国需求产品也没有机会成本的付出，因此，必然会促进本国经济增长。

第三，当国内出现需求不足时，增加出口类似增加国内投资，能提高总需求水平，扩大国内就业，成倍地增加国民收入。其机理是：商品劳务出口所获得的货币收入会使出口产业部门收入增加、消费增加，并引起与出口产业部门相关的其他产业部门的生产增加、就业增多、收入增加。如此反复下去，收入增加量将逐渐达到出口增加量的若干倍。其根据就是凯恩斯的投资乘数理论，即凯恩斯主义提出的"对外贸易乘数理论"。显然，凯恩斯理论是在有效需求不足的情况下提出的，因此，当一国国内尚未达到充分就业而需要扩大有效需求，同时外部市场又能够吸收本国出口的时候，出口促进经济增长的乘数效应是能够实现的。

国际贸易可以提高企业经济规模，降低企业成本，促进一国的资本积累。众所周知，经济中存在规模经济效应，许多产业只有达到一定规模才能降低成本。国际贸易不仅能够提高企业外部规模经济，更能提高企业内部的规模经济。贸易使市场扩大，而市场扩大则可促进企业规模经济的实现。因此，贸易通过规模经济促进经济增长的途径对国内市场狭小的国家和一些最佳产出规模相对于市场而言较大的产业尤为重要。克鲁格曼基于规模经济和不完全竞争市场提出的著名的产业内贸易，在某种意义上说明，在规模报酬递增的条件下，出口能够扩大产量，实现企业规模经济，提高企业利润率，从而推动经济增长。

从历史中我们可以发现一个基本规律：凡是正在迅速崛起的经济体，一般都在积极推动全球化，以寻找国际市场快速发展自己的优势产业；凡是正在走向衰落的经济体，一般而言都会采用保护主义措施，以保护自己的弱势产业。1 个多世纪以来，全球化已经成为一种经济话语权、政治话语权、军事话语权。分别以英国和美国为首的西方发达国家先后积极推进全球化（为此甚至不惜采用战争的手段），获得了大量的利益和话语权。1978 年之后，我国抓住了历史机遇，适时提出开放战略，经济开放程度迅猛提高，广泛参与了国际资本流动、国际贸易、国际技术转让以及国际文化教育领域的交流。自此，"开放"和"全球化"已经成为中国人民共同的理念和价值观。当前，中国更需要经济全球化，创造更大的市场容量，以发展自己的产业。

市场容量是经济发展的客观原动力。市场容量可以自然拉动企业投资和经济发展；没有市场容量，仅依靠企业效率来推动经济增量，蕴藏着经济失调的巨大风险，其发展质量不高。扩大市场容量的方法，对内是城镇化，对外是全球化。城镇化是在国内创造一个规模不断扩大、深度不断加强的市场，全球化则是将国内市场延伸至世界范围。历史上那些率先发展起来的国家无不是城镇化和全球化的主导者，而那些后起之秀也是城镇化、全球化的主要推动者。在实现超越式增长的过程中，就要看谁能创造一个更大的市场，谁能为市场注入新的强大活力，谁能让市场主体有更多的获得感、幸福感。只有惠及大众才能成就自我。

第五章

英国成为世界引领者

英国地处欧洲西海一隅，面积和人口仅相当于中国的一个中等省份。在很长的历史时期内，英国一直处于战乱，文明进程多次被外来入侵者所打断，直到 13 世纪 14 世纪之交，英格兰作为一个统一的民族才形成。此后，英国实施重商主义政策，积极发展海上贸易，先后打败了荷兰和西班牙，到 17 世纪成为海上强国。但这时的英国与许多国家一样，仍然处于农业社会，还不是世界霸主。

18 世纪后半叶，爆发于英格兰的一场史无前例的技术革命彻底改变了英国的历史进程，也彻底改变了人类历史的发展进程。这次技术革命使得英格兰的产业形态发生了根本性的改变，新的产业层出不穷，传统产业也得到彻底改造而焕发新的气象，经济活力被极大地激发出来，经济增长明显快于其他经济体，并率先完成工业化，从而成为世界上第一个进入工业社会的国家。技术革命和工业革命把英国从欧洲的边缘带入世界的中心，把一个不起眼的阴暗、潮湿的小岛变成了"日不落帝国"。同时，在乔叟与莎士比亚文学中造就的仅六七百年的现代英语，通过殖民等渠道广泛传播，最终成为一种全球性语言。由此，英国也成为世界上最大的经济体、最具活力的经济体、最强大的国家。可以说，爆发于英国的第一次技术革命和第一次产业革命是人类历史的分水岭，是人类诞生以来的一次显著性变革，它不仅改变了一个国家的命运，也改变了整个世界的格局。

据统计，1850 年，英国金属制品、棉织品和铁产量占全世界的一半，煤产量占 2/3，其他如造船业、铁路修筑等都居世界首位。1860 年，英国工业品产量占世界的 40%～50%，占欧洲的55%～60%；对外贸易占世界贸易的比重由 10 年前的 20% 增至40%。1870 年，英国工业占世界的比重达到 31.8%，而紧随其后的美国、德国和法国则分别为 23.3%、13.2% 和 10%；英国的采煤量占世界采煤量的 51.5%，生铁生产量占 50%，棉花消费量占 49.2%；英国的贸易额占世界总贸易额的 25%，几乎相当于法国、美国和德国贸易额的总和，商船吨位超过荷兰、法国、美国、德国和俄国商船吨位的总和。英国的首都伦敦则成为世界金融中心、贸易中心和时尚之都。

在强大的经济、科技和军事实力的支撑下，英国先后打败了法国等欧洲大陆强国，征服了远隔重洋的加拿大、印度等国家和地区。尽管美国独立，但英国仍然保有加勒比地区、加拿大、新加坡、澳大利亚和印度等殖民地，成为世界上最大的资本输出国和拥有殖民地最多的国家。依靠其在全世界建立的庞大的殖民体系，英国逐步在全球范围内形成了以自身为核心的商业贸易圈。英国通过对殖民地的统治实现了对原材料的控制，其工业生产的主要原材料均来自其殖民地；同时，把国内加工成的制成品销往世界各地，尤其是其殖民地。

第一次技术革命的发生开创了英国经济增长的新纪元。在第一次技术革命的直接推动下，英国成为世界上第一个进行并完成产业革命的国家。1820～1913年，英国的人均收入增长比过去任何时候都要快，大约为1700～1820年的3倍。在此期间，英国的出口年平均增速达到3.9%，几乎是GDP增长率的2倍。在技术革命的推动下，新的生产工具被广泛应用到经济活动的各个方面，新的产业不断形成、壮大，传统产业得到彻底改造而效率极大提升，进而带动了实物资本存量的快速增长、劳动力教育水平的提高和技能的明显改进。英国成为名副其实的世界经济增长的发动机和引领者。

在第一次技术革命的直接推动下，英国盛极一时，号称"日不落帝国"。它的领先地位一直保持到19世纪70年代。

第一次技术革命和产业革命

从19世纪早期开始，不断加速的通常被称为"工业革命"或"产业革命"的技术革命就逐渐成为英国经济的主要特征。它始于18世纪60年代，以棉纺织业的技术革新为起点，以瓦特蒸汽机的发明和广泛使用为枢纽，以19世纪三四十年代机器制造业机械化的实现为基本完成的标志。其中，最为突出的就是以瓦特蒸汽机为代表的动力技术的突破型创新，使得纺织业、采矿业、冶金业和交通运输业等传统产业发生了重大变化，并催生了机械制造业等新的产业。自此，英国开启了世界上新的生产方式，创造了崭新的更高的生产能力。英国工业革命不仅扩展到西欧和北美，推动了法、美、德等国的技术革新，而且影响东欧和亚洲，催生了俄国和日本的工业革命高潮。这一切标志着世界整体化新高潮已经到来。

技术创新的源头

根据一般观察，容易知道技术创新的领域通常都是新兴产业。新兴产业受束缚较少，充满活力，在巨大市场需求和获得高额利润的指引下，往往会存在技术创新的冲动。第一次技术革命前的英国就是这样。棉纺织业是一个历史悠久的传统产业，而在这一产业占据优势地位的是印度、波斯和中国。英国的棉纺织业是17世纪从荷兰引进的。最初，它是一个新兴的幼稚的行业，在国内市场受到处于垄断地位的传统毛纺织业的排挤，在国际市场上则面对印度历史悠久且质优价廉的产品的激烈竞争。此时的英国棉纺织品不仅质量低劣，而且产量也很低。为满足国内消费需求，绝大部分的棉纺织品依靠从印度进口。看到巨大的需求，新兴的棉纺织业企业主们通过游说政府禁止棉布的进口促使棉布价格上涨，棉纺织业因此得到快速发展，并刺激了英国棉纺织业的技术革新。接连不断的技术创新给英国棉纺织业的发展带来了新的机会和利润增长的潜力。

英国棉纺织业的技术创新首先是从工具创新开始的。1733年，约翰·凯伊（J. Kay，1704～1774）发明了飞梭。这使得织布效率提高了一倍，但也使得织布的上游产业——棉纱的生产开始供不应求，进而诱发了棉纱生产的创新。1735年，英国技师约翰·怀特发明了一台包括自动纺筒和翼形纺锤的卷轴纺车，这项发明成为由手工纺纱向机器纺纱技术过渡的一项重大突破。大约在 1764 年，英国技师 J. 哈格里夫斯（J. Hargreaves，1720 ~ 1778）发明了竖锭纺纱机，又被称为"珍妮"机。"珍妮"机一开始就能用 12 ~ 18 个纱锭，将纺纱的生产效率提高了 16 倍，消除了在纺纱和织布之间的供求瓶颈，成为英国产业革命的火种。到 1790 年，"珍妮"机已在英国得到广泛应用，且经多次改造，一台纺纱机的纱锭已增加到 130 枚。纱锭数量的大幅增加，使得纺纱机对动力的需求也大幅增加。1769 年，R. 阿克莱特（R. Arkwright，1732 ~ 1793）发明了功率强大的水力纺纱机，并于 1771 年建造了第一个水力纺纱机的纱厂。该厂有数千个纱锭，300 多名工人。1825 年和 1830 年，英国技师 R. 罗伯特先后两次设计出能够持续工作的自动纺纱机。此后，自动纺纱机得到很多发明家的不断改进，性能逐渐完善。正是在这种不断创新中，英国的纺纱技术取得了突飞猛进的发展，棉纱产量也急速增加。1830 ~ 1880 年，英国棉纱产量增加了 1000 倍，实现了纺纱的机械化。

纺纱技术的进步、棉纱产量的急速增加，使纱的生产能力远超出棉布的生产能力，从而又反过来对织布技术提出了改进要求。1787 年和 1792 年，英国教士 E. 卡特莱特（1743 ~ 1823）先后发明了两种织布机。他于 1787 年发明的织布机用马作为动力，两年后改用蒸汽作为动力，基本实现了织布的机械化，并使织布的效率提高了 10 倍。随后，英国人 J. 纳恩罗普和德国人 J. 盖普勒又先后制造出自动织布机。到 1813 年，英国已有 2400 台自动织布机。这些自动织布机一部分由水力驱动，另一部分由蒸汽驱动。

　　纺纱和织布技术取得重大进步之后，动力便成为一个棘手甚至核心的问题。因为，不管是纺纱还是织布的自动化、机械化都需要有强大、稳定的动力支持。最初，机器借助畜力、风力和水力推动，但是，畜力早已不能满足动力的需求，风力和水力受地理和季节变化的影响很大，很不稳定。因此，急需发明一种超越畜力、风力和水力的动力机。这就诱发了蒸汽机的发明。

　　除棉纺织业的需求外，采矿业对动力的强烈需求也对蒸汽机的发明和使用起到推波助澜的作用。17 世纪末，英国的许多矿井遇到了严重的积水问题。当时一般只能靠马力转动辘轳来排除积水。据说有的矿井用来抽水的马匹达到 500 匹之多。这是让矿主极为烦恼的事，也从侧面推动了蒸汽机的研制。

蒸汽机的发明和改进

　　蒸汽机是利用水蒸气作介质做功，把热能转化为机械能的热机。1698 年，英国工程师托马斯·塞维利（T. Savery，1650 ～ 1715）根据巴本的模型，发明制造出一台称为"矿工之友"的应用于矿井抽水的蒸汽水泵，首次将蒸汽作为一种人为制造动力，用于抽取矿井中的积水。这种蒸汽水泵有一个带有阀门的容器，先将蒸汽引入，然后关上阀门让蒸汽冷凝，造成容器中的部分真空，再打开进水阀门吸入矿井中的水，最后关上进水阀门，引入高于大气压的蒸汽，把水从另一出口排出去。尽管它的操作很复杂，效率也不高，但它毕竟是可以实际应用的蒸汽水泵，而且是第一台。塞维利在 1698 年获得专利。这种水泵可以在浅矿井或小库房用于短程提水。但这种机器还极不完善，离"划时代"还有一定差距。

在总结前人经验的基础上，英国的铁匠纽可门（T. Newcomen，1663～1729）于 1702 年获得"大气蒸汽机"专利。纽可门机的蒸汽缸和抽水气缸是分开的，而且有活塞。蒸汽进入气缸后在内部喷水使之冷凝，造成部分真空，大气压推动活塞做功，带动水泵活塞吸水和排水。经过改进后，这种蒸汽机在不少地方都得到了应用。英国工程师斯密顿（J. Smeaton，1724～1792）于 18 世纪下半叶进一步改进了大气蒸汽机，将其效率提高了一倍。纽可门机对开发英国的矿业资源、奠定英国工业发展的基础起了重要作用。

英国格拉斯哥大学的仪器修理工瓦特（J. Watt，1736～1819）对纽可门机进行了根本性改造。瓦特在修理纽可门机的时候注意到，在用冷水喷入气缸使蒸汽机冷却的同时，气缸本身也冷却下来，重新吸入蒸汽时又被加热，要消耗很多蒸汽，导致蒸汽机的效率很低。在当时已经提出潜热和比热理论的启发下，瓦特不仅找到了蒸汽机效率低下的原因，也找到了提高蒸汽机效率的途径——要保持气缸不被冷却。于是他在气缸上另外加了一个凝汽器，以使蒸汽冷却。后来这个容器被称为冷凝器。这是瓦特蒸汽机的一项重要改进。1769 年他具有历史意义的专利——"在火力机中减少蒸汽和燃料消耗的一种新方法"获得批准，其中的基本部分是凝汽器的利用。1774 年，瓦特制成了新型的单向蒸汽机，动作可靠，耗煤量比纽可门机有了明显减少。他遂与别人合作兴办了蒸汽机制造厂。1781 年，他把单向蒸汽机改进为双向蒸汽机，效率进一步提高，成为许多国家经济部门的通用热机。马克思在《资本论》中指出，直到瓦特发明第二种蒸汽机，即所谓的双向蒸汽机后，才找到一种原动机，它的能力完全受人控制，可以移动，同时其本身又是推动的一种手段，这种原动机不像水车那样只能在农村使用，它可以使生产集中在城市，而不会像水车那样必须将生产分散在农村。1784 年，瓦特取得了旋转蒸汽机的专利。这一"万能动力机"的问世，标志着其完成了把一个简单的抽水装置改造为复杂多用原动机的使命。1787 年，为了在负荷变化的情况下保证蒸汽机相对稳定的速度，瓦特又安装了离心式调速器；1790 年，他又发明了蒸汽压力表。经过一系列改进后的瓦特蒸汽机实用、效率高、性能可靠，开始走向标准化，逐步普及到整个工业领域。

蒸汽机的发明，尤其是瓦特蒸汽机的发明，被认为是第一次技术革命的标志性事件。因为这是一场动力革命，使人类由 200 万年来以人力为主的手工劳动时代进入了近代机器大生产的蒸汽时代，具有特殊的意义。首先，蒸汽机的使用使得生产由原来以家庭为单位完成，变为由工厂完成，实现了生产组织的重大突破，使得生产效率大幅度提高；其次，蒸汽机的使用使得工厂的选址进一步摆脱了自然条件的限制，使生产和消费之间的空间距离大幅度缩小，使得生产与消费的适应性进一步加强；最后，蒸汽机将工具机、传动机和动力机完整地结合起来，形成不可分割的整体，推动了机器体系的日臻完善，使得工厂生产的协调性进一步加强，管理技术得到进一步提高，生产效率大幅度提高。各种工具机都需要动力推动，蒸汽机可以完成这个任务。因此，蒸汽机的发明和应用，促进了英国各个工业部门的机械化。蒸汽机首先应用于轻工业——1784年英国建立了第一座蒸汽纺纱厂；此后，它被陆续运用到其他各个工业部门：在冶金工业上驱动鼓风机，在采矿工业上驱动排水机，在交通运输业上驱动火车和汽船等。到1825年，英国已有蒸汽机1.5万台。

蒸汽机引发的产业革命

蒸汽机的历史意义无论怎样赞誉都不为过。它提供了利用热能为机械供给推动力的手段，结束了人类对畜力、风力的长久依赖，也为人类开发尚藏在地球中的其他矿物燃料——石油和天然气提供了可能。由此开始了一种趋向，并形成了这样一种局面：西欧和北美地区每个人可得到的能量分别为亚洲的11.5倍和29倍。这些数字的分量在一个经济力量和军事力量直接依赖所能获得能源的世界中不言自明。就此而言，19世纪欧洲对世界的支配是以蒸汽机为基础的，其作用大于其他任何一种手段或力量。

蒸汽机的发明和广泛使用促进了英国的产业革命。其中，发展最早、最成熟、表现最为突出且可被称为推动性产业的包括棉纺织业、钢铁业和铁路业。这些产业都呈现很高的增长率，并对其他产业形成了巨大的带动作用。

蒸汽机通过机械化极大地提高了生产效率，再加上在当时大量的完全无法保护自己权益的廉价人力，推动了英国工业产量的大幅增长。英国的领先在19世纪前半期是压倒性的；1850年后，尽管后来者的追赶使其在某些方面的优势有所弱化，但仍然占据重要的领先地位。

蒸汽机及其他纺织机械的发明和使用使得包括棉纺织业、毛纺织业在内的整个纺织业呈现空前的繁荣。1760～1827年，英国棉纺织业的生产量增加了20倍。1834年，英国棉布、棉纱和棉织刺绣制品的出口额分别达5.56亿磅、7650万磅及120万磅。英国成为世界上最大的棉纺织品出口国。

蒸汽机的发明和使用也使得纺织制造业成为19世纪的主要行业。1793年，惠特尼发明轧棉机进一步推动了纺织业的发展，也大幅增加了对作为棉纺织原料的棉花的需求。在那一年，美洲人开始种植短绒棉。在后来的50年中，短绒棉的需求增加了20倍。

随着蒸汽机的不断改进，应用范围逐步从纺织业、采矿业扩大到交通运输、冶金、机械、化学等一系列工业部门。产业革命带来的生产的增长、市场的拓展以及对外扩张的需要，使社会生产力以前所未有的速度和规模发展起来，这又推动了蒸汽时代的技术变革。

以轮船和蒸汽机车为代表的蒸汽机在交通运输业的运用，使交通运输技术发生了一次革命性变革。英国的海运业发展较早，19世纪40～50年代，英国掀起了建设海运运输网的热潮，但那时的英国造船业是用进口的木料制造帆船。自蒸汽机用在帆船上后，英国开始用铁来制造轮船。尽管用铁造船的技术发展较为缓慢，但到19世纪末，英国已建立了世界上最大的蒸汽机船队。在造船业兴盛的同时，英国投入了大量资金发展航运业配套设施，包括沿海岸修建灯塔、灯船、扩建港口、船坞、堤岸、堆栈等，并配置起重机和其他码头装卸设备。1807年，美国发明家富尔顿（R. Fulton，1765～1815）制造的木制轮船试航成功。该船航行于纽约和奥尔巴尼之间，全程约150海里，速度较以前的帆船快了1/3。它的成功标志着蒸汽动力船时代的到来。接着，英国人亨利·贝尔（H. Bell）造成了"彗星"号铁制汽船，航行于英格兰的克莱伊特河上。1838年，英国轮船"天狼星"号和"大西方"号完全以蒸汽为动力，横渡大西洋成功。此后，英国人成立了几个大航运公司，经营世界的海洋航运，使英国的海运业进入了一个新的时代（见表5-1和表5-2）。

表5-1 英国和世界船舶航运能力（1470～1913年）

单位：千吨

年份	帆船	轮船	运载力合计（帆船当量）	帆船	轮船	运载力合计（帆船当量）
	英国			世界		
1470	—	0	—	320	0	320
1570	51	0	51	730	0	730
1670	260	0	260	1450	0	1450
1780	1000	0	1000	3950	0	3950
1820	2436	3	2448	5800	20	5880
1850	3397	168	4069	11400	800	14600
1900	2096	7208	30928	6500	22400	96100
1913	843	11273	45935	4200	41700	171000

注：由于欧洲船队的统计口径不全，因此将世界1470年、1570年和1670年数据做了向上调整。其中，1470年的调整系数为1.85，1570年为1.34，1670年为1.07。在1470～1780年的世界运载力合计中，笔者加上了亚洲船只货运量的粗略估计100000吨。考虑到蒸汽船较快的速度和较稳定的正常运营能力，将蒸汽船与帆船之间的等量系数定位为1:4，即1艘蒸汽船相当于4艘帆船（参见Day, 1912，p. 290）。

资料来源：〔英〕M. M. 波斯坦、H. J. 哈巴库克《剑桥欧洲经济史》，经济科学出版社，2002。

表 5 - 2　英国和世界船舶航运能力以及 GDP

年均增长率（1570～1913 年）

单位：%

时期	英国航运力	英国 GDP	世界航运力	世界 GDP
1570～1820 年	1.56	0.79	0.84	0.33
1820～1913 年	3.20	2.13	3.69	1.47

资料来源：〔英〕安格斯·麦迪森（Angus Maddison）《世界经济千年史》，伍晓鹰、施发启等译，北京大学出版社，2003。

　　蒸汽机被用于陆上交通革命的最重要成果是铁路的兴建。最初的所谓铁路，是为解决煤炭运输而建造的，它实际上是建立在矿区的木轨道上，以马为动力牵引。1814 年，英国发明家斯蒂芬森（G. Stephenson，1781～1848）在继承前人成果的基础上，设计成功第一台实用的蒸汽机车。这台能牵引 30 多吨货物的机车被用来运煤，时速为 6.5 公里，当时被嘲笑为比马车还慢。1825 年，他制造了"旅行号"机车，在由他负责设计的一条刚建成的铁路上运营，成为世界上第一条公共交通铁路。随后，英国出现了铁路建设热潮，到 1850 年，英国的铁路里程达到 6084 英里，1860 年则达到 9070 英里。至此，英国主要的铁路干线大部分建成，伦敦也自那时起成为铁路网的最大枢纽。19 世纪末，世界铁路里程已经达到 650000 公里，到 20 世纪 20 年代末又翻了将近一番，达到 1270000 公里。工业发达国家都基本建成了铁路网。

　　交通运输业的革命带来了持久、深刻的影响。它不仅为原材料、燃料、制成品、劳动力的运输提供了更为廉价、快捷、便利的方式，而且带动了炼钢和煤炭开采的大发展。据统计，每建设 1 英里的铁路，铁轨、机车、车辆和道岔就需要金属制品约 82 吨。

工业革命还辐射了通信联络领域。以往，人们一直依靠运货马车、驿使或船将音信送到遥远的地方。但 19 世纪 30 年代，电报的发明改变了这一状况。1866 年，人们铺设了一道跨越大西洋的电缆，建立了东半球与美洲之间直接的通信联络。至此，人类征服了时间和空间。从远古坐马车、骑马或乘帆船旅行，跨越到能够凭借汽船和铁船跨过海洋和大陆，用电报与世界各地通信，以及能够利用煤的能量、成本低廉地生产铁并同时纺 100 根纱线，这一切表明了工业革命的影响和意义。它使世界统一起来，且统一的程度大大超过了世界在罗马人或蒙古人的时代曾经达到的水平；同时，它也使欧洲对世界的支配成为可能。这种支配一直持续到工业革命扩散到其他地区为止。

在钢铁工业领域，1790 年首次采用蒸汽动力鼓风，使冶铁过程的燃料消耗大大降低。1856 年，曾发明大炮炮筒来复线结构的英国工程师贝塞麦（H. Bessemer，1813～1898），发明了转炉炼钢新技术；1864 年，德国人西门子（W. Siemens，1823～1885）和法国人马丁（Martin，1824～1870）发明了平炉炼钢法。新的炼钢技术的推广应用使世界钢产量在 1865～1870 年增加了 70% 至 50 万吨，且在 1870～1900 年又从 50 万吨猛增到 2800 万吨。

在蒸汽机技术的推动下，采煤业也迅速发展起来。最初，蒸汽机只是应用于矿井抽水；进入 19 世纪以后，不仅蒸汽抽水机在矿井中已经普遍应用，而且蒸汽凿井机、煤炭曳运机等也得到了运用，煤产量迅速增长。1835 年，英国的煤产量已达到 3000

万吨，成为欧洲的第一大产煤国。

煤炭和冶金的发展，促进了机械制造业的发展。在工业革命初期，机器大部分都是木质的，多用手工方法制造。到18世纪末，英国开始运用蒸汽锤和简单的车床制造金属部件，代替机器上的一部分基本部件。刀架的发明则使刀具的生产得以用机械代替人力操作。19世纪初，各种锻压设备和金属加工车床、铣床、磨床、刨床、齿轮及螺纹加工机床等的陆续发明，推动机器制造业由此建立并具备了一定规模。

基于上述种种发展，英国到1800年时生产的煤和铁比世界其余地区合在一起生产的还多。具体而言，英国的煤产量从1770年的600万吨上升到1800年的1200万吨，进而上升到1861年的5700万吨；英国的铁产量则从1700年的5万吨增长到1800年的13万吨，进而增长到1861年的380万吨。铁因其储量丰富和便宜，足以满足一般的建设。因而，人类不仅进入蒸汽时代，也跨入了钢铁时代。

纺织品的漂白需要进行酸碱处理，这刺激了制酸和制碱工艺技术的发展。1746年，英国人发明了铅室法制造硫酸，后经过不断改进投入连续生产。1788年，法国人发明了以氯化钠为原料的制碱法，尽管这种方法有高温操作、煤耗量大、产品质量不高、设备腐蚀严重等缺点，但仍不失为工业制碱的一种重要方法，对于化学工业的发展起了重要作用。

更为重要的是，在改造传统产业的同时，英国以蒸汽机为核心建立了新的机器制造业。19世纪20年代，英国已经建成了蒸汽机、纺织机和蒸汽机车等机器制造工厂。19世纪中叶，机器已经成批生产，英国机器制造业作为大工业部门基本形成。当时，英国著名的机器制造厂，如博尔顿和瓦特工厂、夏尔伯·罗伯特和赛伊工厂以及惠特渥斯工厂等，都已享有世界声誉。英国制造的蒸汽机、各种工作母机、火车头、农业机械等质量优良，远销世界各地，在国际市场上占有垄断地位，并直接影响着欧洲大陆和美国工作母机的制造业，使英国成为真正的"世界工厂"。在1851年伦敦世界博览会和1855年巴黎世界博览会上，英国工作母机的技术显示出较高的精确性、有效性及专业性。

表5-3和表5-4给出了四个主要资本主义国家在第一次工业革命时期的推动性行业和工业生产情况。

表5-3　四个主要资本主义国家第一代推动性行业

国家	时期	棉纺织业	钢铁业	铁路业
英国	a	1780~1789年	1790~1799年	1830~1839年
	b	1780~1869年	1780~1889年	1830~1879年
法国	a	1815年以后	1850~1859年	1840~1849年
	b	–	1830~1959年	1840~1889年
德国	a	1830~1839年	1850~1859年	1840~1849年
	b	–	1850~1959年	1840~1889年
美国	a	1805~1815年	1840~1849年	1830~1839年
	b	1820~1879年	1840~1920年	1830~1899年

注：表中a为增长率最大期；b为该行业被评估为国家工业推动行业的时期；–表示该行业未达到足够的分量而无法起到推动性作用的时期。

资料来源：〔法〕米歇尔·波德《资本主义的历史：从1500年至2010年》，上海辞书出版社，2011，第104页。

表 5 - 4　四个主要资本主义国家的第一代工业生产概况

年份	英国	法国	德国	美国
棉纱（百万磅）				
1830	250	68	16	77
1850	588	140	46	288
1870	1101	220	147	400
煤（百万吨）				
1800	10	1	1	—
1830	16	2	1.7	—
1850	49	5	6.7	7
1870	110	13	26	30
生铁（千吨）				
1800	200	60	40	—
1820	400	140	90	20
1840	1400	350	170	180
1860	3800	900	500	900
所安装的机器的功率（千马力）				
1840	350	34	20	n.
1870	900	336	900	n.
所建造的铁路（千公里）				
1850	10.5	3	6	n.
1870	24.5	17.5	19.5	52

　　资料来源：〔法〕米歇尔·波德：《资本主义的历史：从 1500 年至 2010 年》，上海辞书出版社，2011，第 104、105 页。

　　表 5 - 5，表 5 - 6 给出了英国等主要发达国家第一次工业革命时期工业生产占比、各行业在职人口占比。

表5-5　主要发达国家和地区在全球工业生产中的占比

单位：%

年份	英国	法国	德国	欧洲其他地区	美国
1820	24	20	15	37	4
1840	21	18	17	38	5
1860	21	16	15	34	14

资料来源：〔法〕米歇尔·波德《资本主义的历史：从1500年至2010年》，上海辞书出版社，2011，第105页。

表5-6　英国、法国、美国的不同行业在职人口占比

单位：%

	年份	农业	工业和贸易（含建筑业和矿业）	其他
英国	1811	35	45	20
	1841	20	43	37
	1871	14	55	31
	年份	农林牧渔	工业、交通、贸易、银行（含建筑业和矿业）	其他
法国	1851	64.5	27.5	8
	1866	50	37	13
	年份	第一产业（含矿业）	第二产业	第三产业
美国	1820	73	12	15
	1850	65	17.5	17.5
	1870	54	22.5	23.5

资料来源：〔法〕米歇尔·波德《资本主义的历史：从1500年至2010年》，上海辞书出版社，2011，第107页。

在19世纪的第二个30年里，英国国民财产的构成发生了决定性的变化：与工业生产直接相关的财产（海外资产、铁路、工业、商业、金融资产以及一些不动产）替代了传统的地产（土地

和田地），成为国民财产的主要构成部分（见表 5 - 7）。这表明，在技术革命的推动下，英国的产业发展已经取得了实质性成果，打破了传统经济发展模式，迈向了新经济。

表 5 - 7　英国国民财产构成

单位：%

年份	1798	1812	1832	1885
1. 土地	55.0	54.2	54.1	18.1
2. 田地	8.7	9.3	9.2	5.2
地产(1 + 2)	(63.7)	(63.5)	(63.3)	(23.3)
3. 不动产	13.8	14.9	14.1	22.1
4. 海外资产	a	a	4.7	8.2
5. 铁路	20.8	19.8	16.2	10.5
6. 工业、商业、金融资产				30.2
与资本主义发展相关的财产(4 + 5 + 6)	(20.8)	(19.8)	(20.9)	(48.9)
7. 公共财产(b)	1.7	1.8	1.7	5.7

注：a 为或可忽略；b 不包括道路和军队财产。

资料来源：〔法〕米歇尔·波德《资本主义的历史：从 1500 年至 2010 年》，上海辞书出版社，2011，第 116 页。

　　总之，以蒸汽机为代表的技术革命带来了社会生产力的巨大发展。蒸汽动力的广泛运用带动了纺织工业、冶金工业、煤炭工业、交通运输业、机器制造业的飞跃发展，使作为第一次产业革命发生地的英国成为世界上最先进的资本主义工业国家。机器大工业生产使英国的劳动生产率得到空前提高：1770～1840 年的 70 年间，英国工业的平均劳动生产率提高了 20 倍。在国民经济的构成中，工业份额从 1801 年的 42% 增长到 1831 年的 60%，进而在 1871 年达到 73%。生产资料的生产在工业产品总量中所占的份额也不断提高，从 1783 年的 29% 到 1812 年的 31%，再到 1851 年的 40%，直至 1881 年的 47%。

产业革命后产业结构的变化

英国工业革命期间和工业革命完成后，工业产量迅速增长。英国工业生产增长率在 1818 ~ 1855 年为 3% ~ 4%，比工业革命开始前增长率有了明显的加快（见表 5 – 8）。[①]

表 5 – 8   英国工业增长率

单位：%

时间	每 10 年的工业增长
19 世纪 40 ~ 50 年代	39. 3
19 世纪 50 ~ 60 年代	27. 8
19 世纪 60 ~ 70 年代	33. 2
19 世纪 70 ~ 80 年代	20. 8
19 世纪 80 ~ 90 年代	17. 4
19 世纪 90 年代 ~ 20 世纪头 10 年	17. 9

资料来源：Phyllis Deane and W. A Cole, *British Economic Growth 1688 – 1959*, Cambrige U. P, 1969, p. 297, Table 77. The growth of the United Kingdom industry production。

① Walther G. Hoffman, *British Industry 1700 – 1950*, Oxford: Basil Blackwell, 1955, p. 31, Table 5. Periods of Growth of the Industrial Economy of the United Kingdom (Including Building), 1701 – 1935.

19 世纪 70 年代，英国已经完成了从传统以农业经济为主到近现代以工业经济为主的转变，其各部门劳动力占比见表 5 - 9。

表 5 - 9　1871 年英国的劳动力构成

单位：%

部门	劳动力占比
矿业和制造业部门	43. 1
商业和交通运输业部门	19. 6
家庭和个人服务业部门	15. 3
自由职业者和公共事业部门	6. 8
农、林、渔业部门	15. 1

资料来源：Alfred D. Chandler, *Scale and Scope：The Dynamics of Industrial Capitalism*, Belknap Press of Harvard University Press, 1990, p. 251。

英国煤炭储量丰富，但产业革命前煤的开采量和利用率都不高，1551 ~ 1560 年的年产量为 20 万吨，1681 ~ 1690 年为 298. 2 万吨。随着蒸汽机的发明和使用以及产业革命的发生，对煤的需求急速增加，煤的开采和使用量也随之快速增长。到 1850 年，其产量和消费量已超过法国、德国、美国、比利时和奥地利的总和（见表 5 - 10）。[①]

表 5 - 10　英国的煤产量

单位：万吨

1800 年	1820 年	1830 年	1840 年	1850 年	1860 年	1870 年	1880 年	1890 年	1900 年	1913 年
1100	1740	2240	3370	4940	8000	11040	14680	18160	22520	28740

资料来源：Phyllis Deane and W. A Cole, *British Economic Growth 1688 - 1959*, P. 216, Table 54. Nineteenth-century coal output。

[①]　Michael G. Mulhall, ed. , *The Dictionary of Statistics*, Thoemmes Press, 2000. P. 119.

　　蒸汽机的发明和使用使得铁的生产量剧增。在工业革命前，英国的冶铁业落后于瑞典，甚至落后于俄国。1770 年，全国只有大约 60 个高炉，炼铁厂分散在 18 ~ 20 个郡中。随着蒸汽时代到来以及机械的发明和广泛使用，制造业对铁的需求急剧增加，尤其是便于加工的棒状铁。1740 年，英国的铁产量为 20000 吨，低于法国的 26000 吨。到 18 世纪后期，英国的炼铁业赶上了欧洲先进国家，取得了行业的领先地位。1790 年，英国铁产量为 68000 吨，而法国只有 40000 吨。此后，英国铁产量一路飙升，到 1848 年已超过世界其他国家铁产量的总和（见表 5 - 11 和表 5 - 12）。英国铁的出口量也随之明显增加，从 1814 年的 57000 吨增加到 1852 年的 103000 吨。[①] 1821 ~ 1870 年，英国成为德国、法国、荷兰和美国生铁的主要进口国。英国铁产业的产值 1770 年为 150 万英镑，1801 年为 400 万英镑，1831 年达到 760 万英镑。[②]

表 5 - 11　英国生铁的产量

单位：万吨

1770 年	1780 年	1790 年	1796 年	1801 年	1810 年	1830 年	1840 年	1850 年
4.59	5.44	7.61	12	20	40	68	140	225

　　资料来源：Charles H. Feinstein and Sidney Pollard, eds., *Studies in Capital Formation in the United Kingdom 1750 - 1920*, p. 80 - 82, Table 3.4 Pig Iron Output, 1750 - 1850。

---

① 〔英〕大卫·兰德斯：《解除束缚的普罗米修斯：1750 年迄今西欧的技术变革和工业发展》，谢怀筑译，华夏出版社，2007，第 95 页。

② Joseph E. Inikori, *Africans and the Industrial Revolution in England*, A Study in International Trade and Economic Development, P. 61.

表 5 – 12 英国棒铁产量

单位：万吨

1760 年	1790 年	1840 年	1850 年
20. 6	28. 6	556. 9	1134. 1

资料来源：Charles H. Feinstein and Sidney Pollard, eds., *Studies in Capital Formation in the United Kingdom 1750 – 1920*, p. 80 – 82, Table 3. 7 Bar Iron Output, 1750 – 1850。

到工业革命后期，棉纺织业效率大大提高，成本大大降低：每磅棉纱的劳动力成本 1829 ~ 1831 年为 4. 2 便士，1844 ~ 1846 年为 2. 3 便士，1859 ~ 1861 年降为 2. 1 便士；织布每磅劳动力成本 1829 ~ 1831 年为 9 便士，1844 ~ 1846 年为 3. 5 便士，1859 ~ 1861 年降为 2. 9 便士。[1] 英国棉纺织品的产值，从 1760 年的 600 万英镑，增加到 1784 ~ 1786 年的 5400 万英镑，再增加到 1794 ~ 1796 年的 10000 万英镑。与之相应，棉纺织品的出口额从 1760 年的 300 万英镑，增加到 1784 ~ 1786 年的 800 万英镑，再增加到 1794 ~ 1796 年的 3400 万英镑。[2] 而 1854 ~ 1856 年，英国棉纺织品的实际出口额已达到 349080000 英镑，占其全部商品出口额 1022501000 英镑的 1/3。[3]

英国主要纺织业部门的净产值见表 5 – 13。

---

[1] Nicholas F. R. Craft, "British Industrialization in an International Context", *Journal of Interdisciplinary History*, XXX. 3, 1989, p. 426.

[2] Ralph Davis, "Industrial Revolution and British Oversea Trade", Table 34. Exports of Cotton Goods, as percentage of total production, In Stanley L. Engerness, eds., *Trade and Industrial Revolution 1700 – 1850*, Vol. I, p. 191.

[3] Ralph Davis, "Industrial Revolution and British Oversea Trade", Table 35. Official and real values in overseas trade, 1854 – 1856, In Stanley L. Engerness, eds., *Trade and Industrial Revolution 1700 – 1850*. Vol. I, p. 194.

表 5 – 13　英国主要纺织业部门（包括棉、麻、毛、丝）的净产值

单位：万英镑

1770 年	1805 年	1821 年	1836 年	1845 年	1850 年	1855 年	1860 年	1870 年
1200	3290	4960	5340	6030	5710	6340	7260	8450

资料来源：Phyllis Deane and W. A. Cole, *British Economic Growth 1688 – 1959*, P. 212, Table 52. Net output of principle textile industries of the United Kingdom。

但由于其他产业部门的发展，1820 ~ 1870 年英国的纺织业净产值在国民收入中的比例一直徘徊在 9% ~ 14%，1820 年时占 14%，1870 年下降到 9%。

造船业是英国的重要产业。在产业革命前，英国的船舶吨位数和荷兰的船舶吨位数相当，而在 1750 年后，英国的船舶吨位数大大超过了荷兰。1780 年，荷兰船舶吨位数为 394000 吨，而 1786 年英国的船舶吨位数已经达到 752000 吨。[①] 英国造船业年产值见表 5 – 14。

表 5 – 14　英国造船业的年产值

单位：万英镑

1830 ~ 1839 年	1840 ~ 1849 年	1850 ~ 1859 年	1860 ~ 1869 年	1870 ~ 1879 年	1880 ~ 1889 年	1890 ~ 1899 年	1900 ~ 1908 年
220	270	520	990	1630	1710	1600	2260

资料来源：Phyllis Deane and W. A. Cole, *British Economic Growth 1688 – 1959*, P. 234, Table 62. The growth of the United Kingdom shipping industry。

---

① David Ormrod, *The Rise of Commercial Empire: England and the Netherlands in the Age of Mercantilism*, P. 276, Table 9.1. The growth of English and Dutch shipping tonnage, 1567 – 1786.

从国民收入结构来看，英国在 19 世纪最初 40 年发生了根本性的变化：农业、林业和渔业在国民收入中的比例下降，工业、矿业和建筑业以及商业和交通运输业在国民收入中的占比在增长。到 19 世纪 70 年代，已经完成了国民经济从以农业经济为主到以工业经济为主的转变（见表 5 – 15）。学者对于产业革命前后英国工业增长率的估算见表 5 – 16。

表 5 – 15　英国主要经济部门收入及其在国民收入中占比的变化（1801 ~ 1901 年）

年份	农业、林业和渔业		工业、矿业和建筑业		商业和交通运输业	
	收入（万英镑）	占国民收入的比重（%）	收入（万英镑）	占国民收入的比重（%）	收入（万英镑）	占国民收入的比重（%）
1801	7550	32.5	5430	23.4	4050	17.4
1811	10750	35.7	6250	20.8	5010	16.6
1821	7600	26.1	9300	31.9	4640	15.9
1831	7950	23.4	11710	34.4	5900	17.3
1841	9990	22.1	15550	34.4	8330	18.4
1851	10650	20.3	17950	34.3	9780	18.7
1861	11880	17.8	24360	36.5	13070	19.6
1871	13040	14.2	34890	38.1	20160	22.0
1881	10910	10.4	39590	37.6	24190	23.0
1891	11090	8.6	49520	38.4	28960	22.5
1901	10460	6.4	66070	40.2	38300	23.3

资料来源：Phyllis Deane and W. A Cole, *British Economic Growth 1688 – 1959*, P. 166, Table 37. The industrial distribution of the national income of Great British, 1801 – 1901; p. 291, Table 76. The structure of the British national product。

表 5 – 16　学者对于产业革命前后英国工业增长率的估算

	时期	工业增长率
霍夫曼的估算	1701 ~ 1779 年	0 ~ 2%
	1780 ~ 1792 年	3% ~ 4%
	1793 ~ 1817 年	2% ~ 3%
	1815 ~ 1855 年	3% ~ 4%
	时期	工业增长率
克拉夫茨的估算	1700 ~ 1760 年	0.7%
	1760 ~ 1780 年	1.3%
	1780 ~ 1801 年	2.0%
	1801 ~ 1830 年	2.8%

资料来源：Walther G. Hoffman, *British Industry 1700 – 1950*, Oxford：Basil Blackwell, 1955, p. 31, Table 5. Periods of Growth of the Industrial Economy of the United Kingdom（Industry Building）, 1701 – 1935。

在英国工业革命初期，由于关键性的技术革命集中在小部分企业，对资本的需求相对有限，所以最初几十年的累计投资额只占国民收入很小的比例。根据菲利普·迪恩的研究，净投入占总收入的比例在 18 世纪大部分时间都不超过 5% ~ 6%，在 18 世纪最后 10 年工业革命达到高潮时，这一比例才达到 7% ~ 8%；到了 19 世纪 40 年代铁路大建设时期，这一比例上升到 10%。[①] 统计资料也表明，在工业革命过程中，1761 ~ 1840 年，英国国内再生产固定资本迅速增长（见表 5 – 17）。

---

① 〔英〕大卫·兰德斯：《解除约束的普罗米修斯：1750 年迄今西欧的技术变革和工业的发展》，谢怀筑译，华夏出版社，2007，第 78 页。

表 5 – 17 英国国内再生产固定资本总额

年份	总额(英镑)	年份	总额(英镑)
1760	2390000	1810	11400000
1770	2620000	1820	10170000
1780	3030000	1830	10200000
1790	3270000	1840	13880000
1800	5870000	1850	14910000

资料来源：Charles H. Feinstein and Sidney Pollard, eds., *Studies in Capital Formation in the United Kingdom 1750 – 1920*, Oxford Clarendon Press, 1988, P. 433, Table IV. Gross Stock of Domestic Reproducible Fixed Asserts, By Sector, Great Britain 1760 – 1850 and United Kingdom 1850 – 1920。

　　工业发展所需的资本形成是工业革命得以发生的重要条件（见表 5 – 18）。对于英国工业革命前夕和工业革命期间的资本形成率，不同的学者有不同的估算。W. A. 刘易斯认为，英国资本形成率在工业革命期间从 4% ~ 5% 增至 12% ~ 15%；W. W. 罗斯托认为，1783 ~ 1802 年，英国的资本累计率从 5% 增至 10%；N. F. R. 克拉夫茨认为，英国国内生产总投资占国内生产总值的比例，1700 年为 4%，1760 年为 5.7%，1780 年为 7%，1801 年为 7.9%，1811 年为 8.5%，1831 年为 11.7%。[1]

　　工业革命期间投资的迅速增长是棉纺织业发展的最重要前提。1778 年，对棉纺织业的全部投资为 185.6 万英镑。其中，对阿克莱特型工厂的投资为 45 万英镑，对骡机的投资为 5.5 万英镑，对珍妮纺纱机的投资为 1.41 万英镑，对棉纺织业其他机器的

---

[1] Francois Crouzet, *British ascendant*, P. 152 – 158.

表 5 - 18　英国国内分部门固定资本一览

单位：万英镑

时期	矿业和采石业年固定资本	制造业年固定资本	铁路以外的交通运输业年固定资本	国内总年固定资本
1761 ~ 1770 年	3	50	80	425
1771 ~ 1780 年	4	62	111	559
1781 ~ 1790 年	7	100	119	695
1791 ~ 1800 年	11	139	225	1126
1801 ~ 1810 年	25	282	368	2013
1811 ~ 1820 年	26	332	403	2513
1821 ~ 1830 年	43	549	357	2764
1831 ~ 1840 年	52	730	444	3693
1841 ~ 1850 年	90	897	467	4808
1851 ~ 1860 年	119	1235	780	5329

资料来源：Charles H. Feinstein and Sidney Pollard, eds., *Studies in Capital Formation in the United Kingdom 1750 - 1920*, Oxford Clarendon Press, *1988*, P. *433*, Table IV. Gross Stock of Domestic Reproducible Fixed Asserts, By Sector, Great Britain *1760 - 1850* and United Kingdom *1850 - 1920*。

投资为 3.5 万英镑，对包括印染的完成工序的投资为 30 万英镑，对织布机的投资为 7.5 万英镑，对编织机的投资为 125 万英镑。[1] 1811 ~ 1812 年，对棉纺织业的总投资为 922 万 ~ 1022 万英镑。其中，对纺纱厂的投资为 500 万 ~ 600 万英镑，对织布业的投资为 249.08 万英镑，对完成工序的投资为 173 万英镑。[2] 1833 ~ 1835

---

[1]　Charles H. Feinstein and Sidney Pollard, eds., *Studies in Capital Formation in the United Kingdom 1750 - 1920*, Oxford Clarendon Press, *1988*, P. 109, Table 4.2. Capital Investment in the Cotton Industry, 1788.

[2]　Charles H. Feinstein and Sidney Pollard, eds., *Studies in Capital Formation in the United Kingdom 1750 - 1920*, Oxford Clarendon Press, *1988*, P. 113, Table *4.4*. Capital Investment in the Cotton Industry, *1811 - 1812. 1788.*

年对棉纺织业的总投资为1549万英镑投资。其中，对纺纱厂的投资为816万英镑，对织布业的投资为374万英镑，对编织业和织袜业的投资为30万英镑，对印染业和染色业的投资为140万英镑，对漂白业的投资为189万英镑。[1] 英国对煤炭业的投资也大幅增长（见表5-19）。

表5-19 英国对煤炭业的年总投资

单位：万英镑

年份	总投资额	年份	总投资额
1770	10.2	1830	130
1780	15.9	1840	229.6
1790	21.1	1845	255
1810	77.6		

资料来源：Charles H. Feinstein and Sidney Pollard, eds., *Studies in Capital Formation in the United Kingdom 1750 - 1920*, Oxford Clarendon Press, *1988*, P. *63*, Table *4.2.14*. Capital Formation in British Coal Mining, *1750 - 1850*。

　　英国是第一个进行产业革命的资本主义国家，可以引进和利用的外国先进技术不多，只能以本国的发明创造为主，其90%以上的机器都是自己发明制造的。但英国并非闭关自守、一律排外，外国的先进技术可以利用的都尽量吸收。如汽船、净棉机等就是美国发明的，英国很快就把这种先进技术引进来，并加以应用和推广。蒸汽机最早也是法国物理学家巴本在1690年制成的实验

---

① Charles H. Feinstein and Sidney Pollard, eds., *Studies in Capital Formation in the United Kingdom 1750 - 1920*, Oxford Clarendon Press, 1988, P. 113, Table 4.7, Capital Investment in the Cotton Industry, 1833 - 1835.

性机型，但后来英国技师塞维利在 1698 年制成了蒸汽水泵，纽可门又在 1704 年加以改进制成矿井抽水机，瓦特则在总结他们经验的基础上进行新的研究和试验，才最终于 1769 年制成单向蒸汽机。

用机器操作代替手工劳动是第一次产业革命开始的主要标志，而用机器制造机器则是第一次工业革命完成的主要标志。也就是说，手工劳动是第一次产业革命的对象，机器生产是这次革命的结果，机械化是这次革命的中心。以 18 世纪 60 年代发明纺纱机和蒸汽机作为英国第一次产业革命正式开始的标志，各种各样的机器相继发明并得到应用：棉纺织工业部门发明了十余种机器；蒸汽机也不止一种，从单向蒸汽机到联动式蒸汽机，再到高压蒸汽机等；在冶金工业和采矿工业领域，鼓风机、碾压机、抽水机、凿井机、曳运机等相继问世；在交通运输业领域，出现了蒸汽机车和汽船等；在机器制造工业领域，有"移动刀架"，还有各种蒸汽锤和金属加工车床。最后，19 世纪 30～40 年代英国完全能用机器制造机器，并且大量向国外输出机器，则成为工业革命完成的标志。当时，英国从工厂到矿山、从陆地到海洋到处是机器在轰鸣，到处是机器在转动，到处是机器在奔驰……它奏响了英国工业革命的胜利协奏曲。机器成为英国生产历史舞台上的主角，并将手摇纺车、人力车、马车等逐渐赶下了历史舞台，放进了历史博物馆。

需要特别指出的是，产业革命是以机器为主体的工厂制度代替以手工技术为基础的手工作坊的革命，它是技术的根本性变革，进而引起了生产关系的重大变革。工厂制度的确立完全改变了工人的地位，使资本主义雇佣制度在工业中得到了巩固和发展。

英国的城市化进程

英国不仅是第一个完成产业革命的国家，也是率先开始城市化的国家。英国城市化起步早，进程较为平缓。

1500 年时，英国的城市化水平远低于西欧的平均水平：在英格兰和威尔士，只有 3% 的人口居住在人口规模 1 万人以上的城镇。而这一比例在荷兰为 16%，在意大利为 15%（见表 5 – 20）。

表 5 – 20　欧洲和亚洲的城镇化率（1500 ~ 1890 年）

单位：%

年份	1500	1600	1700	1800	1890
比利时	21.1	18.8	23.9	18.9	34.5
法国	4.2	5.9	9.2	8.8	25.9
德国	3.2	4.1	4.8	5.5	28.2
意大利	14.9	16.8	14.7	18.3	21.2
荷兰	15.8	24.3	33.6	28.8	33.4
斯堪的那维亚	0.9	1.4	4.0	4.6	13.2
瑞士	1.5	2.5	3.3	3.7	16.0
英格兰和威尔士	3.1	5.8	13.3	20.3	61.9
苏格兰	1.6	3.0	5.3	17.3	50.3
爱尔兰	0.0	0.0	3.4	7.0	17.6
西欧	6.1	7.8	9.9	10.6	31.3
葡萄牙	3.0	14.1	11.5	8.7	12.7
西班牙	6.1	11.4	11.5	8.7	12.7
中国	3.8	4.0(1650 年)	—	3.8	4.4
日本	2.9	4.4	—	12.3	16.0

资料来源：欧洲国家数据（除意大利外）来自 de Vries，1984，p. 30、p. 36、p. 39、p. 46；意大利数据来自 Malanima，1988；中国和日本的数据来自 Rozman，1973，并按照 10000 人的城镇人口标准进行了调整（Maddison，1998，pp. 33 – 36）。

作为工业革命的发源地，英国在 18 世纪至 20 世纪初期，一直在世界范围内保持着综合实力的世界领先地位，并成为第一个实现工业化和城市化的西方发达国家。英国的城市化进程具有原创性意义，它的许多创新对世界城市化进程具有显著的示范和带动作用。例如，英国第一个制定《城市规划法》，第一个建立"田园城市"，第一个实行城市社会保障体系，第一个建设"卫星城"，第一个实现郊区城市化等。① 但同时，英国早期自由放任的城市化政策也带来了一系列严重的城市化问题，也为各国城市化提供了警示。

在产业革命开始后的几十年里，英国的农业人口逐渐萎缩，工商业人口则迅速增加，新的工商业城市迅速成长起来，并不断壮大。伦敦逐渐成为欧洲城市的楷模。据统计，当时每年有 8000～10000 名农民稳定地流入伦敦。1650 年，伦敦的人口数量约为 40 万人；之后不断增长，1700 年增至 57.5 万人，1750 年增长到 67.5 万人，到 1800 年则达到 80 万人。相比之下，法国的总人口虽然是英国的 6 倍，但伦敦的人口超过了巴黎。一位学者估计，当时每 6 个英国成年人中就有 1 个曾在伦敦生活过。② 而且，与一般的城市不同，英国的城市里没有很多的官老爷和公职人员，到处都是市场的参与者。

从 18 世纪后期的城市化起步至 1851 年城市人口占总人口比

---

① 纪晓岚：《英国城市化历史过程分析与启示》，《华东理工大学学报（社会科学版）》2004 年第 2 期，第 97 页。

② E. A. Wrigley, "A Simple Model of London's Importance in Changing English Society and Economy 1650－1750", *Past and Present*, 37（1967）：48.

重达到 54%，英国用了 70 多年的时间初步实现了城市化。至
1901 年，英国的城市化水平已达到 78%，实现了高度城市化
（见表 5 - 21）。据此，可以 19 世纪中叶为分界点将英国城市化进
程划分为以下两个阶段。

表 5 - 21　英国人口城乡分布情况

单位：千人，%

年份	总人口	城市人口	农村人口	城市人口比例	农村人口比例
1750	约 7665	1303	6662	17.0	83.0
1801	10501	3549	6952	33.8	66.2
1811	11970	4381	7589	36.6	63.4
1831	16261	7203	9058	44.3	55.7
1851	20817	11241	9576	54.0	46.0
1861	28927	18022	10905	62.3	37.7
1871	26072	16998	9072	65.2	34.8
1891	37733	27168	10565	72.0	28.0
1901	41459	31923	9536	77.0	23.0

　　资料来源：1750~1851 年、1871 年的数据来自胡光明《城市史研究（第 2
辑）》，天津教育出版社，1990，第 5 页；1861~1901 年的数据来自统计局《主要
资本主义国家经济统计集》，世界知识出版社。

基本实现城市化阶段（18 世纪中叶~19 世纪中叶）

　　在工业革命带来经济社会迅速变革的背景下，英国农村人口
大量向城市迁移，许多新兴城镇在农村地区诞生并不断壮大，一
场前所未有的城市化进程在英国拉开了序幕。英国的城市化水平
在 1750 年达到 17%，1775 年前后开始进入城市化启动阶段；

1801 年达到 33.8%，进入快速城市化阶段；1851 年达到 54.0%，基本实现了城市化；城市人口从 1750 年的约 130.3 万人上升到 1801 年的 354.9 万人，再上升到 1851 年的 1124.1 万人。

在此阶段，由于工业的发展和人口的逐渐集中，一批新兴工业城镇纷纷崛起，使英国城市数量不断增加，城市规模也不断扩大。新兴工业城市主要分布在自然资源丰富、交通运输便捷、适合发展工业的区域。这正如 M. W. 芬恩所说，"有些完全新兴的城镇出现了，它们起初只是一些小村庄，但很快就扩大为具有一定规模的城市"。[1] 这些新的城市和工业聚集点一般位于半城市化地区或在传统主导城市体系中未居重要地位的小城镇，只是基于工业的发展吸引和聚集了大量的人口，使城市形态越来越明显，城市功能也不断得到完善，并最终发展成超越传统城市的工业重镇或区域经济中心。而一些原有的作为政治、宗教和文化中心的传统城市却发展缓慢，有的甚至由于不能顺应工业化和城市化引起的变革而逐渐走向衰落。

除了城市数量增加和城市人口规模扩大，英国在城市化进程中还逐渐形成了城市网络体系，逐步呈现区域城市化和城市群的发展特征。从地理条件上看，英国主要由三个部分组成，国土面积不大，但河流和运河纵横，同时修建的公路和铁路密如蛛网，交通运输相当便利，一些地区十分有利于发展工业和商业贸易。因而在这些城市密集地区的城市之间，商贸联系非常紧密。一方

---

[1] M. W. Finn., *An Economic and Social History of Britain Since 1700*, McMillan Press, 1978, P. 153.

面，这些城市都有自己的优势产业，相互之间进行专业化分工，像英格兰西北部就形成了曼彻斯特 – 索尔福德、博尔顿、贝里、普雷斯顿等大型纺织业城市；另一方面，城市之间的贸易往来频繁，在分工的基础上不断深化合作。在这个过程中，一些基础条件好、具备优势资源的城市逐渐崛起，成为区域中心城市。

18 世纪初，英格兰南部的米德尔塞斯、萨里、肯特、格洛斯特、萨默塞特、威尔特、德文莱七个郡的人口占全英国人口的 1/3。工业革命开始后，英格兰中部、西北部由于纺织、煤炭业的发展，其纺织厂、煤矿、炼铁厂及其他制造业急需劳动力，促使南部人口北移，苏格兰和爱尔兰人多涌向北部的工矿区，使得这些地区原来人烟稀少的农村迅速崛起为人口稠密的城市。1801 ~ 1870 年，英国总人口增长了 1.54 倍，其中西北部工业集中地区和南部的伦敦及郊区人口分别增长了 2.58 倍和 2.11 倍。但在工业化和城市化初期，其区域人口的增长则呈现非均衡的特征：根据估计数据，1801 ~ 1851 年，英国的纺织业城市人口增长率居第一位，为 229%，其他如港口城市增长了 214%，制造业城市增长了 186%，但也有少数城市人口的增长速度更为惊人，如 1811 ~ 1861 年，利物浦和普雷斯顿人口增长了 5 倍，布莱顿增长了 7 倍，毛纺织中心布莱福德增长了 8 倍。少数专业性城市人口的快速增长是比较优势发挥作用的结果。

在工业化和城市化的进程中，英国的城市形态和功能与早期相比发生了显著变化。与早期英国城市主要作为政治、行政、文化和宗教中心的定位不同，工业化时代的城市功能具有经济性和多样性，城市成为国民生产生活、休闲娱乐、接受教育培训和社会交往的中心。在工业化和城市化的发展过程中，城市中逐渐形成了生产标准化、经营专业化、宗教世俗化、权力民主化、文化通俗化、教育大众化等趋势。

实现高度城市化阶段（19 世纪中叶～20 世纪初）

19 世纪五六十年代后，随着工厂规模的扩大，集中生产的要求越来越高。此时农村小工业已经衰退，工业集中趋势日益显著。农村和城市的分工，即农业农村、工业城市的经济结构已经确立，劳动力已不可能在不进行迁移的情况下实现职业转移。[①]因此，在工业化趋向规模化、集中化的过程中，英国城市化进程得到加速推进，城市人口比重显著提高。

在这一阶段，英国的城市化水平从 50% 左右迅速提升到 1901年的 77.0%，在西方发达国家中率先实现了高度城市化。这 50年间，英国城市人口从 1124 万人增加到 2540 万人，增长了1.26 倍。

同时，英国在这一时期基本形成了六大城市群，主要是大伦敦、兰开夏东南部城市群、西米德兰城市群、西约克城市群、莫西地带城市群和泰因地带城市群。1901 年，这六个城市群的人口规模分别达到 658.6 万人、211.7 万人、148.3 万人、152.4 万人、103 万人和 67.8 万人，合计总人口占英国城市人口的比例为52.8%。

---

① 高德步：《工业化与城市化协调发展——英国经济史实例考察》，《社会科学战线》1994 年第 4 期，第 50 页。

从城乡劳动力的分布看，1801～1871 年，英国农业劳动力数量并没有减少（1801 年为 170 万人，1871 年为 180 万人），但是，英国工业部门实际雇用的劳动力数量明显增加：1801 年为 140 万人，1841 年为 330 万人，1871 年为 530 万人。工业劳动力的增加主要仍来源于农村和农业：成批量地离开农村的人口，1751～1780 年为 2.5 万人，1781～1790 年为 7.8 万人，1801～1810 年为 13.8 万人，1811～1820 年为 26.7 万人。1851 年，英国有 10 个城市的居民超过 10 万人，其中，伦敦达到 230 万人，曼彻斯特超过 40 万人，伯明翰超过 20 万人。

曼彻斯特是一个以棉纺织业为主的城市，它可以作为那个时期英国城市化的缩影。

1835 年，曼彻斯特产业辐射区——包括西莱丁和相邻的切斯特郡、德比郡——集中了英国棉纺织业 80% 的工人，到 1846 年，这一比例进一步升至 85%。曼彻斯特拥有其他城市无法比拟的优势。它靠近利物浦——棉花的进口港，而它的四周，除了西南都被一个从奥姆斯柯克延伸至贝里和阿什顿的大煤田包围。煤田的产煤数量难以估计，总产量在 70 万～90 万吨，而且仅供曼彻斯特一个城市消耗。这足以使两个完全不同的工厂群共存于一个相对狭小的圈子内。第一个工厂群较为古老，几乎全部位于普雷斯顿南面的平原上。它在 18 世纪围绕博尔顿形成，是轻纺业的主要中心，也是曼彻斯特的都城。1820 年，它集中了英国纺织工业的 1/4，而且工厂数量还在继续增加。1820～1830 年，又建立了 30 多个工厂。这导致某种与人工费用上涨及土地匮乏相关的困难：人们不得不建 4 ~ 8 层的厂房，有的甚至达到这个高度的 2 倍，并且工业开始侵入郊区居民区。尤值得关注的是，第二个工厂群在 1821 年后也发展了起来（引自 M. Levy-Leboyer *Economic History Review*，Wiley on behalf of the Economic History Society，1991，pp. 33 - 34）。

事实上，英国技术突破的效益直到 19 世纪才转变为更高的生活水平，但是，人们生活水平提高的步伐一刻都没有停歇。到 19 世纪中期，近 2/3 的英国人在制造业、零售业和运输业中找到了工作，城市人口不断膨胀。伦敦成为熠熠发光的金融、贸易中心和时尚的世界之都，它也是生机勃勃的公民社会，集聚了社团组织、剧院以及大大小小的流行杂志。

英国的经济全球化

英国是第一次经济全球化的最主要推动者。随着工业革命的推进，其国内市场已经无法满足工业发展的需求，向海外市场扩张成为必然。英国的技术革命和产业革命改变其本国的经济发展，使之成为世界工厂。为了扩大商品市场，英国取消本国的贸易保护，同欧洲各主要国家订立互惠关税协定，降低原料和工业品的进口税率，取消丝织品进口禁令。19 世纪末，英国已经完全成为世界第一商业强权，它不仅经济最发达，而且发展过程从源头起就与殖民扩张相联系。"英国开放了她所有的港口，她拆毁了分离各个国家的所有藩篱，她原来有 50 个殖民地，现在只有一个——那就是全球……"①伴随工业化，海外贸易在英国国民收入中的占比越来越高，到 1860 年已经达到 26.9%。② 19 世纪 40 年代，英国又取消了几百种商品的进口税，降低了上千种商品的进口税率。1846 年，英国废除《谷物法》，1849 年完全取消《航海条例》。到 1875 年，英国的制造品平均进口关税率已经下调为零。其中，以 1846 年废除《谷物法》为标志，所采取的由保护关税转向自由贸易的对外政策，标志着第一次全球化正式开启。英国 1830～1919 年的出口额见表 5－22。

表 5－22　英国的出口额（1830～1919 年）

单位：万英镑

时　期	纺织品	原棉	铁和钢	机器	煤
1830～1839 年	31.7	20.9	5.0	0.3	0.3
1840～1849 年	38.2	24.6	8.2	0.8	0.9
1850～1859 年	59.9	35.5	17.9	2.4	2.3
1860～1869 年	98.5	57.6	24	4.6	4.5
1870～1879 年	118.6	71.5	35	7.7	8.8
1880～1889 年	113.8	73.0	35.3	11.8	10.5
1890～1899 年	104.3	67.2	32.5	16.1	17.5
1900～1909 年	126.2	86.4	45.7	23.8	32.9
1909～1919 年	200.2	135.0	62.9	27.0	50.0

资料来源：Peter Mathias, *The First Industrial Nation：An Economic History of British 1700 – 1914*, London：Methuen, 1969, P.468, Table 17. Exports from the United Kingdom, 1830 – 1919。

① C. F. Bastiat, *Cobden et la Ligue*, in L. Baudin, p. 58。
② Alfred D. Chandler, *Scale and Scope：The Dynamics of Industrial Capitalism*, Belknap Press of Harvard U. P., 1990, p. 250.

作为最早完成产业革命的国家，18世纪，英国已经建立了一个稳健的公共财政体系。整个社会非常重视科学研究和技术创新，知识生活在当时已经非常活跃。在海外市场争夺方面，为了攫取海外机会的更大利益，在1652年后的25年中，英国与当时的海上强国荷兰交战过3次，其结果均以荷兰的失败告终。由于英国以邻为壑的贸易政策以及在一系列基于商业目的的战争中的失败，荷兰逐步丧失了在美洲和非洲的贸易机会，并逐步衰败。1700~1820年，英国人均收入增速是欧洲平均水平的两倍，而荷兰在这一时期的人均GDP却在下降；1700年，英国GDP是荷兰的2倍，而到1820年已扩大到8倍。同期，英国的出口每年增长2%，荷兰则每年下降0.2%。

殖民贸易的扩大不断深化劳动力的国际分工，提高了劳动生产率，使资源的配置得到进一步加强。作为当时全世界最大的殖民帝国，英国殖民地的贸易以惊人的速度发展。用于殖民地开发的斧子、钉子、枷锁、武器和棉纺织品的需求，大大地促进了英国冶金、煤炭和纺织工业的发展。强烈的海外需求增长也引发了这些领域的一系列发明创造，纺织机、蒸汽机和各种冶金技术不断涌现，实现了工业生产中工具、动力和材料的技术革命。1820年后，英国的技术进步不断加速，劳动力教育水平不断提高，劳动技能得到不断改进。这些技术在生产中的广泛应用大大地提高了劳动生产率，促进了经济的发展。1820~1913年，英国的人均收入增长比过去任何时候都快，大约是1700~1820年的3倍。这一时期，英国的出口年平均增速达到3.9%，几乎是GDP增速的2倍。当然，这一时期也是欧洲其他国家经济发展的新纪元。

到 19 世纪 20 年代和 30 年代,英国的出口已经相当可观,约有 1/5 的商品用于出口。在此后的数十年间,这一趋势继续加强,物质产品的出口率先后超过了 1/4（1851 年）、1/3（1861年）和 2/5（1871 年）。各国在世界贸易中所占份额见表 5 - 23,英国的外贸构成见表 5 - 24。

表 5 - 23 各国在世界贸易中所占份额

单位：%

年份	英国	法国	德国	欧洲其他国家	美国	世界其他国家
1780	12	12	11	39	2	24
1800	33	9	10	25	5	17
1820	27	9	11	29	6	19
1840	25	11	8	30	7	20
1860	25	11	9	24	9	21

资料来源：W. W. Rostow, t. II - 8, p. 70 - 71（转引自〔法〕米歇尔·波德：《资本主义的历史：从 1500 年至 2010 年》,上海辞书出版社,2011,第 121 页。)

表 5 - 24 英国的外贸构成

单位：%

时间	原材料	食品	制造品
出口结构			
1814～1816 年	4	17	79
1824～1826 年	4	11	85
1854～1856 年	8	7	85
进口结构			
1914～1816 年	54	35	11
1824～1826 年	64	27	9
1854～1856 年	61	33	6

续表

时间	原材料	食品	制造品
出口在物质产品中所占的份额			
1801 年	31.3		
1821 年	21.7		
1831 年	18.9		
1861 年	34.5		
1871 年	46.5		

资料来源：P. Bairoch，p. 261、335；J. Marczewski，t. 22，p. LXI（转引自〔法〕米歇尔·波德《资本主义的历史：从 1500 年至 2010 年》，上海辞书出版社，2011，第 122 页）。

表 5 – 25　英国出口和境外投资的地理分布

单位：%

英国出口目的地				
目的地	欧洲	美洲	亚洲	非洲
1816～1822 年	59.6	33.3	6.1	1.0
目的地	欧洲	美国	拉丁美洲	英国殖民地	其他
1865	48	11	8	24	9
英国境外投资分布					
年份	欧洲	美国	拉丁美洲	英国殖民地	其他
1830	66	9	23	2	—
1854	55	25	15	5	—
1870	25	27	11	34	3

资料来源：W. G. Hoffmann，*The Growth of industrial Economics*，p. 45；*Statistical abstract for the United Kingdom*，1867，p. 14；A. G. Kenwood and A. L. Lougheed，p. 43（转引自〔法〕米歇尔·波德《资本主义的历史：从 1500 至 2010 年》，上海辞书出版社，2011，第 124 页）。

到 1887 年，英国殖民地的面积、人口、商业经营额和岁入不仅超过了欧洲其他任何一个殖民国家，而且超过了欧洲所有殖民国家的总和（见表 5 – 26）。

表 5 - 26 1877 年英国殖民的人口、面积、商业经营额及岁入

国家	总人口（亿人）	总面积（平方千米）	商业经营额（万英镑）	岁入（万英镑）
英国	2.328	764.6	44860	11940
法国	0.3204	108	3530	460
荷兰	0.24	66	3200	1200
西班牙	0.082	17	4250	1000
葡萄牙	0.028	20.6		100

资料来源：Michael G. Mulhull, eds., *The Dictionary of Statistics*, Thoemmes Press, 2000, p. 123.

据 P. 贝尔洛奇估算的各国在世界市场中的份额，1800 年，英国为 4.3%，而比利时、法国、德国和瑞士合计为 8.5%；1830 年，英国为 9.55%，上述四国合计为 9.8%；1860 年，英国为 19.3%，上述四国合计为 14.9%。[①]

第一次产业革命对世界贸易产生了深远的影响。首先，产业革命大大地提高了劳动生产率，使这些国家有大量的剩余产品可用于国际交换。其次，产业革命促进了交通的发展，铁路、轮船、汽车和电报电话的应用使国际贸易更为便利。再次，产业革命使国际范围的分工和交换更加深入，世界越来越联成一体。产业革命使世界从单一的以农业社会为主的传统经济转向了以工业社会为主的现代经济。由于工业品的种类繁多，任何国家都不可能像农业社会那样"自给自足"。特别是以工业制成品生产为主的经济体，不仅需要进口大量的工业原料，也需要

[①] Francois Crouzet, *British Ascendant*, comparative studies in Franco - British Economic History, p. 370.

广阔的海外销售市场。因此，国际贸易就成了工业化国家经济中越来越重要的经济活动。最后，产业革命改变了欧洲各国的经济结构，从而也改变了世界的贸易结构。产业革命后，工业制成品和工业原料成了国际贸易中的主要产品。欧美发达国家主要出口棉纺织品、机器设备、金属制成品，其余殖民地和半殖民地国家则出口棉花、黄麻、生丝等初级产品和工业原料。产业革命后各国的农产品比较优势发生了变化，欧洲农产品相对成本上升，而美国、加拿大、澳大利亚的大规模农业生产则降低了成本，所以农产品特别是谷物的世界贸易不断上升。欧洲的工业化也改变了欧洲和亚洲的贸易状况，扭转了欧洲对亚洲的贸易逆差。

英国的先进和强大也引起了其他国家纷纷效仿。其他国家纷纷引进英国的技术、设备和技术人员，试图也在自己的国家实现产业革命。继英国之后，法国、德国、美国以及欧洲的瑞士、奥地利等国家在 19 世纪中期先后走上工业化道路，使工业化浪潮在欧洲乃至更广泛的地区传播开来。在技术革命的推动下，那些率先走上工业化道路的国家也率先成为世界强国。直到今天，它们仍然处于世界经济最发达的行列。而那些技术革命没有波及的广大地区，则仍然在相当长一段时期保持着传统农牧业的生产方式，仅有很低的经济增长率。自此，它们与工业化国家在经济增长速度、社会发展水平上的差距越拉越大，继而被远远地甩在后面。直到今天，它们大多还是发展中国家。可喜的是，在技术革命和产业革命的冲击下，越来越多的国家都已经认识到一个真理：只有技术革命和产业革命才能不断地推动经济增长，并实现超越式增长。

18 世纪末源于英国的工业革命是经济史研究中最重要的课题之一，这场革命意义十分重大，从根本上改变了生产力的动力源泉。1700 年前，英国工人的实际工资曲线基本是平的，只有在工业革命以后，工资水平才扶摇直上，走出了马尔萨斯陷阱，成为经济发展的引领。同时，技术革命也不是在一次性发明以后就一劳永逸了，恰恰相反，技术的不断更新使生产变得越来越有竞争力。但 19 世纪后期到 20 世纪初期，英国科技创新的领先优势逐步丧失，全球科技创新的中心先后向德国、美国转移。到 19 世纪 70 年代，当以电力为代表的第二次工业革命兴起的时候，技术发明和创造的主要国家已不是英国，而是后起的德国和美国。据统计，到 1913 年，英国占世界工业生产总值的比重为 14%，而德国为 15.7%，美国为 35.8%。此后，在两次世界大战中英国国力遭到巨大消耗，终于丧失了世界霸主的地位，让位于美国。

英国在第二次工业革命中落伍，主要原因是其作为老牌资本主义国家，虽然一度拥有全球最广阔的殖民地，可以大规模开拓海外市场和大量获取廉价的海外资源，但资本家热衷于商品输出、资本输出和原材料输入，对采用新技术、新设备缺乏足够的主动性、积极性，以致生产率日渐降低。

尽管在 19 世纪中后期和 20 世纪，英国在科学技术研究方面仍然取得了一些杰出成就，包括白炽电灯、电话、电磁波、雷达系统、青霉素、电视、喷气式发动机等一批重大技术发明，但这些成果没有实现大规模的商业化应用。比如，英国人亚历山大·

格雷厄姆·贝尔于 1876 年首先发明了电话，但是美国率先实现了大规模商业化；青霉素由英国人亚历山大·弗莱明于 1928 年发现，但大规模的产业化和商业化运用也是在美国。同样，雷达系统、喷气式发动机最初也都是由英国人发明的，却都被美国人拿去实现了商业化应用。

第六章

后进国家的崛起

——德国的革命

以内燃机和电力技术应用为标志的第二次产业革命，在人类历史上第一次真正显示了科学技术理论研究、技术发明对生产力直接的有意识的推动作用，体现了科学技术作为生产力的重要性。从此，科学技术开始成为现实的生产力，而且作为生产力所起的作用越来越大。最能体现科学技术是生产力，且在第二次产业革命中获益最多的国家是德国。

德国的工业化开始于 19 世纪 40 年代，比英国工业革命晚了半个世纪。但经过 19 世纪五六十年代的高速工业发展，到德意志帝国建国前夕，德国的一些发达地区，如普鲁士、萨克森、巴伐利亚、巴登等地，也基本完成了第一次工业革命。作为第一次工业革命进程重要标志的蒸汽动力在德国出现了迅猛的增长。1850～1870 年，德国的蒸汽动力从 26 万马力增加到 248 万马力，而在同一时期，法国从 37 万马力增加到 185 万马力，英国则从 129 万马力增加到 400 万马力。由此可见，德国的发展速度要远远高于法国和英国。到 1870 年，德国在世界工业生产中所占的比重已经达到 13%，超过法国（10%），进入世界先进国家行列。1867 年，一位德国人在评价巴黎世界博览会上各国工业品时曾自豪地写道："我们的铸铁是无可匹敌的，我们的玻璃、我们的纸张出类拔萃，我们在化学产品方面击败了英国人和法国人的竞争，我们的织布机、工具机和蒸汽机车至少已经与英国和美国不相上下。而相比较而言，这一目标是在极短的时间内实现的。"从中不难看出德国在第一次工业革命中的不俗表现和发展速度。

但是，就德国的整体经济结构而言，还没有达到工业化国家的水准，充其量只能称作拥有较强大工业经济的农业国。1870 ~ 1874 年，德国国内生产结构为：第一产业产值占 37.9%，第二产业产值占 31.7%，第二产业产值与第一产业产值相比仍有一定差距。

德国工业化进程真正实现突破性进展，德国引领世界工业发展，是通过第二次技术革命实现的。19 世纪 70 年代末 80 年代初，德国紧紧抓住第二次技术革命的浪潮完成了工业革命，改变了第一次工业革命中在英国之后亦步亦趋的被动局面。借助在电能、内燃机和合成化学等方面的新科技优势，德国一方面在传统工艺领域中通过采用新技术、改造生产工艺，使老工业焕发了青春；另一方面创立和发展了电气、化工等新兴工业部门，建立了新的工业增长点，迅速、彻底地改变了德国的经济结构。在新技术基础上，德国建立了完整的工业体系。到 19 世纪末 20 世纪初，德国以其飞速发展的态势已跻身欧洲工业强国的行列。1850 ~ 1900 年，其国民净产值从 105 亿马克增至 365 亿马克，工业生产的绝对值增加了近 6 倍，一跃成为欧洲头号工业强国。

德国在第二次技术革命和产业革命中的成就

德国统一后，工业经济跳跃式发展的根本动力是进步的科技。不断创新的科技成果，有向先进工业国学到的、引进的，也有德国人自己发明创造的。据不完全统计，1851～1900年，德国共取得202项重大科技革新和发明创造成果，超过了英法两国的总和，仅次于美国，居世界第二位。这些科技发明与革新涉及工业、农业、交通运输业等各个领域。尤其是机器制造、化工、电气和光学等工业部门，已形成了一种科技化的生产格局。可以说，科技化使德国的综合国力很快赶上和超过了英国和法国，成为仅次于美国的科技化工业强国。

19世纪40年代之前，德国远比法国、英国落后。1830年，当英国的产业革命达到高潮时，德国还是一个落后的农业国，依靠出口农产品、进口英国的工业品过日子。但是，这时的德国已经出现了科学革命的高潮，涌现了一批世界著名的科学家，推动其基础科学在19世纪前50年取得了全面发展。这为其在19世纪60年代和70年代科学技术的兴盛奠定了基础，使德国在理论科学、技术科学、工业生产以及社会经济各方面得以迅速崛起，后来居上。1875年，世界科技中心转移到德国。1851～1900年，基础科学与技术科学领域的重大成果中，英国为106项，法国为75项，美国为33项，而德国则高达202项。1870～1900年，德国煤产量增加了两倍，钢铁产量增加了5倍。德国的工业总产值在1870年已经超过了法国，1880年德国工业发展速度超过了英国。

在科技中心转移到德国 20 年之后的 1895 年，世界经济中心也由英国转移到德国。德国用约 40 年的时间（1860～1900 年），完成了英国 100 多年的事业，实现了工业化。直到 20 世纪的前 20 年，德国在科学技术领域仍然保持着领先的地位。截至 1920 年，诺贝尔获奖者中，英国有 8 人，法国有 11 人，美国有 2 人，而德国则有 22 人。依靠科学进步和技术突破，德国的经济发展也取得惊人的成绩：到 1914 年，除在采煤和纺织工业方面略逊于英国外，在钢铁、化学和电力工业方面德国已超过了欧洲所有国家。

与英国的技术进步更多依靠工匠们的卓越创造不同，德国在技术上的突破留有更多的国家意志的印记。19 世纪 70 年代后，德国陆续建立了许多科学研究机构，如 1873 年成立的国立物理研究所，1877 年成立的国立化工研究所和 1879 年成立的国立机械研究所。德国还率先在世界上建立了义务教育制度，从而大大提高了德国人的文化素质。德国的文盲率在 1841 年为 9.3%，1865 年为 5.52%，1881 年为 2.38%，1895 年已降至 0.33%。此外，德国还调整了中等学校的体制，大力发展职业教育、改革高等教育。而皇室和政府官员也对科学和科学研究给予了高度重视。

第二次工业革命起源于 19 世纪 70 年代，主要标志是电力的广泛应用。1870 年以后，各种新技术、新发明层出不穷，并被迅速应用于工业生产。科学技术的突出发展主要表现在四个方面：电力的广泛应用、内燃机和新交通工具的创制、新通信手段的发明和化学工业的建立。德国在这四个方面均取得了重大成就。

钢铁工业的大发展

钢铁工业是德国利用新技术改造传统产业而取得巨大成绩的典范。19世纪后半叶，随着冶金技术的突破，钢铁时代随之到来。德国钢铁业则在这次革命中及时抓住冶金技术突破的机遇脱颖而出，跃居欧陆之冠。凯恩斯在评述德国迅速发展钢铁生产的意义时指出，"德意志帝国与其说是建立在血与铁之上，不如说是建立在煤与铁之上更真实些"。德国钢铁工业的大发展也表明，只要采用合适的新技术，传统工业同样会焕发勃勃生机。

德国的冶金行业历史悠久。据可考史料，在公元前1世纪德国境内就有了炼制生铁的记录。12世纪出现了木炭高炉炼钢法，实现了铁矿石的熔炼。但当时所炼制粗钢的含碳量较高，不具有锻造性。这一阶段的炼钢业受限于生产力水平，基本为大型家庭作坊，产量极低，尚未真正进入工业化阶段。第一次工业革命的兴起，各种新的生产交通工具的发明，增加了对钢铁材料的需求，直接推动了钢铁工业的发展，各种新式冶铁法、炼钢法随之问世。

1820年，搅炼法（Puddel-Verfahren）被引入德国炼铁业，开启了德国现代钢铁工业的序幕。据估计，德国的铁产量在1835~1847年增幅超过60%。[①] 1843~1844年，德国的炼铁技术赶上了英国。在1835~1845年德国铁路建设的第一个10年中，德国绝

---

① W. O. Henderson, *The Rise of German Industrial Power, 1834 – 1914*, London: Temple Smith, 1975, pp. 59 – 61.

大多数铁轨仍需进口，但到了 19 世纪 50 年代，德国所需的绝大多数铁轨已由本国生产。1843 年，德国铁路建设中的铁轨，88.1% 由英国提供，10.2% 由德国本国提供；1853 年，德国铁路建设中的铁轨，51% 由英国提供，48.4% 由德国本国提供；1863年，德国铁路建设中的铁轨，13.3% 由英国提供，85.4% 由德国本国提供。[①] 19 世纪 60 年代，德国每年已经能生产 100 万吨各种类型的铁产品；而到了 1870 年，德国生铁产量已达每年 140 万吨，远远超过了法国、比利时等。

1811 年，阿弗瑞德·克虏伯（Alfred Krupp）在埃森（Essen）建立了德国历史上第一家铸钢厂；随后，各类炼钢厂在鲁尔区（Ruhrgebiet）纷纷建立。19 世纪 50 年代，由于技术的不断创新和完善，钢的生产成本降低，其价格下降。1854 年，克虏伯工厂开始生产现代轧钢，以后这一技术为各大企业所采用。1860 年，在杜塞尔多夫建立了钢管工业，以后这里成为欧洲钢管工业的中心。1855 年，发明了贝希默炼钢法，取代了搅炼法，1867 年，德国建成了第一座使用贝希默炼钢法的工厂。1862～1863年，克虏伯建立了欧陆第一家酸性转炉钢厂。此后，炼钢技术不断改善，轧钢技术也有了很大的发展，合金钢、不锈钢、精钢等先后开始生产，一个冶金工业体系形成了。

尽管德国钢铁工业在第一次工业革命中有了强劲的增长，但

---

① Rainer Fremdling, "Foreign Competition and Technological Change: British Exports and the Modernization of the German Iron Industry from the 1800s to the 1860s", in W. R. Lee, eds. *German Industry and German Industrialization*, London-New York, Routledge, 1991, p. 63. Table 2.4. National Supplies of the Stock of Rails on Prussian Railway, 1843 – 1863.

与当时世界头号工业强国英国相比，其钢铁产量仍显得微不足道。1870 年，世界生铁总产量为 1290 万吨，其中英国为 670 万吨，占世界总产量的近 52%；德国约为 140 万吨，仅占世界总产量的不到 11%。形成这种局面的主要原因在于，英国在钢铁冶炼技术方面具有优势，而德国却没有适合本国条件的冶炼技术。1856 年，英国人亨利·贝赛麦发明转炉炼钢法，使英国的钢产量大增。但这种工艺有两大前提条件：一是不能使用含磷铁矿；二是其工艺应用推广难度很大，需要大量的资金支持。因此，直到 19 世纪 70 年代，德国只有克虏伯等少数几家钢铁企业能够使用贝赛麦炼钢法。1865 年西门子－马丁炼钢法出现后，同样由于无法解决脱磷问题而难以推广。因此，德国若想在钢铁工业领域动摇英国的霸主地位，必须得到适合德国钢铁工业发展的新技术。

1879 年，英国人托马斯发明了托马斯炼钢法，解决了含磷铁矿石的脱磷问题，从而使利用丰富的磷铁矿有了可能。德国钢铁行业对这一最新技术成就如获至宝，当年就将这一专利引入德国。德国的钢产量由此出现了突飞猛进的增长。1879 年，德国生产托马斯钢 1782 吨，贝赛麦钢 46.5 万吨；到 1913 年，德国关税区域内的托马斯钢产量接近 1063 万吨，贝赛麦钢产量却下降到 15.5 万吨。新工艺的采用对德国钢铁行业的发展产生了明显的效果。第一，钢铁产量直线上升。到 1913 年，德国的钢、铁产量分别达到 1620 万吨、1931 万吨，在世界钢、铁生产中的比重分别上升到 24.7%、24.1%；而同期，英国在世界钢、铁生产中的比重却分别下降到 10.2%、13.3%。第二，劳动生产率大大提高。以生铁生产为例，在 1879 年以后的 30 年间，德国每座高炉的生铁产量提高了 3 倍，工人劳动生产率提高了 2.3 倍以上。所有这一切显然是在原有基础上难以达到的。

炼钢技术的提高加速了钢铁工业的地区聚集及企业规模的不断扩大。1887 年，阿弗瑞德·克虏伯去世时，克虏伯钢铁厂已经发展成拥有 20000 名员工的钢铁巨头。1811～1914 年这 100 余年，德国钢铁工业经历了跳跃式的发展，到第一次世界大战前，行业雇员总数有 44 万余人，生产效率提高了 25 倍之多，钢铁生产总量到 20 世纪初已经突破 2000 万吨，奠定了德国工业强国的基础。到第一次世界大战前，英、法、德的钢产量分别为 773 万吨、469 万吨、1833 万吨，德国已把英法两国远远抛在后面。

在钢铁行业快速发展的同时，德国的煤炭工业生产也出现了迅猛增长。而这一传统工业部门再上新台阶同样得益于新矿井工艺和开采机械等新科技的运用。19 世纪 80 年代，电力矿用铁路开始投入使用。1894 年，安东尼·拉基发明的快速钻探机成为采煤业的重要工具。1902 年，在维斯特法仑地区又出现了凝固工艺运用于"不固定"山体的矿井，从而使可采煤区得到扩大。诺贝尔发明的炸药等则使得爆破技术有了新突破。19 世纪末，电动泵开始运用于矿井吸水，电动马达也取代原来的蒸汽机用于驱动通风机。采煤工具中出现了开采锤、颠动运输机等新设备。新技术和新机器的使用大大提高了采煤效率。德国采煤业的规模不断扩大，产量迅速上升。1880 年，英国石煤产量为 14900 万吨，德国为 4700 万吨（另加褐煤 1210 万吨），法国为 1940 万吨；到 1913 年时，英国石煤产量达 29200 万吨，德国为 19150 万吨（另加褐煤 8750 万吨），法国为 4050 万吨。从数据上看，1880～1913 年，德国石煤产量增加了 3 倍，同期英国石煤产量的增加却不到 1 倍。1880 年，德国石煤开采量不到英国的 1/3；到 1913 年，则已经上升到将近英国产量的 2/3，如果加上褐煤开采量，德国煤产量实际上已经接近英国的水平。

电气工业部门异军突起

电力技术革命是第二次技术革命的核心之一，电气工业的兴起也是第二次工业革命的核心内容和主要标志。电能的使用和电气工业的兴起，同蒸汽工业的兴起一样，是一场划时代的深刻变革，揭开了工业化的新纪元。电力技术最早并非源自德国，但是德国人敏锐地觉察到这一新兴产业的广阔发展前景，并成为最早将电力技术实际应用并形成产业的国家之一。

电力技术的关键技术是电能的产生和利用，而这两方面是互相促进的。早期的电动机模型使用的电源是伏打电池，电流有限，因而电动机的动能也微弱。对产生更大电流的需求，客观上促进了发电机的研制；而发电机的研制与改进，又为电动机的研制和使用创造了条件。

电动机和发电机的试验模型都出自近代电磁学的伟大奠基者、英国物理学家迈克尔·法拉第（Michael Faraday，1791～1867）。他是英国著名化学家戴维的学生和助手。1819 年，奥特斯发现了电流的磁效应之后，法拉第对奥特斯的试验装置进行了改进。1821 年，法拉第试制出了一种能把电能转化为磁能而后再转化为机械能的试验装置，这实际上就是一种最为原始的直流电动机。1831 年，法拉第在发明感生电流试验装置的基础上，试制出一种最初的永磁铁发电机的试验模型。

1823 年，英国科学家斯特金（W. Sturgeon）发现在 U 型铁棒上缠绕铜线且给铜线通电后，U 型铁棒便变成一块磁性很强的电磁铁，能吸起比自己重 20 倍的铁块；而一旦切断电源，其又变成普通的铁棒。1829 年，美国电学家亨利（J. Henry，1779 ~ 1878）用绝缘导线代替裸铜导线，这样可以紧密地缠绕导线而不会短路，大大提高了电能转化为磁能的能力。1931 年，亨利试制出了一台电动机试验模型。该机以伏打电池为电源，以电流使电磁铁产生变化的磁场，按照磁的同极相斥、异极相吸的原理，水平电磁铁在磁极的相斥与相吸过程中摆动。由于使用了大量电磁铁，亨利的电动机模型比法拉第的装置产生的动能要大得多，是使用电动机发展史上的一大进步。

1832 年，法国青年电学工程师皮克希（H. Pixii，1808 ~ 1835）试制成功一台手摇式永磁铁旋转式脉冲发电机。这台发电机上安装了一种最原始的换向器，使得发电机所产生的交流电可以转变为当时工业生产需要的直流电。1836 年，皮克希研制出第一代具有实用性的永磁发电机。随后，许多发明家相继做出各种改进，使得发电机运转部分的重量减轻，并将手摇柄改为转轴，人手摇动改为蒸汽机带动，从而大大提高了转速，发电量也随之上升。到了 1844 年，法、德、英等国都已经有了庞大而笨重的发电机提供的新电解电源，并通过最初的电动机提供新的动力。

1834 年，德国电学家雅可比（K. Jacobi）将亨利的电动机模型中水平电磁铁改为转动的电枢，加装了脉动转矩和转向器，试制出了第一台实用的电动机。1838 年，雅可比在电动机上加装了

24 个固定的 U 型电磁铁和 12 个绕轴转动电磁铁，研制出了双重电动机，大大提高了电动机的功率。同年，他将这种电动机装载在一艘小艇上，进行了成功的试航。1844 年前后，永磁发电机和双重电动机配套使用已可投入实际生产。

1854 年，丹麦电学工程师乔尔塞发明了混激式的发电机，即发电机中除了装有永磁铁外，又加装了电磁铁，明显地提高了发电机的功率。1857 年，英国电学家惠斯通（C. Wheatstone，1802 ~ 1875）发明了自激式发电机。这种发电机的激磁机构完全由电磁铁组成，而电磁铁的电力则由一个独立的伏打电池来提供，其发电的功率又远高于混激式发电机。

真正具有普遍应用价值的发电机——自馈式发电机，是由著名的德国发明家、企业家、物理学家、电学工程师维尔纳·冯·西门子（Ernst Werner von Siemens，1816 ~ 1892）于 1867 年发明的。他是第二次工业革命的英雄，他铺设并改进了海底、地底电缆、电线，修建了电气化铁路，推出了平炉炼钢法，革新炼钢工艺，创办了西门子公司。

从青年时代起，西门子就致力于电力技术的应用研究，曾发明电镀，并从事电报机的研制和生产。1847 年，西门子还在服兵役时，就成功地在柏林与波茨坦之间连通了第一条电报线。1847 年，他创办了以电器设备生产为主的西门子公司，公司附设了从事 R&D 的科学实验室——历史上最早的工业实验室。西门子在发明电镀时，曾使用伏打电池、皮克希和惠斯通的发电机作为电源。西门子发现，提高发电机功率的关键在于加强电磁铁的磁场，而这又依赖加强电磁铁的电流，但这会使得发电机过于笨重。在法拉第发现电磁感应作用原理的基础上，西门子进行了进一步的研究。经过反复摸索，1866 年，西门子终于试制出第一台自馈式发电机，即将发电机所生产的电流分出一小部分并引到电磁铁上，这样就能极大地提高发电机的功率。1867 年，在巴黎世界博览会上，西门子展出了第一批样机。这样，西门子首次完成了把机械能转换成为电能的发明，从而开始了 19 世纪晚期的"强电"技术时代。西门子发电机在电力技术发展中的历史地位相当于瓦特的蒸汽机在蒸汽技术中的历史地位，具有划时代的意义。

此后，直流发电机被不断改进，占据了统治地位。然而，它也存在许多困难：转向器和电刷制造困难，质量不可靠而且常常发生事故。随着用电量的增加和用电区域的扩大，要减少在传输过程中的损耗，必须通过高压输电，而在当时的技术条件下，无法对直流电升压。因此，交流电的优越性就显示出来了。

1867 年，外耳德（H. Wild）制成第一台独立激磁的交流电发电机。1876 年，俄国科学家亚布洛契可夫制成了一台给他所发明的弧光灯供电的交流发电机。这实际上是一台多相发电机，激磁绕组装置于转子上，直流电自直流电机经集流环流入转子绕组，产生磁场，从而在转子绕组上产生感应电势，各绕组在转子上位置的角差决定了其电势的相差。

意大利物理学家、电工学家法拉里（G. Ferraris，1847 ~ 1897）在交流电发电机发展史上具有决定性的理论贡献——发现了旋转磁场原理。1885 年，法拉里发现不同相位的光可以产生干涉现象，同理，不同相位的电流磁场相互作用可以产生旋转磁场。1889 年，俄国电工学家多里沃 - 多勃罗沃尔斯基（1862～1919）在柏林制成第一台实用的三相交流鼠笼异步发电机，并取得专利。1890 年，他发明了三相变压器。1891 年，制成世界上第一条长达 170 公里，电压为 1.5×10^{3} 伏（V）的三相交流输电线。三相交流电系统成为近代发电、输电、供电的基本形式。与单相系统相比，它具有如下优点：便于获得旋转磁场，这是异步电动机和同步电动机工作的基础；对称三相电路的即时值恒定不变；在同一输电条件下，可以节省导线材料。三相制的发明标志电工技术发展到了一个新阶段。1890 年，德国人米夏埃尔·冯·多里沃 - 多勃鲁沃尔斯基制成一架三相电流变压器。1891 年，德国人奥斯卡·冯·米勒在法兰克福世界电气博览会上宣布，他与多里沃合作架设的 179 公里长的输电线，可把 225 千瓦的电流在 3 万伏的电压下从内卡河畔的劳芬送到法兰克福。远距离送电的成功，不仅使电力的应用范围大大扩大，而且使发电站的建设可以充分利用各种自然资源（包括水流，被称为"白色煤炭"），还可把所有的电站联结组成电力网，互相补充。

1879 年，西门子又发明了电动机，实现了把电能再转换为机械能的又一个突破。电动机很快被产品化投入市场，并应用到新的产品中，例如电梯（1880）、电力机车（1879）、有轨电车（1881）、无轨电车（1882）等。第一条小型电车轨道亮相于 1879 年的柏林工商博览会，1880 年在巴黎展出了这种有轨电车，1881 年 5 月 1 日，柏林开通了第一条有轨电车线路。

电力技术革命的一个重要方面是将电力应用于家庭照明。这项技术发明于美国，并首先在美国获得应用。1879 年，爱迪生完成了实用白炽灯的发明。这种灯是把碳丝安装在真空的玻璃灯泡内，当时的寿命约 45 小时，光效 3 流明/瓦（lm/W），每只售价 1.25 美元。他还设计了电灯的底座、室内的布线、街道的地下电缆系统、测量电量用的仪表以及发电机等电力照明的全套设备。1881 年，他在巴黎博览会上，把蒸汽机与发电机连接起来，同时点亮了 1000 盏灯，震惊了世界，迎来了没有黑暗的新时代。德国人很快将这项技术带入国内并用于实际。1883 年 3 月，埃米尔·拉特瑙（Emil Rathenau）建立了德国的爱迪生公司，使用爱迪生的专利，在德国解决了建立中心电厂和照明设备的问题。随后，埃米尔·拉特瑙与西门子公司签署了合作协议，由西门子公司提供除灯泡外的全部设备。[①] 四年后，埃米尔·拉特瑙结束了与爱迪生的协议，并修改了与西门子公司的协议，把德国爱迪生公司转变为公共电力公司（AEG），开始安装和运行电力设备。随着电力巨大优势的显现，电力公司得到迅速发展，到 1896 年，德国已经有 36 家电力公司，总资产达到 19500 万马克。1903 年，AEG 又与西门子公司以各出 50% 股份的形式，建立了一个发展无线电报业务的公司。

从 19 世纪 80 年代开始，以维尔纳·西门子和埃米尔·拉特瑙等为代表的德国企业家利用电灯和电话等普及的契机，率先开始了电气工业的大规模发展，从而使德国取得了在这一领域中的领导权。电气工业主要从事发电机和电动机制造，建设电气电厂，安装电力照明系统和建设电车等。到 1896 年，德国电气工业

---

① Alfred D. Chandler, *Scale and Scope*: *The Dynamics of Industrial Capitalism*, Belknap Press of Harvard U. P., 1990, pp. 464 – 465.

中已有 39 家股份公司，并逐渐形成了西门子－哈尔斯克和德国通用电气等七大巨头。相关数据可以更具体地说明这一时期德国电气产业的发展情况。1891 年，德国只有 35 个地方可以供应电力；而 1913 年，已有 17500 个地方通了电，约有一半的德国居民用上了电，柏林交易所的电气股份资本也迅速增长。1890 年，电气股资仅 2350 万马克；1900 年，则猛增至 39670 万马克，10 年间增加近 16 倍。德国开始成为电气化国家。从世界范围看，当时没有一个国家能在电气工业发展方面与德国相比。到第一次世界大战前夕，各主要资本主义国家在世界电气工业生产中的比重分别为：德国 34.9%，美国 28.9%，英国 16%，法国 4%。约 1/4 的德国电气工业产品销往世界各地，德国电气工业产品的出口在世界电气产品中的比重达到 46.6%。

德国电气工业的迅速发展得益于以德国通用电气公司等为代表的德国电气企业的正确发展战略，德国通用电气创立者拉特瑙在总结公司的成功经验时，提出了三大要素：大规模生产、高质量和高利润。这实际意味着规模效益、客户的依赖和对投资者的吸引力。正是这种正确的发展战略，使德国电气工业出现了从投入、生产到销售的良性循环，进而大大促进了德国电气工业的扩张。1910 年，德国已有 195 家电气公司，资产总额达到 12 亿马克。1891～1913 年，德国电气工业的总产值增加了 28 倍。

电气工业的发展也改善了德国工业领域动力分布不均的状况，进一步推动了国家工业化进程。在第一次工业革命中，德国中、南部地区由于缺乏煤矿资源，蒸汽动力不足，而电力则提供了新的发展机会——丰富的水力资源成为动力源。于是，美因河畔法兰克福、纽伦堡等地区成为经济增长的新热点。此外，发电机和电动机的使用也使原先只有大型企业才能利用的机械动力逐渐进入小型企业，提高了小企业的生产效率。

化学及化学工业的发展

化学工业是第二次工业革命中德国异军突起的又一项重要产业。在第一次产业革命中，棉纺织工业对苏打和硫酸的需求导致英国最先建立现代化学工业。但德国则抓住化学研究的最新成就，仅用二三十年时间就在这一领域取得了近乎垄断的地位。

德国的崛起首先与化学工业的兴起相联系，这源于德国化学家对于有机化学的研究。1871 年俄国化学家门捷耶夫（俄文：Дми́ трийИва́ новичМенделе́ ев，1834 ~ 1907）首先编制了"元素周期表"，从而奠定了化学研究的理论基础。在学习借鉴国外科学成果的基础上，德国人进行了开创性的研究。19 世纪对有机化学理论的研究和实验做出杰出贡献的韦勒、杜马、李比希等 13 人中，有 7 人是德国人。与此同时，德国还及时地将科学研究的成果应用到实际生产中去，大力在国内发展化学工业，使之领先于其他国家。德国在世界化学工业中一直独占鳌头。

尤斯图斯·冯·李比希（J. F. Liebig，1803 ~ 1873）被誉为"有机化学之父"。其著作《有机化学在农业化学上的应用》被视为有机化学的经典著作。他的研究为德国化肥工业开辟了道路，使得氮肥、磷肥的生产开始发展起来。正是在他研究的基础上，化学工业从附属于纺织工业的辅助产业，发展成一个新的生产行业。

李比希从小就对化学实验和化学知识有浓厚兴趣，但那时德国的化学还相当落后。1822 年他获得博士学位后随即去法国深造。在法国，巴黎的科学研究和教育的先进水平使李比希大开眼界，特别是受法国化学家中科学实验风气的熏陶。怀着对振兴祖国科学事业的满腔热情，李比希决定回国建立一个现代化实验室，做一个出色的大学教师，培养青年人，并最终形成一支德国自己的新型科研队伍。

1824 年春，李比希回到德国。由于盖－吕萨克和洪堡（A. V. Humboldt，1769～1851）对其学术研究的肯定和推荐，吉森当局没有征求吉森大学学术委员会的意见，便直接任命 21 岁的李比希为副教授，且在一年后晋级为教授。李比希推行了一整套教学改革计划，将德国大学的改革推向了一个新的高潮；同时，他着手创建世界上最先进的化学实验室来培养化学人才，并制定了有组织的研究计划开辟化学研究的新领域。这也标志着李比希学派的诞生。

李比希在 1824～1852 年在吉森大学任教 28 年，这是李比希学派形成、发展的辉煌时期。而这一过程也正值德国从农业走向工业革命的过渡时期。工业的高涨与科学教育、科学研究的进步相互促进，李比希及其学派的科学活动成为促进这场革命的一支有生力量。

要想在新领域迅速取得成果，首先要具有足够的人力、物力。经过努力，1839 年，李比希终于按照新方案建立了一个新的更大的实验室并获得了更多的资金来源。从此他开始系统地研究有机化学和农业、生理学的关系，并在 1840 年出版了农业科学史上的最重要著作之一《有机化学在农业化学上的应用》。在此书中，他提出了他的农业化学的核心理论：物质补偿法则。他认为，植物的栽培致使土壤的肥力逐渐衰退，为了恢复土壤的肥力必须将损失的土壤成分全部归还给土壤，只有这样才能提高农作物的产量。他从1846年开始推广人工肥料，使德国农业产量得到大幅度提高。

李比希本人未直接参与工业化学的建设，但是他为实现研究目的而发展的大量分析方法和许多发明有重要的工业应用价值。值得提出的是，他的许多学生创立了新的大型工厂或从事相关工作，特别是李比希派在德国印染化学工业方面的贡献，对工业化学和德国的发展具有决定性作用。吉森实验室在19世纪40年代就开始关注有机染料的合成。李比希以前的一个学生在法兰克福附近新建了一个蒸馏煤焦油的工厂，并将生产的轻油试样送给李比希。李比希将这项分析工作交给了霍夫曼（A. von Hoffmann，1818～1892）。霍夫曼从中分离出两种有机碱，其中一种后来被命名为苯胺，它与浓硝酸反应得到深蓝色液体，加热时变黄，然后变成深绯红色。李比希一直对可能作为染料的有色有机物感兴趣，他预言苯胺对化学工业将有重大的影响。之后，经过霍夫曼的持续努力研究，终于搞清了苯胺的组成，并通过取代制得了许多其他化合物，从而构成了1860年后发展起来的合成染料工业的基础。

事实上，李比希派不仅影响了德国现代化发展，而且对整个近代科学的发展产生了广泛而深远的影响。19世纪初，德国人在大学中创立了"导师制"，正式开始培养研究生，并在大学中设立研究班或讨论班——一些高年级学生或者研究生在教授指导下，从事创造性的研究。除此之外，德国还增设了研究纯粹科学和精密工程的研究学院。这样，就可以使少数高级科学家摆脱繁重的教学任务，潜心于复杂的科研任务。李比希在吉森大学，雅可比（K. G. J. Jacobi，1804～1851）在哥尼斯堡大学，以及后来克莱因（F. Klein，1849～1888）、希尔伯特（D. Hilbert，1862～1943）在哥廷根大学，都是在以培养高级科学家为目的的教学气氛中，为德国培养出了一批卓有成效的学界泰斗，为德国科学技术的发展输送了高级人才。

德国染料工业的发展，直接源于有机化学的研究成果。1856年，李比希的再传弟子柏琴（W. H. Parkin，1838～1907）发现了人类第一种合成染料——苯胺紫。紧接着，柏琴就开设了一家工厂，按照他的研究方法来生产苯胺紫这种新染料。年轻的柏琴很快成为世界闻名的染料权威和大富翁。受柏琴工作的启发，人们开始有目的地分析天然染料的结构，取得了极大的成功。

1866年，德国化学家格拉伯（C. Graebe，1841～1927）、李伯曼（K. Libermann，1842～1914）分析清楚了天然染料茜素，掌握了人工合成茜素的技术。3年后，他们两人与德国巴登苯胺纯碱公司合作，将实验室技术转化成能够运用于工业生产的工艺，从而开始大量生产人工合成茜素。不久即将天然茜素挤出了市场。

靛蓝是另一种重要的染料，主要是用印度的一种植物作原料提制而成，长期以来一直为印度人所垄断，产量少而价格昂贵。1883年柏林大学化学家拜耳（A. Baryer，1835～1917）在实验室分析出靛蓝的分子结构后，德国几十家公司为研制人造靛蓝展开了激烈竞争。又是巴登苯胺纯碱公司获胜，这家公司花费500余万美元，历时17年，终于在1900年成功研制出人造靛蓝的生产方法。天然靛蓝的垄断地位被彻底颠覆，这家公司也取代了印度，垄断这种染料生产几十年。

19 世纪 90 年代，德国第一家染料厂弗里德里希－拜耳公司染料厂就已经成为举世瞩目的企业。随着焦油染料供应的繁荣兴旺，酸碱和其他无机副产品的生产也得到了推动。19 世纪晚期至第一次世界大战前，德国的焦油染料工业已经完全取代了天然染料。1877 年，在世界合成染料的产量中德国占 50%，1913 年，这一比例升至 87%。① 染料的使用范围也随之扩大，被广泛应用于纺织、皮革、油漆、皮毛、造纸、印刷等行业。

事实上，19 世纪中期以后，化学工业领域就出现了合成物质替代天然材料的趋势。1856 年，英国人威廉·帕金首次使用煤焦油提炼出两种染料。这本来应该是发展染料的绝好时机。然而，这时的英国工业界却陶醉于已有的成就，没有理会这些新发现。相反，德国工业界则慧眼识珠，看到了合成化学工业的诱人前景，投入了大量人才和资金进行煤焦油的综合开发和利用，逐渐在世界化学工业市场中占据了主导地位。

1865 年，霍夫曼从英国回到德国。在他的推动下，德国化学实验室中不断推出有关合成染料的最新研究成果，并运用于生产领域。结果，以生产合成染料为代表的德国化学工业企业如雨后春笋般涌现出来。

到 1871 年，德国煤化工业技术已占据世界首位。1873 年，

---

① 〔联邦德国〕卡尔·艾希尔·博恩等：《德意志史》第三卷下册，张载扬译，商务印书馆，1991，第 619 页。

德国染料工业的产量、质量都超过了盛极一时的英国。仅 1870 ~ 1874 年，德国就成立了 42 家化学公司，资本达到 4200 万马克。到 1896 年，德国已拥有 108 家化学股份公司，资本总额达 33290 万马克。巴登苯胺－苏打企业、弗里德里希－拜耳公司等，迅速发展成为世界著名的大型化工企业。巴登苯胺－苏打企业在 1865 年时只有 30 名工人，而在 1900 年前后，已拥有职工 6000 多人。在德意志帝国时期，化学工业产值翻了三番以上。其中，染料生产发展最快。以合成染料茜素为例，1871 ~ 1884 年，茜素产量由 1.5 万公斤增至 135 万公斤，增长了 89 倍。1904 年，德国焦油染料生产已达 65000 多吨，占当时德国全部化学染料出口的 34.3%。德国染料工业在世界染料工业中的地位因此大幅度上升。1880 年，德国生产的合成染料占世界总产量的 50%，1900 年这一比重上升到 90%。化学工业的迅猛发展使德国在这一领域处于一种"傲视群雄"的境地。1900 年，仅合成染料就创汇一亿多马克，这相当于每年进口染料所需外汇的两倍多。1913 年，德国生产的染料已经占世界染料产量的 80%，"阴丹士林"成为世界名牌。合成染料带动了纺织工业（合成纤维）、制药工业（阿司匹林等）、油漆工业和合成橡胶工业，迅速形成了几十亿马克产值的煤化工业。德国赫希斯特公司和拜耳公司的产品源源不断地流向世界各地。很多天然制品被化学制品取代，人类进入"化学合成时代"、人工制品的新世界。著名经济史学家奇波拉在对英德两国的染料工业进行比较后曾这样评论："单就这个工业来说，英国像个不发达国家，带有殖民地经济特色。它向德国输出原材料（未加工和半加工的煤焦油产品），再向德国买回精致的、值钱的染料产品。"

德国化学工业的兴旺发达带动了酸碱工业、造纸工业等许多相关行业的发展。德国还生产和加工了世界上 95% 以上的钾化合物。1900 年，德国的硫酸产量仅相当于英国的 55%；而到 1913 年，形势逆转，德国硫酸产量已相当于英国的 155%。

实际上，化学工业在德国工业中的占比并不大。1911～1913 年，它在整个工业生产中的占比仅为 2.3%，职工人数为 2.5%。但是，作为新兴的工业部门，化学工业给德国经济带来巨大活力，其影响远远大于这些数字。1913 年的德国出口商品中，化学产品占 10%，销售额达到 24 亿马克，远远高于其在工业生产中所占的比重。特别引人注目的是化学工业可观的经济效益。1900 年以后，其股息一直在 20%～30%，甚至基础化学的红利也达到 12.4%。高额的回报吸引大量资金注入化学工业领域，充盈的资金又反过来为新产品的研究、开发及整个化学工业的发展提供了保证。德国化学工业步入了良性循环的发展轨道。

随着新进技术与产业的紧密结合，德国当时出现了一批重要的化学工业公司。1872～1874 年，共有 42 家公司成立，总资产达 4200 万马克。到 1896 年，德国化工公司达到 108 家，总资产达到 33200 万马克。德国的化工公司竞相推出有机化学的研究成果，反映德国人在 19 世纪下半叶已经充分认识到科学技术的重要性及其对生产力的作用。德国人在有机化学特别是合成染料上的卓越成就，使其在 1886～1900 年几乎垄断了全世界的人造染料生产。19 世纪的德国将科学研究、技术开发与生产发展紧密联系在一起所取得的成就，令人叹为观止。

内燃机的发明及汽车工业的发展

德国内燃机的创制和使用解决了长期困扰人类的动力不足的问题。压缩点火式内燃机的问世推动世界机械业实现了极大发展。内燃机的发明促进了发动机的出现，发动机的发明又解决了交通工具的问题。1885 年，德国人卡尔·本茨成功地制造了第一辆由内燃机驱动的汽车；1896 年，德国工程师首次将内燃机装在飞行器上做飞行试验；1898 年，柴油机首先用于固定发电机组；1902 年 12 月，以内燃机为动力的飞机飞上蓝天，实现了人类翱翔天空的梦想……随着内燃机的广泛使用，石油的开采和提炼技术也大大提高。

动力机按照工作方式可以划分为内燃机和外燃机两大类：凡燃料直接在气缸中燃烧，燃烧时产生的气体推动活塞或转子，将热能转化为机械功的动力机，称为内燃机；而燃料在气缸外燃烧，然后将产生的蒸汽导入气缸做功的动力机，称为外燃机。

蒸汽机是一种外燃机。蒸汽机在广泛应用中暴露了一系列固有的缺点：以外燃方式工作导致热效率低下，锅炉要承受高压，所以必须要有结实而厚重的材料制造，因此结构笨重、体积大、运行不安全且操作复杂，不能随意启动和停止。当时蒸汽机最大的效率在 10% ~ 13%，18 世纪发明的蒸汽机车就是因为过于笨重而被淘汰，英国在 1862 ~ 1879 年爆炸事故达到 10000 多起。

内燃机概念的出现实际上比活塞式蒸汽机的概念还要早。在 17 世纪 70 ~ 80 年代，惠更斯就已经设想了真空活塞式火药内燃机。从 18 世纪下半叶到 19 世纪上半叶，人们对内燃机进行了半个世纪的探索。1869 年法国发明家雷诺（E. Lenoir，1821～1900）制成了第一台实用的内燃机，这是第一台二冲程、无压缩、电点火煤气机。它的效率不高，每马力需要 100 立方英尺煤气，热效率仅为 4%，且电点火也不可靠。但其毕竟平稳运行了，作为小型动力很受企业的欢迎，实现了内燃机第一次批量生产。1865 年法国生产了 400 台，英国生产了 100 台。

1862 年，法国工程师做了等容四冲程内燃机的理论探索。1876 年德国工程师奥托（Otto，1832～1891）研制成功了第一台四冲程往复式活塞内燃机。这是一台单缸式、四马力等容燃烧的煤气机。此机小巧紧凑，热效率为 12%～14%，这是空前的。这种内燃机立即得到了大量推广，性能也不断提高。1880 年的单机容量已为 15～20 马力，1893 年进一步达到 200 马力。同时，随着工作流程的改善，热效率也迅速提高，1886 年达到 15.5%，1894 年超过 20%。

19 世纪末，随着石油工业的蓬勃发展，用石油取代煤气做燃料已成为必然趋势。

曾多次从事煤气机研制的德国工程师戴姆勒（G. Daimler，1834～1900）于 1883 年制成了第一台现代四冲程往复式汽油机，转速由以往的不超过 200 转/分（r/min）一跃提高到 800～1000 转/分。汽油机具有马力大、重量轻、体积小、效率高的特点，适合作交通工具的动力。随后的 1886 年，煤油机研制成功，用于农业耕作的立式煤油机功率可达 100 马力，因而获得了英国皇家农学会的银质奖章。

1892 年，德国工程师狄塞尔（R. Diesel，1858～1913）发明

了柴油机。柴油机结构更简单、燃料更便宜、热效率更高。他采用更高压力来压缩缸里的空气，使得单靠压缩产生的热就能点着燃料。由于压缩程度较高，柴油机的结构必须造得更加结实，这使它比汽油机更笨重。在 20 世纪 20 年代研制成适用的燃油喷射系统之后，柴油机开始广泛应用于卡车、拖拉机、公共汽车、船舶及机车，成为重型运输工具中无可匹敌的动力机。

狄塞尔机的问世，标志着往复式活塞式内燃机的发明基本完成，此后的研究重点在于它的应用，并在应用中不断改进它的性能。内燃机，特别是汽油机和柴油机的出现，立即在社会经济的各个部门、国防工业中获得了广泛应用。对农业和交通运输业的发展来说，内燃机的重要性甚至超过了电机。

内燃机的发明推动汽车制造业的兴起。1879 年，德国工程师卡尔·本茨（K. Benz，1844～1929）首次试验成功了一台二冲程试验性发动机。1883 年，奔驰创立了"奔驰公司和奔驰莱茵发动机厂"。1885 年，他在曼海姆制成第一辆奔驰专利发动机汽车。本茨发明的汽车一举奠定了汽车设计基调，即使现在的汽车也跳不出这个框架。他于 1886 年 1 月 29 日向德国专利局申请汽车发明的专利，同年的 11 月 2 日专利局正式批准发布。因此，1886 年 1 月 29 日被公认为世界汽车的诞生日，本茨的专利证书也成为世界上第一张汽车专利证书。1881 年，哥特里布·戴姆勒（1843～1900）同威廉·迈巴赫合作开办了当时第一家所谓汽车工厂。1883 年 8 月 15 日，戴姆勒和迈巴赫发明了汽油内燃机。1885 年，戴姆勒发明了第一辆四轮汽车。戴姆勒和本茨是人们公认的以内燃机为动力的现代汽车的发明者，他们的发明创造成为汽车发展史上最重要的里程碑，他们两人因此均被世人尊称为"汽车之父"。以内燃机为动力的汽车诞生后，其诱人的前景引发了德国汽车产业的投资热潮。短时间内，汽车厂纷纷建立起来，汽车产量不断提高，汽车制造成为德国最重要的产业之一，而且一直持续至今。1901 年，全德国只有 12 家汽车厂，有职工 1773人，年产汽车 884 辆；到 1908 年，德国的汽车厂已达 53 家，拥有职工 12400 人，年生产汽车 5547 辆。到 1914 年的第一次世界大战前，德国汽车工业已基本成为一个独立的工业行业，拥有汽车制造工人 50000 多名，年产量超过 20000 辆，成为仅次于美国的汽车生产大国。

作为新兴产业的电气工业、化学工业和汽车工业的迅猛发展，体现了后来居上的德国作为新兴工业化国家的旺盛活力，并使其一跃成为世界工业的先锋国家。从这个意义上讲，电气工业、化学工业和汽车工业的高速发展对于提高德国工业的地位具有特别重要的意义。经过第二次工业革命时期的高速增长，到第一次世界大战前夕，德国工业生产已经超过英国，成为仅次于美国的世界第二大工业强国。从经济角度看，德国已基本完成了工业化进程，成为工业化国家。一方面，工业产业已经确立了其在国民经济中的主导地位，到 1913 年，德国第二产业在社会生产总值中所占比重为 45%，远超第一产业的 23.4%；另一方面，工业领域成为各行业最大的就业群体所在，1913 年，第二产业的就业人数占总就业人数的 37.9%，也高于第一产业的 35.1%。

德国的高速工业化向我们展示了后进国家的成功发展模式。根据这种模式，后进国家在工业化初期不能囿于旧巢，在先行国家后面亦步亦趋，而应通过发展合适的龙头产业拉动其他相关产业的发展，从而使自己能够在较短时间内取得事半功倍的成效，迅速缩短与先进国家的差距。在有了一定的工业基础后，后进国家则有两条途径可以迅速增强自己的工业实力：一是通过采用新技术、新工艺改造传统产业来提升原有生产能力，加速工业化进程；二是做出具有前瞻性的正确的产业战略抉择，积极开拓基于新科技的新兴产业，使自己成为产业发展的先导和榜样。德国正是通过这一发展模式在较短时间内由一个后发工业国转变成先锋工业国。德国只用40年就完成了英国100年才完成的工业化过程，且保持了相当长时间的工业化进程，充分证明了科学技术是第一生产力的论断。

德国市场容量的变化

德国的统一扫除了德意志经济发展中的最大障碍，加速形成了统一的民族市场。帝国统一这只强大的"物质夹子"，不仅把帝国内部紧紧挤在一起，让内部经济浓缩交融，也把南北德国经济融为一体，而且被德国人当成"民族国家"而倍加重视。其统一的作用与其说是弥补了以往的政治分裂，不如说是锻造了一个经济上统一的民族市场。在帝国范围内，并不存在经济的南北落差，而存在一种东西差别在庞大的普鲁士内部起作用。加入帝国的南部各邦，在19世纪70年代"自由贸易"与"保护关税"的激烈争辩中，其工业实力和作用得到了很大的提高，从而形成了相对普鲁士东部经济的优势。汉莎城市的海上贸易和造船业在德国国内市场销售额的提高，说明这个比较大的"贸易载体"所具有的优势。它同英国的贸易减少了，在统一帝国的权力支持下，海外贸易逐渐增加了分量。西部、南部、汉莎城市的资产阶级，利用这种新的经济民族主义，在统一的内部市场上刮起有利于己扬帆的风。如果说政治上普鲁士领导了德国，那么经济上则可以说普鲁士"融化"在统一的德国之中。统一成为德国经济现代化的巨大助力。这种具有统一价格、统一法规的经济一体化进程，形成了德国经济现代化的巨大容量。

德国的城市化进程

德国的工业革命开始于 19 世纪三四十年代，与英、法等国相比晚了不少，但德国工业革命发展速度迅猛，仅用了半个多世纪就完成了工业革命。其中，1871～1910 年是德国近现代历史上经济社会结构巨变的时期。在短短的 29 年间，德国通过引进英法等国的先进科学技术，经济突飞猛进，赶上了英国，超过了法国，实现了由一个落后农业国向先进工业国的转变。在工业化和经济快速发展的带动下，德国城市化也呈现起步晚但发展快的特征。

在德国，城市化似应以德国统一之日为开端。因为统一不仅决定性地推动了工业革命，而且为城市的发展消除了许多障碍。1871 年，德国城市人口 1479 万人，其中居住在 10 万人以上城市的人口约为 196 万人，居住在 1 万人以上城市的有 315 万人，居住在 2000 人以上城镇的约为 968 万人；到 1910 年（被看成德国城市化完成的年份），德国城市人口为 3897 万人，占总人口的

60%，上述三类城市相应居住的人数分别为 1382 万人、868 万人
和 1647 万人。不难看出，统一后的 30 多年，城市居民净增了
2418 万人。其中，大城市人口的增加最为显著，而小城镇的遍布
与人口的增加则是德国城市化的另一个特点（见表 6-1）。

表 6-1　德国城市与农村人口分布情况

单位：万人，%

年份	总人口	城市人口	农村人口	城市人口比重	农村人口比重
1871	4105.9	1482.2	2623.7	36.1	63.9
1880	4523.4	1872.7	2650.7	41.4	58.6
1890	4942.8	2100.7	2842.1	42.5	57.5
1900	5636.7	3066.4	2570.3	54.4	45.6
1910	6492.6	3895.6	2597.0	60	40

资料来源：科佩尔·S. 平森：《德国近现代史》，商务印书馆，1987，第
303 页。

城市中大量增加的居民，主要是从农村流入城市的农业劳动
力。德国统一后出现了真正的人口流动潮，总的趋势是从德国东
部、北部的农业区转移到中部、西部的工业区。19 世纪七八十年
代，德国人口流动以近距离为主，农业劳动力的主要流向是不越
出省界或邦界的临近城市，更多是流向家乡附近的小城镇。他们
被家乡附近的城市或工业所吸引，转入城市的第二、第三产业。
这种流动显得很"平稳"，形成了德国城市化中独有的乡村城镇
化特点，使德国的小城镇星罗棋布。这个过程一直持续到 20 世
纪初。据估计，几乎每两个德国人中就有一个参与了不同形式的
近距离人口流动。

群众性远距离人口流动潮约出现在 19 世纪 80 年代末到 90 年代初。德国东、北部农业人口向高度工业化的西部鲁尔工业区的流动加快，鲁尔工业区出现了一批 20 万人以上的大工业城市。1850 年时，德国 10 万人以上的城市只有 3 个——柏林、汉堡和慕尼黑；而到 1910 年，10 万人以上的城市已经有 45 个。前十大城市按排名分别为：柏林（人口从 1880 年的 112 万人增加到 1910 年的 373 万人）、汉堡、慕尼黑、莱比锡、德累斯顿、科隆、布勒斯劳、法兰克福、杜塞尔多夫、埃北费尔德 - 巴门。综合来看，城市化不仅改变了城乡人口的比例，改变了整个国家的面貌，也改变了城市的功能和城市内部的结构，使城市成为现代工业生产力的代表。城市化反过来又对工业革命和工业化起到促进作用。

从城市人口发展的历史来看，德国城市化进程大体上可以分为以下几个发展阶段。

（1）城市化的准备阶段（19 世纪初 ~ 19 世纪 40 年代）

在这个时期，德国依然是以农业和农村为主的国家，农业在国民经济中占据主导地位，农村人口占总人口的绝大部分，城市人口比重很小，仅有一些主要的传统城市粗具规模。例如，柏林人口为 17.2 万人，汉堡 13 万人，德累斯顿 6 万人，科隆 5 万人左右，莱比锡 4 万人，慕尼黑 3 万人。[①] 这些在工业革命前形成的城市，主要是作为行政、军事和宗教的中心而存在，大多具有

---

① Wolfgang Zorn, *Handbuch der deutschenWirtschafts-und Zozialgeschichte*, Union Verlag, 1976, P. 11.

较为发达的工场手工业，以及少量的文化和商业设施，以满足当时地主贵族们的需要。这些城市为后来德国的城市文化发展奠定了较好的基础，成为吸引农村人口转移的重要据点。这一时期，德国的小城镇也有发展，分布比较广。

（2）城市化初期发展阶段（19 世纪 40 年代 ~ 19 世纪 70 年代初）

随着工业化的起步，德国城市化进程也随之启动。这一时期德国的城市数量和城市人口迅速增加，城市规模不断扩大，城市功能日益多样化。从 19 世纪 40 年代开始，德国出现了一批以工矿业城市为主的新兴城市，例如鲁尔区（煤矿、铁矿等）以其得天独厚的水陆交通运输便利条件，吸引了大量的投资和劳动力就业。这些城市不断沿公路、铁路和河道向外扩展，城市面积不断扩大，人口规模也迅速增加，从而由工业化前的中小城镇或村庄快速发展成为大城市。在一些较大的城市里，人口增加更为突出，如柏林在 1850 年人口已达到 41.9 万人，慕尼黑为 11 万人，科隆为 9.7 万人。[①]

（3）城市化加速发展与基本实现阶段（19 世纪 70 年代初 ~ "一战"前）

19 世纪 70 年代，德国的工业和服务性行业的产值已占国民生产总值的 68%。这一时期是德国城市化的鼎盛时期。1871 ~ 1910 年，德国城市人口从 1482 万人增加到 3896 万人，29 年增加

---

① Wolfgang Zorn, *Handbuch der deutschen Wirtschafts-und Zozialgesechichte*, Union Verlag, 1976, p. 14.

了 1.62 倍；同时，城市化水平从 36.1% 增长到 60%。而农村人口在 1890～1900 年开始出现绝对减少的趋势。

在城市人口规模增长的同时，城市行政区划不断向外扩展，并入了周边的区域和人口，进而加速了德国城市化的进程。表6-2 显示的是到 1918 年为止超过 5 万名居民的 85 个德国城市的行政区域并入动态。从表中可以看出，德国城市通过并入周边地区而扩大的趋势在当时呈现加速态势，并入数量越来越多，规模也越来越大。

表 6-2　1850～1918 年德国城市行政区并入状态

时　期	城市数量 （个）	面积增长 （平方千米）	并入行政区增加的人口 （人）
1851～1860 年	9	68.6	74000
1861～1870 年	14	33.5	63000
1871～1880 年	20	95.2	70000
1881～1890 年	17	243.1	287000
1891～1900 年	34	413.5	705000
1901～1910 年	57	966.2	1025000

资料来源：Jrgen Reulecke（Hrsg），*Beitrge zur modern en deutschen Stadt gschichte：Die deutsche StadtimIndustriezeitaler*，Wuppertal，1978，P.75。转引自邢来顺《德国工业化时期的城市化及特点》，《首都师范大学学报（社会科学版）》2006 年第 6 期，第 17 页。

这一时期不仅普鲁士各省的城市有了较大的发展，其他各邦的城市经济也蓬勃发展。工业城市从农村获得了大批劳动力，促进了城市扩张；同时，一些以手工业、商业、服务性行业为主的城市，人口也不断增加。如 1875 年德国 1 万人以上的城市只有

271 个，1890 年达到 394 个，1910 年进一步增加到 576 个，平均每年增加 9 个城市。与此同时，城市的规模也不断扩大，10 万人以上的大城市由 1871 年的 8 个增加到 1910 年的 48 个。其中，德国首都柏林在 1910 年人口已经超过 200 万人，成为当时欧洲第三大城市和世界第五大城市。从不同规模城市的人口占全国人口的比重看，1871～1910 年，10 万人以上城市的人口增长最快，其占全国人口的比重从 4.8% 提高到了 21.3%；1 万人至 10 万人规模的城市人口占全国总人口的比重从 7.7% 提高到了 13.4%（见表6-3）。面对日益膨胀的城市人口，许多城市的管理当局根据发展的需要，将城市划分为工厂区、住宅区、商业区等，使城市混乱无序的局面大为改观，并有效地促进了城市的发展。

表 6-3 德国 1871～1910 年城市人口占全国人口比重

单位：%

城市规模	1871 年	1910 年
10 万人以上	4.8	21.3
1 万～10 万人	7.7	13.4
2000～1 万人	23.6	25.4
2000 人以下（农村人口）	63.9	39.6

资料来源：Wolfgang. Kollman, *Die Bevolkerung in der industriellen Revolution*, *Goettingen*, 1974, P. 71。

德国的经济全球化

1877～1913 年，德国的出口额增长了 3 倍，其对外贸易占世界贸易额的比重达到 13%，仅次于英国，居世界第二位。但是，与英国不同，德国在经济大发展的同时，却是一个采取贸易保护主义的国家。

当1871年德国统一时，德意志关税同盟境内的关税已经降到同实行自由贸易的英国相似的水平。到1873年，境内绝大部分保护性进口关税也被取消。这一时期德国贸易政策具有明显的推动自由贸易的倾向。其原因在于，不仅普鲁士国会的大部分议员、各部部长乃至雇员都是自由贸易论者，而且易北河以东从事谷物商业化生产的大地主及港口商和城市商人等，出于对私利的考虑，也主张自由贸易。但1873年以后，德国的贸易政策表现出向贸易保护主义回归的倾向。1876年形成了由纺织、造纸、皮革、化工制造等行业的业主组成的主张保护贸易的联盟。1876~1878年，掀起了广泛的有关自由贸易和保护贸易的全国性论战，而时任首相的奥托·俾斯麦本人对贸易政策的态度发生转变，则成为德国贸易政策转变的关键性因素。1879年，德国政府通过了让铁和谷物的关税返回自治关税，以及逐步将对欧洲的贸易政策转变为保护政策的决议。同年7月，对每吨生铁征收10马克关税，并提高了重工业半成品和成品的税率，小麦、黑麦、燕麦每吨的税额也达到了10马克。尽管对啤酒征收消费税被推迟，但提高了烟草的进口税率。德国政府以保护贸易为主的政策倾向一直持续到第一次世界大战前。

在贸易保护的同时，19世纪末的德国也在推行殖民政策。随着德国的逐渐成长，工业渐渐发达，德国人意识到仅靠自己现有的领土不足以使自身成为一个能够掌控世界的大国。同时放眼世界，整个世界几乎都被英法等老牌强国所殖民，唯有非洲可供进行扩张。再就是资源问题也随着德国高速工业化而显现，国内的资源短缺严重地限制着德国的发展。而非洲的巨大矿产资源，则恰好能提供给德国一个继续大力发展工业的平台。由于国内市场已渐渐趋于饱和，作为一个资本主义飞速发展的国家，德国自然要将目光投向海外销售市场。而非洲经济落后，正适合德国将先进的工业产品带去贩卖。

此外，在德意志统一后，德国人实现了建立统一的民族国家的愿望，这也激发了他们内心深处强烈的民族主义情感。他们希望能够依靠向外扩张而使德国成为像"日不落帝国"一样的庞大帝国，因此国内广泛鼓动建立殖民帝国。这种急切向外扩张的欲望正是德意志帝国推行殖民政策所必备的"民族动力"。而那时的世界，唯有非洲没有被老牌强国殖民，所以德国的殖民目光自然而然会放在非洲大地上。另外，向外殖民也是俾斯麦政府在国内强烈民族主义的巨大压力下，为使德皇的统治更加顺应民心而进行的必然选择。实际上，俾斯麦在上台之前，其个人非常厌恶殖民扩张，但其上台后，基于殖民扩张的巨大利益和殖民扩张所牵扯的与其他各国的关系，不得不改变自己的初衷，努力地为德国的殖民扩张游走于各列强之间。

尽管德国开启了其向非洲扩张的计划，并且这个计划为德国的资本主义发展和工业化进程带来了巨大的利益，但在俾斯麦心中，欧洲问题仍比非洲殖民问题重要得多。向非洲进行殖民扩张说到底只是德国成为世界霸主过程中的一小步。德国始终没有积极推进经济全球化，德国经济的市场容量始终没有超越英国，德国也始终没有成为新的"日不落帝国"。但这并没有妨碍其后来居上成为全球性经济强国，成为一个时代世界科技发展和经济发展的引领者。

第二次技术革命既是对第一次技术革命的继承，也是对第一次技术革命的重大突破。在第二次技术革命中，许多相对传统的产业如钢铁、煤炭、机械加工等获得了新的更大发展，同时，石油、电气、化工、汽车、航空等新兴工业部门的出现使整个工业的面貌焕然一新。与第一次技术革命主要由有经验的工匠推动不同，科学与技术、工业生产紧密结合是第二次工业革命最突出的特点。另外，与第一次工业革命主要以英国为中心不同的是第二次工业革命是在多个先进的资本主义国家几乎同时进行的。英国人、美国人、德国人、法国人等都在不同的领域有发明和创造。但在内燃机、发电机、电动机、汽车等关键新兴领域的制造和改进当中，德国人的功劳最大，取得的经济成就最突出，德国也借此一跃成为欧洲最具实力的强国。遗憾的是，崛起的德国并没有成为经济全球化的推动者，反而走上了军事帝国主义的道路，妄图通过战争来解决经济纠纷问题，最终在走向辉煌的道路上折戟沉沙。也正因如此，尽管德国凭借第二次技术革命和第二次工业革命已经实现了超越式发展，却没有取得英国在第一次技术革命和第一次产业革命中的地位，成为一颗闪耀的"流星"。

第七章

头脑灵活的"年轻人"

——美国崛起

美国建国 200 多年来的经济发展历史，也是一部高扬进取精神的创新、创业史。从 19 世纪的蒸汽船、轧棉机、电报、牛仔裤、安全电梯、跨州铁路，到后来的电灯、电话、无线电、电视、空调、汽车、摄影胶卷、喷气式飞机、核电、半导体、计算机、互联网和基因工程药物；从建立大批量工业生产流水线到后来的风险投资公司的大量创立；从面向成熟企业的主板资本市场到面向创业企业的纳斯达克市场；从我们熟悉的电灯发明者爱迪生、飞机发明者莱特兄弟和软件帝国的缔造者比尔·盖茨，到鲜为人知的牛仔裤发明者李维·斯特劳斯及信用评级的创立者刘易斯·塔潘，等等。这些持续不断的重大发明和创新，催生了一个又一个新兴的产业，持续提高了美国的生产率，大幅增强了美国的经济实力和综合国力，将美国这个年轻的国家推上了世界经济发展中前所未有的高峰。

1860 年以前，美国还处于殖民地的落后状态。1860 年，美国的工业产值落后于英国、法国和德国，农业是其财富的主要来源。这种情况一直延续到 19 世纪 80 年代。但是，美国紧紧抓住了第二次技术革命和产业革命的历史机遇，并借此实现了生产方式和产业结构的根本改变，通过生产在行业和地理上的日益集中，实现了超越式的经济增长。19世纪后期，美国逐步从一个落后的农村-农业经济体转变为先进的城市-工业"巨人"。

尽管自然条件、社会结构、制度等要素在美国崛起过程中扮演着不容忽视的角色，但是第二次技术革命仍然是美国实现超越式增长和历史性崛起的关键因素。据统计，1880~1920年，在联邦政府登记获得专利权的技术发明达到112.64万件，平均每年批准28160.8件，几乎是此前20年年平均量的2.7倍。

随着美国科技水平的飞速发展，其综合国力也实现了跃迁。从产值上看，1860~1890年，美国的产值上升了9倍。到1880年，它已经成为西方第二经济大国；到1890年，其工业产值已是农业的3倍，许多工业产品的产量都居世界首位，黄金储备也占世界的70%；到1894年，美国的工业产值已超越世界上所有的国家，成为强大的工业巨人。"一战"前夕，美国工业产值是其3个最大的竞争对手——英国、法国和德国——的总和。美国的公司遍布全球，美国的技术和管理日渐成为世界的典范。美国也从欧洲工业的边缘地区和模仿者发展为工业巨头、产业引领者，并最终成为世界经济的新霸主。

美国在第二次技术革命和产业革命中的表现

技术创新在美国经济增长过程中发挥着至关重要的作用。摩西·阿布拉莫维茨（Moses Abramovitz, 1956）和罗伯特·索罗

（Robert Solow，1957）分别使用不同的研究方法，从不同的角度估算美国的产出，得出了一个非常重要的结论：20 世纪前 50 年，美国经济产量增长中只有 15% 可以用资本量和劳动量的增长来解释，而其余的 85% 则基于"技术进步"的贡献，即对经济活动的每单位投入创造的超额产出，而不仅仅是更多投入的结果。

艾尔佛雷德·诺思·怀特黑德（Alfred North Whitehead）在其著作《科学和现代世界》（*Science and the Modern World*）中指出，"19 世纪最伟大的发明是发现了如何进行发明的方法"。他还指出，"19 世纪是富有想象力的发明创造爆发的时期。新方法论的一个基本原理，就是探寻如何在科学构想和最终产品的鸿沟之间架起桥梁。这是一个严格的不懈攻关的过程"。美国的发展至少说明了两方面情况：首先，与 19 世纪相比，20 世纪的显著特征是创造发明的过程由力量雄厚的专业机构进行，并使之更加系统化；其次，把这些发明创造转化为商品之前，还必须完成许多步骤，而这个过程常常需要几年甚至几十年。一般来说，真正的重要的创新技术对经济的影响只能是渐进的，因为采纳"一般目的的技术"（Bresnahan and Trajtenberg，1995）在技术、组织和管理上，都需要进行一系列辅助性的创新，而且这类新技术的最初原型必然要通过一系列附带性的创新和修正才能得到实质性改进。

技术的进步

相对于欧洲，美国是个后发国家，它没有英、德等欧洲国家那样悠久的科学传统和雄厚的自然科学理论基础。美国获得技术的途径有两个：从欧洲引进和自行创新。尽管美国在其早期历史阶段绝对是外国技术的进口国（Rosenberg，1972），但美国在学习和引进欧洲最新科技成果的同时，大力开展应用研究，并在尖端领域实现了突破，从而使美国的应用科学和工艺技术达到世界先进水平。到1900年，它已经变成重要的工业和农业技术的出口国。

美国企业家和政府为了夺取竞争优势，能够独辟蹊径，闯出一条具有美国特色的科技发展之路。

首先，科学研究与生产密切结合，重视实验和应用技术。19世纪末20世纪初，为适应社会化大生产的需要，科学研究也日益社会化，各种科技综合研究所和工业实验室纷纷建立。美国第一个大型的专业实验室是由爱迪生在1876年建立的，集中了近百名科学家、工程师和技师。这个实验室既有科学理论的指导，又有技术实践经验，且采用了集体攻关、分工合作的方式，才使爱迪生完成了近2000件发明，创造了世界科技史上的奇迹。美国的许多大企业也建立了工业实验室和研究所，如贝尔系统的基础研究，就聘请了由英、德留学回来的应用科学家和工程师。到1914年，全国工业实验室和研究所已有365个，拥有近万名科技人员。所以，美国第二次工业革命充分体现了以发明家为中心，应用科学家与工程师的直接结合的特点。这说明，科学与技术结合是技术开发的必由之路。此外，由于美国的科研机构大部分是由企业家和发明家出资建立的，目的非常明确，就是获取更多的利润，因此科研项目大多是生产中亟待解决的课题，一旦新技术、新设备、新产品研究成功，很快就会在生产中得到应用，转化为生产力。这就省去了许多中间环节和烦琐程序，形成了惊人的效率。

其次，美国不单纯照搬外国经验，而是在学习和引进的基础上，在一些尖端领域大胆地进行应用和独创，这才从根本改变了其工业的落后面貌。19 世纪末 20 世纪初，美国的科学技术已由单纯模仿阶段进入应用和独创时期。作为第二次工业革命标志的电力革命，就是引进、应用、独创的典型。新兴的电学理论和电机制造技术起源于英国和德国，但是电机的完善和电力的大规模应用是由美国发明家完成的。爱迪生创造了"巨象"发电机、发明了电灯泡，创造了世界上第一个电力照明系统，才引起输电、配电、变压等技术的发明和改进。特斯拉发明了交流电动机，以及大型火力及水力发电站的建立，才使电力广泛地应用于工业、交通、通信和人们的日常生活。电力革命不但导致各个领域全面的技术变革，而且成为各生产部门和工作部门提高劳动生产率和工作效率的主要途径。可以说，美国能在 19 世纪末 20 世纪初将其他资本主义国家远远抛在后面，并替代欧洲成为世界科学技术中心，电力革命居功至伟。

最后，美利坚民族性格和当时人们的精神面貌，对美国的科技发展也起了重要作用。美国是个由移民建立起来的国家，一方面它不存在正统文化和封建传统，对外来文明能够博采众长，吸收融合，不保守僵化；另一方面，美国人民在艰苦创业过程中，为了开发荒凉的北美大陆，彻底摆脱英法等欧洲国家的羁绊，实现真正的自由、民主、独立和富强，形成了一种坚定乐观、自强不息、艰苦奋斗、科学求实、大胆创新、分秒必争、遵守时间和讲求效益的创业精神。所以，19 世纪末 20 世纪初在国际国内从

"自由"资本主义向垄断过渡的激烈竞争环境中，美国涌现了爱迪生式的"发明热"和"应用热"，福特式的"革新狂"和"创业狂"。从企业家、科技人员到广大工人，都有一种在竞争求生存，在竞争中夺取优势的强烈的竞争意识和拼搏精神。没有这种奋发图强的精神，美国在第二次工业革命中是不可能处于领先地位的。

美国政府在提升美国科技水平方面也发挥了举足轻重的作用，特别是在促进教育大发展和教育改革方面。19 世纪末，美国教育事业的发展，提高了美国人民的文化素质，壮大了科技队伍，推动了美国工业化的发展。

早在 19 世纪晚期，美国的企业和高等教育机构都已经把从事研究当作一项重要的职业活动，而且都是以德国为榜样。美国的许多大学都依赖州政府的资助，这使得大学机构自身的教育活动急剧扩张。公共资金的支持使美国的高等教育体系远比欧洲大部分国家庞大；同时，也促使公立大学更愿意与工业组织在研究上建立各种正式的和非正式的联系，为本地区创造经济利益（Rosenberg and Nelson，1994）。1940 年以前，美国大学组建了外部技术的集聚中心，密切关注各类实验室的研究活动。至少，这些大学与工业企业中的部门促进了新技术和新产品的发展和商业化。美国高等教育中的课程设计和研究课题，也都比欧洲高等教育更切合商业实践的需要。公立大学培养的从事工业研究的科学家和工程师，将美国大学和工业组织联系起来，他们成为工业研究队伍扩充的重要参与力量（Thackray，1982）。但在化学研究方面并非如此。撒克里等（Thackray et al.，1985）论证说，其间的美国化学研究非常有吸引力（经常被其他科学论文引用），原因是其质量和数量都有保证。

实际上，在 19 世纪末至 20 世纪上半叶，美国对研究开发的投资主要集中在化学及相关产业上。1899～1946 年，建立的实验室中有将近 40% 属于化学、玻璃、橡胶和石油工业。1921～1946 年，从事化学工业研究的人员也在全部研究人员中占据主导地位。1921 年，化学、石油和橡胶产业拥有的科学家和工程师，占整个制造业的 40% 以上。1921 年，电子机械和仪器设备行业的研究人员占所有研究人员的比例不到 10%，但到 1946 年这一比例已超过 20%；而以化学为基础的工业研究人员所占比重则提高到 43% 以上。从事制造业研究的科学家和工程师的人数从 1921 年的约 3000 人增加到 1946 年的 46000 人。工业研究强度的排序具有高度稳定性，其中强度最大的是化学、橡胶、石油和电力机械业，这些行业的科学家和工程师占这个时期从事制造业研究的科学家和工程师人数的 48%～58%。

科学技术发展的基础在于教育。建立在近代科学技术基础上的工业革命，需要大批有高度专业知识和技能的科学家、工程师和有一定文化素养和技能的工人。因此，普及和提高教育具有决定意义。伴随工业化的深入发展，美国资产阶级日益认识到智力开发的重要性。美国"南北战争"后，在实用、高速方针的指导下进行了教育改革。一是增加教育投资，实行公立与私立办学并举的方针，加快教育的发展。联邦政府拨出 1.5 亿英亩土地给各州创办学校，同时各州征收特别税来扩大教育经费。1870～1915 年，教育经费由 6000 万美元增加到 6 亿多美元。二是加强基础教育，推行小学义务教育制，将传统的专门为升学做准备的普通中学改为兼具升学和就业双重职能的综合中学，加强职业技术教育，为工业化培养劳动技术大军。三是改革高等教育，重点发展理工农林医等专业院校，培养高、精、尖人才。1862年，国会颁布了《莫里尔法案》，拨出国有土地在各州建立理工和农业学院。许多旧大学也增设了机械工程、采矿冶金、电气化工及电化学等新专业。1887年，国会通过了《哈奇法案》，为各州大学提供科学实验基金。许多大学成为全国和各州的科学研究和生产技术指导中心，对新技术革命起到了巨大的推动作用。

美国"南北战争"前的大部分发明和技术创新都是通过个人来实现的。个人既积极参与到发明和技术创新中去，又积极地为他们的发明和创新成果寻找商业运用的机会。技术的日趋复杂和支持专利技术交易机构的发展，使得技术创新变得越来越专业化。尤其在19世纪的整个后半期，孕育出了一个"独立发明家的黄金时代"。技术创新者雄心勃勃，知道如何从他们的创新成果中获得收益。这其中的佼佼者就是爱迪生。1876年，他出资兴建了美国第一个工业实验室，这是第一个有组织地进行工业研究的实验室。他的这一举措被人们赞誉为其发明中的最大发明。到1910年，该研究室获得专利1328项，平均每11天就取得1项。20世纪早期，发明家和技术创新者逐渐从依靠个人努力转向与企业建立长期的依存关系。因为，越来越专业、越来越复杂的技术创新需要大量的资金支持。顺应这种形势，工业企业建立了研究实验室，其成员全部受过大学教育并具有专业技能。科学研究变得越来越重要。以科学研究为基础的基础创新为开发性创新和应用性创新奠定了坚实的基础，特别是在汽车、化工、钢铁冶炼、电子通信等产业。更为重要的是，这种新的创新模式和生产方式具有更大范围的扩散性，它能带动更大范围、更高层次的创新和生产。而支撑这一转变的一个基本条件，就是美国普通教育和高等教育水平的提高以及商业教育的扩张。

表 7 - 1　根据国家分布的主要发明、发现和创新（1750～1925 年）

时期	总数（项）	在总数中的占比（%）				
		英国	法国	德国	美国	其他
1750～1775 年	30	46.7	16.7	3.3	10.1	23.3
1776～1800 年	68	42.6	32.4	5.9	13.2	5.9
1801～1825 年	95	44.2	22.1	10.5	12.6	10.5
1826～1850 年	129	28.7	22.5	17.8	22.5	8.5
1851～1875 年	163	17.8	20.9	23.9	25.2	12.3
1876～1900 年	204	14.2	17.2	19.1	37.7	11.8
1901～1925 年	139	13.7	9.4	15.1	52.5	9.4

资料来源：Data collected for Louis and Donald Paterson，"Biased Technical Change，Scale and Factor Substitution in American Industy，1850 - 1919"，*Journal of Economic History*，vol. 46，no. 1，March 1986（转引自〔美〕乔纳斯·休斯、路易斯·凯恩《美国经济史》，杨宇光、吴元中、杨炯、童新耕译，格致出版社、上海人民出版社，2013）。

总体而言，美国是在学习和引进欧洲最新科技成果的同时，大力开展应用研究，并在尖端领域有所突破，才使自身的应用科学和工艺技术达到了世界先进水平。

产业的发展

以内燃机、电力和电子技术、石油化工技术为标志的突破型技术创新，打通了美国技术创新的瓶颈，使美国的技术创新发生了多样和复杂的巨变，进而也改变了美国的生产和生活。

美国第二次工业革命以电力为主要标志，它包括电力、无线电、内燃技术、冶金、化工等多方面的技术革新。用电力代替蒸汽动力，标志着工业电气化的开端。

第二次工业革命是以自然科学的发展为先导，从发电机的制造和应用开始的。19世纪初电磁学、电化学和热力学取得了巨大进展。1831年，英国科学家法拉第发现了电磁感应，为创造发电机和电动机提供了基本原理。不久电机在英国和德国相继问世。美国的科技人员及时引进了欧洲先进的电学理论和技术成果，并进行了独创性的研究和应用。著名发明家爱迪生首先将自激式发电机应用于照明，1879年发明了白炽电灯泡。1882年9月4日，在纽约珍珠街建立第一座火力发电站，用6台"巨象"发电机向85个单位的2300盏电灯供电，开辟了美国第一个电力照明系统。它也标志着美国第二次工业革命的开始。

电力技术革命是第二次产业革命的核心之一，也是美国能够紧紧抓住第二次产业革命的关键之一。电动机和发电机的试验模型都源自近代电磁学的奠基人法拉第。1821年，法拉第试制了一种能把电能转化为磁能而后再转化为机械能的试验装置，这实际上就是一种最为原始的直流发电机；1831年，法拉第又在发现感生电流试验装置的基础上，试制出一种最初的永磁铁发电机的试验模型。此后，经过几十年时间，经过大量的科学家、工程师和技术人员的改进，直到1867年，德国著名的电学工程师西门子（W. Simens，1816~1892）发明了自馈式发电机，发电机才有了普遍应用的价值。这以后，直流发电机被不断改进，并被广泛应用于工业生产。19 世纪末，意大利物理学家、电工学家法拉里（G. Ferraris，1847 ~ 1897）做出了交流发电机发展史上具有决定性的理论贡献——提出了旋转磁场原理。该原理在实践中的应用使得交流发电机有了商用价值。美国虽然不是电力技术的创始者，但是，美国科学家和工程师对这一技术的发展始终密切关注，并积极引进和开发利用。最为典型的例子便是著名发明家爱迪生，他于 1879 年完成了实用白炽灯的发明。

美国大规模用电的转折点是交流电与直流电大论战。爱迪生研制的直流发电机输出电压为 110 伏，电压低、输电距离短。1886 年，威斯汀豪斯公司的特斯拉发明了交流发电机，并建起了一座交流发电站。由于交流输电成本低、功率大、电路耗损小，因此当时在美国的一场交直流输电的大论战中，交流输电法取胜，并得以在美国和欧洲推广。1895 年采用三相交流系统的尼亚加拉大型水电站建成，输出电力为 15000 匹马力。到 1917 年，全国仅公用电站就有 4364 座，发电量为 438 亿度，美国电力工业跃居世界第一位。大型火力和水力发电站的建立，不但为照明提供了光源，而且为工业生产和社会生活创造了强大的动力和能源。1888 年，发明交流发电机的特斯拉又发明了交流电动机，它与传统的各种机械相结合，使电力广泛地应用于工业。1914 ~ 1927年，美国在制造业中使用的电力占动力总量的比例由 39% 提高到78%。电力迅速取代蒸汽动力在工业中占据统治地位。

电气技术的兴起，一方面引起了动力革命，另一方面也激起了通信革命。因为电不仅能传输能量，也能传递信息。电从诞生开始就显示了为现代社会充当动脉和神经的双重职能。1837 年，美国电学家亨利发明了电报机；1845 年，在华盛顿和巴尔的摩之间架设了有线电报系统。1876 年，贝尔发明了电话机；1891 年，斯特罗齐制成了电动交换机，从此电话进入普及阶段。1880 ~ 1900 年，全美电话由 47000 台猛增到 1000 万台。20 世纪初，美国又引进了无线电技术。1906 年，德雷福斯发明了三极管；1920 年，世界上第一个广播电台——美国的"KOKA 电台"正式开播，而到 1924 年，美国的广播电台已有 500 家。电信、广播事业的发展使信息技术跨入了一个新的时代。

第二次工业革命还有一项具有重大意义的技术改造是内燃机的发明和应用，它促进了汽车和航空工业的兴起。内燃机通常被认为在 20 世纪前半段的美国技术发展中起过核心作用。1876 年，德国人奥托研制成功四冲程内燃机；同年，本茨发明了第一台汽车。虽然，最初以汽油为动力的发动机几乎是完全归属欧洲的发明成就，贡献者是德国人和法国人，包括卡尔·本茨（Carl Benz）、高特莱比·戴姆勒（Gottlieb Daimler）、尼克劳斯·奥托（Nikolaus Otto）、阿尔佛尼斯·比优·德·劳卡斯（Alphnse Beau De Rochas）、任奥尔特（Renault）等人。但是，内燃机技术的发展和扩散凸显了美国 20 世纪技术创新的显著特点——创新主题更为广泛。由于拥有低成本的石油燃料资源和对交通运输工具的强烈需求，在美国境内发动机技术被迅速改善，并很快得到应用。美国在 19 世纪 90 年代才引进汽车制造技术，但由于石油资源丰富，钢铁供应充足，橡胶工业也已兴起，所以汽车工业在美国比欧洲各国发展得都迅速。从 1893 年杜里埃兄弟造出第一台汽车到 1899 年，汽车制造商已发展到 30 家。但当时的美国汽车造价高、质量差。创建于 1903 年的福特汽车公司，于 1906 年生产出福特设计的 A 型汽车；1908 年又研制成功 T 型汽车，并采用了零件标准化和固定装配线；1913 ~ 1914 年，又改用流水装配线，进一步提高了生产效率并降低了成本，每辆汽车的售价从 1908 年的 850 美元降到 1929 年的 260 美元。1900 ~ 1929 年，美国汽车的登记总数由 8000 辆猛增到 2675 万辆，平均每 4 个人就有一辆汽车，美国已成为名副其实的"汽车王国"。内燃机的发明也为人们翱翔天空提供了理想的动力装置。1903 年莱特兄弟发明第一架飞机，到第一次世界大战结束时，美国已有 24 家飞机制造厂，年生产飞机 21000 架。汽车和航空工业的兴起标志着交通运输业的第二次革命，推动了钢铁、石油、橡胶和精密仪器仪表工业的发展。

内燃机、电机的应用和汽车、航空工业的发展，改变了原有的工业体系，对钢铁和各种原材料的质量和规格提出了新的要求，从而推动了冶金工业的新发展和燃料化工、高分子合成等新型工业的兴起。在冶金工业中，平炉和转炉炼钢方法的大规模推广以及电炉炼钢、吹氧炼钢两种新技术的发明，使美国的钢产量在 1889 年跃居世界首位。1898 年和 1906 年，泰勒和怀特又分别研究成功以钨和铬为主要合金成分的高速钢，使机械加工效率空前提高。这样钢铁工业不仅在产量上实现了飞速增长，在品种和质量上也日新月异，美国进入了真正的"钢铁时代"。

化工技术在 20 世纪初实现了突破型创新，其中包括美国的石油化工技术。1859 年德雷克发明石油钻井技术后，内燃机的应用进一步推动了石油工业的发展。到 19 世纪末，许多炼油厂都采用了分馏和裂化的提炼方法，使炼油实现了机械化、自动化。

化学工业和高分子合成工业也蓬勃兴起，制碱、化学肥料、塑料、合成染料、人造纤维、人造石墨、炸药等新技术纷纷出现。到20世纪20年代，以电力、电器、冶金、汽车、飞机、石油等重工业为主体的产业结构已经确立。

20世纪化学制品领域技术变化的核心，毫无疑问是石油化工行业的崛起，即有机化学制品的原料从以煤为基本成分转变到以石油和天然气为基本成分。正是依靠在石油化工技术方面的突破，美国在化工制品领域的地位无与伦比。美国化工技术创新有以下几个特征：一是市场规模巨大，增长迅速；二是市场的巨大容量为从大规模、连续不断的生产过程中寻求利润提供了可能；三是石油开发技术的创新，为实现有机化学工业资源基础的转变和显著降低成本提供了独一无二的机会。

以电力技术为主导，与内燃、冶金、化工技术相结合的技术体系，改造和装备了国民经济的各个部门，美国第二次工业革命基本完成，标志着其已由"蒸汽时代"和"纺织时代"跨入了"电气时代"和"钢铁时代"。

除了上述几个新兴产业外，美国在以新技术改造传统产业方面也取得了卓越的成就。第二次工业革命推行了农业的技术改造，美国成为世界上最早实现农业机械化、现代化的国家。19世纪末20世纪初，钢铁、农机制造、石油、农药、化肥等工业的发展，为农业的技术改造创造了物质前提。特别是内燃机的应用，为农业机械提供了轻便、经济的动力，使美国在1910～1940年进入农业机械化时期。到1940年，全国农场拥有拖拉机156.7万台、谷物联合收割机19万台、玉米摘拾机11万台、载重卡车

104.7 万辆，使用电力的农场有 205 万个。统计数据还表明，1940 年，全国农场使用的机械动力已占动力总量的 93%，农业机械化基本实现；同时，施用化肥、改良品种、防治病虫害、水利灌溉等先进的农业技术也迅速得到推广。农业机械化和集约化大大提高了农业生产率：1899～1920 年，农业产值由 46 亿美元增加到 160 亿美元；1920～1930 年，劳动生产率提高了 26%。美国农业进入"黄金时代"。

经济社会的变革

美国第二次工业革命不仅带来社会生产技术的重大变化，推动了社会生产力的快速发展，而且导致经济结构的相应变革，对整个社会产生了难以估量的作用和影响。

首先，它促进了美国经济的腾飞和工业化的基本完成。这次工业革命以电力为主导技术，它与内燃、冶金、石油化工技术组成了一个新的技术体系。新技术、新设备、新工艺和新的生产管理方式的应用，使社会生产力出现一次质的飞跃。其发展速度之快、涉及范围之广，是蒸汽时代望尘莫及的。1870～1913 年，美国工业生产增长了 8.1 倍（同期，英国仅增长 1.3 倍，法国增长 1.9 倍）。其中重工业增长尤为显著：1880～1920 年，钢产量由 126 万吨增长到 4280 万吨，占世界总产量的 59%；生铁产量由 389 万吨增长到 3751 万吨，占世界总产量的 58.6%。1902～1929 年，全国公用和企业用的电站的发电量由 59 亿千瓦时增长到 1167 亿千瓦时；1880～1929 年，石油产量由 2628 万桶激增到 10 亿桶。电力和石油遂成为美国的主要能源。1929 年，美国工业总产值在世界工业总产值中的比重达到 48.5% ，超过了英、法、德、日四国工业产值的总和。

美国在第一次工业革命中形成了以轻工业为主体的工业结构，标志其工业化的开端；而在第二次工业革命中，则形成了以重工业为主体的工业结构，确立了大工业在国民经济中的主导地位，标志其工业化的基本完成。其工业化的完成主要有以下标志。一是在国民经济结构中，工业的比重超过了农业。1850~1900 年，美国农业产值增长了 3 倍，而工业产值增长了 15 倍，且工业产值于 1884 年第一次超过农业产值。到 1919 年，美国总产值中，工业占比为 62.2% ，农业为 37.8% 。二是在工业结构中，重工业的比重超过了轻工业。1880~1914 年，美国重工业产值增长 5 倍，轻工业产值增长 3 倍，从而改变了轻重工业的比重。到 1923 年，美国重工业的产值占工业总产值的 50.1% ，到 1929 年进一步上升到 54.3% 。三是工业技术已经装备了国民经济的各个部门，包括农业、交通运输、通信等都实现了机械化和现代化，这也是工业化最重要的标志。总之，美国通过第二次工业革命基本实现了工业化，从半农业半工业国变成以重工业为主导的工业国。

其次，第二次工业革命加速了美国由自由资本主义向垄断资本主义的过渡，使它成为典型的"托拉斯帝国主义"。如果说第一次工业革命的主要社会后果是确立了工厂制，那么，第二次工业革命的主要社会后果则是确立了垄断制。它不但为垄断性大企业奠定了物质技术基础，而且由于电力、钢铁、汽车、飞机、石油等重工业的发展，企业规模空前扩大，资本和生产更加集中。

实力雄厚的巨型企业依靠技术设备的优势和对市场的控制，以更大的规模和速度吞噬着中小企业。

1889～1902 年，美国出现了第一次大规模的企业合并浪潮，涉及 2700 家工矿企业。这次合并的结果是，形成了以横向联合为主的垄断组织。1904 年，美国 318 个工业托拉斯中，有 26 个控制了其所在行业生产的 80% 以上；有 57 个控制了其所在行业生产的 60% 以上；有 78 个控制了其所在行业生产的 50% 以上。1925～1931 年，美国又出现了第二次企业合并浪潮，涉及 5800 家企业。这次合并的结果是，在进一步强化横向一体化的同时向纵向一体化发展。

由此，以形成于 20 世纪初的美国 8 大财团 60 个家族为代表的少数垄断寡头，不仅控制了国家的经济命脉，还操纵了政府的内外政策。美国因此成为典型的"托拉斯之国"，成为垄断程度最高的国家。

从美国的科技、经济发展历程来看，一个国家科学技术的进步是受其经济发展水平的影响和制约的，科学技术只有与同它相适应的生产关系中的生产实践相结合，才能转化为直接的生产力。19 世纪 70 年代后，在作为资本主义先行者的英、法等国经济发展步伐相对放缓之时，刚刚摆脱奴隶制桎梏的美国抓住契机、奋起直追，并进入经济的狂飙发展时期。1859～1899 年，美国的企业数目增加了 2 倍，投资总额增长了近 9 倍，工业总产值增长了 6 倍。其中的钢铁工业和铁路建筑发展尤为迅速：1860～1880 年，生铁产量由 835000 吨增长到 3896000 吨，钢产量由 12000 吨猛增到 1267000 吨；铁路长度

1860 年仅 30600 英里，1884 年仅铁路营业里程就达 125000 英里。1860 年，美国工业产值占世界工业总产值的比重为 17%，远低于英国工业产值的占比；而到 1890 年，美国所占比重上升到 31%，英国则下降到 22%。美国由此成为世界上最发达的资本主义国家。

在 19 世纪中期，美国的人均实际 GDP 还落后于英国等西欧国家，但是到了 1913 年，美国已经在人均 GDP 方面领先于英国，并扩大了对西欧的领先优势（见表 7 - 2）。

在美国，19 世纪初期，大约有 73% 的高收入就业人口是从事农业生产活动的；到 1870 年，这一比例降至 53%；到 1910 年，进一步降至 31%；到 1940 年，这个比例已经降到 17%。与此相对照，美国制造业的产出水平 1920 年较 1913 年增长了 22%，1923 年较 1913 年又增长了 41%。

表 7 - 2　1870~1929 年欧洲人均实际 GDP 与每工时 GDP
（相对美国的水平）

年份	人均 GDP（以美国为 100）		每工时 GDP（以美国为 100）	
	11 个欧洲大陆国家的平均值	英国	11 个欧洲大陆国家的平均值	英国
1870	76	132	65	115
1900	67	112		
1913	63	95	57	86
1929	62	76	55	74

注：11 个欧洲大陆国家分别为：奥地利、比利时、丹麦、芬兰、法国、德国、意大利、荷兰、挪威、瑞典、瑞士。

资料来源：Angus Maddison, *Monitoring the World Economy, 1820 - 1992*, Paris, 1995, Table 1 - 3 and 2 - 7（a）.

1860～1914 年，美国国内人口总数增长了近 2 倍，从 3150 万人增加到 9240 万人，增长了 2.93 倍。而同期，美国制造业中每一个行业的增长幅度都高于人口的增长幅度。印刷业是增长最快的行业，其 1914 年的人均工业增加值是 1860 年的 10 倍多。即使这一时期增长最慢的皮革业，也比同期人口的增速高 50% 以上。总体而言，经过 54 年的发展，美国整个制造业在 1914 年的产出规模已达到 1860 年的 12.5 倍，人均工业增加值也达 1860 年的 4 倍多（见表 7－3）。1860 年前，美国人在纺织业生产上取得了巨大成就；而自 1860 年起，他们又在所有我们已知的商品制造业领域大展身手。在这个过程中，这个以农业为主的国家转变成世界工业大国。

表 7－3 1860～1914 年美国工业增加值

标准工业分类	1860 年工业增加值（百万美元）	1914 年工业增加值（百万美元）	比值（1914 年/1860 年）	人均比值（1914 年/1860 年）
印刷业	22.6	668.0	29.6	10.1
器具制造	3.5	97.8	27.9	9.5
橡胶生产	5.7	137.9	24.2	8.3
烟草业	14.4	183.1	19.7	6.7
机械制造	50.4	949.2	18.8	6.4
运输装备	27.7	498.6	18.0	6.1
石油	15.5	270.8	17.5	6.0
纸业	12.1	203.7	16.8	5.7
未归类	25.8	411.4	15.9	5.4
食品	104.5	1619.6	15.4	5.3
化学工业	26.3	375.3	14.3	4.9
金属制造	35.3	486.7	13.8	4.7

标准工业分类	1860 年工业增加值（百万美元）	1914 年工业增加值（百万美元）	比值（1914 年/1860 年）	人均比值（1914 年/1860 年）
制造业整体	767.2	9607.8	12.5	4.3
冶金业	54.4	634.5	11.7	4.0
石材、陶土和玻璃制品	32.9	377.4	11.5	3.9
服装业	58.3	662.9	11.4	3.9
家具制造	17.5	178.8	10.2	3.5
木材业	76.5	659.5	8.6	2.9
纺织业	108.2	748.2	6.9	2.4
皮革制造	75.6	353.4	4.7	1.6

资料来源：Data collected for Louis and Donald Paterson，"Biased Technical Change, Scale and Factor Substitution in American Industy, 1850–1919"，*Journal of Economic History*，vol. 46，no. 1，March 1986（转引自〔美〕乔纳斯·休斯、路易斯·凯恩《美国经济史》，杨宇光、吴元中、杨炯、童新耕译，格致出版社、上海人民出版社，2013，第 366 页）。

正是在突破型技术创新方面的成就，使美国在不长的时间里，便从欧洲工业的边缘地区和模仿者发展成工业领头人。许多行业的公司随技术创新而创立或获得新的发展，其中一些公司，如可口可乐、杜邦、福特、通用电气、标准石油、西屋电气等则开始向海外扩张。海外扩张也推动了其他国家的工业发展，并在这一过程中逐渐形成了后来的国际经济格局。1914 年，这些大公司的海外直接投资达到美国 GNP 的约 7%。它们是美国经济从净债务国转变为净债权国过程中的重要因素，也是美国在世界舞台上地位变化的重要标志。

美国市场容量的扩大

巨大的国内、国际市场容量在美国崛起过程中发挥着非常重要的作用。美国巨大、丰富的市场使美国在国际比较中具有独特的优势。许多技术创新源于欧洲，但由于可以在美国市场中实现规模经济，其发展却是在美国实现的。在第二次工业革命初期，由于内部市场狭小，欧洲技术创新在原有的技术轨道上难以开发新产品并大幅度提高生产率；而一旦被引入美国，美国的科学家和工程师就能很快开发出生产率高于欧洲的新产品和新工艺，申请新专利，开辟新的技术轨道。这使美国摇身一变成为新技术革命的领导者，并反过来占领甚至垄断了技术先发国的市场。

资本主义经济的增长依赖边界或者前沿的不断推移，包括空间的、技术的。新地区得到开发，新城市被建设起来，技术革新在设备和组织中得以实现。公司不只简单地将已经利用的资源进行重新配置，还要对公司制度的社会边界进行扩展和收缩。在美国历史上，空间边界的推移一直很重要。19世纪，新地区农业与制造业生产是扩张经济边界的主要空间变动形式；而在20世纪，城市体系的扩张占据了中心地位。其中部分原因是经济结构的变动：从农业与制造业经济向服务业与制造业经济转化，而制造业本身则向城市中心附近转移。

西进运动

美国不同于欧洲国家，它是个移民国家，早期是英法的殖民地，而且地广人稀。19 世纪下半期，美国对西部边疆的开发和农业资本主义的发展为第二次工业革命提供了原料、资金和无比广阔的国内市场。

近代美国经济发展的一个重要特点，就是在实现资本主义工业化的过程中，掀起了一个大规模的"西进运动"。这一群众性的拓殖运动在"南北战争"后进入高潮。美国工业的高速发展、科学技术的进步、资本积累的扩大和股份公司的建立，以及横贯大陆的铁路铺设，都为大规模地开发和建设西部创造了条件。联邦政府实施的《宅地法》和鼓励移民政策，调动了广大移民的积极性。千百万垦荒者蜂拥到西部，他们胼手胝足，披荆斩棘，只用了 30 多年的时间，就开发了从密西西比河沿岸各州西部到加利福尼亚之间的辽阔地区。在过去荒凉的大平原和草地上，建起农场、牧场、矿山、工厂和城镇。在如此短暂的时间里，建设一个辽阔、崭新的西部，这在资本主义发展史上也是罕见的。

西部边疆的开发推动了农业生产力的提高，使美国农业与工业同步发展、互相促进。1860 ~ 1913 年，美国农场总数由 200 万个增加到 640 万个，耕地面积由 4 亿英亩猛增到 9 亿英亩，新垦殖的土地面积等于欧洲西部各国土地面积的总和。耕地面积的突然扩大，使地多人少的矛盾更加尖锐，而西部大平原又非常适于大规模机械化耕作，从而推动了美国农业机械的发展。1860 ~ 1910 年实现了以畜力为动力的农业半机械化，改变了农业的落后面貌。1860 ~ 1900 年，小麦产量增长了 3 倍，玉米产量增长了 2 倍半，棉花增长了 4 倍。发达的农业为工业提供了粮食、原料和商品市场，大宗的农产品出口也弥补了国际贸易逆差，为工业发展积累了资金。

西部丰富的矿产资源也为美国工业化供应了必要的原料和能源。美国密西西比河流域、墨西哥湾、大平原地区、落基山和太平洋沿岸，埋藏着大量的煤、铁、金、银、铜、铝、锌和石油等资源，凡是工业生产需用的原料几乎应有尽有。钢铁是近代工业的基础，美国铁矿蕴藏量居世界前列。密歇根州、威斯康星州、明尼苏达州的苏必利湖周围的铁矿不仅储量大，而且品位高。西亚拉巴马州伯明翰附近的铁矿靠近煤矿，所以迅速发展为美国的钢铁基地。德克萨斯州、俄克拉荷马州、阿肯色州、路易斯安那州等地的石油资源丰富，1871～1880 年，石油生产由 520 万桶增加到 2620 万桶，为汽车制造业和航空工业的发展创造了条件。另外，亚利桑那州和蒙大拿州、爱达荷州等地铜矿、铅矿和锌矿的开采对美国电力工业的发展也起到了促进作用。

西部边疆的开发带动了畜牧业、采矿业、加工业、制造业、交通运输业、城市建筑及商业贸易的发展。特别是横贯大陆的六大铁路干线的建设，最终形成了一个铁路网络密集、区际贸易发达的统一国内市场。到 19 世纪 80 年代，美国的国内市场达到最大容量，1859～1909 年，仅零售商店的销售额就从 36 亿美元增加到 132 亿美元。有人估计，19 世纪末 20 世纪初，美国国内贸易大约等于其对外贸易的 20 倍，"甚至超过了世界各国对外贸易的总和"。巨大的市场容量刺激了大批量生产，为科技发明成果的应用开辟了广阔的天地，大大缩短了科学技术转化为生产力的过程。

城镇化进程

第二次工业革命改变了美国的工业布局和人口分布，加速了城市化的进程。19世纪60年代，美国的工业中心主要在新英格兰和大西洋沿岸中部各州，两个地区的工业产品占全国工业产品的67%。19世纪末20世纪初，在新技术革命浪潮的推动下，工业中心不断西移。重工业和新兴工业的发展要求企业更接近原料、能源产地和市场。中西部矿产资源富饶，又有庞大的潜在市场，因此迅速发展为钢铁冶金、机械制造、农机、汽车、石油等重工业和食品加工业的基地。1939年，中西部的工业产值占全国工业总产值的比重达到30%，跃居全国工业的首位。同年，美国工业摇篮——新英格兰的工业产值仅占8.6%，而大西洋沿岸中部各州的工业产值则占28%。由于大西洋沿岸中部各州对工业发展重点进行了调整，制造业转向制作技术水平较高的精密产品，故而保持了工业优势，与中西部并列成为各具特色的两大制造业地带。

工业化向全国纵深的发展，交通运输的改善，使农村人口向城市转移，并有力地推动了美国的城市化。1870～1940年，美国城市由663个猛增到3464个，增长了4倍；城市人口由990万人增长到7400万人，增加了6.7倍；城市人口占全国人口的比重由25.7%上升到56.5%，超过了农村人口。同时，城市网络密度加大，分布日趋改善，逐步形成了综合性城市与专业性城市相结合，大中小城市相结合的现代化城市布局（见表7-4）。许多大中城市既是工业基地，又是商业金融和政治文化中心，城市的作用日益增强。1900年和1914年美国非农人口统计情况见表7-5。

表 7 - 4　1790 ~ 1910 年美国城市的扩张

年份	人口达到并超过 2500 人的城镇		人口达到并超过 100000 人的城市		人口达到并超过 1000000 人的城市	
	数量（个）	占比（%）	数量（个）	占比（%）	数量（个）	占比（%）
1790	24	5.1	—	—	—	—
1840	131	10.8	3	3.0	—	—
1860	392	19.8	9	8.4	—	—
1880	939	28.2	20	12.3	1	2.4
1890	1348	35.1	28	15.4	3	5.8
1900	1740	39.8	38	18.7	3	8.5
1910	2262	45.7	50	22.1	3	9.2

注："—"表示这种规模的城市尚不存在。

资料来源：Historical Statistics，derived from series Aa31，p. 684，pp. 686 – 689，pp. 699 – 704.

表 7 - 5　1900 年和 1914 年美国非农就业人口统计

行业	1900 年		1914 年		增速（%）
	人口（百万人）	占比（%）	人口（百万人）	占比（%）	
矿业	637	4.2	1027	4.4	61.2
建筑承包业	1147	7.6	1267	5.5	10.5
制造业	5468	36.0	8210	35.4	50.1
交通运输和公用事业	2282	15.0	3445	14.9	51.0
贸易	2502	16.5	4128	17.8	65.0
金融	308	2.0	657	2.8	113.3
服务业	1740	11.5	2647	11.4	52.1
政府机构	1094	7.2	1809	7.8	65.4
合计	15178	100.0	23190	100.0	

资料来源：Stanley Lebergott，"The American Labor Force"，in Lance Davis et al.，*American Economic Growth*，New York：Harper & Row，1972，table 6.2，p. 192.

美国城市扩张的步伐一直没有停止。在技术创新的浪潮中，昔日的老旧城市日渐式微，一批新兴城市开始涌现。到了 1810 年，纽约、费城和芝加哥这三个城市的人口都已经超过 100 万人，同时还有 50 个人口超过 10 万人的中等城市。当时甚至有人以此预测，美国可能发展到最后就只剩下几个特大型城市了。但这种情况并没有出现，即使在 19 世纪，小城镇在美国城市扩张进程中仍显得活力四射，甚至在大城市发展迅速的时候，人口数量在 2500~25000 人之间的城镇所吸纳的人口占全部城镇人口的比例也始终在 30% 以上。

城市中具有显著规模效应的行业主要包括交通运输、教育、医疗、中央给排水系统、"文化"和通信。正是有了这些行业为城市居民提供各种便利，才使更多的人被吸引到城市。但最重要的是，城市能给不断增长的人口提供工作和多种多样的服务。城市中为工业制造提供各种配套服务的规模庞大的第三产业（如服务、贸易等）的发展，就是最有力的证据。莱伯戈特的劳动力统计数据显示，到 1914 年，美国非农就业人口中有 54% 的人在从事第三产业，而这些人往往集中在城市。托马斯·韦斯将第三产业从业人员不断增加的原因归结为在城市规模不断扩大和劳动力增长的过程中人均收入的上升。

19 世纪末开始，随着工业化的突飞猛进，美国的城市化进程也在加快。工业化将一个以乡村为主的国家转变为大城市云集的国家，城市化水平迅速提高。其中最重要的原因就是大规模工业化生产的迅猛发展以及由此带来的消费全面增长。美国城市人口占总人口的比重从 1870 年的 25.0% 提高到 1920 年的 50.9%，仅用了 50 年（见表 7-6）。

表 7 - 6 美国城市数目和城市人口

年份	全国总人口（百万人）	城市		
		数目（个）	人口（百万人）	占总人口的比重（%）
1790	3.9	24	0.2	5.1
1800	5.3		0.3	6.1
1810	7.2	46	0.5	7.3
1820	9.6	61	0.7	7.2
1830	12.9		1.1	8.8
1840	17.1		1.8	10.8
1850	23.3		3.5	15.3
1860	31.4	392	6.2	19.8
1870	39.8	663	9.9	25.0
1880	50.2	939	14.2	28.2
1900	76.1	1737	30.2	39.6
1910	92.4		42.0	45.7
1920	106.5	2722	54.2	50.9
1930	123.1		69.0	56.2
1940	132.1	3464	74.4	56.3
1950	151.7	4741	96.5	63.6
1960	179.3	6041	125.3	69.9
1965	194.3		139.7	71.9
1970	203.2	7062	149.3	73.5
1975	215.97		159.2	73.7
1980	226.5	8765	167.1	73.7
1985	237.92		177.3	74.5

年份	全国总人口（百万人）	城市		
		数目（个）	人口（百万人）	占总人口的比重（%）
1990	249.62		187.0	75.3
1995	266.28		205.8	77.3
2000	282.22		223.2	79.1
2005	296.41		239.5	80.8

注：城市指人口超过 2500 人的居民点，但自 1950 年起，也包括极少的人口在 2500 人以下的市镇；自 1960 起，包括阿拉斯加和夏威夷的城市，1980 年还包括波多黎各的城市在内。

资料来源：《美国历史统计》（从殖民地时期到 1970 年），1976，第 8、10～12 页；《美国统计摘要》，1984，第 27 页；《主要资本主义国家经济统计集（1848～1960）》，世界知识出版社，1962；World Bank，World Development Indicators，2007。

美国的城市化大致可划分为三个阶段，而这三个阶段都与其工业发展进程相适应。一方面，城市化是工业化的产物，工业化为城市化提供了动力支持，工业化推动了城市化；另一方面，城市化又促进了工业化，城市化为工业品的生产提供了大量的需求，创造了庞大的日益高端化的消费需求市场，以及规模越来越大、结构越来越复杂的投资需求。

城市化准备阶段（18 世纪末～19 世纪中叶）。在美国独立之初，美国 13 个州的总人口不到 400 万人，其中农村人口有 370 万人。在 1790 年美国第一次人口普查时，美国还是个典型的农业和农村占主导的国家，畜力、风力是最主要的动力，马车和帆船是主要的运输工具，城市半径一般不超过 1～2 英里。随着蒸汽机的使用，工厂制度得以确立，交通运输体系发生了根本改变，农村人口开始向城镇迁移，城市人口和城市数量随之增加。1870

年,美国城镇人口占总人口的比重从 1800 年的 6.1% 上升到 25%,标志着美国开始进入城市化加速阶段。当时,由于工业发展状况的不平衡,美国的城市水平在地区之间存在较大差距:东北部地区在 19 世纪上半叶已经基本完成了工业化,城市化水平也相应较高。1860 年的统计资料显示,东北部的城市化水平为 35.7%,大大高于 19.8% 的全国平均水平。

基本完成城市化阶段(19 世纪中叶~20 世纪中叶)。19 世纪末 20 世纪初,随着电动机、内燃机等新技术的广泛应用,美国迎来了第二次产业革命,工业化步伐明显加快,极大地刺激了城市经济的发展。就在这一时期,美国迈进了快速城市化阶段,并在约 50 年的时间内基本实现了城市化。"在 1860~1890 年间,堪萨斯城和底特律的人口增长了 3 倍,旧金山人口增长了 4 倍,克利夫兰人口增长了 5 倍,芝加哥人口增长了 9 倍。新兴的钢铁城市伯明翰 1870 年时几乎不存在,1880 年仅有人口 3000 人,到 1890 年时则达到 26000 人。这使中型城市的发展、大城市的发展更为瞩目。南北战争前夕,只有纽约的人口达到百万;1890 年芝加哥和费城跨入这一行列,纽约市人口达到 500 万。1910 年纽约、费城、芝加哥这三个最大城市的人口总数占到全国人口的 9.2%,而 50 个在 10 万人口以上城市的人口总数则占到全国总人口数的 22%。"[1] 同时,由于西部大开发的推进,西部城市实现了"速成式"发展,美国城市化在区域间的差距因此迅速缩小。1920 年以后,随着汽车工业的迅速发展,美国的交通状况发生了

---

① 黄绍湘:《美国历史简编》,人民出版社,1981,第 277 页。

根本性改变，工商业进一步向城市中心集中，中心城市规模进一步扩大，单个城市的向心集聚也达到顶点，并逐渐向更高层次发展。

实现高度城市化阶段（20 世纪中叶以后）。随着工业化的基本完成，第三产业、高新技术产业和现代服务业在城市经济中占据越来越重要的地位。这一时期，美国城市化扩张的步伐放缓，开始转向深度发展。与此同时，城市网络和城市群逐渐建立起来，形成大、中、小城市相结合的城市体系；城市功能也不断发展，工业基地、商业、金融和政治文化中心相互依存、分工合作、共同发展。在这一阶段，美国城市发展的显著特点是大都市化和城市人口郊区化。城市群的作用进一步凸显，物质资源和人力资源进一步向中心城市流动和集聚，经济的集聚效应明显增强，生产效率进一步提高，产业结构不断优化。以纽约－波士顿－华盛顿为核心的东北部大西洋沿岸城市群、以芝加哥为核心的中西部大湖区城市群、以旧金山和洛杉矶为核心的太平洋沿岸城市群，在美国经济发展中的作用越来越重要，成为各类新产业的诞生地和集聚区。

在美国，人口和工业的西进运动产生了相同的效应。五大湖区周围和北部出现了特洛伊、布法罗、伊利、杨斯顿、克利夫兰、托莱多、底特律、加里、芝加哥、密尔沃基和德卢斯等城市；而在内陆沿河地区则诞生了斯克兰顿、阿伦敦、匹茨堡、阿克伦城、惠灵、哥伦布、韦恩堡、印第安纳波利斯、明尼阿波利斯和辛辛那提等城市；美国南部和墨西哥湾沿岸新兴的城市则包括伯明翰、莫比尔、新奥尔良、什里夫波特和休斯顿。随着工业化的深入，19 世纪末 20 世纪初，越来越多的美国人涌向各个工业活动的中心，使新兴城市的名单得以继续扩大。到 1960 年，在本土 160 个城市中居住的美国人约占总人口的 90%。

19 世纪中期的美国有三个主要组成部分，每一个都具有自己独特的经济活动和社会生产关系。第一个是西北部，主要发展以工资－劳动为基础的制造业；第二个是南方，其农业使用奴隶种植棉花、烟草和其他农场谷物；第三个是相对独立的内部小生产区域。农业和工业之间的相互促进，导致接下来制造业中心的出现和繁荣。

20 世纪的上半期，西北部和西部地区工业化的程度得到加强并发展出一些新的工业，汽车制造业从东海岸向中西部转移，流水线生产方式于 20 世纪的前 20 年开始运用。到 1926 年，南密歇根成为全国的汽车生产中心，尽管汽车流水线工厂的分散化趋势已经出现。1901 年以后，休斯敦地区的石油与天然气冶炼业开始成长；到 20 世纪 20 年代中期，石油相关产品的制造业发展起来；到 40 年代中期，又增加了石油化工产品的生产。

制造业部门在空间上的重新分布，是 20 世纪美国最重要的发展之一。汽车工业的增长使东部、北部、中部地区制造业的就业份额从 1899 年的 24.3% 提高到 1929 年的 30.5%。20 世纪，制造业发展的总趋势是从东北部和中西部向南部与西部转移，尽管这种趋势在战争年代有所减缓甚至逆转。1919 年，东北部与中西部的制造业就业份额为 84.2%，而 1967～1992 年，则从 63.6% 下降到 50.2%（见表 7－7）。各地区制造业增加值的占比见表 7－8。

表 7 - 7　各地区制造业就业人口在美国制造业总就业人口

中的占比（1899 ~ 1967 年）

单位：%

地区	1899 年	1909 年	1919 年	1929 年	1939 年	1947 年	1958 年	1967 年
新英格兰	17.7	16.0	14.4	12.2	11.7	10.3	8.7	8.1
中大西洋	34.1	33.6	31.9	29.4	28.9	27.6	25.7	22.6
东北中部	23.2	23.3	27.0	28.9	28.2	30.2	26.6	26.7
西北中部	5.8	5.9	5.7	5.6	5.1	5.5	6.0	6.2
南大西洋	9.5	9.6	8.5	9.8	11.6	10.7	11.8	12.9
东南中部	3.7	3.9	3.5	4.1	4.3	4.4	4.9	5.7
西南中部	2.4	3.1	3.1	3.3	3.5	3.9	5.0	5.6
山区	0.9	1.1	1.2	1.2	0.9	1.0	1.4	1.6
太平洋	2.7	3.4	4.8	5.4	5.7	6.4	10.0	10.6

注：数据包括制造业的所有就业。

资料来源：1899 ~ 1958 年数据来自 U. S. Bureau of the Census, *1972 Census of Manufactures*: *Vol. 1*, Subject and Special Statistics, Washington D. C., 1976, table 7, 47 - 51, 53 - 54, 56。

表 7 - 8　美国各地区制造业增加值在总增加值中的

占比（1899 ~ 1967 年）

单位：%

地区	1899 年	1909 年	1919 年	1929 年	1939 年	1947 年	1958 年	1967 年
新英格兰	15.6	14.0	12.9	10.2	9.8	9.1	7.4	7.2
中大西洋	36.4	34.9	33.6	31.9	29.8	27.9	24.6	21.9
东北中部	24.9	25.4	28.4	31.3	31.5	31.6	28.9	28.6
西北中部	6.7	6.6	5.6	5.9	5.5	5.5	6.3	6.4
南大西洋	6.5	6.9	7.4	7.7	9.0	10.1	11.2	12.4
东南中部	3.1	3.4	2.6	2.9	3.4	3.9	4.5	5.2
西南中部	2.0	2.8	2.9	3.0	3.3	4.1	5.5	6.3
山区	1.6	1.6	1.2	1.2	1.1	1.1	1.6	1.7
太平洋	3.2	4.4	5.4	6.0	6.6	7.5	11.1	11.36

资料来源：1899 ~ 1958 年数据来自 U. S. Bureau of the Census, *1972 Census of Manufactures*: *Vol. 1*, Subject and Special Statistics, Washington D. C., 1976, table 7, 47 - 51, 53 - 54, 56。

经济全球化

第一次世界大战期间，欧洲交战国对军用物资的大量需求和它们在国际市场竞争能力的削弱，为美国扩大商品和资本输出提供了绝佳的机会。1913～1929年，美国在世界贸易总额中的占比由11%上升到14%，而英国则由占15%降到13%，美国跃居世界贸易的首位。1914～1929年，美国的对外资本输出也由35亿美元增长到172亿美元。"一战"后，美国由债务国转变为债权国，1929年它掌握了全世界黄金储备的一半，世界金融中心也随之由英国转移到美国。到第二次世界大战后，美国终于取代英国夺得了世界霸权。

第二次技术革命的主战场仍然在欧洲，以新兴的德国为主，美国作为一个新诞生的国家，抓住了历史机遇，积极参与并推动了此次技术革命。从19世纪六七十年代起，美国先后建立了农业局、科学院等研究机构。1872年爱迪生建立了第一个工业实验室，到了1913年美国著名的工业实验室已经发展到65个，并且还从大学吸收了近万名科学家和工程师专门从事科研工作。美国人发明了他们引以为豪的电灯、电话、T型汽车、电影、收音机等。美国以最快的速度将第二次技术革命的成果产业化，以石油、电气、化工、汽车为突破口，快速形成了自己的优势产业集群，并充分利用自己辽阔的疆域，不断扩大国内市场，创造更大的市场容量。在不到50年的时间里，美国就从一个孤悬于欧陆中心之外的以传统农业为主的新大陆，发展成世界上最强大的工业化国家。自此，一个崭新的经济巨人诞生了。

第八章

美国的经济霸权

"二战"以后，技术创新速度加快已成为美国经济发展的主要动力，因为无论是网络化、信息化、知识化，还是全球化、数字化、虚拟化，都与技术创新紧密相连。经济学家们普遍认为，"发明和专利的指数式增长"既是以往美国经济增长的巨大推动力，也是美国经济持续稳定增长的重要特征之一。

20 世纪 40 年代后，美国就成为全球科学研究和技术创新潮流的引领者，并一直保持到现在。据统计，美国研究开发（R&D）支出总量占全球的 30%（2011 年）；世界引用量前 1% 的论文中，美国占 46.4%（2012 年）；三方专利占全球的 27.85%（2010 年）；知识产权贸易费用占全球的 50%（2011 年）；知识技术密集型产业增加值占全球的 32%（2012 年）。全球诺贝尔奖得主近一半是美籍人，世界大学百强排名中，美国大学占一半以上。

与科技发展相应的是，美国经济从 20 世纪 50 年代起，在已取得优势地位的基础上进一步持续增长。1955 ~ 1968 年，美国的国民生产总值以每年 4% 的速度增长。虽然在同一时期西欧各国和日本的整体经济增长速度赶上了美国（法国为 5.7%、联邦德国为 5.1%、日本为 7.2%、英国为 2.8%），但是战后美国经济在相当长的一个时期中仍占有优势。而且美国经济在不断的发展中自我调整、自我升级，往往能在经历一段时间的相对低迷之后产生新的业态，使经济进入新一轮增长。从"二战"后美国经济发展的历程看，美国经济的高速发展与新的科技革命和经济全球化密不可分。正是在新的技术革命的推动下，在经济全球化的大背景下，美国的新产业不断形成、壮大，成为世界的科学中心、技术中心、经济中心，成为新科技革命和全球化的主导者，是名副其实的世界经济引领者和"经济霸主"。

从 20 世纪 40 年代开始，美国便成为世界最发达的国家。这得益于其对科学技术的高度重视：美国不但科技投入的数量和规模稳居世界第一位，而且拥有世界上最庞大的科学家和工程师队伍；不但在基础研究的众多领域处于世界领先地位，还是世界上发明专利最多的国家。20 世纪 90 年代，美国有 35 位科学家获得了自然科学类的诺贝尔奖，占总数的 61%；在世界公认的四大科技文献检索系统中，美国发表的论文数占总数的近 40%；在绝大多数新兴高技术领域，如在信息技术、生物技术、纳米技术等领域，美国都代表着当今世界技术发展的最高水平。此外，美国的科技条件、创新环境、高科技产业发展也均名列前茅。这使美国成为名副其实的头号科技强国。

美国主导了"二战"后的经济全球化。"二战"后，在美国的主导下，以 1947 年关贸总协定（GATT）的签订为标志，经济全球化进入新的阶段。GATT 实施以后，全球多边贸易谈判即开始进行，GATT 在国际贸易领域发挥的作用也越来越大。40 多年来，经过多次关税减让谈判，缔约国关税已有大幅度的削减，世界贸易也因此增长了十几倍。20世纪90年代冷战结束后，越来越多的国家开始把注意力集中到经济发展和综合国力的提升上，全球经济的融合程度进一步提高。而以信息技术为核心的新一轮科学技术革命，使世界市场的各个组成部分的时间距离和空间距离都大大缩短，为全球性的贸易、投资和金融业务的开展提供了最为便捷的手段，从而使经济全球化发展到了一个崭新的阶段和前所未有的高度。

新技术革命与新产业革命

一般认为，1942年12月2日世界上第一个核反应堆的运行标志着当代高技术的产生，也标志着新的技术革命的开始。从此，一系列建立在科学技术基础上的新技术、高技术日益涌现，形成一股前所未有的至今仍在涌动的新技术、高技术浪潮，并不断催生新的产业或将传统产业推向新的更高的阶段。新技术革命以电子计算机、原子能、航天空间技术为标志，20世纪70年代后，又加入了微电子技术、生物工程技术、新型材料技术等。新技术涉及"二战"后科学技术各个重要领域和世界经济的一切重要部门。

新技术的定义及特点

"新"是与"旧"相对应的，意指初次出现。新技术（New Technique）也被称为高技术、高新技术，从狭义上讲，是指新的操作方法。20世纪70年代，高技术这一词语开始在各种媒体上出现，人们把那些利用科学技术成果开发、生产出来的新型产品称为高技术产品，把生产、制造这些高技术产品的新型产业称为高技术产业。1981 年，美国出版了以高技术为主体的专业刊物——《高技术》月刊，"高技术"一词自此开始广泛流传。1985 年，美国商务部出版了《美国高技术贸易与竞争能力》，开始对高技术进行分类、统计与分析。那么，究竟什么是新技术、高技术呢？对此，国际上并没有公认的标准和定义，能够被广泛认可的有以下观点。

（1）高技术是指基本原理主要建立在最新科学成就基础上的技术。

（2）高技术是"尖端""前沿""先进"的技术。

（3）高技术是从经济角度对一类产品、企业或产业的评价术语，当技术所占比重超过一定标准或比例时，就可称为高技术产品、企业或产业。

与之前的技术革命不同，新技术革命产生的新技术不再只是单个技术，而是先进技术群落，即它是以成群的形式出现的，一种新技术的出现将相应地引起和促进一大批相关联的技术的问世，从而形成"雪崩式的连锁反应"。而由新技术形成的产业则是一种技术密度高、技术创新速度快、具有高附加值、节约资源并能对相关产业产生较大影响的产业。

一般来看，新技术具有以下几个特点。

（1）高智力，新技术主要依赖人才及其智力和知识。

（2）高投资，新技术指资金密集型技术。

（3）高风险，新技术是新兴的高层次技术，发展速度快，不确定性强。

（4）高收益，新技术开发成功后收益很大。

（5）高竞争，新技术具有鲜明的国际性，其原料供应和市场竞争是国际化的。

（6）高渗透，新技术处在综合性、交叉性较强的技术领域，能广泛地渗透传统产业，带动社会各产业的技术进步。

（7）高战略，新技术对一个国家、一个地区的经济、技术、政治、军事来说具有很高的战略性。

基于以上特点，目前，国际上公认的突破型技术包括以下几个领域。

（1）电子信息技术（ICT）。电子信息技术是电子计算机技术与通信技术的综合，它是随着微电子、计算机以及其他相关技术的发展而发展起来的，涉及信息的获取、传递、处理等技术，包括微电子技术、计算机技术、通信技术和网络技术等。在新技术革命中，电子信息技术处于核心和先导地位。

（2）新材料技术。新材料技术包括超导材料、高温材料、人工合成材料、陶瓷材料、非晶态材料、智能材料等的开发利用。新材料技术在高新技术中处于关键地位。

（3）新能源技术。新能源技术包括核能技术、太阳能技术、海洋能技术、地热能技术。它是当代高新技术赖以发展的支柱。

（4）生物技术。现代生物技术主要包括基因工程、细胞工程、酶工程、发酵工程和蛋白质工程。生物技术被认为是有可能改变人类未来的最重大的高新技术之一。

（5）海洋技术。海洋技术主要包括海底石油和天然气开发技术、海洋生物资源的开发和利用、海水淡化技术、海洋能发电技术等。它是人类将自身的活动范围与生存空间拓向深海的结果。

（6）空间技术。空间技术又称航天技术，通常指人类研究进入外层空间、开发和利用空间资源的一项综合性工程技术，主要包括人造卫星、宇宙飞船、空间站、航天飞机、载人航天等技术的研究开发。它是现代科学技术和基础工业的高度集成。

与高新技术相应的就是高新技术产业，也就是紧紧围绕高新技术形成的知识高度密集、技术含量大的高附加值产业。一般来看，高新技术产业的产品技术性能复杂、科技人员在职工中占比较大、设备和生产工艺建立在尖端技术基础上、工业增长率和劳动生产率高。由此，高新技术产业具有以下特征。

（1）R&D 的投入比例相对于传统产业要高得多。

（2）技术密集程度很高。

（3）技术创新速度快、产品生命周期短。

（4）市场国际化程度很高，在全世界范围内竞争。

计算机技术及产业发展

20 世纪是人类历史上科学和技术大发展的世纪，是一个创造奇迹的世纪。而这个世纪所创造的诸多奇迹中，最辉煌、最耀眼的也许莫过于电子计算机。正是由于它的诞生，人类在第二次工业革命的基础上开始走向一个智力解放的崭新时代——计算机时代、信息化时代。计算机技术包括：运算方法的基本原理与运算器设计、指令系统、中央处理器（CPU）设计、流水线原理及其在 CPU 设计中的应用、存储体系、总线与输入输出等。

出于军事上的迫切需求，1945 年，人类历史上第一台电子计算机 ENIAC 在美国制造成功。ENIAC 是一个庞然大物，占地面积 170 平方米，共使用了 1.8 万支电子管、7 万支电阻，耗电量达 140 千瓦。这样一台"巨大"的计算机每秒钟可以进行 5000 次运算，比之前出现的机械式计算机或机电式计算机要快上万倍，但还不如当今最普通的可编程计算器。ENIAC 是世界上第一台真正能运转的大型电子计算机，它的诞生开辟了计算机在人类社会广泛运用的可能性。

在 ENIAC 的基础上，1945 年 6 月，数学家冯·诺依曼（J. von Neumann）研究撰写了一份报告《关于 EDVAC 的报告草案》。在报告中，他制定了一个全新的存储程序通用电子计算机方案——离散变量自动电子计算机（Electronic Discrete Variable Automatic Computer，EDVAC）。《关于 EDVAC 的报告草案》是整个计算机历史上一个重要的里程碑，它的问世宣告了电子计算机时代的到来。在计算机技术的发展历史上，人们也把根据 EDVAC 设计方案制造的电子管计算机称为第一代电子计算机。自此，电子计算机由一种实验室试制的产品逐步过渡到工业化批量生产，从而使计算机这种原本为军事和国防尖端技术需要研制的技术装置能够很快地转为民用，促进了计算机工业的诞生与成长。与此同时，计算机的应用也从科学计算逐步扩大到各个领域的数据处理。据统计，到 1959 年，在美国安装的 2600 台计算机中，已有 2/3 用于数据处理，涉及保险公司、银行、工业部门、政府机关等众多领域。

1948 年，贝尔实验室的肖克利（William Shockley）和同事设计出晶体管，他本人则发明了结型晶体管。晶体管是 20 世纪最重要的一项发明，它在计算机革命中起到了关键性的作用。1956 年，贝尔实验室为美国空军成功研制出一台晶体管计算机 Leprechan。但由于成本价格等因素，最早用晶体管制成的都是军用的小型计算机。1958 年以后，美国飞歌公司、IBM 公司开始研制生产第一批非军用的通用晶体管计算机。至此，计算机进入第二代。第二代计算机的速度从电子管的每秒几千次提高到几十万次以上，但体积、重量、能耗和售价都成倍地减少。因此，晶体管计算机的出现无疑是计算机发展史上的一次伟大革命。

同样出于军事目的，1961 年，德克萨斯仪器公司与美国空军共同研制成功第一批试验性集成电路计算机。集成电路是电子技术史上的一次重大突破，标志着微电子技术革命的来临。1964
年，IBM 公司推出 IBM360 系列电子计算机，该系列计算机使用
的就是被称为"固体逻辑技术"的混合集成电路，在性能、成
本、可靠性等方面比以往的计算机又进一步提高。IBM360 系统开
创了一个时代，它最重要的特点就是通用化、系列化、标准化。
IBM360 系列的出现，标志着第三代计算机正式走上历史舞台。随
着第三代计算机的出现，计算机系统的各方面性能都有所提高：
更高的处理速度、更高的精确性、联机系统与分时系统的出现、
更高的性价比等。此外，在第三代计算机出现后，计算机程序语
言与软件也取得了重大进展，各种软件相继问世，这些应用程序
又促进了计算机的广泛应用。

　　1961 年，仙童半导体公司和德州仪器公司都制造出电阻耦合
的逻辑集成电路 RTL。1968 年，威斯汀豪斯公司和美国无线电公
司研制出互补金属半导体集成电路（CMOS）。由于 CMOS 集成电
路的电能耗低、工艺简单、集成度高，集成电路业在 1967 年进入
大规模的集成电路时代。1967 年，美国无线电有限公司制成了领
航用的机载计算机 LIMAC，它标志着计算机正式发展到第四代。
第四代电子计算机的一个引人注目的成就是巨型机的发展。由于
巨型机具有强大的运算和数据处理能力，它在核武器研制、导弹
及航空航天飞行器的设计、天气预报、卫星图像处理、经济预测
等军事、经济、科技领域都具有十分重要的作用。

　　1971 年，英特尔公司生产出了世界上第一台微处理器——
4004 机，这台微处理器虽然比拇指指甲还小，却具有相当于
ENIAC 的计算能力，在一秒内能执行 60000 次运算。英特尔公司

用 4004 机与只读存储器和随机存储器组成微处理机 MCS - 4——世界上第一台微型计算机。微型计算机从根本上改变了以往的工业和服务业，创造了新型的产业结构。以微型处理器为基础的计算机技术的扩散为那些给台式计算机和工作站生产标准软件的厂商带来了巨大的市场。以 1987 年的美元计价，美国软件销售收入从 1970 年的 14 亿美元增长到 1988 年的约 270 亿美元，增长了约20 倍（Juliussen and Juliussen，1991）。随着台式计算机在美国市场的广泛使用，美国国内对软件包的消费迅速提高。美国软件包在 1985 年的销售额稍高于 160 亿美元（以 1992 年美元计价），以年均高于 10% 的速度增长，到 1994 年达到 339 亿美元，1996 年进一步达到 462 亿美元。

1963 ~ 1986 年美国计算机公司数据处理业务收入见表 8 - 1。

表 8 - 1　美国计算机公司数据处理业务收入（1963 ~ 1986 年）

单位：百万美元

公司	1963 年	1973 年	1983 年	1986 年	1993 年
IBM	1244	8695	31500	49591	62716
Burroughs	42	1091	3848	与 Sperry 合并	
Sperry	145	958	2801	9431（Unisys）	7200
Digital	10	265	4019	8414	13637
HP	n. a.	165	2165	4500	15600
NCR	31	726	3173	4378	9860
Control Data	85	929	3301	3347	452
Scientific　DataSystem/ Xerox	8	60	n. a.	2100	3330
Honeywell	27	1147	1685	1890	n. a.

续表

公司	1963 年	1973 年	1983 年	1986 年	1993 年
Data General	n. a.	53	804	1288	1059
Amdahl	n. a.	n. a.	462	967	1680
General Electric	39	174	862	900	684
Cray Research	n. a.	n. a.	141	597	895
Philco	74	n. a.	n. a.	n. a.	n. a.

注：表中数据均按当年美元价格计算。

资料来源：《剑桥美国经济史》，第 642 页。

计算机在巨型化和微型化的同时，也在走向智能化。20 世纪中叶以后，电子计算机的问世和控制论、信息论等学科的发展，为人工智能的正式诞生提供了技术上和理论上的条件。1956 年，第一次人工智能研讨会召开，会上第一次正式提出了人工智能（Artificial Intelligence），标志着人工智能的正式诞生。进入 20 世纪 70 年代后，人工智能开始从一般思维规律的探讨转向知识工程的开发，由实验性探索走向实用化研究。通过人工智能网络，可以制造真正的智能计算机，它具有快速的信息处理速度、自我学习能力和联想存储功能，使计算机变得越来越聪明。

除了智能化，网络化是计算机发展的又一大特点。同样出于军方的需求，1969 年，美国一家公司设计出采用分组交换网络协议的计算机网络模型。1970 年，美国第一个分组交换电子计算机网络 ARPANet 投入运行使用。这一网络将加利福尼亚的几个大学相互联系起来，并被后人视为因特网的开端。到 1972 年，全美国已有 40 个不同的网点归属 ARPANet。1986 年，美国的学术机构

和科研单位的分散网络联系在一起形成了 SNSFNet，进而成为全
球性的学术研究教育网络。1988 年，SNSFNet 替代 ARPANet 成为
互联网的主干网。1989 年，ARPANet 解散，互联网从军用转向民
用。自此，互联网进入高速发展阶段。根据 Facebook 资助下的一
项研究，至 2015 年末，全球互联网的用户数量已达 32 亿人。
1996 年 *Datamation* 全球最大企业前 20 名收入情况见表 8 - 2。

表 8 - 2　1996 年 *Datamation* 全球最大企业前 20 名收入情况

排名	公司	国家	总信息技术收入	总净收益	总收入	信息技术收入占比（%）
1	IBM	美国	75947	5400	75947	100
2	HP	美国	31398	2708	39427	80
3	富士通	日本	29717	5300	47170	63
4	康柏	美国	18109	1313	18109	100
5	日立	日本	15242	712	68735	23
6	日本电气公司	日本	15092	841	44766	34
7	电子数据系统	美国	14441	432	14441	100
8	东芝公司	日本	14050	1533	58300	24
9	数字设备	美国	13610	（- 343）	13610	100
10	微软	美国	9435	2476	9435	100
11	西门子	德国	9189	20	9189	100
12	苹果电脑公司	美国	8914	（- 867）	8914	100
13	希捷技术公司	美国	8500	222	8500	100
14	戴尔电脑公司	美国	7800	518	7800	100
15	派克贝尔日本电气公司	美国	7500	n. a.	7500	100
16	宏碁公司	美国	7000	n. a.	7000	100
17	佳能公司	日本	6907	1000	10430	51

续表

排名	公司	国家	总信息技术收入	总净收益	总收入	信息技术收入占比（%）
18	松下	日本	6410	（-537）	64102	10
19	国家现金出纳机公司	美国	6403	（-109）	6960	92
20	太阳微系统公司	美国	6390	447	6390	100

资料来源：*Datamation*，1997。

信息技术和信息产业

纵观20世纪90年代以来美国经济的发展，最大亮点就在于其信息产业的迅速增长和突飞猛进。信息产业的发展主要依靠信息技术的进步。而信息技术进步的标志是计算机的不断发展。美国计算机技术的大力发展推动了信息技术的进步，进而又推动了信息产业，特别是信息服务产业的发展，从而推动了美国经济健康迅速的发展。

美国信息技术的发展经历了由计算机主机信息集中处理到个人计算机信息分布处理的进步，然后又经历了由单一计算机操作到计算机联网操作，由计算机的客户/服务器模式到分布式计算机模式，由单一数据到大型数据库和由计算机局域网到因特网的进步。

美国信息技术的发展。现代信息技术的第一个里程碑是晶体管的发明，它是一种半导体器件，并以二进法的形式把信息译为数码。信息技术的第二个重要里程碑是德州仪器公司的杰克·吉尔贝（JackKilby）和仙童半导体公司的罗伯特·诺伊斯（Robert Noyce）于 1959 年共同发明的集成电路。一个集成电路由许多甚至上百万个晶体管组成，它以二进位的形式储存和操作数据。信息技术发展的第三个里程碑是网络化。现在的因特网就是网路化演变的一个阶段。它是由美国国防部高级计划研究署（DARPA）于 1969 年率先推出的，被命名为 ARPAnet。其目的是确保在核战争发生时全国计算机网络仍能生存。这一研究所积累的经验最终推动了传输控制协议/网间协议（TCP/IP）的出现和发展。

在信息化方面，计算机与通信技术相结合，实现网络化，并把军队和研究机构专用的因特网转为民用，这是一个转折点。随着网络技术的进一步发展和商业化进程的不断加快，网络国民出现了爆炸性的增长，商业应用也得到了空前的发展，实现了它的第二次飞跃。互联网的应用已渗透社会的方方面面，开始改变人们传统的生活方式和生产方式。人们开始逐渐从被动地接受信息变为主动地获取信息，进而全面发展为主动制造信息和提供信息，从而形成了真正的信息交流环境。20 世纪 90 年代是信息化在美国获得巨大发展的时代，美国企业界恢复制造业的竞争力后并没有停顿下来，而是进一步以信息化为动力，对经济结果进行了大调整。

美国的信息产业已成为美国最大的产业，其规模排在建筑业、食品加工业和汽车制造业之前。曾经很薄弱的信息产业，如今已占美国国内生产总值的 8％ 以上。以信息技术为主的知识密集型服务的出口额已相当于产品出口总额的 40％。据测算，到 2027 年，美国信息产业的生产率将比目前提高 20％～40％。

1990～1996年，美国信息产业的销售额达到8600亿美元。过去，美国经济的"风向标"是通用、福特和克莱斯勒三大汽车公司。在信息技术和信息产业大发展的今天，对美国经济起主导作用的是高技术信息产业，微软、英特尔等已取代三大汽车公司当年的地位。

近10年美国信息技术发展的特点为：高效益、高智商、高投入、高竞争、高风险、高潜能。高技术的变化体现在超塑性、超高温、超低温、超导性、超高速、超密集型、超微小化。在范围上，是扩散和渗透的，具有跨部门应用的特点，使常规的工业部门分类的界限变得模糊了；在时间上，高技术转化为生产的周期不断缩短；在同传统产业的关系上，不断向传统产业渗透，过去在生产中常出现的许多关键参数，如长远战略、结构、投资模式等随之改变，某些传统的观点和方法也不再适用。高技术的发展导致知识字符化、技术革新综合化、科学边缘化、方法系统化、科研社会化、产品智能化、社会信息化。

信息产业动摇了传统商业交易的基础。通过网络获取信息，购买音乐、杂志和软件等，甚至获得维修服务以及其他个人服务，包括购买机票、进行证券交易、医疗会诊、远程教育、电子银行、咨询等交易活动，已成为新的商务方式。这些商业活动不仅增加了对计算机设备的需求，也增加了对软件的需求，比如对网络安全的需求。利用互联网实现零售批发业务，使产品的预订、购买、通知运输等各种行业流程在互联网上实现，替代了传统的通过电话、传真下订单以及到商店购买等传统购物方式。这种网上零售方式不仅驱动了对计算机及网络设备和软件的需求，同时，也带动了物质配送等相关行业的发展。

当前，信息产业已经成为美国经济持续增长的主要动力之一。1996 年，美国出口的计算机系统设计、商用软件和程序编制等高科技服务达 48 亿美元，比 1990 年增长了 2.63 倍。2005 年，有 160 万人在美国计算机和信息处理行业工作。据统计，在过去 5 年里，信息新技术产业已为美国创造了 1500 万个新就业机会，高新技术已成为美国雇用职工数量最大的行业，其职工工资比全国私营企业平均工资高 73%；[①] 高新技术在国内销售和出口方面也已成为美国最大的关键部门；美国经济增长的 1/4 来自信息技术的贡献；电脑和电信业是美国经济中增长速度最快的行业，大大超过了传统上被认为是美国主体经济的汽车制造、建筑和化学工业等的发展，成为美国经济强劲发展的动力所在。

信息产业中知识最为密集的软件产业发展最快。美国是最早认识到信息技术对国民经济具有重要意义的国家。美国对计算机的投资约占总投资的 40%；按人口平均，美国对信息技术的投入是欧洲的 2 倍，是世界平均水平的 8 倍；劳动力人均计算机占有量是欧洲的 5 倍。自 1990 年以来，美国软件产业每年以 12.5% 的速度发展，是美国总体经济增速的 2.5 倍。1996 年，美国软件产业收入达到 1028 亿美元，软件从业人员达到 61.94 万人。软件产业在制造业中的位置从 1995 年的第 5 位跃居到 1996 年的第 3 位，仅次于汽车和电子产业。[②]

---

① 石培华、王学梅：《美国新经济走向分析》，贵州人民出版社，2001，第 28～29 页。

② 陈宝森：《当代美国经济》，社会科学文献出版社，2001，第 12 页。

从 1946 年第一台每秒运行速度只有 5000 多次的可编程计算机，到今天每个普通人都可拥有的每秒运行指令达 4 亿次的个人电脑，近几十年的数字革命正在以前所未有的速度把科学发现应用在生活和生产中，实现其经济意义，提高组织效率并广泛地改变社会的面貌。计算机、光纤互联网等数字产品是信息产业的主要产品，借助高速而精确的处理能力和与光同速度的信息传递技术，美国经济正在产生重大转型。计算机软件、硬件和通信设备与服务产业正在高速发展，尤其在 20 世纪 90 年代下半期，无论是投资、产出还是就业都实现了快速的增长，而且产出和投资比重都快速上升。这些都标志着信息产业逐步成为美国的主导产业。

信息产业的产值快速增长，产值比重不断上升。1995～2000年，信息产业中预装软件和计算机服务业的总产出增速平均每年高达 17%；计算机硬件和通信设备行业的增长率稍低，达到年均9%；通信服务部门的年均增长率则为 7%。[①] 但是，即便是发展最慢的通信服务部门，其增长率都比整个经济部门的增长率高。同一时期，美国 GDP 的实际增长率只有 3.8%。

信息生产行业中，就业增长速度最快的是软件和计算机服务业。这两个行业在 1992 年的就业机会只有 85 万个，到 1998 年已超过 160 万个，增长了近一倍。以信息技术为核心的高技术领域就业人口达 380 万人，加上相关产业和其他经济部门中的程序员、网络技术员，总就业人口达到 910 万人。相比之下，汽车、

---

① 美国商务部：《数字经济》，2000。

飞机、船舶、航天等制造业加在一起的就业人口不超过150万人。

信息技术和其他新技术提高了信息产业的生产能力，提高了美国企业的效率。近年来，美国经济正在向更高生产力的方向转变。信息技术创新速度加快的结果之一就是美国经济的"创造性破坏"进程加快。它表现为新兴技术不断地排挤旧技术。美国利用信息技术对企业进行改组、改造，在企业中大规模地普及计算机辅助技术和网络技术，从设计、生产、管理到销售等各个环节普遍利用计算机和通过网络进行沟通、处理。由于获取信息的能力大幅度提高，企业可以减少不必要的存货，并越过或取消以往十分重要的中间生产环节和分销环节，大大节省了劳动力和资本，促进了企业生产效率和国际竞争力的提高。信息技术对经济的推动作用大大超过以往由一般基础工业所形成的"工业周期"，而呈现"经济周期"的信息产业特色。

航空技术和航空业的发展

美国航空工业从诞生到现在已跨越了近百年的发展历程，成为世界上产值最高、技术最先进的工业。美国是飞机的诞生地，但美国航空技术曾长期落后于欧洲，直到"二战"后才一跃而领先于世界其他国家，且至今依然雄踞世界航空技术之巅。美国航空工业的一个突出特点是确立了技术创新的国策，政府和工业界都对航空研究与发展高度重视，强调保持技术上的优势。第二次世界大战后重大的航空技术突破大多数是美国首创的。美国生产的军用飞机、民用飞机，无论是战术性能还是技术性能，均居世界领先地位。

美国航空工业是美国航空航天工业的重要组成部分，是美国国防工业的核心，也是美国实施其全球军事战略的基础。作为战略性产业，受到美国历届政府的重视和大力支持，成为世界上规模最庞大、实力最雄厚的工业，整体技术水平遥遥领先于其他国家。

从历史发展看，美国航空工业的发展大致可分为五个阶段。

第一阶段：1908～1920年。美国是世界航空事业的发源地之一。1903年莱特兄弟完成了人类历史上第一次载人动力飞行，使飞行器从轻于空气跨入重于空气的新时代。然而，真正意义上的航空工业则起源于1908年，其主要标志是美国莱特（Wright）公司接受了美国陆军的第一批飞机订货，并于同年将飞机制造专利权卖给了一家法国公司。在这个时期，美国还没有形成实力较强的航空工业。第一次世界大战结束后，大量生产合同被取消，整个飞机的战时生产结构随之瓦解。到1918年底，航空工业缩减为原来的1/10；到1922年，飞机年产量下降到263架。

第二阶段：20世纪30～40年代（第二次世界大战前后）。30年代，美国航空工业在科学技术上取得了巨大的成就。在这一时期，美国飞机建立和打破了续航时间、航程、高度和速度的世界纪录。当时，美国的民用运输机已在数量和质量上主宰世界的航空公司机队。美国也是在这一时期生产了许多型号和种类的飞机。1944年，NACA开始提出了X系列研究机，这是以后许多研究机计划的开端。同时原型机研制已逐渐成为飞机研制中的一种标准程序。

第三阶段：20世纪50～60年代（航空工业发展为航空航天

工业）。喷气技术使战斗机的速度普遍超过音速，有的已达到马赫数 2 以上。美国的大型喷气客机的设计和制造已在世界上领先，其产量占世界总产量的 80% 以上。直升机在军用、民用两方面开始得到广泛应用，产量飞速增长。与此同时，美国航空工业结构发生了重大的变化。先是洲际导弹出现，继之人造卫星上天，单一的航空工业转化为综合的航空航天工业。为了加强航空航天科学技术的发展，美国在 1958 ~ 1961 年先后进行了一系列的组织体制的调整：1958 年美国国家航空咨询委员会（NACA）改组成国家航空航天局（NASA），相继建立了各军种的科研管理机构，如空军武器系统司令部、海军航空系统司令部，使航空航天科研工作由军方直接领导。航空工业公司在生产和科研方面增加了航天方面的内容，同时设置了相应的机构；大学的航空系与航天系合并。在此期间，航空航天科学技术向高精尖的方向发展，从业人员迅速增加（从 1954 年的 78 万人增加到 1961 年的 118 万人）；人员结构也发生了很大变化，科技人员所占比重增大。20世纪 60 年代，美国航空科技水平在世界上处于领先地位，飞机年产量达到 2 万架，在质量上也有很大提高。60 年代末期是美国航空工业全面发展的时期，在发展政策方面，注重以技术创新促进发展。在军品采购中强调政府更多地参与管理，实行对研制计划的分阶段审查，控制进度与投资，更多地采用"先飞后买"等措施，并进一步完善了国防部采购条例和联邦航空条例。航空工业已完成向综合性航空航天工业的转化。航空工业的从业人员及产值均占航空航天工业的 1/2 左右，成为美国赖以平衡国际收支的重要出口产业。

第四阶段：20 世纪 70 年代至 80 年代末（冷战中后期）。进入 20 世纪 70 年代，美国航空工业继续发展，一批先进的第三代战斗机相继问世；装备高流量比涡扇发动机的宽体客机陆续投入使用；新型的超音速战斗轰炸机、攻击机、直升机、空中预警机、近距支援攻击机等纷纷进入工程研制。这些飞机与以往的飞机相比，在质量上跨入了一个新的阶段。70 年代末到 80 年代初，干线客机除个别新研制的以外，改进改型成为主要潮流，其目的是在不花费大量研制费的条件下，通过改进燃油经济性、增加载客量、降低噪声、提高舒适程度、改善飞行安全性及提高飞行控制的自动化程度等来争夺市场。进入 80 年代后，为满足军方或国外的需求，军用机领域改进改型也成为趋势，根据使用经验和追随技术进展对飞机加以改进，出现了 F－15、F－16、F－5、B－1、F－111 等飞机的各种改型。

第五阶段：20 世纪 90 年代初至今（冷战后时代）。美国航空工业在进入 90 年代后步入了重要调整时期。进入该阶段后，航空航天业成为制造业中对美国贸易平衡贡献最大的行业，每年有 200 多亿美元的贸易顺差。美国航空工业是美国国防工业的核心，是世界上最强大的航空工业部门，其产品主要用于满足美国国防部的需求。冷战结束后，美国对其总体军事战略进行了调整，导致国防经费大幅度削减，对军用航空产品的需求急剧减少，生产能力出现严重过剩。国防预算从 20 世纪 80 年代的顶峰时期已经削减了 1/3，采购资金下降了大约 67%；军用飞机的销售额从 1987 年的 437 亿美元下降到 1997 年的 304 亿美元；导弹的销售额从高峰时期的 142 亿美元下降到 1996 年的 48.7 亿美元，直到

1997 年才有所回升。1992 年以后，由于石油价格上涨，民用运输业不景气，民机工业亦受到冲击，民机的销售额逐年下降：1995年销售额为 239 亿美元，较 1992 年下降了 40%。1996 年，随着航空运输业的复苏，民机工业开始回升，1997 年销售额为 406 亿美元。面对竞争日益激烈的民机市场和国防预算的不断削减，美国航空工业为实现自身的发展进行了大规模的调整。

美国的生产率和经济增长

根据美国 1950～2007 年的数据，美国经济学家 Pagano 对促进美国经济增长的要素进行了实证研究。研究结果如表 8 - 3 所示，美国人均国内生产总值的构成要素首先是全要素生产率，其次是单位劳动投入的人力资本，最后是就业率，资本产出比对人均国内生产总值增长基本不产生影响（见表 8 - 3）。

表 8 - 3 美国各生产要素对人均国内生产总值的贡献

人均国内生产总值的构成要素	对人均国内生产总值的贡献（%）
全要素生产率	74
单位劳动投入的人力资本	19
就业率	6
资本产出比	0

数据来源：P. Pagano，M. Sbracia，"The Secular Stagnation Hypothesis：A Review of the Debate and Some Insights"，The Bank of Italy Occasional Papers No. 231，2014。

全要素生产率衡量创新活动对产出的促进作用，是衡量劳动力和资本的使用效率的重要指标。图 8 - 1 展示了 1870 年以来美国全要素生产率的变化。具体来看，起初全要素生产率提升速度较慢；进入 20 世纪后，加速上升，在 1950～1964 年，全要素生产率增速达到波峰；从 1970 年，开始有所下落，1996～2004 年，全要素生产率再次上升，然后又开始大幅度下降。

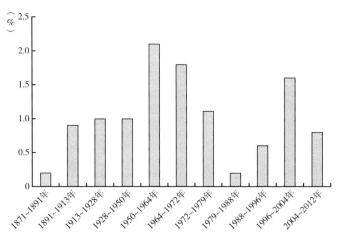

图 8-1　美国的全要素生产率年均增长率

资料来源：B. Lindsey，"Why Growth Is Getting Harder"，Cato Institute Policy Analysis，No. 737，2013。

美国哈佛大学德尔·乔根生等人所著的《生产率和美国经济增长》一书于 1987 年出版。该书在方法论上总结了 20 世纪的前人经验，并加以系统化、合理化。在经验数据方面则得到了有关政府机关和研究所的大力支持。可以说，该书是这类著作中的集大成者。该书研究了 1948～1979 年美国的生产率和经济增长。1948～1979 年，美国经济年均增长 3.42%，资本投入年均增长 4.04%，劳动投入年均增长 1.73%。以资本投入和劳动投入在经济增加值中的份额作为权数，计算其对经济增加值的贡献。结果显示，3.42%的经济年均增长中，1.56%来自资本投入的贡献，1.05%来自劳动投入的贡献，两项合计的总贡献为2.61%。3.42%与2.61%的差额0.81%则可视为生产率提高对经济增长的贡献。

生产率增长的来源分为四部分：各行业生产率增长率的加权，以及增值、资本投入及劳动投入在各行业之间的重新配置（也就是产业结构的变化）。1948～1979年，各部门生产率增长率是总量生产率增长率的主要分量，平均每年为0.83%；增值重新配置使生产率增长率每年减少0.09%；资本投入重新配置使生产率增长率增加0.09%；劳动投入重新配置使生产率增长率每年减少0.02%。

再看分行业的情况。产值增长最快的五个行业的年均增长率依次为：空运9.57%，电话电报及其他通信6.88%，电力工业6.28%，化学工业5.91%，电机、电器和电料5.80%。产值增长最慢的五个行业的年均增长率依次为：城市有轨电车、公共汽车及出租汽车－2.17%，皮革及皮革制品－0.47%，水运－0.40%，铁路及铁路快运服务0.53%，初级金属1.28%。生产率增长最快的五个行业的年均增长率依次为：供水及清洁服务3.12%，电话、电报及其他通信服务2.90%，空运2.81%，纺织1.92%，铁路及铁路快运服务1.87%。生产率下降最快的五个行业的年均下降率依次为：有轨电车、公共汽车及出租汽车－1.47%，石油及煤产品－1.79%，无线电及电视广播－2.05%，原油和天然气－2.14%，运输服务－3.04%。只有五个行业——农业、纺织、皮革、铁路、供水及清洁服务的产值增长主要依靠生产率的提高，其他 46 个行业主要靠增加中间投入、资本投入及劳动投入来增产。其中，主要靠增加中间投入增产的有 32 个行业。主要靠增加资本投入增产的有：金属采矿、原油和天然气、非金属矿和采石业、皮革和革制品、铁路、市内交通、天然气以外的管道、通信、电力及私人家庭，[①] 共计 10 个行业。主要靠增加劳动投入增产的有：无线电和电视广播、供水及清洁服务、批发贸易、非营利单位、联邦政府、联邦政府企业、州及地方教育服务、州及地方政府、州及地方企业，共计 9 个行业。

乔根生等人将劳动投入、资本投入及中间投入中质量的提高折合为数量的增加，从而将体现在三项投入中的技术进步转化为投入数量的增加。以劳动投入为例。将劳动按性别、年龄、教育、工种等特性分成若干项分量，每一项劳动分量所得报酬占全行业劳动报酬的份额称为该劳动分量的价值份额，全行业工时数是其分量的未加权之和。以基期每项分量的价值份额与计算期相应分量的价值份额相加并除以三，作为该有关劳动分量的权数。每一项劳动分量的变化率乘以相应的权数，然后求和就得到行业劳动投入数量指数。工资率高的劳动分量增长较快，说明劳动平均质量提高，劳动投入数量指数增长也较多。资本投入和中间投入也用类似的方法将其中的质量提高转为数量增加。由此可知，一个行业的生产率增长表示的是在劳动投入、资本投入和中间投

[①] 私人家庭算作一个行业，其增值等于产值，它等于家庭雇工的劳动报酬、房主自住房屋的推算租金及耐用消费品的服务流量的估值之和。换言之，家庭作为一个行业，其产值用它的投入价值定义。

入质量改进之外的未体现的其他技术进步。1948～1979 年，农业，铁路和城市交通的劳动投入不断减少。橡胶、采石、黏土和玻璃、电机、专业设备、汽车运输、空运、广播、电力、煤气、供水和清洁服务、批发贸易、零售贸易、金融、保险和房地产、服务、非营利组织及政府的劳动投入则不断增加。每项投入的数量增加和质量提高都会带来产出的增长。研究表明，质量提高并非中间投入增加的重要来源。资本投入质量的提高是资本投入增长的一项重要而并非主导的来源。劳动质量的提高则是劳动投入增长的一项很重要的来源。有 16 个行业的劳动质量增长率超过了工时增长率，分别是食品、烟草、石油和煤炭、皮革、木材、初级金属、其他制造业、农业、金属采矿、采煤、铁路、城市交通、水运、管道、私人家庭以及除私人家庭和州及地方政府企业外的一切行业。这些行业的劳动质量都在不断提高。

为了研究技术变化，乔根生等人设计了几种参数："份额弹性"，是指价值份额对于投入数量变化率的变化；"生产率增长偏向"，是指价值份额对时间的变化；此外还将生产率增长率的变化定义为"加速度"。有 6 个份额弹性用来描述资本、劳动和中间投入互相替代对价值份额的影响。正份额弹性，说明价值份额随投入数量增加而增加；负份额弹性，说明价值份额随投入数量增加而减少；零份额弹性，说明价值份额与投入数量无关。有 44 个行业劳动份额对资本数量的弹性是非负的，唯一的负值属于城市交通业；有 3 个行业——印刷、零售贸易及服务业——中间投入的份额对资本数量的弹性是负值；有 45 个行业中间投入的份额对劳动数量的弹性是非负的。生产率增长对劳动投入的偏向是正值，表明生产率增长依靠劳动的增加；其为负值，表明生产率增长是节约劳动的。可以同样的推理对于资本投入和中间投人的偏向进行解释。按照生产率增长偏向，美国的产业被分成六类：一是节约劳动，使用投入资本和中间投入的产业，包括农业、煤矿、非金属矿、食品、纺织、造纸、印刷、石油和煤炭、木材、初级金属、加工金属、电机以外的机器、专业设备、空运、管道、批发贸易、零件贸易；二是节约劳动投入和中间投入，使用资本投入的产业，包括农业服务、金属矿、城市交通、电话；三是节约劳动投入和资本投入，使用中间投入的产业，包括原油和天然气、化工、家具、黏土及玻璃、其他制造业、铁路、运输服务、电力、煤气、非营利组织；四是使用劳动投入、节约资本投入和中间投入的产业，包括皮革、电机、运输设价、服务业；五是使用劳动投入和中间投入，节约资本投入的产业，包括汽车制造、金融、保险、房地产；六是节约中间投入，使用劳动投入和资本投入的产业，其中建筑业、烟草、服装、橡胶、汽车运输、水运、广播、供水、金融、保险、房地产、服务业等 17 个行业生产率增长是加速的，矿业、建筑业、运输业和贸易等 28 个行业生产率增长是减速的。

美国总量增值的增长率有 5 个来源：一是生产率增长率的贡献；二是资本质量的贡献；三是资本数量的贡献；四是劳动质量的贡献；五是工时数的贡献。这 5 个来源的相对重要性因时而异。就 1948～1979 年而言，增值年均递增 3.42%；资本数量的贡献名列第一，为年均 1.15%；生产率增长率名列第二，为年均 0.81%；工时数的贡献名列第三，为年均 0.68%；资本质量的贡献名列第四，为年均 0.40%；劳动质量的贡献名列第五，为 0.37%。上述第三项和第五项之和为总投入的贡献，为 1.83%；第一项、第二项、第四项之和为技术进步的贡献，计为 1.58%。三种技术进步的来源不同，生产率增长率来源于经济管理体制、政治体制、经济政策及管理的进步；资本质量的进步来源于机械电子工业、建筑业的努力；劳动质量的进步来源于教育及全社会精神文明的进步。

美国的经济全球化

"二战"后，美国对经济全球化进程起了巨大的推动作用。美国人认为，尽管经济全球化不等于美国化，但在很大程度上是由美国人推动的。① 美国对经济全球化进程的推动主要依靠其政策实现，通过发展信息技术促进全球贸易自由化和支持跨国公司的发展。

"二战"后，美国就一直以无人可及的经济实力和优势引导全球经济向有利于自己的方向发展。战后初期，美国凭借强大的经济实力极力推动世界各个国际组织的建立。包括国际货币基金组织（IMF）、关贸总协定（GATT）、世界银行（WB），都是在这种背景下产生的。美国在这些组织中的特殊地位，能使其设计有利于自身利益的全球游戏规则。20 世纪 70 年代中期以后，美国又率先进行经济结构的重大调整，通过发展以信息技术为代表

---

① 美国国际大学国家战略研究所：《清理纷乱的世界——美国跨世纪全球战略评估》，国防大学出版社，2000，第 77 页。

的高新技术产业，抢占经济技术的制高点，同时，在对内对外政策上也相应进行了一系列重大调整。例如，在对外经济政策上，美国改变了过去主要依靠多边贸易自由化的做法，而改为单边、双边、诸边、多边手段并用，既积极推动北美自由贸易区（NAFTA）、亚太经合组织（APEC）等区域组织或经济论坛的建立，又努力推进"乌拉圭回合"多边贸易谈判和世界贸易组织（WTO）的建立。为建立WTO，美国先是于1993年9月在国内发表《国家出口战略报告》，提出了对私营企业增加出口的65条建议；继而力促GATT"乌拉圭回合"谈判，在国外为扩大出口创造条件。WTO的建立给美国带来了巨大的商业利益。据测算，仅出口一项，美国就增加了6000亿美元。

在地区层面上，1993年，美国推动达成了NAFTA。同样也是在美国的积极推动下，1993年，APEC领导人非正式会议在美国的西雅图召开，并从此每年召开一次。其中，1994年的茂物会议，通过了有关发达国家和发展中国家分别在2010年和2020年前实现贸易和投资自由化的行动议程；1995年的大阪会议，通过了有关自由贸易和投资自由化的行动议程。此外，美国还与欧盟于1995年12月签署了《跨大西洋新纲要》，提出在维护全球稳定、对付全球性挑战、促进经贸合作和加强大西洋两岸交流方面加强合作。

在双边层面上，1994年美国推出"新兴大市场战略"，将中国、印度、巴西等10个正在处于快速发展阶段、市场潜力巨大的国家列为开辟市场的重点对象，加大同这些市场贸易往来的力度。此外，美国还与日本、欧盟和韩国等就市场准入问题进行艰

苦谈判，迫使这些国家进一步开放市场。可见，"二战"后尤其
是在冷战结束后，美国积极倡导和推动贸易自由化进程，有力推
动了世界经济全球化的进一步发展。当然，美国自由贸易政策的
意图是很明确的，即要主导全球化进程，并进一步达到控制世界
的目的。正是这种经济上和制度上的双重保障使得美国能够最大
限度地享受经济全球化的好处，也为其 20 世纪 90 年代新经济的
产生奠定了相应的制度和物质技术基础。

美国的自由贸易政策导向推动了全球化进程。美国一直在通
过贸易外交推动经济全球化。其主要表现为：在全球、多边和双
边三个层次上促进世界贸易的"自由化"，扩大美国商品在世界
市场上的份额。美国认为，在全球范围内促进贸易和投资自由
化，有利于其开拓更多的出口市场，创造更多的就业机会。[1] 为
此，美国政府全力出击，强调通过发展对外贸易来促进美国的经
济繁荣。"二战"后，美国对外贸易在其国民经济中的地位不断
提高。1960 年，美国的出口额占 GDP 的比重只有 4.5%，进口额
仅占 4.9%；到 20 世纪 70 年代，这两个比重分别上升到 5.6% 和
6.8%；80 年代初，上升到 8.8% 和 7.8%；90 年代，这两个比重
仍维持在 7.3% 和 8.95% 的水平。据美国商务部的统计，美国的
对外商品和服务出口总额，2000 年上升到 GDP 的 11.4%。美国
的贸易利益主要体现在：美国利用其技术领先优势，不断扩大国
际贸易条件下的剪刀差，即美国进口商品相对价格由于全球性生
产过剩有长期下降的趋势，美国的出口由于技术领先而不断创造

① John Wolf, "APEC 1998: Concrete Steps to Advance Cooperation", 1998.

新的全球需求。1980～1995 年，美国出口商品中 40% 以上是计算机、半导体、航空通信设备等高附加值商品，使出口贸易成为推动美国发展的新工具。到 1997 年，这些商品的出口对经济增长的贡献已超过建筑业和钢铁业，成为经济增长的关键部门。20 世纪 90 年代，美国每年都有巨额的贸易逆差，使其可以借助美元的国际货币优势，利用巨额贸易逆差来获得大量的国外廉价产品。而这些来自发展中国家的大量廉价劳动密集型产品，既为其经济结构的调整提供了可能，又使其物价保持在低水平。这对美国把劳动力和资金转移到新兴产业部门、弥补美国内需增长缺口、平抑通胀、增加消费者和生产者福利发挥了重要作用。

美国跨国公司及政府的支持政策对推进经济全球化也起到了重要作用。尤其是冷战结束后，全球跨国公司的数量不断增加：到 1996 年，全球跨国公司及受其控制的海外子公司和分支机构分别达到 6.3 万家和 70 多万家。① 跨国公司的迅速发展是经济全球化的一个重要表现。跨国公司和生产国际化反映了在资本和技术流动加快而劳动力相对不流动的趋势下，当今世界资源优化配置和竞争的需要，也是更高程度上社会化大生产的需要。1987～1992 年，美国平均每年输出资本 298 亿美元，占发达国家资本输出的 16%；1998 年，美国当年输出资本 130 亿美元，占发达国家资本输出的 22%。就对外直接投资的规模而言，美国始终以极大的优势领先于其他发达国家。只有英国和美国接近，但在 20 世

---

① 陈友良：《对西方跨国公司全球扩张的几点思考》，《世界经济与政治》2001 年第 5 期，第 16 页。

纪 90 年代，其规模通常也只相当于美国的 30% ~ 50% 。同时，美国跨国公司也以良好的业绩支持着经济全球化的发展。美国《商业周刊》根据上市公司股票市值排列的 1999 年全球 1000 家市场价值最高的公司中，美国公司有 499 家，比 1998 年增加了 19 家，比 1990 年增加了 170 家。就利润额而言，1998 年，世界盈利最多的 10 家大跨国公司中，美国就占 8 家。这些数据说明，美国跨国公司的经济效益处于世界前列。美国跨国公司把占领世界市场视为发展、壮大自己的生命线，特别是直接投资，能绕开有形和无形的贸易壁垒，更有效地实现其目标。美国政府鼓励国际投资和推动投资自由化的政策，有利于全球化的发展。美国没有针对公司国际投资的项目资助基金，鼓励跨国公司对外投资。

美国是当今世界上资本输出和输入的最大国家。过去几十年，美国的对外投资持续快速增长，为美国公司带来了滚滚利润。2000 年美国跨国公司海外子公司的税前利润总额达到 1325 亿美元，比 1999 年增加了 23.4% 。而美国跨国公司则将其中的 65% 用于对外直接再投资，总额为 865 亿美元，比 1999 年增加了 43% 。对此，美国商务部称，美国跨国公司将海外盈余的大部分用于投资而不是汇回国内，在一定程度上说明，在海外建立或收购公司或扩大现有业务具有强大的吸引力。此外，对外投资在推动美国出口方面也发挥了重要作用。据美国商务部对美国跨国公司所做的相关调查，1982 ~ 1994 年，由于美国跨国公司向其海外子公司出口的增长快于美国出口总额的增长，跨国公司内部出口在美国总出口中所占的比重从 22% 上升到 25% 。

美元是世界各国货币中最主要的储备货币和国际支付手段。

目前世界上的国际贸易一半以上是以美元结算的，一些重要的商品如石油进出口的计价和结算几乎完全是以美元进行的。美国之所以能够长期维持强势美元政策，一方面是其强大的经济实力，使其在世界贸易中占有极其重要的地位，可以从容地采用对自己最有利的政策；另一方面是其凭借强大的信息技术，已经成为世界相关领域标准的制定者，从而可以用一切手段维持其科技产品的垄断高价和垄断利润。美国之所以愿意维持强势美元政策，则是因其在经济全球化的大背景下能够带来巨大利益。在经济上处于两线地位的美国，一方面希望维持主导产品的相对高价；另一方面希望以尽可能低的代价获得廉价的原料和劳动力。这样，美国的跨国公司就可以保持较高的利润率并有能力迅速扩张。通过强势美元政策，美国的跨国公司能迅速占领全球市场，而美国的消费者则可以心安理得地享受来自各国的物美价廉的产品。

总的来看，新一轮经济全球化是由美国主导的。美国政府不遗余力地推动经济全球化进程，是以提高自身的国际竞争力、使美国在全球立于不败之地为出发点和归宿的。

"二战"后，美国成为名副其实的世界霸主。尽管在后来的发展中，美国的经济发展有所起伏，相对地位有所下滑，但美国始终是"二战"后新技术的领导者、新经济的创造者、全球化的主导者。尽管在一些传统产业领域，美国曾受到日本、德国等国家的挤压，但几乎一切高新技术、新产业都首先产生于美国、应用于美国、发展于美国，无论航空航天科技、信息科技，还是生物科技及新材料、新能源等，概无例外。美国依靠其强大的科技创新能力，始终引领 20 世纪中期以来的科技、经济发展。同时，美国主导的第二次全球化将世界经济更加紧密地连接在一起，虽然全球化不等于美国化，但"二战"后的全球化的确深深地印上了美国的烙印。突破型创新的不断产生和应用、新产业的不断形成和壮大、全球市场的不断扩大和深化让美国在"二战"后的发展中独领风骚。

第九章

追随者的足迹

在世界经济发展史上，绝大多数国家都可被视为追随者。其中一些较早受科技革命和产业革命影响的国家，虽然不是科技革命和产业革命的领导者，但其在科技革命和产业革命中也发挥了举足轻重的作用，并借此一举实现超过大多数国家的快速发展进入发达国家之列。本章所述的就是这一类追随者。对于这类追随者而言，它们可以借鉴已有的相对成熟和成功的经验，在追赶领先者的过程中具有一定的后发优势，但由于其是受科技革命影响而发展起来的，因而在突破型创新能力方面天然存在缺陷，其创新更多是改良型的渐进型创新，发展路径也存在一定的依赖性。因此，当其发展到一定阶段或一定程度后便难以迈出更大的步伐，进而陷入停滞。这些追随者并非失败者，而且一般会发展得比较好，但正因为缺乏突破型技术创新及能力，其发展不可能实现超越式增长。

在历史的长河中，比较典型的追随者有法国、苏联和日本。这些国家都是科技革命的重要受益者，也都在短期内实现了经济的腾飞，并一度被认为会超越其模仿对象而成为世界经济的领导者。但事与愿违，它们都并未成功，而只是成功的追随者。

法国的追随与错失

法国几乎与英国同时开始了工业化进程，但是法国总体上只能算是工业化的后来者。对法国来说，英国既是榜样，也是挑战，更是机会。无论是在技术创新方面，还是在资金运用方面，抑或是在工业化模式方面，法国大都最大限度地借鉴了英国的经验，并使科学中心发生了第一次转移。19世纪20~60年代，法国工业生产中发生了以机器为主体的工厂代替以手工技术为基础的手工工场的变革，这亦被称为法国工业革命。

法国的科技发展

1747年，发明飞梭的凯伊移居法国，并把提高织布效率的新技术传到法国。另一位来自曼彻斯特的霍尔克于18世纪50年代定居法国，把珍妮纺纱机带到了法国，并利用来自英国的工人进行了生产珍妮纺纱机的尝试。1779年，法国人又从英国人博尔顿-瓦特工厂得到在法国生产瓦特蒸汽机的特许权，为期15年。其他如走锭精纺机、水力织布机也在大革命前就传到了法国。

18世纪晚期，法国开始从英国引进蒸汽机、珍妮纺纱机，出现了极个别的使用机器的工厂。但是，这种工业革命的萌芽状态在封建统治下很难发展。法国大革命摧毁了封建制度，为法国资本主义的发展开辟了道路，从而也奠定了工业革命的基础。

然而，英国已经认识到技术发明在富国强民中具有的重要作用，因而从18世纪末开始限制技术尤其是纺织技术的出口。

1765～1789年，英国议会连续通过了一系列法令，禁止设计图纸和技术工人离开本土，严禁纺织机械或模型出口。尽管如此，英国的技术秘密和技术工人还是源源不断地流向国外。而与英国隔海相望的法国，在这方面则占尽天时地利。

法国大革命爆发后，英法关系恶化，19世纪甚至彼此进行海上封锁，但两个列强之间的经济技术交流从未彻底断绝。拿破仑战争结束后，英法两国技术交流恢复正常，法国也加快了工业化的步伐。尤其在1825年英国逐步放宽了对机器出口的限制后，法国技术引进规模迅速扩大，大批机器输入法国，提高了法国的工业技术水平。到1830年，至少有1300名英国工匠和工程师及数千名英国技工在法国工作；英国的蒸汽机制造商也带着新技术到法国投资建厂。18世纪上半叶，法国开始从英国输入纽可门式蒸汽机用于矿山抽水。冶金工业催生了英国的铸造法，即以焦煤炼铁法加以搅拌去炭的方法。英国人贝塞麦于1855年发明的转炉炼钢法也于1858年传到法国。1845年以后，法国因输入英国的铁路建筑技术而进入了铁路时代。1848～1870年是法国工业化历史上最为辉煌的时期。

法国不仅积极引进英国的技术，还积极推动本国的科学发展。法国作为近代世界科技中心，始于18世纪初，19世纪初最为昌盛。这一阶段，英国的经济仍然处于繁荣的状态，法国则由于其特殊的政治情况成为激烈的大革命场所。以狄德罗为首的一批启蒙运动的哲学家形成了法国百科全书派。他们宣传自由、平等和人道主义，提倡民主和科学，出现了一次彻底反封建的思想大解放。另外，在牛顿学说的影响下，出现了一批科学家和科研成果，例如，著名数学家及力学家拉格朗日，数学家和天文学家拉普拉斯，开创定量分析、创立燃烧氧化学说、推翻支配化学发展长达百年之久的燃素说的现代化学之父拉瓦锡。在这段时期还产生了公制度量衡、科学教学制度和公立中学。

但是，法国作为科学中心的地位在 1830 年以后开始丧失了。同英国的近代科学的再度复兴和德国科学的后来居上相比，法国科学出现了相对停滞的局面，同时，法国的研究工作过分学院式，教育制度培养的人才相当部分是科学家－数学家－哲学家类型，不善于将科学转化为生产力。此外，社会过于动荡，也影响了法国的经济发展。

法国的产业发展及经济增长

1848 年法国大革命以前，工厂制度已经在纺织业的各部门普遍推广，纺纱厂的规模扩大得十分迅速。丝织业是法国传统的工业部门，从 19 世纪 20 年代起开始采用机器。1835 年以后，较大型的丝织厂开始建立。法国的丝织机器比英国的还要精良，它的丝织品约一半销往国外。但除了丝织业外，其他纺织业部门采用和推广新技术的速度都比较慢。1850 年，法国用木材炼的铁还大大超过用煤炭生产的铁，不过直到 1860 年以前，法国的冶铁业仍居世界第二位。进入 20 世纪 70 年代，新的冶铁技术的采用大大推进了法国钢铁工业的发展。但是，此时美国和德国从新炼钢技术方面获益更大，其钢铁生产大大超过法国。

从 1815 年到 19 世纪 60～70 年代，法国经济呈现欣欣向荣的景象，经济增长有所加快。1870 年，法国工业发展水平居世界第二位，仅排在英国之后。但其工业化步履艰难，对新技术缺乏创新和应用，使其产品缺乏明显的竞争力，而国内市场狭小则制约着法国经济的发展。法国产业革命从开始到基本完成用了大约50年的时间。如果考虑到它是发生在英国产业革命之后，具有可以汲取外来的先进经验和技术等有利条件，则这一发展速度同其他国家相比就显得缓慢了。从历史发展看，可以将法国的产业革命进程划分为两个阶段。

19世纪20年代到40年代末是法国产业革命的第一阶段。七月王朝时期，法国的工业革命真正开始起飞，取得了长足进展。其中纺织工业的发展最为突出：到40年代末，法国已有566个棉纺织厂，共拥有11.6万台纺纱机和350万个纱锭，年消耗棉花在6000万公斤以上。工业中蒸汽机的使用也更加广泛，从1820年的65台增加到1830年的625台，再增加到1848年的5212台。而蒸汽机的平均马力则从16马力降至12.5马力，表明蒸汽机已小型化，从主要应用于矿山抽水发展到作为轻纺工业的动力装置。

这一阶段法国的冶铁业发展得也较快。法国的铁矿资源丰富，主要分布在洛林地区和阿摩利干丘陵区。1830年，冶铁业中使用的焦煤熔炉已有379座，1839年增至445座，达到七月王朝时期的最高数量；生铁产量则从1818年的11万吨增长到1848年的40万吨。但法国的煤矿资源贫乏，虽然在1828～1847年煤产量迅速增长，但每年仍需进口200多万吨煤。这也导致在纺织业中以水力装置带动工作机的企业明显多于使用蒸汽机的企业。

作为工业发展重要标志的铁路，自 1831 年建成第一条全长 39 公里的里昂－圣艾蒂安铁路之后，法国铁路的发展相对较慢。直到 1842 年政府通过修建全国铁路的法令后，铁路建设才逐渐兴起，修起了由巴黎通往各主要城市的铁路。到 20 世纪 40 年代末已经完成了约 3000 公里的铁路线，从而进一步推动了工业发展的高涨。

但 1848 年开始的政治动荡导致工业革命进程的中断。

19 世纪 50～60 年代是法国产业革命的第二阶段。这一时期法国国内局势相对稳定，而且政权也由金融资产阶级转入工商业资产阶级手中，在政治上保证了国民经济的持续高涨，大大加快了工业发展的进程。这 20 年是法国国民经济空前大发展的时期，特别是重工业的增长尤为迅速，煤和铁的产量在此期间都提高了两倍。铁路的修建在政府的鼓励和扶助下形成了高潮。1870 年，法国铁路总长度已达 17924 公里，基本上完成了各条主要的干线。这一时期轻工业的发展也仍然保持着较高的速度。纺织工业进一步采用了新的技术装备，普遍以机器生产代替了手工劳动；棉花的消费量增加了一倍，棉纺织品也开始大量运销到国外市场。到 20 世纪 60 年代末，法国工业部门中使用的蒸汽机已达 2.9 万台，近代工厂也在各地纷纷建立。工业总产值达到 120 亿法郎，20 年间增加了两倍。至此，产业革命基本完成，资本主义制度最终确立起来。

在政策适当的环境下，法国工业资本主义的发展十分迅猛，增长率超过了 19 世纪的平均发展速度。1850～1870 年，煤产量从不到 450 万吨增至 1333 万吨。1851～1870 年，生铁产量由 44

万吨增至 118 万吨，钢轨由近 3 万吨增至 17 万吨以上。1850～1869 年，钢产量从 28 万吨增至 101 万吨。1850～1870 年，蒸汽机从 6.7 万马力增至 33.6 万马力。全国的铁路建设热带动了煤炭工业的发展，金融网络的形成为工商业和运输业的发展创造了稳定的资本源泉。在这种情况下，法国的经济实现了高速度增长。20 世纪 50～60 年代，钢铁制造业年均增长率超过 10%，其他部门的增长速度也增至 3%～6%。这时期国民收入增加了一倍，对外贸易额增长了 3 倍。

农业也开始由工业机械装备起来，化肥、脱粒机、收割机、刈草机的使用日益普遍。农业劳动生产率提高，帝国时期农业人口由占总人口的 61.5% 降到 49%。故而此时被称为法国的"农业黄金时代"。第二帝国晚期，重工业、机器制造业的迅速发展和用工业机械装备农业的情况表明，法国的工业革命已经完成。

在工业发展的基础上，法兰西第二帝国于 19 世纪 60 年代实行了自由贸易政策。1860 年法国与英国签订了互相给予最惠国待遇 10 年的商约，随后又与意、西、葡、比、奥、荷、普以及德意志关税同盟诸国订立了商约。1855 年和 1867 年，还先后两次降低国内航运税。政府十分重视修筑铁路、疏浚运河和加强城市建设。帝国将铁路修筑权承包给大公司，成效明显。建成了以巴黎为中心，通往斯特拉斯堡、马赛、波尔多、布列斯特等大城市的铁路网。运河航道到 1869 年达到 4700 公里。城市建设发展迅速，仅在巴黎就新建 7.5 万座建筑物和十余座桥梁，建成了全市下水道工程。

不过，整体看来，法国的工业发展水平还并不是很高，远远落后于英国。特别是小生产仍占绝对优势，到 1872 年，全国平均每个企业雇用的工人只有 2.9 人；即使在工业集中的巴黎，也不过为 4 人。就是说，使用机器生产的大工业企业为数极少。当然，从生产力总量来说，法国当时仍是仅次于英国的世界第二工业大国。

法国在产业发展进程中也存在一些明显的短板，其中最主要的问题是，资金作为借贷资本大多输出国外，造成了对国内投资的不足。其他的不足还包括：国外贸易竞争不过英国，国内市场又相对狭窄；劳动力的供应很不充分，满足不了工业发展的需要；产业革命所必需的重要原料和资源严重缺乏，如煤、铁、棉花等，都需要从国外进口。此外，小农经济长期广泛地存在，使农业陷于停滞和落后状态。这些都阻碍了法国工业生产的顺利发展。

经过产业革命，法国的重工业虽然有了相当大的发展，但是轻工业仍然占据重要地位。而在轻工业中，高级奢侈品的生产又占很大的比重。可是，这些奢侈品的生产往往要依靠手工技艺，使用机器比较困难，而且产品也主要是供应国外，并不能扩大国内市场。在产业革命过程中，法国企业大型化的进展也比较缓慢，中小企业仍然占有很大比重，大型企业的数量大大落后于当时其他主要资本主义国家。所以到 19 世纪 60 年代末，随着产业革命的基本完成，法国在世界工业生产中的地位却相对下降了。

此外，在经济上，法国自 16 世纪以来所形成的金融资本占优势的传统，并未经大革命的洗礼而破除。金融家始终是社会上最富有的人。而且，越是缺少良好的投资环境，人们就越是不肯冒巨大的投资风险。因此，借贷业务很发达，企业投资却很少。人们热衷于坐收利息，不愿投资办厂，造成长期的工业资金短缺。法国一直拥有大量的"过剩资本"，并促进了后来资本的外流，形成某种民族性的高利贷心理。严格来说，法国的这种状况直到第二次世界大战后才完全扭转过来，发展成工业先进的大国。

也正是由于法国没有形成体系化的突破型技术创新，没有形成大量的优势产业集群，其在第一次全球化中发挥的作用有限，参与全球化的过程就是不断扩展殖民地，用坚船利炮撬开市场，攫取物资，完全将自己的发展建立在广大殖民地人民奴隶般的生活之上。随着殖民地人民的不断反抗，法国便陷入了内忧与外患并存的局面。前不如英国，后不及德国，作为处于欧洲核心地带、曾经的传统强国，法国只能算是个蹩脚的追随者。

苏联的成功与崩溃

苏联全称苏维埃社会主义共和国联盟（俄语为 Союз Советских Социалистических Республик；俄文缩写为 CCCP），是在 1922 年 12 月 30 日由俄罗斯苏维埃联邦社会主义共和国、白俄罗斯苏维埃社会主义共和国、乌克兰苏维埃社会主义共和国、外高加索苏维埃社会主义联邦共和国合并组成的社会主义联邦制国家，于 1991 年 12 月 25 日解体。苏联是当时世界上国土面积最大的国家和人口第三多的国家。

苏联的前身是具有深厚封建性的落后的资本主义国家——沙

皇俄国。1913 年（十月革命前最好年份），沙俄的工业产值（按后来的苏联疆域计算）只相当于美国的 1/8，人均国民生产总值相当于美国的 1/10，人均工业产值不到英国的 1/8、德国的 1/4。[①]这时，俄国仍然是一个农业占优势的国家，工业在国民经济中的比重为 42% 左右。1917 年，全国工人总数约为 1500 万人（其中大工业工人仅有 432 万人），占全国总人口的 10%。[②]而且，外国资本占有很大比重，操纵着俄国一些重要经济部门和金融机构。当时俄国社会经济的发展状况"比先进国家落后 50 年至 100 年"。[③]

就是在这样低的历史起点上，苏联却创造了一个经济奇迹。到 20 世纪六七十年代，苏联已成为全球经济、科技和综合国力上的第二大强国，并被称为与美国并肩而立的另一个"超级大国"，一直保持到 80 年代中期。应该说，其建设成就和经济奇迹是绝大多数西方资本主义国家所难以比拟甚至望尘莫及的。

就科技实力而言，苏联曾经创造了很多世界第一，但主要表现在军事科技方面。就经济发展而言，苏联在冷战期间一直是世界第二大经济体，仅次于美国，是经济强国。但是苏联的工业发展不平衡，事关国防的军事工业、重工业、化学工业和航空太空工业非常发达，其水平在世界上处于领先的地位，但事关民生的轻工业和农业则相对落后。

---

① 苏联国家统计委员会编《苏联与外国 1987》，莫斯科：财政与统计出版社，1988，第 43 页。
② 苏联科学院历史研究所：《1907 年至 1917 年 2 月的俄国工人阶级》，《历史问题》（俄文期刊）1987 年第 6 期。
③ 《斯大林全集》第十三卷，人民出版社，1956，第 38 页。

苏联的"创新"缺失

苏联曾经是一个科技大国，创造了很多具有突破性的科技成果，尤其是在军事科技方面。比较有代表性的有以下几项。

1934 年，苏联科学家帕维尔·阿列克谢耶维奇·切伦科夫发现运行速度接近光速的粒子，当它穿过液体或半透明物体时会发光。这种现象后来被物理学界称为"切伦科夫辐射"。随后这个原理被广泛应用于高能物理，用于检测带电粒子并测量它的速度。

1954 年，苏联在奥勃宁斯克建立了世界第一座核电站，标志着人类和平利用原子能的开端。

1957 年，苏联发射了世界上第一颗人造地球卫星，标志着人类活动进入太空。

1959 年，苏联空间探测器"月球 – II"号发回第一张月球背面的图片。人类第一次了解了月球背面的景象。

1961 年，苏联英雄尤里·加加林乘坐"东方 – 1"宇宙飞船进入太空，成为第一个进入太空的人。

1962 年，苏联物理学家列夫·朗道因凝聚态特别是液氦的先驱性理论，被授予 1962 年诺贝尔物理学奖。

1964 年，苏联物理学家尼古拉·根纳季耶维奇·巴索夫、亚历山大·米哈伊洛维奇·普罗霍罗夫和美国科学家查尔斯·汤斯共同获诺贝尔物理学奖。表彰他们分别独立制成微波激射器，并推动了激光器的发展。

1978 年，苏联物理学家彼得·卡皮查因低温学方面的研究成就，获得诺贝尔物理学奖。

1986 年，苏联发射了和平号太空站，在 2001 年坠毁前它是人类最大的飞行器。

1988 年，苏联暴风雪号航天飞机顺利发射升空，象征着苏联航空技术水平的巅峰。

可见，苏联在现代科学技术革命即高新技术的创新和应用领域，虽然未能领导新潮流，但在少数领域已经处于世界领先水平。问题是，这些科学技术大多局限于军事上的应用，并没有用以改造和装备各个国民经济部门。而这又恰恰反过来制约了其技术创新，也制约了劳动生产率和资源利用率的提高。

所谓"创新"（innovation），就是个体性质的发明走向市场并获得社会认可的过程，它包括新设想、研究实验、中试、产业化、市场价值的实现和扩散等一系列环节。一般说来，科技创新的商品化包括以下途径。一是建立维护创新者优先权益的制度，"技术进步率的提高既缘于市场规模的扩大，又出自发明者具有获取他们发明收益的较大份额的可能性"。二是通过国家采购开辟创新产品的消费市场，减小创新产品的市场不确定性。三是军事科技的溢出（spin-off）效应，必须在和平时期大规模地转向民用领域。

"二战"后很长一段时期，美苏争霸的基本格局导致它们只能采用由国家权威主导的具有强烈军事色彩的创新体制。这种体制为谋求战略优势提供了卓有成效的创新，并在某种程度上也刺激了经济增长。但这样的创新体制主要为军事目的服务，而且由于军事科技往往涉及国家安全，其扩散困难重重，因此，这种科技创新所面对的是非常有限的军用市场。而任何创新如果没有广阔的市场是很难实现其真正价值的。也就是说，军事科技如果不能成功地转向民用，必然会"大材小用"。事实上，成功的"军转民"（translate military into civil）模式及其创新体制的转换，正是日后大国夺取科技 – 经济主动权的关键。

美国政府在"二战"后大力介入军事科技的研发（R&D）活动，也有意引导军事科技向民用领域的溢出。典型的如核技术之于原子能利用、火箭技术之于航空航天开发、电子信息技术之于计算机开发，等等。这些"溢出"效应极大节约了有关民用科技创新的成本，缩短了研发周期。美国一些大公司（如通用电器、杜邦、贝尔、AT&T）所采用的"工业实验室"数量激增，20 世纪 70 年代中期已增至 15 个，是"二战"前的 5 倍。工业企业有组织地研究和开发是一个重要的体制创新，美国企业的 R&D 投资逐渐扩大，"创新"被归入美国企业最核心的部分。为了与美国争夺霸权，苏联被拖进一轮又一轮的军备竞赛。不同于美国，苏联政府基于高度集中的计划体制动用大量资源优先发展重工业和军事工业（军工企业产值甚至超过民用工业产值），国家预算的科研经费有 3/4 用于军事科技领域。苏联的研发（R&D）经费占 GNP 比重在 20 世纪 60 年代后期就超过了美国，但其 GNP 只有美国的一半。全苏联科学家和工程师最多时有 150 万人，占世界总数的 1/4。

苏联的 R&D 投入巨大，在军事和宇宙开发领域的科技水平可与美国分庭抗礼，而其体制的种种缺陷则被其军事超级大国的外表所掩盖。实际上，"由于绝大多数科研经费投入军事领域，大量科研成果被封闭于军事部门，部分被转为民用的科研成果也要耗费转移的时间和成本；因此，苏联科研投资的效益很低"。除军事领域外，苏联科技的基础研究、应用研究和开发研究分属科学院系统、部门科研机构、企业，它们各自为政、彼此隔离，经费结构也不合理（1987 年，基础研究、应用研究和开发研究三者比例为 12.8∶60.3∶26.9，而美国则为 12.1∶21.1∶66.8，苏联开发能力方面明显落后）。科技创新（苏联的提法是"科技进步"）的各个环节被割裂，从科研、设计、试验，到真正投产，往往已经过时（苏联平均周期在 10～12 年，而美国为 5 年，日本为 3 年）。苏联大多数科学研究所对科研工作中获取尽可能大的效益并没有物质上的利害关系，它们完全依赖国家订单，不关心也不屑于关心市场变化。而企业由于缺乏自主经营的运行机制，没有竞争压力，也就几乎谈不上经济效益与技术创新之间的相互促进。企业从科学研究所那里得到的只是资料，而实际上要采用新发明，企业必须具有相应的人才，有用于改建的财政资金，有可以重新调配的后备资源，更必须有对随技术创新而来的生产改造的责任心。这样的创新对于苏联的企业而言，则意味着要改变已经习惯的工作节奏，还要冒完不成指标的风险，而在以产值衡量业绩的技术体制下，企业则宁愿沿袭传统的方式行事。这与试验、创新的精神是格格不入的。苏联企业的研发（R&D）经费和科技人员只占全苏联研发经费和科技人员总数的 4%，这显然与其庞大的科技能力完全不相称。苏联国民经济几十年一贯以粗放型为主，"重""大""丑"成为其产品的代名词。经济增长中资源投入占比超过 2/3，20 世纪 70 年代以后甚至达到 3/4。创新能力弱又导致设备老化（工业设备更新率不到 3%）、技术落后（除军事领域外，平均落后于发达国家 10 ~ 15 年）。原材料和能源消耗巨大（苏联的单位产量石油消耗比美国多 1 倍，钢材消耗多 70%，水泥消耗多 1.4 倍），投资回报率低，回收预期愈来愈长。

20 世纪 70 年代以后，在新技术革命浪潮的冲击下，苏联模式再也创造不出 50 ~ 60 年代的辉煌，经济增长速度明显放慢。当西方发达国家将电子信息技术迅速扩散到民用领域时，苏联仍把在数量和质量上均稍逊一筹的此类技术限制在军用范围内。20 世纪 80 年代后期，其在高科技领域的劣势已经很明显（20 个关键技术有 8 个全面落后，9 个大体落后），计算机发展水平只有美国的 15.2%，生物工程只有 14.6%，新材料只有 46.8%……

总的来看，自"二战"以来，世界上科学技术的变革、发展迅猛，而苏联由于经济发展战略和经济体制上的原因，在计算机、自动化和生物工程等高科技领域起步较晚，未能形成主导产业，未能以新科技革命的成果改造国民经济，提高劳动生产率。"二战"后，苏联的科学技术虽然有过长足的进展，特别是在航空航天、核技术的军事应用等方面均站到了世界前列，但苏联的总体科技水平同发达国家相比，仍有相当大的距离。据有关专家估计，"二战"前，苏联国民经济的技术水平同发达国家相差 5 ~ 10 年，而到苏联解体前扩大为 15 年左右。在科学技术转化为生产力方面，苏联更落后于西方发达国家。苏联的科技发明、创新项目，在生产中得到利用的尚不到 1/3；而西方发达国家则在 1/2 以上。由于科技进步缓慢，苏联从粗放型经济向集约化经济的转变未能取得预期的效果。1971～1975 年，按社会总产值指标计算的集约型扩大再生产的比重为 32.9%，1976～1980 年为 24.6%，整个国民经济仍然基本上属于粗放经营型，生产的数量指标和质量指标都呈现下降的趋势。①

苏联的产业发展及经济增长

纵观苏联的经济发展过程，1917 年"十月革命"胜利后，1922 年开始形成苏联，1985 年戈尔巴乔夫开始执政，虽然经历过两次世界大战和一次国内战争的严重破坏，但在总体上经济仍得到了较快的发展，人民生活水平也有了很大提高。因此，不能简单地下结论说"苏联经济发展缓慢，人民生活水平没有提高"。

1917～1985 年，苏联经济发展和国民收入的增长，无论是从过程看还是从总体看，都是很快或比较快的。苏联的国民收入，1985 年是 1913 年的 89 倍、1940 年的 16.8 倍、1950 年的 10.5 倍、1960 年的 3.8 倍、1970 年的 1.9 倍。② 在"二战"后各个时期，其平均增长率也比较高：20 世纪 50 年代为 10.2%，60 年代为 7.1%，70 年代为 5%。③

---

① 《经济科学》1981 年第 10 期，第 93 页。
② 苏联中央统计局编《1985 年苏联国民经济》，莫斯科：财政与统计出版社，1986，第 34 页；苏联中央统计局编《苏联国民经济六十年》，生活·读书·新知三联书店，1978，第 8 页。
③ 苏联国家统计委员会编《苏联与外国 1987》，莫斯科：财政与统计出版社，1988，第 43 页；《苏联国民经济六十年》，第 88 页。

工业方面的增长最为突出。1985 年苏联工业产值分别相当于 1913 年、1940 年、1950 年、1960 年和 1970 年的 192 倍、25 倍、14.7 倍、4.8 倍和 2.1 倍。分阶段看，各个五年计划执行期间，苏联工业的增长速度也都较高。前 6 个五年计划时期，平均增长率都高于 10%，有些年份甚至接近 20%。

"一五"时期（1928～1932 年）年均增长 19.7%。

"二五"时期（1933～1937 年）年均增长 17.1%。

"三五"时期（1938～1940 年）年均增长 13.2%。

"四五"时期（1946～1950 年）年均增长 13.6%。

"五五"时期（1951～1955 年）年均增长 13.1%。

"六五"时期（1956～1960 年）年均增长 14.4%。

"七五"时期（1961～1965 年）年均增长 8.6%。

"八五"时期（1966～1970 年）年均增长 8.5%。

"九五"时期（1971～1975 年）年均增长 7.4%。

"十五"时期（1976～1980 年）年均增长 4.4%。

"十一五"时期（1981～1985 年）年均增长 3.7%。[1]

不难看出，即使 20 世纪 70 年代后半期苏联工业产值的增长率已低于 5%，也仍高于除日本以外的其他发达国家。

1985 年以前，苏联的经济增长也快于除日本以外的资本主义

---

[1] 陆南泉、张础、陈义初等编《苏联国民经济发展七十年》，机械工业出版社，1988，第 126 页。

发达国家。

从国民收入看，苏联"二战"后的增长速度几乎比所有西方发达国家（20 世纪 60 年代后的日本除外）都快。1935～1950年，苏联国民收入增长 9.3 倍，同期的美国为 2 倍，联邦德国为3.9 倍，英国为 1.3 倍，法国为 3.1 倍，意大利为 3.4 倍，只有日本增长最快为 12.3 倍。[①] 1970～1985 年，苏联国民收入增长94%，高于同期美国的 50%、英国的 33%、法国的 53%、意大利的 47%，与日本的 91% 大体持平。

在工业增长方面，20 世纪 50 年代至 1985 年的各个发展阶段，苏联的年均增长率均高于绝大部分西方发达国家。1950～1960 年，苏联工业年均增长 11.60%，仅低于日本的 15.7%，而高于各欧美发达国家（联邦德国 9.6%、意大利 8.8%、法国6.3%、美国 4.1%、英国 3.1%）。1960～1970 年，苏联工业年均增长 8.7%，仅排在日本之后而居世界第二位；1970～1980 年，苏联工业年均增长 5.7%，而日本则低于 5%。进入 80 年代后，至 1985 年，尽管苏联工业平均增速下降至 3.7%，但仍比绝大多数西方发达国家的工业增长水平要高（美国为 3.4%，加拿大为1.5%，英国为 1.3%，法国为 0，意大利甚至为 -0.1%），仅低于日本的 4.2%。[②]

其间，从人均工业品的增长看，也大体呈现上述发展态势。1985 年同 1950 年相比，苏联人均工业品增长 8.5 倍，同期的意

---

① 《1985 年苏联国民经济》，第 34 页；《苏联国民经济六十年》，第 88 页。
② 《苏联国民经济六十年》，第 92 页；《1985 年苏联国民经济》，第 584 页。

大利为 4.4 倍，联邦德国为 3.6 倍，法国为 2 倍，美国为 1.4 倍，英国为 0.85 倍，只有日本最高为 18 倍。[①] 从总体上看，其间苏联工业发展快于日本以外的所有发达资本主义国家。

在取得辉煌成就的同时，苏联经济也蕴藏着很大的风险，其中最主要的就是苏联社会劳动生产率的提高趋缓甚至下降，经济效益较差，产品在国际市场上缺乏竞争优势。

创造高于资本主义的劳动生产率，这是社会主义制度优越性的根本基础。20 世纪 60 年代以前，苏联的劳动生产率在自身原有的基础上曾有过较快的提高。但进入 20 世纪 70 年代后，由于复杂的原因，反映苏联经济效率的主要指标呈下降趋势。其年均社会劳动生产率增长速度在 1966～1970 年为 6.8%，1971～1975 年为 4.5%，1976～1980 年为 3.3%，1981～1985 年为 2.7%。同期，资金产值率没有提高，反而是负增长：1966～1970 年为 -0.7%，1971～1975 年为 -2.3%，1976～1980 年为 -2.8%，1981～1985 年为 -2.6%。[②] 这使苏联的工业劳动生产率和农业劳动生产率同西方发达国家相比，差距又有所拉大，以致远低于西方发达国家。据苏联官方统计，1966～1984 年，苏联农业生产总值相当于美国的 80%～85%，但农业劳动生产率只及美国的 20%～25%。20 世纪 80 年代上半期，苏联工业生产总值为美国的 80%，而工业劳动生产率则为美国的 55%。[③]

劳动生产率相对较低，不仅意味着活劳动的更多投入，而且

---

① 《苏联国民经济六十年》，第 92 页；《1985 年苏联国民经济》，第 584 页。
② D. 库拉托夫：《国民经济结构的变化》，《计划经济》1985 年第 5 期。
③ 《1985 年苏联国民经济》，第 589 页。

意味着自然资源的高损耗和工艺水平的落后。在资源利用的效率方面，苏联也远低于西方发达国家，其单位产品的原材料消耗比发达国家高 1～1.5 倍，而燃料和能源的消耗则高 50%。[1] 由于资源的高消耗和严重浪费，自然资源原本丰富的苏联，在某些方面竟成了资源短缺的国家，这又反过来制约了经济的发展。

苏联的工业制成品，除了少数军工产品之外，受工艺水平落后的制约，大多"傻""大""黑""粗"，质量不高，在国际市场上缺乏竞争力。同时又由于受西方发达国家进出口的严厉限制和贸易歧视，其对外贸易多方受阻，发展缓慢。苏联出口的货物绝大部分是能源产品和原材料，而且占发达资本主义国家之间贸易的比重较低，仅占 1/4 左右。1985 年，苏联进出口贸易占世界外贸总额的比重为 4.2%，而美国为 14.4%，英国为 5.3%，法国为 6.2%，联邦德国为 8.6%，日本为 7.7%，均高于苏联。[2] 苏联对外贸易发展缓慢，经济的外向化程度低，再加上技术转让方面受到限制，进一步影响了其劳动生产率和经济效益的提高。

由于冷战的发生，苏联长期被排斥在以美国为核心的国际经济体系之外，科技和经济发展都受到严重的影响。苏联也曾经建立以自己为中心的庞大联盟，但这个联盟以军事为主要目的，科技和经济在其中发挥的作用很小。况且，苏联在联盟中处处以"老大"自居，妄图从实质上将联盟的其他成员变为自己的殖民地，政治上打压，科技和经济发展上压制，最终"洒向人间都是

① 《真理报》1990 年 7 月 3 日。
② 《苏联与外国 1987》，第 49 页。

怨，一枕黄粱再现"。

苏联经过 70 余年的建设，尽管取得了伟大的科技和经济成就，大大缩小了同西方发达资本主义国家的差距，但是直到 20世纪 80 年代中期，仍未创造出能保证社会主义新制度取得完全胜利的技术和经济优势。正如列宁所强调的那样，"劳动生产率，归根到底是使新社会制度取得胜利的最重要最主要的东西"。[①]正是由于创新的缺失，苏联在经历短暂的辉煌之后迅速崩溃，一个曾经的世界"巨人"轰然倒下。

日本的追赶与迷失

日本是最为典型的后发展型追赶成功的国家。日本位于太平洋西岸，是一个与亚洲大陆隔海相望的岛国。由于自然资源匮乏，在很长一个历史时期内，日本一直是一个贫穷、弱小、落后的封建小国。19 世纪 60 年代末，日本在西方资本主义工业文明的冲击下，开始了由上而下的具有资本主义性质的全盘西化的现代化改革运动，史称明治维新。自此，日本在经济上推行"殖产兴业"，学习欧美技术，推进工业化浪潮，并且提倡"文明开化"、社会生活欧洲化，大力发展教育等。这次改革使日本成为亚洲第一个走上工业化道路的国家，并使之逐渐跻身于世界强国之列。这是日本近代化的开端，是日本近代历史上的重要转折点。

"二战"后，日本经济濒临崩溃的边缘，但在美国的监护和

---

① 《列宁选集》第四卷，人民出版社，1995，第 16 页。

扶植下，再次通过大量引进国外先进技术，注重在消化吸收基础上的再创新，迅速实现了崛起。到 20 世纪 60 年代末，也就是明治维新 100 年后，日本的经济总量超越德国，成为西方世界仅次于美国的第二经济大国。到 20 世纪 80 年代末，经济总量达到美国的 60%，成为世界第二经济大国，人均国内生产总值居世界前列，而且在海外拥有庞大的资产（如今的日本海外资产已经超过本土资产 1.5 倍）。

但到了 20 世纪 90 年代，由于资产价格（股票价格、地价）急剧下跌，受泡沫经济崩溃的后遗症影响，日本经济陷入长期低迷，被称为"失去的十年"。进入 21 世纪，日本仍然延续着低迷的经济增长速度，经济结构调整始终难有突破。

日本崛起的科技创新因素

日本之所以能在 19 世纪末实现崛起，是国内国际多种因素作用和一定历史条件的结果，其中最关键的是科技因素，日本通过大胆引进和吸收西方先进技术使之本土化并着力培育人力资本，在亚洲率先建立近代产业体系，实现了经济和军事实力的快速提升。

1868 年，明治政府上台后，在"脱亚入欧"的总方针指导下，不遗余力地引进西方技术。日本中央政府专门设立工部省，大力推行"殖产兴业"计划，主要举措是在各官营产业中广泛引进、采用西方先进技术设备和生产工艺，大量引进、译介西方科技信息情报资料（图书、文献和图片），聘用外国工程师、技术人员，派遣留学生到欧美学习以及引入外国直接投资等。

日本政府经济部门和私营企业还与欧美企业缔结许可证生产合同、技术协作合同等，并通过反求工程（即倒序制造）快速消化吸收西方先进技术，成功实现了技术的转移和本土化。

同时，着力夯实智力基础，培育人力资本，包括：1871 年颁布《学制令》，实行强制性初等教育，仿照西式教育构建国民基础教育体系；创办帝国工程学院（亦称工部大学，后与东京大学合并），并在京都大学、东北大学和九州大学设立工程系，积极培养日本的工程师和技术人员，使其能够接管由西方专家管理的工厂、矿山和铁路，实现技师的"进口替代"。

"二战"后，在美国的庇护下，日本将其善于学习、惯于"拿来主义"的传统，在新的时代条件下更充分地演化为对引进技术的消化吸收再创新，形成强大的科技创新能力。日本高度重视对引进技术的消化吸收再创新，把科技创新的重点放在应用研究和产品与工艺的开发上。在引进硬件设备时，注重购买技术许可证和专利，鼓励企业收购国外的小型高科技公司；同时在重大技术创新和发展中发挥政府强有力的组织和协调作用，并采取市场保护、金融支持、财税扶持等措施给予支持。

在 20 世纪五六十年代的经济高速增长时期，日本政府大力推行贸易立国的经济发展战略，大搞加工贸易。由于实施贸易立国的经济发展战略，日本重化工业在出口支持下得到高速发展，改善了出口结构，提高了贸易条件和国际竞争力。同时，重化工业的发展也带来了高污染、高能耗，难以持续发展。1980 年 3月，日本政府根据世界科技革命的发展趋势，提出了"通向技术立国之路""创造性的技术立国"的战略思想。1981 年 1 月，日本政府又强调科技振兴是"打开今后所面临的许多问题的关键""科学技术进步是经济发展的动力，是国民生活提高的基础"。由此，"技术立国"正式成为日本经济发展的新战略，因此 1981 年也被称为"技术立国元年"。

1995 年 11 月，日本政府公布《科学技术基本法》，在技术立国的基础上进一步提出了"技术创新立国"的战略口号。由此，日本"技术立国"战略进入一个新阶段，即"科学技术创新立国"战略阶段。从技术立国到技术创新立国，意味着日本技术立国的战略核心发生了根本性转变，实现了质的飞跃。

进入 21 世纪以来，日本政府在继续实施科技创新立国战略的基础上，又先后制定和实施了 IT 立国战略（2000 年 11 月）、知识产权立国战略（2002 年 7 月）、观光立国战略（2003 年 5 月）、投资立国战略（2005 年 4 月）、环境立国战略（2007 年 6 月）和创新立国战略（2007 年 6 月），形成了一个立国体系。上述立国战略看起来眼花缭乱，但都有一个共同的主线——高度重视技术的研发，都特别强调推动科技发展的人才培养和制度改革。也就是说，以推动科技革命、技术进步和人才培养为根本宗旨和主要目标的科技创新立国战略才是最重要、最根本的，是日本 21 世纪初立国战略的核心，也是其他立国战略获得成功的基本前提和根本保障。总而言之，科学技术是生产力，是推动经济社会发展的根本动力，以科学技术创新为中心，加强人才培养，提高产业和企业的国际竞争力，才是日本经济在 21 世纪实现新发展的关键。在科学技术创新立国战略的指引下，日本的科技创新成效显著，并显示出以下特点。

一是重视推进新产品、新技术的研究开发。1980～1990 年，日本申请的工业知识产权由 56.66 万件增至 72.19 万件，增加 27.4%。20 世纪 90 年代以来，日本每年申请的知识产权数虽然趋于减少（2007 年减少为 58.64 万件，比 1990 年减少 18.8%），但新申请专利数仍继续保持增加的趋势。其中，2005 年为 42.71 万件，比 1990 年增加了 16.2%；2007 年为 39.63 万件，仍超过 1995 年的水平。结果，新申请专利数占知识产权总数的比重已由 1980 年的 33.8% 提高到 1990 年的 51.0%，2005 年又提高到 69.6%，2007 年仍为 67.6%。2007 年，日本知识产权总数为 330.05 万件，比 1990 年增加 33.8%，其中，本国人拥有 289.76 万件，外国人拥有 40.29 万件，分别占 87.8% 和 12.2%。在当年的知识产权总数中，专利数为 120.63 万件，比 1990 年增加 104.5%，占知识产权总数的比重由 1990 年的 24.8% 提高到 36.5%，其中，本国人拥有 108.68 万件，外国人拥有 11.95 万件，分别占 90.1% 和 9.9%，与 1990 年相比，分别增加 111.2% 和 58.9%。可见，虽然外国人在日本申请授权的知识产权数增加很快，但在知识产权中最为重要的专利方面，本国人拥有数的比重和增速都超过了外国人拥有数的比重和增速。

二是科技研究开发成果居世界领先地位。从国际比较看，2007 年，日本专利申请数仅次于美国，居世界第 2 位，授权登记数超过美国，居世界第 1 位；外观设计申请数和授权登记数排在中国、德国、韩国之后，居世界第 4 位（见表 9-1）。在应用研究方面，日本的半导体、液晶技术在 20 世纪 80 年代已经领先于世界。现在，在汽车、液晶电视、计算机以及集成电路、半导体元器件等制造方面，日本持续保持世界一流的技术水平；在基础研究方面，日本在 IPS 细胞、新超导物质发现以及太阳能电池、燃料电池、锂电池、蓝色激光技术等方面，也获得了举世瞩目的科技成果，涌现了一批世界级大师，2000 年以来已有多人获得诺贝尔奖。

表 9 - 1　2007 年世界主要国家知识产权数

单位：件

国家	专利		外观设计	
	申请数	登记数	申请数	登记数
美国	456154	157283	25515（2006）	20965（2006）
日本	396291	164954	36544	28289
德国	60992	17739	54794	56701
英国	24999	5930	4683	4296
韩国	172469	123705	54362	40745
中国	245161	67948	267432	133798

资料来源：〔日〕总务省统计局编《世界统计 2010》。

　　三是技术贸易顺差迅速扩大。1990～2007 年，日本技术出口额由 3719 亿日元增加到 7105 亿日元，增加 0.91 倍；技术贸易由 25 亿日元的逆差转为 17718 亿日元的顺差；技术贸易收支比（技术出口额/技术进口额）由 0.91 倍扩大到 3.49 倍。以下为 1990～2007 年在技术贸易方面日本与其他主要发达国家的国际比较。技术出口额方面，日本由 23.44 亿美元增至 210.80 亿美元，增加 7.99 倍；美国由 166.34 亿美元增至 859.19 亿美元，增加 4.17 倍；英国由 20.74 亿美元增至 346.22 亿美元，增加 15.69 倍；德国由 63.36 亿美元增至 427.39 亿美元，增加 5.75 倍。比较而言，日本的增速高于美国和德国，低于英国。技术进口额方面，日本由 25.69 亿美元增至 60.34 亿美元，增加 1.35 倍；美国由 31.35 亿美元增至 489.57 亿美元，增加 14.62 倍；英国由 27.14 亿美元增至 178.16 亿美元，增加 5.56 倍；德国由 69.43 亿美元增至 383.50 亿美元，增加 4.52 倍。比较而言，日本的增速最低。2007 年，日本技术出口额列美国、德国和英国之后，是世界第四大技术出口国，技术贸易顺差列美国和英国之后，是世界第三大技术贸易顺差国（见表 9-2）。

表 9-2　主要国家的技术贸易额

单位：百万美元

国家	技术出口			技术进口			技术贸易收支		
	1990 年	2005 年	2007 年	1990 年	2005 年	2007 年	1990 年	2005 年	2007 年
美国	16634	74826	85919	3135	31851	48957	13499	42975	36944
英国	2074	30677	34622	2714	14867	17816	-640	15810	16806
德国	6336	34307	42739	6943	29756	38350	-589	4551	4389
日本	2344	18403	21080	2569	6385	6034	-225	12018	15046

资料来源：〔日〕总务省统计局编《世界统计 2010》。

一项分析大数据列举了 1981～2011 年几个主要国家（韩国、日本、德国、美国、法国和中国）的研发经费占 GDP 的比重。截至 2011 年，日本的研发经费占 GDP 的比重排在这几个国家的第 2 位。进入 21 世纪后，日本科学家频频摘得诺贝尔奖桂冠，日本新增诺贝尔奖牌已达 17 枚之多。日本的得奖频次仅次于美国，甚至把英国、德国、法国等科技强国都甩在了身后。

与这些骄人的数据形成对比的是，日本在新一轮的技术革命中并没有占据更加有力的地位，更没有形成突破型技术创新成果，也就没有借此形成新的支柱产业，其更多是追随美国的步伐，充其量不过是一名优秀的追随者。其中缘由耐人寻味。

日本一桥大学副教授鹫田祐一在《创新的误解》一书中写道，20世纪80年代后期以来，日本制造业在集成电路、软件、互联网和移动网络的国际标准竞争中"四连败"。

鹫田祐一认为，日本的闷头创新与市场脱节。20世纪80年代后，出于降低成本的需要，日本企业纷纷将生产基地迁往海外，设计和研发中心仍留在日本，造成技术开发与市场开拓脱节。鹫田祐一将其称为"用户不在现场的创新"。学术界常用"加拉帕戈斯综合征"①来评价日本的创新失败。日本创新的这种"孤岛"现象，部分来自受日本国人推崇的"匠人传统"。匠人精神讲究的是精益求精、自我超越，但一不小心就会闷头干活、故步自封。

日本企业擅长"改良式"创新，执着于对功能的细化，缺乏"革命性"的创新。虽然日本在基础科学研究上实力还不错，但所做的都是些改良型技术，无法催生革命性进步，还有些是纯理论无法转化成生产力的。日本家电制作精良、功能过剩、价格昂贵。比如日本品牌的微波炉一般会设计几十个烹调程序，但大多数消费者一年到头可能就用到4个按键。由于日本国内是个人口过亿的发达市场，消费者偏好国产品牌，即使价格稍高也能接

---

① 加拉帕戈斯是太平洋上的一个群岛，那里的物种独自完成进化，抗击外来物种侵袭的能力低下。

受，而日本企业只要能满足国内市场需要，一般也能过得不错，因此，许多日本企业只把海外视作廉价生产基地，并没有充分研究当地的市场需求。这导致面对新兴市场消费者"功能一般，价格减半"的需求，日本品牌的竞争力大打折扣。

独有技术难以支撑新产业的发展。尽管用"只见树木，不见森林"来形容日本的产业发展有失公允，但日本企业缺乏对用户需求的把握，日本最终没能将技术上的优势转化成受人欢迎的终端产品，更没有形成独有的新产业。很多人都在赞扬日本的"工匠精神"，确实，日本在很多细分领域都保持着很精良的制造能力，很多专利属于公司独有，对细节有很高要求，追求完美和极致，对精品有执着的坚持和追求，要想做出与其类似的产品，就必须学习日本的技术。时至今日，日本仍是智能手机产业链的隐形冠军。苹果、三星等各大手机品牌的显示屏、摄像头等核心零部件仍依赖日本企业提供。但是，世界级的互联网"大佬"中几乎没有日本人，日本的芯片制造还不如韩国，日本制造的手机几乎只能卖给日本人，日本程序员的储备数量还不如印度，日本企业外销组装胜不过富士康。尤其是在以网络为新一代技术革命重要标志的今天，网络不仅创造了新的业态，也在极大地改变着传统的业态。但日本在网络发展方面没有可以称道之处。鹫田祐一认为，网络时代的创新已经由技术开发主导转向用户需求主导。企业不能过于相信"有好的技术就会赢得市场"。《财富》世界500强排行榜一直是衡量全球大型公司的最著名、最权威的榜单，由《财富》杂志每年发布一次。自诞生之日起，《财富》杂志的编辑们就决定将收入作为企业排名的主要依据，因为收入是衡量增长和成功最可靠、最有力证明，也是最有意义的指标。纵观近20 年世界 500 强企业榜单，我们大致有这样一个感觉：北美、西欧、东亚各占 150 家左右，余下 50 家为世界其他地区。尽管每一年，北美、西欧、东亚进入世界 500 强的企业数量不同，但是大抵呈上述分布格局。然而，我们可以看到，近 20 年，东亚进入榜单的企业每年依旧占据那么多的位置，只是内部分配有较大变化。1995 年日本有 149 家世界 500 强企业，与美国分庭抗礼、并驾齐驱，风光无限！而到了 2015 年，日本只剩下 54 家，萎缩了近 2/3！日本成为衰落最迅速的国家，没有之一。

日本的"大企业病"致其行动迟缓，也是其始终作为追随者的重要原因之一。2015 年 3 月，三洋电机将其在日本国内最后的子公司出售给一家投资基金公司，曾经的家电巨头黯然退出历史舞台。三洋电机败在等级分明、效率低下的日本"大企业病"。在大公司里，每个部门看似都在勤勤恳恳地工作，但管理环节多，部门之间沟通少，最后变成谁都不负责任。而信息经过漫长的流程到达最高决策者手中时往往已经失真。

受传统文化影响，日本企业论资排辈现象严重，企业员工都不愿冒风险。20 世纪六七十年代，日本曾涌现松下幸之助等一批杰出的企业家，但目前日本企业家在国际上的影响力则大不如前，最出名的孙正义还是韩裔，并被认为是日本商界的"异类"。日本年轻人出国留学、创业的愿望也远低于其他国家的同龄人。在经济高速发展期为留住熟练工人普遍实行的终身雇佣制和"年功序列制"导致工龄越长工资越高，使年轻人更愿意在大公司里安稳度日而不愿冒风险创业。

日本的产业发展及经济增长

"二战"以来，日本不仅每10年制订一次产业发展规划，提出这一时期产业发展的基本理念和目标，而且在不同的经济发展阶段还会确定不同的支柱产业，以带动国民经济的全面发展（见表9-3）。

表9-3　日本主导产业的发展历程

年代	主导产业
20世纪50年代	煤炭、钢铁、化学制品、普通机械、运输机械
20世纪60年代	钢铁、运输机械、普通机械、石油及煤制品
20世纪70年代	钢铁、普通机械、运输机械、电动机械
20世纪80年代	电动机械、普通机械、化学制品、运输机械
20世纪90年代	电动机械、化学制品

在"二战"后最初10年的经济复兴时期，提高生产力是日本面临的最优先课题。对此，日本不仅把当时对其他产业起基础作用的煤炭开采作为支柱产业，还将被称为"工业粮食"的钢铁作为第二支柱产业，制订了"煤炭钢铁超重点计划"，通过"倾斜生产方式"投入大量资金。

当煤炭生产力基本接近"二战"前水平之后，又着力发展钢铁生产。当时，作为钢铁产品原料的生铁是由八幡制铁和富士制铁两家钢铁公司垄断的。这两家公司若拒绝供应生铁，其他钢铁公司就无法维持生产。这一状况严重地制约了日本钢铁产业的发展。在此情况下，日本通产省通过提供资金、税收优惠、增加外汇配额等方式，积极支持川崎制铁公司引进最先进的技术和高度自动化设备，在千叶县建立了超大规模的钢铁厂，从而大大提高了日本钢铁生产能力和国际竞争力。到 1961 年，钢铁成为日本出口量最大的产品。到 1973 年，日本粗钢产量达到 1.2 亿吨，超过了美国，仅次于当时的苏联，成为世界第二钢铁生产大国。在日本经济高速增长过程中，钢铁工业发挥了巨大的推动作用。

进入 20 世纪 70 年代，汽车产业取代钢铁产业成为日本的支柱产业。尽管当时日本各界对发展汽车产业的前景并不乐观，但通产省认为，汽车工业作为高度综合性产业，具有带动其他产业向高层次发展的各种要素和巨大波及效果，也是反映日本工业水平的一面镜子，因而把汽车工业作为战略产业加以扶持。于是，日本派遣大批技术人员到国外学习和吸收先进的汽车制造技术。此后不久，日本汽车迅速扩大了在世界市场上的份额。从 20 世纪 70 年代下半期开始，日本汽车产业大举进军全球市场。2004年以后，日本汽车国内生产一直占 50%（最近几年降至 40% 左右）。现在，汽车产业主要是靠近消费地区进行"地产地消"，而日本国内市场则到了饱和期，总需求维持在 500 万台左右。2014年，12 家汽车生产厂商共计生产 2725 万台汽车。其中，境外生产基地生产 1748 万台，超过总产量的 60%。

正当日本汽车大面积袭击欧美市场时，家用电器作为日本新一代支柱产业也冲出日本，走向世界。日本发展电子工业过程的一个显著的特点和成功的经验，是重视民用消费电子产品的发展。1948 年，美国贝尔研究所发明了半导体三极管，美国的做法是将其应用于军事，而日本则将其民用化，研制出世界上第一台晶体管收音机（1955年由日本索尼公司商品化）。日本优先发展消费电子产品的策略是成功的，既高速度地满足了国内生活水平提高的需要，也在繁荣经济、占领国际市场方面取得了巨大的好处。在今日国际市场上，日本的消费电子产品价廉物美、享有盛誉，家用电器销往各个国家，连美国也受到剧烈的冲击。1978年，日本的洗衣机、电冰箱、吸尘器、电风扇、空调器均占世界总产量的1/5左右。家用电器的国内普及率，除空调器只占35%以外，吸尘器、电风扇都已超过95%，洗衣机和电冰箱则高达99%。

机床产业是日本又一个支柱性产业。机床是制造业的基础设备，机床产业也是重要的基础产业。日本继美国、德国之后，成为世界上第三个建立机床工业、制造业的工业化强国。1889年，日本池贝铁工厂建立，开始生产第一台机床。这是其机床工业的萌芽期。此时，政府大力扶植机床工业，在方针政策上鲜明地把机床工业作为其制造工业乃至整个国民经济发展的重点。至今，日本在战略上先后提出科技立国、贸易立国；在战术上则一直以机床工业为基础，成为世界公认的机床工业强国。1982年，凭借在数控机床方面世界领先的优势，日本的机床产值以37.9亿美元超过联邦德国的37.48亿美元和美国的37.45亿美元，跃居世界第1位。此后的25年间，日本数控机床产量持续保持迅速增长，机床产值逐年上升，直到世界经济危机前的2007年，其机床工业产值始终高居世界首位。

近年来，随着因特网的迅速普及和数字技术的飞速发展，信息产业迅速扩大。信息产业作为新的战略产业在日本日益受到重视。1997 年，日本信息产业生产总值达 111.1 万亿日元，其附加值也达 47 万亿日元，超过了传统产业建筑业。日本是机器人大国，工业机器人每年的营业额和产量都位列世界第 1。尤其是日本的工业用机器人，出口占比更是快速增长，在出口中占比高达67%，且在世界市场的份额长期占据第 1 位，2013 年达到 40%左右。

动漫产业在日本也得到蓬勃发展，作为世界上最大的动漫产业创作输出国，日本动漫产业的产值 2015 年达 230 万亿日元，成为日本的第二大支柱产业，在日本每年经济中的占比为 18% ~25%。日本也是世界上数字媒体产业最发达的国家之一。其数字媒体产业的产值已经超过钢铁制造业等传统产业，跻身日本三大经济支柱产业，在日本每年经济中的占比为 15% ~17%。

回顾日本的经济发展史，可以清晰地看到一条从"成功"转向"失落"的曲线。"二战"以后，日本经济率先复苏，突飞猛进，一度跃升为世界第二经济强国（2010 年被中国超越）。1985年，日本经济进入泡沫化阶段；20 世纪 90 年代初泡沫破灭，日本经济自此一蹶不振，陷入"失落年代"，至今仍未能完全走出来。总体上，日本的经济发展可分为三个阶段。

第一阶段，1868 ~ 1945 年，明治维新后的崛起阶段。经过1894 年的甲午海战和 1904 年的日俄战争，日本获得了大量的战争赔款，并从殖民地、半殖民地攫取了大量资源类产品，成为西方国家中的后起之秀。第一次世界大战以后，日本的工业在国民经济中的比重达到 56.8%，日本从农业国转变为工业国。

第二阶段，1946 ~ 1985 年，战后经济复兴及高速增长阶段。

尤其是在 1956～1973 年，更实现了高速增长。1956 年日本的《经济白皮书》宣称"现在已不是战后了"。这被认为是日本进入经济高速增长时代的"宣言"。政府制定了以"扶持出口、经济起飞"为目标的产业政策，对于新兴成长型产业、加工产业和出口导向型产业予以大力扶持；企业则通过大规模模仿和引进欧美国家的产品和技术，将低成本、低价格的产品销售到世界各国。在"道奇路线"确定的 1 美元兑 360 日元的超低汇率支撑下，日本对外贸易迅速由逆差转为顺差，并成为其经济快速增长的"火车头"。1955～1973 年，日本经济年均增长 9.8%，成为发展速度最快的国家，被称为"日本奇迹"（见表 9-4）。1968 年，日本国民生产总值超过当时的联邦德国，成为仅次于美国的世界第二经济大国；日本 GDP 相对于美国 GDP 的比例，也从 1950 年的 3% 迅速提高到 19.8%。

表 9-4 主要西方国家实际 GDP 年均增长率比较

单位：%

国家	1860～1913 年	1913～1938 年	1955～1973 年
美国	4.3	2.0	3.5
英国	2.4	1.0	3.0
法国	1.1	1.1	5.2
联邦德国	3.0	1.3	5.9
日本	4.1	4.5	9.8

第三阶段，1992 年至今，长期低迷阶段。在这一阶段，日本陷入长期通缩，债务率持续攀升。在泡沫经济崩溃后，日本政府曾推出过一系列经济刺激计划，动用超过 100 万亿日元的资金刺

激经济，但效果并不明显，反而产生了一批"僵尸企业"和"僵尸银行"。1990～2013年，日本政府的负债率迅速从47.6%增长到209.3%，位居发达国家之首，远远超过公认的60%的国际警戒线。2013～2015年，日本政府债务总量连续3年突破1000万亿日元大关，规模超过德国、法国和英国的总和。

当前，日本经济的主要问题是经济结构转型升级缓慢，产业空心化效应凸显。其根源在于：基础研究实力相对薄弱，因而在技术创新上长期依赖对欧美基础科研成果的吸收和消化，对信息经济反应迟缓。当美国产业结构向以高科技和知识信息产业为主导迅速转换时，日本受基础科学研究水平的制约，尚未形成信息科技主导型的产业结构，加之日本在产业结构调整方面犹豫不决，国内经济结构调整步伐缓慢，至今无法形成内生驱动发展模式。

另外，日本从来都不是经济全球化的积极推动者（除了积极发动殖民战争之外），日本企业的固有观念是，只要在拥有全球最挑剔消费者的日本市场上畅销，在国外市场就能畅销，日本企业的技术实力比国外强，日本的出路在于产品制造，等等。日本是经济全球化的受益者，日本也是对外贸易大国和对外投资大国，同时，日本的国内市场却很封闭。日本过分强调自己的独特性，从而产生了过分的优越感，仅把外部市场作为原材料的来源地和产品的倾销地。可以说，日本只是在享受全球化的成果，却鲜为全球化做出积极的有重要影响的贡献。尽管日本在一些领域的科技创新能力仍处于世界最前沿，经济实力依然雄厚，仍旧是世界贸易大国和投资大国，但就格局而言，日本注定无法成为世界领导者。

追随者不是失败者，它们都曾拥有各自的辉煌，取得了令人惊叹的成就，并一度有望成为世界新潮流的引领者。但它们就在看似已经非常接近目标的时候戛然而止了，仿佛在追赶的路上"筋疲力尽"了，完全没有力量再进行冲刺。也就在这时，它们与引领者的差距被拉开，而且越拉越大。形成这一局面的原因并不是它们不够优秀，不是它们在原有产业的发展上做得不够好，而是突破型技术创新所带来的新产业、新产业集群、新商业模式，使得传统的优势产业相形见绌。汽车和火车的出现，让使用了几千年的马车成为怀旧的旅游项目；数字化革命使传统工业的标准化、规模化失去光鲜，让制造的智能化、个性化成为潮流。追随者抓住了领先者开创的历史机遇，成功地发展了自身，却没有培养可持续的创造力，尤其是没有培养实现突破型技术创新的创造力，没有产生并及时运用新的突破型技术，没有形成新的产业和产业集群，更没有扩大自己的市场容量。在历史发生转折的时候，追随者没有及时跟上节奏、及时调整，没有成为潮流的推动者，却满足于已有的成就，或只是在传统技术、传统产业里"深耕细作"，结果只能被历史无情地抛弃。与实现了超越式发展的国家相比，追随者不是输在起跑线上——尽管各自的起跑线并不一致，而是输在转折点上，输在格局上。只有紧跟潮流、推动潮流才有机会超越；只有永远面向未来，才可能拥有未来！

第十章

资本：技术创新的推手

创新是一个经济体生存和发展的灵魂，而技术创新则是其中最重要的创新。技术创新可以降低生产者的生产成本、提高利润、扩大市场占有率，是生产者核心竞争力的重要组成部分。创新以产品开发和制造过程中形成的知识和经验体系为基础。这种体系一旦消失，创新也就不复存在了。一个国家若丧失了将技术发展转换为成熟产品的能力，那么它最终也会失去创新能力。随着美国先进的技术及其工业基础一道被全球的竞争者抢占，短时间内能替代的新技术将会很少。而未来技术将以今天的技术为基础，什么都不是凭空就能得到的。

创造新技术需要投资，生产者的技术创新离不开资金的投入。资金在某种程度上是技术创新的约束。一方面，技术创新具有高风险、高收益和超前性的特征，这决定了技术创新活动对于资金的需求是很大的；另一方面，技术创新具有阶段性的特征，在不同的阶段对于资金的需求会呈现不同的特征。因此，考虑到经济体在不同发展阶段的特点、技术创新的阶段性特征以及资金的来源特点等，还应合理地设计资金投入方案，以期创新者能以最低的融资成本获得最高的利润。

曾被认为很好地解释了经济增长奥秘的新古典增长理论，后来也受到了许多批评。其中最重要的意见是：资本和劳动等要素的增长与技术进步（全要素生产率的提高）之间是互动的，而不是该理论所认为的互相独立的。[①] 引用两位美国经济学家通俗易懂的话，"……技术变化对于经济增长的贡献很难独立于投资，因为大多数新技术需要体现在资本品之中才能被引入。大多数新技术是作为投资决策的结果才进入经济生活源流的。同时，技术变化的特性，特别是要素的节约型或使用型的倾向，也会影响对于物质资本和人力资本的投资需求"。[②] 实际上，纳尔逊在 1964 年就已经证明，无论全要素生产率对于经济增长的作用有多大，它的增长速度都取决于资本存量的增长速度。[③] 甚至作为新古典增长理论创始人的索洛本人，也在后来的著述中指出了技术变化与投资之间的互补性，或者技术变化体现为新资本设备的必要性。[④] 因此，那种认为可以脱离对物质资本和人力资本的投资去提高全要素生产率的观点完全是无稽之谈——天底下没有不需要投资的创新。

事实上，如果要推动经济增长向依靠生产率提高的方式转变，就应该加大、加快对带来更高生产率和更高附加值的新生产能力的投资。用于短期刺激的投资和用于长期结构调整的投资在政策上是可以区分的，也存在可以分别实施的手段。如果不加区

---

① Richard R. Nelson, "Research on productivity growth and productivity differences: dead ends and new departures", *Journal of Economic Literature*, No. 3 (1981).

② David Mowery and Nathan Rosenberg, *Paths of Innovation: Technological Change in 20th-Century America*, Cambridge University Press, 1998, p. 4.

③ Richard R. Nelson, "Aggregate production functions and medium-range growth projections", *American Economic Review*, No. 5 (1964).

④ Richard R. Nelson, "Aggregate production functions and medium-range growth projections", *American Economic Review*, No. 5 (1964).

别地不投资或少投资，就会阻碍技术进步和创新。很显然，如果
经济转型的目的不是退回石器时代或农耕时代，就必须以效率更
高的新生产能力代替旧的生产能力。而形成新的生产能力以及必
须相应进行的技术进步和创新活动需要新的投资。更何况，生产
能力的新旧交替只能在不间断的过程中完成，因为任何一个社会
都不能有一天停止生产。

现代经济把大量的资源投入研发（R&D）中以系统地创造新
产品、新工艺。事实上，有计划地将如此大量的资源用于技术创
新是近期才出现的。在 19 世纪中叶以前，技术进步主要是 "工
匠们" 改进产品的结果，与正规训练的科学家无关。大多数研发
工作是私人企业为了寻求利润最大化而进行的。然而，技术独特
的本质一直促使政府在研发方面发挥作用。例如，1714 年，英国
政府提供 20000 英镑的奖励，鼓励发明一种测量地球维度的精确
方法。2006 年，美国 31% 的研发由政府发起，但大部分研发的目
的是军事应用而不是生产性的应用。互联网是一个非常典型的例
子，它就是在政府的支持下创造并发展起来的。

为说明创新与投入之间的关系，笔者在这里引用一位美国工
业家对美国人的忠告：

> ……那种认为美国的创新精神在需要的时候就会体现出
> 来的想法本身就忽略了一个基本事实：一个创意发展成为产
> 品的过程并不是在真空中进行的。①

---

① 小理查德·埃尔克斯：《大国的命脉》，中国人民大学出版社，2008，第 4 页。

技术创新的特点及资金需求

技术创新的特点

技术创新是高风险的活动。技术创新需要相应的投入，投入的多少取决于技术创新的程度；而且，这种投入不只局限于技术的研究开发阶段，还可能延伸到推广应用阶段，如投资机械设备、开展营销网络等。这些投入能否顺利实现价值补偿，受到许多不确定因素的影响，既有来自技术本身的不确定性，也有来自社会和市场的不确定性。其中，组织管理方法的创新虽然投入比较小，但如果进入实施阶段，则需对原有的组织管理方法进行革新，涉及利益的重新调整。因此，能否产生效益，也难以把握。如果环境发生变化或劳动者难以接受新的组织管理方法，可能会挫伤劳动者的生产积极性，致使产量下降、质量滑坡，企业的经济效益降低。

技术创新也是高收益的活动。经济活动中高收益与高风险总是并存的。据有关资料，有 20% 左右的成功率可收回技术创新的全部投入并取得可观的利润。正因为如此，世界上许多国家成立了风险投资银行，向技术创新提供风险性贷款，促进技术创新。现在许多企业也正是看到技术创新的高收益性，才进行技术创新并求得发展。

技术创新具有超前性或先进性。技术创新必然具有超前性，否则也就无创新可言。而正是技术创新所具有的超前性，才能使创新者占领竞争的制高点，赢得竞争的胜利。同时，技术创新的超前性还必须与其适应性、可行性结合，否则，太超前的技术一方面可能在技术上不可行，另一方面可能难以适应市场，增加技术创新的风险。知识经济时代，企业的生产经营环境将发生重大变化：人们的消费观念由数量型转入质量型，追求享受与发展；知识产权对技术创新成果的保护更加有效，技术贸易壁垒更趋坚实；新技术不断涌现，技术生命周期不断缩短。在这种环境下，企业不进行技术创新就会灭亡。

资金是技术创新活动的重要推动力及保障

技术创新的风险性要求企业必须有足够的资金支持。技术创新通常风险巨大，需要雄厚的资金支持，以防止创新失败使整个企业陷入困境。为了对冲企业技术创新的风险，政府通常需要建立技术创新风险补偿体系。该体系依赖国家和各级政府部门的直接推动与财政支持，是由企业、科技保险公司、贷款银行、担保机构及风险投资公司所进行的一种全面、系统、规范的补偿机制与制度安排。技术创新风险补偿体系的直接受益者是技术创新活动的所有参与者。技术创新风险补偿体系的核心思想和主要方式，就是对每个参与技术创新活动的主体，根据其承担技术创新风险的大小给予适当的补偿，以提高他们参与技术创新的积极性和主动性。

技术创新需要对人才与设备进行投资。任何技术创新都需要人力资源与物质资源的结合，因此，必须要进行人才培养和基地建设，包括建立研究开发中心、专业实验室、中间试验基地和信息库等。离开这些硬件投资，技术创新就会成为无米之炊。另外，由于技术整体的不可分性，企业要应用一项技术工艺来生产某项产品，所采用的技术及其配套手段，也会有一个最低规模的资本额度。如果达不到这一要求，企业就无法采用这一技术。这就是技术创新的人才与设备投资规模的最低门槛。

技术创新是一个动态过程，包含两重含义：一是技术创新有一个循着"研发－中间试验－产业化"三个环节递进发展的过程；二是技术创新需要与时俱进，能经久不衰地持续下去，以在市场竞争中保持优势。这就意味着，技术创新需要有资金的持续支持。实践证明，上述技术创新三个环节的资金投入是大幅递增的，发达国家的比例一般是 $1：10：100$。这就要求企业必须有充足的创新资金，使其技术创新保持不竭的动力。

美国的技术创新主要得益于 19 世纪最后 1/3 的时间内物理和化学的进步。这些进步为科学技术和知识的应用创造了极大的赢利潜力。最早对工业的研究开发进行投资的一批美国企业，都利用物理和化学的先进成果取得了产品或生产工艺的革新。美国"南北战争"前的大部分发明和技术创新都是通过个人来实现的。个人既积极参与到发明和技术创新中去，又积极地为他们的发明和创新成果寻找商业上运用的机会。技术的日趋复杂和支持专利技术交易机构的发展，使得技术创新变得越来越专业化。尤其 19 世纪的整个后半期是"独立发明家的黄金时代"。技术创新者雄心勃勃，知道如何从他们的创新成果中获得收益。然而，到 20 世纪早期，发明家和技术创新者日益倾向于与企业建立长期的依存关系，因为越来越专业、越来越复杂的技术创新需要大量的资金支持。顺应这种形势，工业企业建立了研究实验室，其成员全部受过大学教育并具有专业技能。科学研究变得越来越重要，以科学研究为基础的基础创新，则为开发性创新和应用性创新奠定了坚实的基础，特别是在汽车、化工、钢铁冶炼、电子通信等产业。更为重要的是，这种新的创新模式和生产方式具有更大范围的扩散性，它能带动更大范围、更高层次的创新和生产。而支撑这一转变的一个基本条件，是美国普通教育和高等教育水平的提高以及商业教育的扩张。

产业革命与金融支持

第一次产业革命与金融体系的发展

产业革命的本质是技术创新引发的技术－经济范式的变更。这种变更以突破型创新与渐进型创新的结合为基础，常伴随许多创新群以及这些群所形成的技术系统的变更。产业革命是建立在经济与产业结构变革的基础上的，其成功与否主要取决于技术革命是否导致一系列产品在技术与设计等方面的革新，从而催生一系列新发明、新产品以及新行业。因此，产业革命不仅具有科学技术的性质和内容，还具有经济和社会的内涵。每一次产业革命都离不开金融的发展，需要金融体系的演进来带动其他社会资源的优化配置。产业革命中西方国家的金融体系不同，使得银行和金融市场在其中充当的角色也不尽相同。

从 17 世纪英国崛起到第一次世界大战前，英国都是世界上最强大的资本主义国家，国际贸易和国际金融中心转移到伦敦，银行业和证券市场也随之发展起来。在第一次工业革命前，英国就已制定、修改并完善了一系列金融法律法规，具备了比其他资本主义国家更先进的信贷制度。产业革命中的工业部门对资本的需求和政府借款的需要，刺激了金融业的发展，而金融部门的发展又进一步促进了技术革命。工业革命开始的初期，英国的银行主要分为两类：一类是从早期城市金匠发展而来的"城市银行"，另一类则是在 18 世纪初出现的"乡村银行"。其真正发展是在 1760 年以后。城市银行从 1750 年的约 30 家发展到 1770 年的 50 家、1800 年的 80 家；乡村银行从 1750 年的 10 家发展到 1784 年的 120 家、1810 年的约 700 家。[①] 全国性的银行网络在城市银行和乡村银行的基础上发展起来。这对工业革命有重要意义。这些银行把资本从资本需求少的地区或行业转移到急需资本的地方，通过贴现票据、提供短期贷款、"滚动计划"[②] 等业务，实现了资本的流通。随之而来的证券机构的出现和债券的发行使小有产者也可以进行投资。在 1856 年《有限责任法》实施前，英国企业采用债券方式借钱的做法已经出现了。证券机构的出现可以分散投资和减少风险，从而满足工业革命时期经济发展的资本需求。由此可见，金融的发展对英国工业革命的意义重大，不仅为其技术创新提供了强有力的资金保障，也缓解了工业化过程中面临的资金短缺问题。技术创新转化成经济增长需要大量、长期的资金

---

① 舒小昀：《英国工业革命前期的资本来源初探》，《湖北师范学院学报（哲学社会科学版）》1995 年第 4 期。

② 指银行家提供的将贷款延期甚至追加贷款从而将短期借款变成长期贷款的业务。

支持。产业革命的很多技术在此之前就已经被发明出来，但技术革命只有与金融资本进行融合，才能带来经济的持续增长，而早已有之的技术发明由于缺乏大规模和长期资金的资本土壤，因而很难从小规模的作坊阶段走向纺织、钢铁、煤炭等产业的大规模工业化阶段，这也就导致"工业革命不得不等候金融革命"（John Hicks，1969）。因此可以说，工业革命的发生是以金融体系的发展为先决条件的。Dixon（1967）、Kindleberger（1984）等经济史学家都认为，英国工业革命以金融革命为基础，并从那时起就演化出英国金融结构的长期发展路径。

法国几乎与英国同时开始工业化进程，通过借鉴英国的技术创新、资金运用、工业化模式等方面的经验，法国的工业革命得以推进。法国的借贷业务发达，19 世纪初期法国借贷资本的发展已经大大超过了工业资本，银行交易额在 1826 年为 60 亿法郎，1847 年激增为 440 亿法郎[①]。到了 19 世纪 60 年代，法国的金融资本家实际上已控制了国家经济命脉，与工业的联系也日益增强。

第二次产业革命与金融体系的发展

19 世纪，工业革命逐渐从英国延伸到欧洲大陆及世界其他地区。随着第一次工业革命成果在世界范围内的广泛传播，德国、美国等国家的工业化进程开始加速。第二次产业革命中，德国后来居上，在理论科学、技术科学、工业生产及社会经济各方面迅

---

① 赵晓雷主编《外国经济史》，东北财经大学出版社，2013。

速崛起（见表 10 - 1）。1870 年，德国工业总产值超过法国；1880 年，德国工业发展速度超过英国；1895 年，世界经济中心由英国转移到德国。德国用了 40 年的时间（1860 ~ 1900 年）完成了英国历时 100 多年的工业化进程。[①]

表 10 - 1　四国在基础科学与技术科学领域取得的
重大成果数（1851 ~ 1900 年）

国家	英国	法国	德国	美国
重大成果数	106 项	75 项	33 项	202 项

资料来源：胡显章、曾国屏《科学技术概论》，高等教育出版社，1998。

　　德国在原始资本积累方面，相比英法有一些先天不足。而银行的发展为股份公司的建立提供了资金支持，克服了工业企业原始积累不足的困难。1818 ~ 1849 年的 31 年间，德国仅建立股份公司 18 家，而 1850 ~ 1859 年的近 10 年间，德国成立的股份公司多达 251 家。与此同时，股份银行发展也相当迅猛。德国的一些大银行，如贴现公司（1851 年）、达姆斯塔特银行（1853 年）、德意志信贷银行（1856 年）等都创办于这一时期。[②] 全能银行的迅速发展，逐渐主导了德国的金融市场。这些新成立的银行创立并资助工业，监督执行，促进革新。通过把投资、储蓄业务、商业金融等结合在一起，以及把短期甚至即期的债务与长期的资金固定化结合在一起，德国的全能银行在分散风险和鼓励创新方面

①　胡显章、曾国屏：《科学技术概论》，高等教育出版社，1998。
②　邢来顺：《德国第一次工业革命述略》，《华中师范大学学报（人文社会科学版）》1999 年 11 月。

的成就震惊了英国银行家。德国的全能银行将"普通"银行业务与工业融资功能结合在一起，提供了社会储蓄转移到工业企业的途径，使得社会游资被大量集中起来投入工业生产，促进了技术革新。金融发展的支持作用使德国在很多关键产业如化学工业、电力技术等方面的应用超过了英国。美国经济学家雷蒙德·戈德史密斯（Raymond W. Goldsmith，1969）将 19 世纪后半期德国经济增长率快于英国的主要原因归结为两国金融结构的差异，特别是二者在银行体系经营方面的差异——德国有一个更好的金融系统。

第三次产业革命与金融体系的发展

早在 19 世纪晚期，美国的工业企业就开始系统地组织内部机构研究开发项目。其中，产业研究室的出现是与大学中新工程学和应用科学的发展齐头并进的。内燃机、石油化工技术、电力和电子技术这三个突破型技术创新都具有"劳动分配"在从事研究开发并提供资金的私营企业、大学和政府之间不断转移的特征。在 19 世纪和 20 世纪之交，美国企业迅速进入由德国首先从事的"发现发明的艺术"的研究中，一些从事化学工业和电子设备工业的企业建立了类似德国工业研究室的实验设施。集体参与形式的研究开发实验室大大提高了美国制造业企业的工业技术，也降低了独立发明者作为专利来源的重要性（Schmookle，1957）。"二战"后，美国的技术创新获得了包括综合性大学、联邦调研机构和工业企业的广泛参与，规模庞大，资金供应充足。

在以信息技术、生物技术、新能源、新材料等为基础的第三次产业革命中，以美国为代表的西方国家表现突出。美国的金融市场发展迅速，证券技术更加成熟，越来越重视对风险的防控。为了适应高风险创新型科技企业的融资需求，美国的多层次资本市场、风险投资技术得到了充分发展。1970～1979 年，靠风险投资支持成立的高技术公司超过 1.3 万家。到 1998 年，美国的风险投资机构已接近 2000 家，投资规模高达 600 多亿美元，每年约有10000 个高技术项目得到风险资本的支持。20 世纪 90 年代以来，美国以高新技术为主要生产要素的"新经济"的诞生和发展，带动了世界各国信息产业及其相关行业的发展，使世界各国的经济发展方向呈现趋同的特点，进一步促进了经济全球化的深入。OECD 在对美国"新经济"的研究报告中强调了金融发展对技术创新的推动作用，指出技术创新及某些新兴产业的兴起，同金融系统的有效性密切相关。NASDAQ 股票市场、风险投资基金等金融机制催生并推动美国信息技术革命，以至 20 世纪末美国的名义 GDP 中有近 15% 来自信息产业的贡献。

美国对技术创新的资金支持

早期美国对技术创新的资金支持

美国是个起步较晚的资本主义国家，它没有英德等欧洲国家那样悠久的科学传统和雄厚的自然科学理论基础，但其资产阶级为了夺取竞争的优势能够独辟蹊径，闯出一条具有美国特色的科技发展之路。

　　首先，科学研究与实际生产密切结合，重视实验和应用技术。19 世纪末 20 世纪初，为适应社会化大生产的需要，科学研究也日益社会化，各种科技综合研究所和工业实验室纷纷建立。美国第一个大型的专业实验室是由爱迪生在 1876 年建立的，集中了近百名科学家、工程师和技师。这个实验室既有科学理论的指导，又有技术实践经验，集体攻关、分工合作，从而使爱迪生完成了近 2000 件的发明，创造了世界科技史上的奇迹。许多大企业也建立工业实验室和研究所，如贝尔系统的基础研究就聘请了从英国和德国留学回来的应用科学家和工程师，到 1914 年，全国工业实验室和研究所已有 365 个，拥有近万名科技人员。所以，美国第二次工业革命充分体现了以发明家为中心，应用科学家与工程师直接结合的特点，说明科学与技术结合是技术开发的必由之路。另外，美国的科研机构大部分是由企业家和发明家出资建立的，直接服务于生产，并以利润增殖为目的。科研项目主要是生产中亟待解决的课题，一旦新技术、新设备、新产品研究成功，便立即在生产中应用，转化为生产力，省去了许多中间环节和烦琐程序，表现出惊人的效率。

　　其次，给予技术创新以充分的资金支持。科学技术的进步是受一个国家的经济水平影响和制约的，科学技术只有以进步的生产力为基础，并与同它相适应的生产关系中的生产实践相结合，才能转化为直接生产力。19 世纪 70 年代后，英法老牌资本主义国家开始暴露资本主义的腐朽性，经济发展步伐相对迟缓，而刚刚摆脱奴隶制桎梏的美国则如日东升，进入经济的狂飙发展时期。1859～1899 年，美国全国企业数量增加了 2 倍，投资总额增长近 9 倍，工业总产值增长了 6 倍。1860 年，美国工业产值在世界工业总产值中的比重占 17%；1890 年，则上升到 31%，而英国下降到 22%，美国成为世界上最发达的资本主义国家。

在社会生产力高速发展的同时，美国企业日益向大型化、集中化发展。由于美国工业起步晚、企业规模大、技术设备新，竞争力强，重工业发达，工业的地区分布也比较集中，因此企业间的竞争短兵相接、异常猛烈，资本和生产集中得极为迅速。与其他国家相比，美国垄断组织出现得最早、发展得最快，垄断的程度也最高。早在 19 世纪 70 年代就产生了"普尔"，80～90 年代是垄断组织的高级形式——托拉斯的大发展时期。1887～1897 年，资产 100 万美元以上的大公司有 86 个，其中 20 几个大公司分别垄断了所在部门的生产和销售。垄断组织的产生是社会生产力发展的必然结果：以自由竞争为特征的小企业越来越不适应社会化大生产的需要，因此资产阶级对生产关系进行了局部的调整。垄断性大企业的建立给社会带来许多弊端，曾激起广大工农群众和中小资产阶级的抗议。但是垄断组织将小型分散的企业联合为一个整体，促进了企业一体化和管理效率的提高。实力雄厚的大企业可以推行生产合理化，实现规模经济目标，建立销售、服务和赊购网，减少生产的盲目性。由于资金集中、技术力量庞大，为了取得竞争优势，垄断企业建立工业实验室和研究所，以不断地改进生产技术，推出最新的技术装备，进而降低生产成本、提高生产效益。因此，在一定时期内，垄断性大企业对技术革命和社会生产力的发展起了一定的促进作用。所以列宁指出，

"拥有亿万巨资的大银行企业，也能用从前远不能相比的办法来推动技术的进步"。①

最后，大力兴办教育。科学技术发展的基础在于教育。建立在近代科学技术基础上的工业革命，需要大批有高度专业知识和技能的科学家、工程师和有一定文化素养和技能训练的工人，因此普及和提高教育具有决定意义。伴随工业化的深入发展，美国资产阶级日益认识到智力开发的重要性。"南北战争"后，在实用、高速方针的指导下，进行了教育改革。一是增加教育投资，实行公立与私立办学并举的方针，加快教育的发展。联邦政府拨出 1.5 亿英亩土地给各州创办学校，各州则征收特别税来扩大教育经费。1870～1915 年，全美教育经费由 6000 万美元增加到 6 亿多美元。二是加强基础教育，推行小学义务教育制，将传统的专为升学做准备的普通中学改为兼具升学和就业双重职能的综合中学，加强职业技术教育，为工业化培养劳动技术大军。三是改革高等教育，重点发展理、工、农、林、医等专业院校，培养高、精、尖人才。1862 年国会颁布了《莫里尔法案》，拨出国有土地在各州建立理工和农业学院。许多旧大学也增设了机械工程、采矿冶金、电气化工及电化学等新专业。1887 年，国会通过了《哈奇法案》，为各州大学提供科学实验基金。许多大学成为全国和各州的科学研究和生产技术指导中心，在推动新技术革命进程中发挥了巨大作用。

---

① 《列宁选集》第二卷，人民出版社，2012，第 610～611 页。

"二战"后美国的技术创新政策

"二战"后，美国政府逐渐取代本国的工业资本家，成为科学研究的主要资助者。20 世纪 50 年代，美国政府用于研究开发的经费增长速度惊人，比私人企业快 1.5 倍以上。从 20 世纪 60 年代开始，联邦政府支出的科研经费已经占美国国内总科研经费的一半以上。由联邦政府支出的这些科研经费，绝大部分用于基础研究开发。

1. 重视基础科学研究开发

2001 年，美国政府对研究开发提供了高达 913 亿美元的资助。在小布什（George Walker Bush）政府执政的前 4 年中，美国政府的研究开发预算增加了 44%。2007 年，这一预算比 2001 年提高了 50%，约 1372 亿美元；到 2008 年，该预算达到 1427 亿美元，是 2001 年的 156%。美国政府研究开发支出不仅绝对量是世界上最高的，而且其结构也有利于促进企业进行技术创新：美国用于研究开发的资金有 2/3 用于提高产品的技术，1/3 用于进行创新的过程。这一研究开发支出结构相对合理，使美国在突破型技术创新上占有优势。得益于此，美国成为世界专利的主要拥有国之一，拥有的专利占世界专利总量的 57%。

2. 大力扶持中小企业技术创新

美国政府对技术创新企业，尤其是中小企业的补贴有两种——直接补贴和间接补贴。直接补贴主要是以直接拨款和提供科研经费等形式对企业的技术创新进行资助；间接补贴主要指以贷款和贷款担保的形式对企业的技术创新进行资助。

从数量上来看，美国科技创新有一半以上来自中小企业。美国中小企业能取得这些成绩除了自身努力外，还归功于美国的小企业管理局（Small Business Administration，SBA），它作为一个专门的政府机构，为中小企业提供政策性融资服务。美国小企业管理局的职能包括：为中小企业提供担保以帮助其获得商业银行贷款，为小企业直接提供风险资金等。小企业管理局的设立及运行，使美国各类科技创新型小企业的成功概率有了很大的提高，一定程度上对全社会进行技术创新活动起到了良好的激励作用。此外，小企业管理局是政府职能部门，对于投入小企业的各种资金，注重发挥有限资金的杠杆作用，并不刻意追求高额回报，并大力激励更多的私人资本加盟，为中小企业发展创造更广阔的空间。目前，小企业管理局为中小企业直接提供的融资服务有小企业投资公司计划、担保贷款、小企业技术转移计划（STTR）以及小企业创新研究计划等，其中在促进美国小企业的技术创新方面最为成功的是小企业技术转移计划和小企业创新研究计划。

3. 多方面对研究开发进行税收减免

美国联邦政府对于研究开发的税收刺激主要由四个部分组成。

一是对研究开发活动的支出实行税收减免，即对企业进行研究开发活动引起的投资支出增加，直接给予一定比例的减免税优惠。实际上，这种税收减免是针对技术创新成本的税收减免，即针对研究开发支出的税收优惠。这种研究开发支出包括企业为研究开发人员支出的工资和供应品、合同研究支付额的 65% 、公司向大学和科学研究机构提供的用于基础研究赠款的 65% 等。这是对研究开发活动最主要的金融支持。

二是对跨国企业收入和支出的处理。跨国企业在国内和国外所面临的税率是不同的，而税率的高低对研究开发的支出和收入起着至关重要的作用，因为它直接影响研究开发的税后成本。

三是对资本设备投资的税收优惠。对资本设备投资的税收支持，会对资本设备工业产出的需求产生影响，且通过这一途径，可以对工业研究开发的需求产生影响。

四是累进性税收优惠。这涉及所有的工业部门和所有类型的企业，包括大企业。美国的研究开发税收优惠政策是针对企业的税收优惠，并非依企业类型而定。美国政府对于研究开发活动的税收优惠早在 20 世纪 50 年代就已经开始了。1954 年，美国的《内部收益法典》对于研究开发支出的税收支持做了条文性规定。1981 年，里根政府的《经济复兴税法》在前者的基础上又做了许多补充规定。其中有一条规定，企业任何一年研究开发支出额超过基期研究开发支出额的部分，可以获得 25% 的税收减免。20 世纪 90 年代，克林顿政府也推出和调整了对研究开发的税收刺激政策。此外，企业的研究开发活动，有的还可以获得美国国防部独立研究开发计划提供的财政优惠。

4. 充分利用政府公共采购政策

公共采购在美国企业的技术创新活动中起着非常重要的作用。美国是最早认识到政府采购可以作为有力的工具刺激技术创新的国家，其采购政策对新兴产业成长的影响极其重大。事实上，美国政府也一直在有效地利用公共采购来促进创新并刺激以技术为基础的新企业的产生和发展。这是因为，一种新产品在刚刚推向市场时，常常面临需求不足的问题，因而在产品开发的初期阶段，政府订购是一个非常重要的激励手段。美国政府支持技术进步的公共采购政策分为两类：其一，与公共采购有关的研究开发政策，主要是指与公共采购或者其他明确阐明的公共目标相联系的政府研究开发政策；其二，直接政府采购政策，包括采购有形的商品和无形的服务。就后者而言，一个典型做法就是联邦政府通过签订合同来资助科学研究活动：建立政府拥有并以合同方式经营的联邦实验室，由联邦政府负责维持实验室的设备设施，由大学或私营研究机构承担研究开发活动。有资料表明，从第二次世界大战结束到 20 世纪 70 年代初期，美国政府资助了全国 65% 的研究开发费用，但只承担 15% 的研究开发活动，其余绝大部分则由联邦政府委托给私营研究机构或大学。

5. 大力发展风险投资

技术创新与通常的生产经营活动相比，是一项高风险的投资活动。为了解决企业技术创新中的资金问题，美国政府在培育高风险投资方面做出了一系列的努力。时至今日，美国的风险投资已经与高科技创新紧密地联系在一起，并形成了一套完备的风险投资机制。美国在其风险投资的崛起和运作中积累了以下经验。

（1）政府予以大力扶持。美国的风险投资多集中在高科技产业密集的地区，投资方向偏重于微电子、生物工程、仪表制造、信息技术、医疗保健等，但食品、流通、服务等非高技术领域也受到风险投资的关注。

（2）提供各种政策优惠。美国政府除了提供拨款外，还在各种政策上对创新给予支持。如政府设置信用担保公司和信用担保基金，风险投资企业或向其提供贷款支持的金融机构，可以将新技术产品的创业投资交由信用担保公司担保，由担保公司承担70%～80%的风险，企业和金融机构承担20%～30%的风险。美国政府除了提供信用担保外，还特别在税收上给予优惠。

（3）完善的股票市场。美国的股票市场体系发达，层次多样、功能完备。其中，全国性的证券交易所有两个：全美证券交易所（AMEX）和纽约证券交易所（NYSE）。区域性的证券交易所有五个：太平洋证券交易所（PASE）、中西部证券交易所（MWSE）、费城证券交易所（PHSE）、芝加哥期权交易所以及辛辛那提证券交易所（CISE）。而场外交易场所市场（OTC）有三个：场外交易市场行情公告板（OTCBB）、全美证券交易协会自动报价系统（NASDAQ）和粉单交易市场（Pink Sheets）。

在美国，多数高科技公司选择在 NASDAQ 上市。NASDAQ 允许小型高科技公司甚至业绩亏损的高科技公司招股上市。对于风险投资而言，头几年一般规模小，且巨额研究开发费用、小批量生产、新概念产品的市场开发还可能带来亏损。而 NASDAQ 则以较低的上市条件为风险投资的变现、退出提供了场所，使风险投资公司得以收回资金，再投资新的风险项目；同时，也使高科技企业有了新的融资渠道。

（4）多样化的组成形态。美国风险投资主要分为官办和民办两种，民办的占绝大多数。美国把官办风险投资公司称为小企业投资公司，它对一些重大风险投资项目的投资可以起到引导和组织的作用。

（5）畅通的退出渠道。美国风险资本退出方式多样，灵活多变，风险资本可以根据各自的投资状况采取不同的方式退出，主要的退出方式有：公开上市、企业兼并收购、出售、清算等。美国风险资本最主要和最理想的退出方式之一是公开上市，据调查美国有 30% 以上的风险资金通过上市、转让股权达到合理退出。

德国对技术创新的资金支持

无论是在科技上还是在经济上，相比于英国，德国都是一个后发国家。但是德国能够在技术创新和经济发展两个方面都后来居上，德国政府在科技进步过程中所起的作用是不可忽视的。

国家积极介入自然科学技术的基础研究开发。受英国技术革命和产业革命的影响，德国人很早就认识到，德国的大国地位、物质生存、强大军事及其在世界上的政治、经济、文化影响，"都决定性地基于科学至上"。在企业和高校积极投入科学研究的同时，德国政府为了"克服与西方先进国家相比所处的经济相对落后的状态"，积极介入以促进科学技术的研究和开发。为了大国地位的实现，德国先后建立了一批国立研究院：1873 年，建立了国立物理研究所；1877 年和 1897 年，先后建立了国立化学工业研究所和国立机械研究所；1887 年，在著名企业家、发明家维尔纳·西门子和著名物理学家赫尔曼·冯·赫尔姆霍尔茨，以及天文学家威廉·弗伊尔斯特等人的倡导下，成立了"帝国物理技

术机构"，作为国家标准度量衡检测的权威。当时建立这些机构
的目的，是通过自然科学的基础性研究保证实用科学技术的开发
和应用，从而加强德国工业在全球竞争中的地位。为全面适应技
术和经济的发展，德国政府还加强在农业经济领域的科学研究，
1868～1906年，成立了18个相关的机构和14个由各农业经济团
体承担的研究所。1905年，"帝国农、林经济生态学机构"成立，
致力于农、林经济的研究。与此同时，在缓解科学技术迅猛发展
和国家力量不足之间矛盾的过程中，德国还逐渐形成了国家、私
人资本以及市民之间合作支持科学研究发展的局面，使得德国科
学技术的发展一度成为历史上的奇葩。其中，著名的"威廉皇帝
促进科学协会"就是这样成立的。

通过立法保证前沿实用技术的开发和应用，以满足实际经济
发展的需要。1879年，德意志帝国议会通过了《专利法》；此后
的1895年，在德国化学界的强力推动下，德意志帝国议会又通过
了《帝国专利法》，以对德国人发明的各项技术进行专利保护。
《专利法》等相关法规的出台进一步加快了德国实用技术创新的
步伐，德国政府授予的专利数量也随之迅速上升。据统计，1850
年，德国的专利授予数目为243项，1860年为310项，1870年为
4132项，1880年为3887项，1890年为4680项，1900年为8784
项，1910年则达到12100项。[①] 德国政府专利保护力度的加强和
授予专利数量的迅速上升，从一个侧面说明德国的实用科学技术
创新已经走在世界的前列。

---

① 胡才珍：《20世纪科技革命与世界历史进程》，中国青年出版社，1999，第89页。

建立了完善的大学制度，鼓励教学和研究相结合。德国是一个"教育先行"的国家。第一次工业革命时期，德国已经感觉到发展科学教育事业的迫切性。工业化浪潮的冲击以及德国政府对高等教育服务于社会、政治及经济的期望，使得德国高等教育结构发展出现了很大的变化。最重要的是大学办学规模的变化。工业革命的进程推动了对科技人才需求的增长。而科技人才的增长在形式上则表现为大学规模的扩展。特别是1970年德意志帝国统一以后，综合性大学就读人数出现了较快速度的增长：1875年达到16357人，超过了1830～1831年的15870人；而到1914年，已超过60000人。从增长速度看，19世纪70年代后，随着技术大学等高校的出现而进入高峰期：1872～1912年，德国高校人数由17954人增加到71710人，增加了约300%。这一时期，德国大学最重大的变化是为适应工业化的需要对内部教育结构的调整，包括各大学、各院系的规模调整，以及新院系的出现等。特别是适应社会发展需要而成长起来的技术院校，以其直接为工业提供具体的科学技术支持而得到政府资助，而技术院校地位的提高又促进了高等教育内部结构的变化，进一步完善了德意志帝国的大学教育制度。在综合性大学中，各学科的人数比重也出现了明显的变化：1914年，曾是德国最大学科的神学学科人数只占各学科总学生人数的9.0%；而包括人文和自然科学的哲学科学学科，则占各学科总学生人数的49.6%，接近学生总人数的一半。

在德意志帝国大学快速发展的进程中，充裕的财力无疑是其基本保证。政府对大学教学和研究的支持与资助，一方面顺应了科学与学术领域专门化的发展，另一方面也顺应了国家和社会发展的需要，促进了德国现代工业化的发展进程。"一战"前的德意志帝国大学创造了近代西方国家的大学模式——教学与研究职能的结合，很多西方国家纷纷效仿，被誉为"帝国王冠上的一颗宝石"。

"二战"后德国对技术创新的资金支持

"二战"后，德国开始大力借鉴美国经验以振兴科学研究。从 20 世纪 50 年代中期开始，联邦德国及其私营企业开始注重科学研究，加大对科技研究的投资力度，并以美国科研经费在国民生产总值中占 3% 的比重作为追赶目标。全国科研经费从 1956 年的 15.79 亿马克增加到 1965 年的 79.1 亿马克。其中，私营企业的科研经费从 6.38 亿马克增加到 47.3 亿马克。到 1966 年，全国科研经费在国民生产总值中的比重已达到 1.76%，增长速度超过了所有工业发达国家。

在增加科研经费的同时，德国还以美国为范本，新建了一批科研机构。在 1956~1960 年的 5 年里，以美国国立研究机构（如橡树岭实验室）为范本，德国建立了 8 个大型研究中心，其中包括尤利希和卡尔斯鲁厄两大核研究中心。1956 年，联邦政府制订了第一个国家科研规划——《核研究核技术发展规划（1956~1962 年）》，标志着政府开始对科学研究进行计划管理与集中指导；1957 年，建立了科学顾问委员会；1962 年，将原子能部扩大为科学研究部。

为了促进本国科技的发展与研究，增强本国的科技实力，德国政府通过大量增加科研经费来刺激本国科技研究能力的提高。1966 年，政府提供的科研经费为 88.4 亿马克，1967 年为 97.4 亿马克，1968 年为 105.5 亿马克。科研经费在国民生产总值中的比例也从 1966 年的 1.8% 上升到 1968 年的 2.0%。政府的资助和重视使得联邦德国的科研人员队伍得到进一步充实，由 1969 年的 24.9 万人增加到 1975 年的 30 万人，占当年联邦德国职工总数的 1.2% 左右。这些科研人员主要分布在高等院校、科研机构和企业之中，成为当时联邦德国科研的主力军，为联邦德国科学技术研究取得的显著成效做出了重要贡献。

20 世纪 80 年代后，德国的基础研究经费在联邦研技部全部科研经费中所占的比重一直处于上升趋势：1983 年为 26%，1986 年为 35.4%，1987 年为 37%，1988 年为 37.7%。1989 年，联邦研技部的科研经费预算为 76.5 亿马克，名义上比 1988 年增长了 2.9%，但实际上只保持在 1987 年的水平。尽管如此，研技部还是增加了对基础研究的拨款，占总预算的 37.8%，达 30 亿马克。[1] 进入 20 世纪 90 年代，德国的统一给联邦和州政府的财政带来了极大的困难。在许多研究所经费紧缩的情况下，政府对主要的基础研究机构（马普协会、德意志研究联合会等）的资助经费始终保持 5% 的年增长率，国家用于基础研究的经费比例一直占全国科研经费的 20%。[2] 政府在增加基础科学研究费用的同时，还不断改善大学研究的基础设施，联邦教研部每年都将接近 1/4 的预算用在装备大学科研机构和增加其大型设备上。[3] 经费和政策的保证使德国的基础研究进步很快。例如，尽管 1901～1992 年

---

① 徐和生：《联邦德国科技政策的调整与发展》，http://www.cnki.net。
② 中国科学院：《2000 科学发展报告》，科学出版社，第 185 页。
③ 范曙光：《德国科技政策的调整与宏观调控》，《中国软科学》1999 年第 4 期，第 101 页。

德国的诺贝尔自然科学奖获奖人数少于美国和英国，但是 1980～
1992 年，德国获该奖者（9 人）则大幅超过英国（5 人），其间
德国获奖人数跃居世界第二位。这在大大提升德国基础研究实力
和国际地位的同时，也为德国培养了大批的优秀科研人才。

德国政府还推出了促进中小企业科技研究的科技扶持计划，
鼓励中小企业进行研究开发及与大学、科研机构合作。在资助
上，联邦教研部每年拨款 2 亿马克用于支持中小企业新技术和新
产品的开发。1995 年底，中小企业的研究开发项目费用达到 2.46
亿马克；1996 年，联邦政府 56% 的研发经费以各种形式投向中小
企业。在税收方面，德国通过 20 世纪 90 年代的税制改革加速了
中小企业的设备折旧率。强大的财税金融支持和规范的法律保
障，使德国中小企业成为德国市场经济中最活跃的经济主体。
2001 年，德国的中小企业有 370 万家，约占德国企业总数的
95%，生产总值占 GNP 的 75%，就业人数占德国总就业人数的
78%，税收占 70%。这些数据充分说明，德国的中小企业在促进
经济发展、提供就业机会、推动科技创新发展等方面，均发挥着
越来越重要的作用。

金融功能作用于技术创新的机制和路径

信息角度促进技术创新

Tassey（2002）的研究表明，不同的研发阶段和研发性质会
导致企业融资渠道和融资来源的不同。他以美国为例指出，在基

础研究阶段存在大量的国家资助项目，而到应用研究阶段产业界
则更多地涉及和从事研发活动，即研发过程中风险是逐步减少
的。这是由于基础研究过程中存在大量的外部性，导致私人部门
投入不足；而随着研究日益深入，到应用阶段，技术风险相应减
少，商业模式逐步清晰化，赢利前景也逐渐明朗。因此，这个阶
段产业资助和内部融资能够逐步克服市场失灵。这表明，鼓励创
新和研发的资金支持体系，需要有政府政策和具备各种资金供应
渠道的金融结构协同作用。

1. 金融市场的多样化信息处理

优点：金融市场有助于多元化信息的处理和分散，有利于朝
多种不同新方向的探索性试验活动，因此有益于突破型创新的
融资。

在创新性技术领域，特别是突破型创新的领域，一项新技术
的出现有以下特点：对主流技术范式破坏性大，有可能开辟新的
技术发展方向，未来的不确定性大。与原有技术范式相比，突破
型技术创新建立在一整套不同的科学技术原理上，它企图对原有
的技术轨道进行突破，并开辟新的技术发展方向。基于以上因
素，已有的技术标准不可能支持它，新的技术标准又没有建立，
且其成功的标准也难以设定，因而具有很大的不确定性。对于这
类突破型创新领域，新技术的价值很难评估：一方面，没有历史
信息能充当投资决策的依据，而未来赢利的信息几乎不存在；另
一方面，缺乏足够的专业知识，信息本身的价值也难以评估。没
有信息的评估，创新者要说服那些拥有将创新技术付诸实践所需

资源的投资者来进行投资就存在困难。

但如果不同的投资人对于一项新技术的开发、应用和前景有不同的观点和看法，则有利于借助分散性决策，集合人们的不同观点，进而形成对新技术市场前景的综合判断，从而使创新型企业更容易得到资金（Allen and Gale，1999、2000）。作为金融市场之一的股市就属于分散性决策的实例。在股市中，一方面，金融市场的机制能够将对创新有偏好的单个投资者集中到一起，使其根据自己对新技术的了解和判断，独立地做出投资决策并直接承担投资风险；另一方面，基于价格是信息集成器的原理，单个投资者所拥有的私人信息可以反馈到价格之中，使资产通过充分交易形成市场价格，发挥其传递信息的功能，最终实现股票价格反映大范围投资者投资选择的效果。这样一来，资本市场就起到了表达不同投资者不同投资意见的作用。不难看出，在对创新前景和投资价值有多样化观点的情形下，通过金融市场扩散和加总处理不同信息意义重大。此外，风险投资基金和创业板市场等专门服务于新技术的机制，则可在很大程度上促进金融市场对新技术融资支持的效率。

缺点：金融市场可能存在信息成本过高的问题。

众多的投资者必须自行对市场资金需求者发布的信息进行比较、分析和甄别，进而判断投资机会。该机制会带来两方面问题：一是资本市场的投资者为进行决策必须获取信息，个人获取市场信息并进行比较、分析和甄别的成本很高，而金融中介机构信息处理成本则有规模效应；二是在企业进行技术创新的过程中，创新主体通过金融市场融资容易导致信息耗散（rent dissipation）。

尽管创新主体可以通过信息披露减少信息不对称，但信息披露带来的信息共享有可能导致创新主体的创新思想、技术成果和商业创意被模仿和复制，损害企业应获得的创新活动收益，进而挫伤企业进行创新的积极性。

2. 金融中介密切银企关系

不同于其他比较金融理论，比较制度分析在分析金融制度时特别重视信息对融资活动的影响。青木昌彦（2001）根据对经济中信息类型的区分以及融资双方使用信息类型的不同，将企业的融资方式分为"关系型融资"（Relational Financing）和"保持距离型融资"（Arm's-Length Financing）。

青木昌彦通过将经济中的信息区分为成文化信息（codified knowledge）和意会信息（tacit knowledge），来说明两类融资方式的不同。成文化信息是可以表示为计算数字、书面文字或口头报告的信息以及通过分析这些信息的内容所得到的信息，如有关公司业绩和金融状况的信息；意会信息则是无法通过简单加总的数码信息获得的只能在有限的局部域通过关系合同或特定经历得到的信息，因此它们不能在公开市场上轻易获得。根据对信息类型的分类，关系型融资被定义为：一种初始出资者被预期在一系列法庭无法证实的事件状态下提供额外融资，而初始出资者预知未来租金也愿意提供额外资金的融资方式。而那些不属于关系型融资的形式就是保持距离型融资（青木昌彦和Dinc，1997）。一般来说，英国、美国等国家的市场主导型金融结构就属于这种保持距离型融资，而日本、德国的主银行制则属于关系型融资。

优点：银行主导型金融结构中密切的银企关系有利于降低企业的融资成本，并能够节约银行的信息费用。

金融中介能借助自己获取和处理信息的优势，确认哪些企业家握有成功进行技术创新的最佳机会，并采取相应的金融对策促进技术创新。比如，银行确认某些企业最有可能成功进行技术创新，它就可对这些企业实行贷款倾斜，为技术创新提供强有力的资金支持。Allen 和 Gale（2000）通过对比美国和德国的金融结构指出，在美国竞争性的市场主导型金融体系中，大量信息在公众中扩散导致的"搭便车"问题弱化了搜集信息的激励机制；而德国集中性的银行主导型金融系统中由于没有很多信息在公众中扩散，较少存在"搭便车"问题，因而私人有强烈的信息收集激励，对企业的外部限制可能要弱于美国，也给了企业更大的自主权。特别值得注意的是，关系型融资活动中，银行每次给企业提供融资后都可以获得一些其他金融机构不了解的专有信息，从而有助于其向企业提供再融资。而随着融资活动在长期内重复多次进行，银行积累的企业专有信息会越来越多，所形成的信息优势为其提供了获得更多信息租金的机会。获得租金的机会又会促使银行进行更多的关系专用性投资，并监督企业以获得更准确的信息，进而向企业提供更多、更长期的融资（Von Thadden，1995）。对于创新型企业而言，在公开市场进行融资必须向社会披露相当多的信息，包括某些技术信息、商业秘密等，这可能使企业不愿从公开市场进行融资。

由此可见，银行通过对项目的筛选和监督，能获得关于借贷人质量的私有信息。只有关系银行拥有企业专有信息，而且为保持信息垄断优势能够为企业保密。相对于多边融资和公共融资来说，银行信贷能有效避免信息的泄漏，创新型企业也愿意向关系银行提供专有信息。这种机制鼓励了银企双方的信息交流，便利了对项目的筛选和监督，并能激励企业从事更多的研究开发，提高技术创新的融资效率。这凸显了银行信贷在解决信息扭曲问题上的独特作用。

缺点：关系型融资的两个主要问题——预算软约束与信息锁定问题。

预算软约束是指关系型投资者由于"沉没成本"等问题被认为很难严格执行信贷合约。典型表现就是当借款人趋于破产时，会向贷款人要求更多的融资来避免清算。信息锁定是指由于关系型投资者垄断了借贷中的信息，使其能以非竞争性条款发放信贷，而企业由于一方面担心转向新融资方会面临更糟糕的筹资条件，另一方面害怕信息泄露，难以下定通过市场融资的决心，因而很容易就被锁定在原有关系上。

风险角度促进技术创新

1. 金融市场的风险分散化和多元化投资

在金融市场的横向风险分担机制中，运作良好的金融市场能为投资者提供多样化的金融资产和金融工具，由投资主体根据自身的风险偏好和风险承受能力进行资产组合和风险互换。而通过资产组合的多样化、资产调整以及选择多样化金融工具来对冲风险头寸，则可以分散投资者因新技术的不确定性而承担的高风险，使其直接承担最终的风险或收益。新技术的应用和新兴产业的发展本身是一种很不确定的事情，面临比较特殊的技术风险和市场风险，存在着很高的失败概率。在技术和产品的市场前景不确定性较大时，创新主体进行外源融资需要投资者对于一项新技术的开发、应用和前景有多元化的观点。金融市场中的投资者本身直接承担投资风险，因此其可以依据自己对新技术的观点做出投资决策，这就使金融市场形成了表达不同投资者不同意见的机制（Allen，1993）。金融市场通过证券发行和交易，将企业技术创新的风险分散给投资者。虽然单个经济主体承担风险的能力有限，但由于股票市场的每个投资者对一个新技术项目只投资了很小的份额，即使这个高风险的新技术项目失败，投资者也能够承担这一风险。通过这种机制，现代产业发展中需要投资而单个资本（企业和银行）难以承担巨额投资和巨大风险的难题便迎刃而解。在这一过程中，金融市场横向风险分散机制的优势得到了充分发挥。

金融市场的不同投资主体的风险偏好有很大的差异，能分别适应技术创新活动不同阶段的风险分散需求。例如，在技术创新的不同时期，分别有天使投资、私募基金、风险投资基金、IPO等不同资金募集方式。而金融工具的流动性能按照价格机制在风险和收益之间找到均衡点，优化投资者的投资行为。金融发展水平越高，金融工具越丰富，技术创新的风险分散机制就越有效。对于技术创新及其产业化来说，资本市场固有的风险分担机制一方面为具有不同流动性偏好的投资者提供了股权交易的场所，降低了新技术所有权交易的成本；另一方面使创新项目异质性风险可以在参与项目的众多投资者之间进行分散和分担，从而鼓励人们对创新进行投资，有力推动高新技术产业的发展。

值得注意的是，创新型企业的市值无法按照传统的 DCF（Discounted Cash Flow）模型来进行估值。因为创新型企业很难按常规方法评估其未来的收益及其时间上的分布，同时也无法评估与其风险程度相匹配的贴现率。

2. 金融中介的风险内部化

企业在初创时期，还款能力和承担融资成本的能力较弱。银行在期初向企业提供优惠贷款，可以促进企业成长；而贷款人也能够获得企业成熟后的高额回报，补偿前期贷款的优惠，实现跨期优化。但这只在贷款人确保企业能够成熟并在成熟后依约还款时才能成立。由于保持距离型融资是一次性的，且不能有效监督企业，因而贷款条件的跨期优化只能在关系型融资中实现。因为在关系型融资中，关系银行与企业之间建立了长期密切关系，掌握了大量企业专有信息，甚至可以实现对企业的控制，从而及时了解和监督企业行为，确保得到企业成熟后的高额回报。可以确定，银行多期盈利的现值远远大于银行初期优惠贷款的利息损失，这就是关系型融资的跨期优化原理。优化过程中所形成的差额利润便是跨期优化产生的租金。

在长期关系中，关系型融资能实现对合约条款的跨期平滑，如投资者的短期损失能通过长期关系来补贴。Peterson 和 Rajan（1995）就认为，对创新型企业的信用补贴能降低道德风险和信息摩擦。关键在于，如果没有这样的信用补贴，新的借款人会由于严重的逆向选择和道德风险问题而得不到任何贷款。关系型融资之所以能提供这样的补贴，要归功于隐含的风险分担协定，但从根本上说，则在于关系型投资者能通过私有信息在长期关系中的积累而享有租金，从而弥补前期的损失。西方学者普遍认为，如果在关系中产生并积累的信息对于贷方来说是私有的，则可形成其对信息的垄断，贷方就能从中获取租金。而且随着关系的演进，租金会越来越高（Berger et al.，1995）。从创新型企业的特点来看，这些问题的缓解能有效地增加企业的信用可获得性。实证研究也发现，这种信用的增减确实与关系的长短存在某种正相关关系（Petersen，1994；Elsas and Krahnen，1998；Cole，1998）。

3. 风险投资的特殊作用

投资收益的高低往往与投资的风险大小有关系。高技术企业的开发项目一般具有很高的失败率，因而风险较大；但项目一旦成功，就会带来丰厚的回报。突破型创新是指在投入、产出及工艺等方面的根本性创新，常常导致人们思维方式和生活习惯的改变。这种创新方式能够创造新市场或新产业，并对现有的市场或产业产生重大冲击。高新技术企业的资金主要来源于自筹、借贷和股权融资，其中风险投资是促进高新技术企业发展的一种重要融资方式。一般而言，风险资本除提供企业发展所需的资金外，还提供市场开发、财务管理、战略咨询及社会资源等方面的非资本增值服务。这种服务在债务资本融资中是不可能存在的。但由于这种融资方式使投资方加强了对企业经营决策的监管，使企业丧失了部分控制权，因而融资成本较高。国外的研究多从不完全契约理论的角度来探讨创新企业的融资选择，以期解决风险投资过程中面临的信息不对称及其引发的逆向选择和道德风险问题。部分研究结果表明，融资选择与高新技术企业的发展阶段有关，在种子阶段、初创阶段以及成长阶段，其融资方式的差异较大。尽管有研究认为，高新技术企业应根据企业的风险程度在风险较高时尽量选择债务资本融资，而在风险程度较低时再选择股权融资，但多数学者认同高风险项目更容易获得风险资本而不易获得银行债务资本的观点。因为银行等债务融资机构对企业的监管少，又面临较高的投资者流动性需求；而风险资本对企业的监督更为深入，且因为对投资者流动性的约束较强而承担了较高的资本成本。

风险资本以高成长企业为投资对象，遵循高风险高收益的一般规律。不同于一般投资者的风险厌恶特性，风险投资家看重突破型创新为企业带来的巨大市场空间及成长性，并愿意为创新承担较高的风险以追求巨额超额收益。由于突破型创新不可避免地具有技术、市场和组织等方面的高风险，因而迫切需要外部控制来提升企业的经营管理能力、财务管理水平以及市场营销能力。而风险资本则可以提供这种外部控制：风险资本往往会采用与一般股权融资不同的股权融资方式，即风险资本投资者会采用契约方式来管理风险，并提供非资本增值服务，从而很好地降低或化解风险。

从公司治理角度促进技术创新

技术创新是企业获得核心竞争力和持续稳定利润的根本途径。不同公司治理结构提供的激励约束机制能够对企业技术创新产生不同的促进作用。从微观的角度看，企业技术创新战略的制订及实施是在公司治理结构的制度框架下运作的，因此公司治理机制是技术创新得以实现的重要制度保障，它会影响企业技术创新过程中的资源投入、过程管理以及成果分配等各个方面。

具体看，公司治理机制主要从创新资源配置方式、利益主体的权利分配、技术发展路径等方面影响企业的技术创新效率。第一，公司治理的激励约束机制会对各利益主体的技术创新投入产生决定性影响。技术创新需要企业的股东、管理层、员工、供应商、客户等各利益相关方的相应投入，[①] 因而公司治理机制所涉及的企业技术创新权责利的分配机制必须兼顾以上的投入主体，通过合理的机制设计来激励各投入主体的积极性，才有可能实现创新的过程。第二，公司治理机制决定了创新参与主体的权力和利益分配。技术创新中各利益相关方参与技术创新的程度、在技术创新中拥有的自治权限以及享有决策权的方式都将影响创新的绩效，而公司治理机制决定了各利益主体的权力和利益分配。随着现代公司治理理论的发展，利益相关者共同治理理论的出现打破了股权至上的单边治理理念，否定了新古典经济学关于非人力资本的所有者拥有企业所有权的传统观点，将债权治理机制等纳入治理体系。基于创新经济学的组织控制理论，将公司治理的核心问题从"剩余分配"转移到"剩余生产"，研究如何通过资源的开发和利用生产剩余收益，建立支持创新和能够产生持续剩余

---

① 股东、管理层、员工等以资金和人力资本投入，供应商和客户以其特有的信息资源投入。

收益的公司治理制度，并认为建立内部人控制的治理制度才能鼓励创新以实现企业的稳定成长。①

金融结构作用于微观经济主体的主要表现是为融资结构，市场主导型和中介主导型融资结构对应的公司治理模式分别是股权主导型和共同治理型。两种治理结构在促进企业技术创新行为方面的作用路径有所差异。

一是企业的创新类型对于高新技术企业选择融资方式有重要影响。高新技术企业在选择融资方式时应根据企业自身的特点进行选择：创新幅度较大的突变创新型高新技术企业，应该选择风险资本作为主要融资方式；而创新幅度较小的高新技术企业，则应该选择债务融资作为主要的融资方式。融资方式是影响高新技术企业的重要因素，选择合适的融资方式不仅能支持企业良性发展，还能与企业的战略形成协同。只有融资方式与企业经营达到最佳匹配，融资方式才能发挥最大的效用来支持企业的发展。

二是公司治理的制度构架形成了企业技术发展的路径依赖。在技术创新的过程中企业的公司治理模式具有比较优势，这种比较优势是制度驱动的。不同的公司治理模式是同特定的技术创新模式相联系的。从现实情况看，共同治理模式有利于渐进型技术创新，而单边治理模式往往和突破型技术创新联系在一起。例如，德国的公司治理模式具有股权集中、银行代理制、共同决策制（劳资协同经营制度）和劳资联合委员会等特征，通过对熟练

---

① 内部人控制的治理制度是指保证公司资源配置和收益控制权掌握在与产生创新的学习过程结为一体的决策者手中。

劳动力的充分工作授权，发展公司特有的人力资本。德国这种公司治理系统适合渐进型创新。相反，美国的公司治理系统的特点是分散的股权、高风险的风险资金参与、员工雇用的灵活性、对利益相关者激励的忽视以及在快速变化的市场和技术中发展新产品，并且在技术创新中需要引入基于纯科学研究的根本创新设计和产品设计，从而美国的公司治理系统更适合突破型技术创新。

三是不同公司治理模式下的利益相关者的地位和作用也会对技术创新产生影响。德国和日本的公司治理由于采用的是共同治理制，企业同员工及其他利益相关者保持着较密切的关系，有利于企业专用技术经验的积累，加上德国和日本实施的主银行制度也有利于企业同银行保持良好的关系，因此在解决技术创新中的资金问题时，德日企业多依靠银行系统解决；英美模式公司治理以股东利益为主导，排斥利益相关者参与公司治理，加上英美公司员工较高的流动比率，因此英美公司治理模式不利于企业专业特殊技能的积累，在技术创新资金解决上大多依靠资本市场。由于德日企业利益相关者能够较多地参与公司治理，企业内部专业技术人才的流动率也较低，因此德日企业比美英企业更容易进行专业技术的积累。这也是德日的成熟行业或传统行业表现强于新兴行业的原因之一。

科技创新离不开金融的支持。历史上，每一次产业革命的出现都离不开金融制度的创新、保障和支持。没有金融支持，科技创新的成果只能存在于实验室而无法形成产业，更无从形成推动人类历史进步的产业革命。第一次产业革命，英国的纺织技术、蒸汽机、铁路系统建设获得了资本市场提供的强有力的金融支持。第二次产业革命，德国化工行业、钢铁行业、汽车行业等都得到了银行的强有力支持。美国的钢铁、汽车、石油化工等行业得到了资本市场、信托和保险等金融创新的强力支撑。第三次产业革命，在美国计算机、互联网、信息和远程通信技术创新中，硅谷的创业投资和产业基金给予的支持功不可没。事实证明，只有科技创新与金融高度融合，发挥好资金引导作用，让金融更好地为实体经济服务，不断完善现代金融体系，建立健全多层次资本市场，促进银行资金、股权资本、债权资本和社会公众资本相互结合，加大对科技创新领域的投入力度，才能不断推进创新发展，并形成新的产业和产业集群。

第十一章

市场主导型金融结构与技术创新

——以美国为例

在国际金融体系中，英国和美国是典型的直接融资型金融结构，它们以金融市场的发展为导向。在以英美为代表的市场主导型金融系统中，金融衍生品相对发达，能够承担相对多的横向风险，更有利于分散风险、促进投资的多元化。尤其是美国的风险资本，具有风险偏好型的典型特征，以高成长企业为投资对象，遵循高风险高收益的一般规律。也正是在成功的技术创新所带来的高收益的吸引下，不断有各种风险偏好型资金进入支持技术创新的行列。这样便形成了一个资金与技术创新的循环。

风险配置和管理视角的经验

持续的技术创新能力是美国 100 多年来保持其世界领先地位的最重要的原因之一，也是美国国家能力的重要体现。技术创新对美国的经济、社会产生了巨大的影响。通过持续的技术创新，不断地将技术创新成果产业化、商业化，对美国产业结构的不断调整、升级以及整个国家经济的持续快速发展，都起到了至关重要的作用。"二战"以后，美国完全成为世界技术创新的中心，绝大多数影响人类生产、生活的技术创新都是在美国完成并产业化的：20 世纪 50 年代的半导体材料、70 年代的微型计算机、80 年代的生物工程技术、90 年代的 IT 产业，以及进入 21 世纪后的互联网和当今的新能源、医疗等，都是在美国完成技术创新并产业化的。一轮又一轮的技术创新及产业化为美国及全世界创造了巨额的财富，也深刻地改变了人们的生产、生活方式。

美国的金融市场是全球最发达、最多样化的金融市场，不仅具有多层次的金融体系，而且交易规模巨大、金融产品和衍生品等创新型金融工具不断涌现。美国的金融市场主要由两部分组成：一是货币市场、资本市场和外汇市场等传统金融市场；二是金融期货市场、金融期权市场、金融互换市场等衍生品市场。

发达的金融市场具有良好的风险配置和管理能力，能够为投资者提供多样化的金融工具和标的资产，而投资者则可以根据自己的风险偏好和风险承受能力选择或组合投资行为。尽管个体投资者的风险偏好各不相同，但在巨大的金融市场中，个体投资者不足以影响市场的投资行为，个体投资者的投资成败并不会影响整个市场的投资成败。这也就是说，个体投资者投资高收益的技术创新的行为，不会影响整个市场的结果，因而也不会引发系统性风险。这使得高收益的技术创新的投资风险得以分散，从而能够吸引多元化的投资者。

从现实的情况看，美国的金融市场确实将其风险配置和管理功能发挥到了极致。美国技术创新的资金需求量很大，投资者也高度多元化。从资金来源看，美国政府立法允许包括公司退休基金、高校基金、公共退休基金、捐赠基金、银行控股公司、富有家庭和个人、保险公司、投资银行及部分非银行金融机构等在内的诸多市场主体参与技术创新投资，并可成为主导力量。当然，政府资金也是美国技术创新最重要的资金来源之一。由于这些投资者一般都具有很专业的水准，对风险都具有独到的判断能力，并能承担较高的投资风险，因此，越来越多的投资者也愿意将自己的资金投入到技术创新过程中去。同时，一些投资者还利用自己的专业知识为企业提供专业的管理咨询等相关服务，推动创业企业的良性发展。

风险投资是技术创新最主要的资金支持。风险投资源于美国，美国也是当今世界上风险投资最发达、最活跃的地区。风险投资最早出现于 19 世纪末 20 世纪初。当时，在美国和欧洲的财团对铁路、钢铁、石油以及玻璃工业的投资中，产生了风险投资的雏形。20 世纪 40 年代，美国产生了许多新兴企业。它们普遍规模小，产品和市场不成熟，且无法通过正常的融资渠道如银行、保险公司、家族和企业进行融资，发展受到极大的阻碍。而这些创业企业开拓的新技术和新产品，则对美国新一轮经济增长意义重大。美国政府认识到了这一点，于 1946 年主导成立了美国研究与发展公司（ARD）。其主要业务是向那些创业企业即新成立并处于快速增长中的企业，提供权益性融资。1946 年，美国研究与开发公司（Boston's American Research & Development Corp）诞生，标志着世界上第一家正规的风险投资公司的建立。之后，风险投资在美国迅速发展。1979 年，风险投资额为 25 亿美元，到 1997 年达到 6000 亿美元，18 年间增长了 239 倍。硅谷 1997 年吸引了 36.6 亿美元的风险资本，比 1996 年增加了 65%。目前，美国的风险投资公司超过 1000 家，它们资金的主要投向是资讯技术、生命科学等高技术产业，并催生了诸如英特尔、微软、雅虎、苹果、Facebook、3Com 等一大批后来成长为经济领域佼佼者和高科技产业领头羊的新兴企业。事实上，美国的风险投资和技术创新是一对"孪生兄弟"，二者一起出生，一起成长，共同提高。20 世纪 50 年代的半导体硅材料、70 年代的微型计算机、80 年代的生物工程技术、90 年代的信息产业，以及新旧世纪之交的互联网经济等，都有风险投资的身影，都是在风险投资的推动下完成产业化并最终获得巨大回报的。美国风险投资的热点基本反映了科技发展的最新趋势。另外，美国风险投资的一个显著特点是，主要投资对象集中在中小型高科技企业，约有 3/4 的风险资本投向软件开发、通信、计算机设备制造、生物技术消费品等高技术领域。其实 IBM、网景、苹果、戴尔等公司的成立与发展，无一不是金融市场推动企业成长壮大的典型案例。风险投资得以迅速发展与其较高的收益率息息相关。在美国，风险投资的收益率高于社会平均收益率并不断有所提高，同时也提升了美国国内资本市场的平均收益率。1965～1985 年，美国风险投资的平均回报率为 19%，是股票投资的 2 倍，是长期债务投资的 5 倍。

在美国，对初创企业种子阶段的投资有两种方式：一是购买中介机构发行的垃圾债券；二是作为天使投资直接投资。两种方式使得许多高科技行业的产品创新和应用最终得以顺利实现。垃圾债券主要用于初期起步阶段资金需求规模就非常巨大的创新活动，同时这种活动往往有相当多的固定资产可以作为抵押，一旦投资失败，多少还可以通过处置这些固定资产避免资金血本无归。例如，创新的芯片企业要建立芯片生产线等，其起步阶段的投资非常巨大，动则就达几亿美元甚至十几亿美元。像英特尔公司，就是利用垃圾债券的方式获得初期发展所需要的资金。天使投资和风险投资的对象所需要的资金相对较小，天使投资单个案例的规模一般在几万美元到 50 万美元；风险投资单个案例的资金规模一般在几百万美元至上亿美元。目前来看，垃圾债券市场规模大约为风险投资的十倍。在美国，从事天使投资的个人大约为 40 万人，总投资金额大约为风险投资的一倍。由于种子阶段企业经过培育后很快能够进入风险投资者视线，并且完善的股权交易市场转让也极大地提升了天使投资的活跃程度，这为美国创新活动提供了极大的支持。美国完善的股权市场使得风险投资的退出主要以 IPO 为主，以被其他公司收购为辅，但天使投资是以被收购为主，以 IPO 为辅。美国是利用全世界的资金，全世界的创新，通过建立完善的技术创新金融市场机制，来使自己成为世界科技大国的。

　　总之，美国是技术创新强国，也是金融强国，具有多层次的金融市场体系。金融与技术创新的结合是美国的一大特色。具体来看，美国多层次的金融市场体系可以为不同的投资者提供多样化的退出路径，使资金支持技术创新有了获得收益的途径，从而鼓励更多的资金进入技术创新领域为技术创新源源不断地提供金融支持，也为美国经济不断注入新的活力。

信息处理视角的经验

在市场主导型金融结构中，以极其严格的强制信息披露制度为依托的市场透明度（或信息的公开化），是确保市场参与者信心进而使资本市场得以存在的前提或基础。

在市场主导型金融结构中，企业融资各阶段分别由专门机构来完成，如信息评估机构有关证券资信的评级，会对企业的市场筹资能力产生重要影响，其充当了一种事前监督机构的角色；董事会以及来自市场证券分析师与投资机构的企业财务数据分析，则发挥了事中监督的作用；以股票价格波动为前提的公司控制权市场，则在破产清算之外起着事后监督的作用。而资产价格独特的信息整合功能，则为这些机构监督功能的有效性提供了理论基础。从理论上讲，无论是上市公司的财务信息、信用评级机构的信用评级还是资产价格均是公开可得的。而正是这种基于信息公开的市场透明度，不断地强化了市场的公正性和投资者的市场参与信心。

正因如此，每一个市场参与者都自觉或不自觉地介入信息处理过程，也正是因为市场作为信息处理过程具有范围的广泛性和方法的直接性，资本市场得以形成与发展，并为新兴产业的融资提供了经济上合乎理性的可能性。因此，在发展突破型技术创新产业的过程中，市场主导型金融结构的功能发挥会更加有效率。例如，铁路在 19 世纪首先起源于英国，并通过伦敦证券交易所得到大量的融资；19 世纪 20 世纪之交，美国成功地发展了汽车产业，尽管汽车发明于德国；到了 20 世纪 90 年代，美国的信息技术和互联网推动了美国经济的再一次高速发展，对于此次经济发展，人们一般将其归功于"知识经济"，其实质就是突破型技术创新的出现推动经济发展。在这一时期，大量的生物工程技术、信息技术迅速转化为生产力，大量的以新技术为基础的企业建立起来，新产业逐步兴起，并成为带动美国经济增长的主要力量。而股票市场，尤其是 NASDAQ 作为一个电子证券交易机构，则为这些新兴产业部门的发展提供了最佳融资场所。

由于美国有大量的上市公司，美国证监会要求上市公司广泛披露信息；同时，美国还有很多分析师为共同基金、养老基金和其他中介机构工作，收集信息。这使可供公共利用的信息相对更多。因此，一般认为，美国股票市场上的价格吸收了有关信息，市场相对有效。

金融市场在信息处理上受到的约束主要表现在两个方面。一是证券市场向所有投资者揭示信息，会产生"搭便车"的问题。因为，如果投资者将个人花精力获得的私人信息运用于股票买卖，私人信息就会体现在股票价格的变动上，其他投资者就可以通过股票价格的变动，便利地获得公司的信息，造成"搭便车"问题。这使得投资者不愿意花费成本去研究企业。二是在一个完全有效的证券市场上，证券价格能真实地反映公司的全部信息，并与投资者价值相等。而由于投资者获取信息的成本很高，因而在股票市场价格已经反映了公司所有信息的情况下，投资者会利用信息的公共产品属性，通过"搭便车"而放弃对信息的收集和处理，从而导致证券市场上出现追涨杀跌的现象。

在银行主导型金融结构中，企业获得贷款必须提供相应的现金流、抵押物以及企业主个人的相关信息。但对于具有突破型技术创新的高科技企业，它在初创阶段根本无法提供相应的信息。而市场主导型金融结构中，市场对突破型技术创新的判断则源自对创业者所拥有的知识产权的商业价值的判断。这一判断需要很专业的知识和眼光。因为难有参照系，市场在对突破型技术创新企业的商业价值进行判断时，就只能基于更多的公开信息。这也正是美国风险投资发展非常迅速的原因，并由此推动高科技企业的不断涌现。

当然，在市场主导型金融结构中，尽管金融体系提供了有效的"横向风险分担机制"，或者说使"不同的人在同一给定时点上交易风险"成为现实（Allen and Gale，1996），但其对于股票泡沫崩溃、经济萧条等宏观经济环境变化引致的冲击（即系统性风险）表现得无能为力。

公司治理视角的经验

美国的公司治理制度体系具有明显的市场导向特点。这与其市场主导型金融结构是高度相关的。在市场主导型金融体系下，美国的公司治理体系强调自由市场的作用，依靠市场对公司所有者进行约束。由于市场主导型金融结构具有更强的激励机制，技术创新中各利益相关参与方可以根据参与技术创新的程度、在技术创新中拥有的自治权限以及享有决策权的方式等，相应地获得较为满意的经济收益。这样也就从激励机制方面不断地促进了技术创新，尤其是促进具有突破性的高收益性技术创新。

　　市场主导型金融结构在监督公司管理层的机会主义行为方面并非十分有效，而且分散的所有权结构也使得公司的经营行为具有明显的追求短期财务变现的倾向。这使得投资者更加关注投资期限短、短期回报率高的技术创新项目，而对于投资期长、短期回报率不高的技术创新项目则往往关注度不高、投资不足。这一特点一方面成就了美国风险投资的发展并推动突破型技术创新的不断涌现；另一方面则导致美国传统制造业的创新力不足，企业的国际竞争力相对下降。20 世纪 80 年代以来，美国的传统制造业开始进入趋势性萎缩阶段。20 世纪 50 年代，美国制造业增加值占全世界制造业增加值总和的 40%，而到 2012 年已跌至 17.4%。这一时期却是美国风险投资高速发展的阶段：美国创造出了以互联网经济为核心的新的经济增长极。互联网经济的一大特点就是具有超高的短期回报率。尽管美国的市场主导型金融结构在促进突破型技术创新方面取得了明显的优势，但在对已经建立的大企业提供强有力的创新激励和有效监管方面并不是很成功。由于公司所有权的高度分散、投资者对短期绩效的过分关注，通常美国企业对渐进型技术创新的投资明显不足。这是美国企业全球竞争力相对下降的一个重要原因（Hill、Hitt and Hoskissob，1988）。2007 年，次贷危机爆发后，很多专家认为，金融危机的根源在于近十年来美国经济的"去工业化"，美国经济增长必须依靠实体创新而非金融创新。因此，美国政府提出了"再工业化"战略，力图通过"再工业化"重振本土工业，防止制造业因持续萎缩而失去世界创新领导者的地位，并通过产业升级来化解高成本带来的压力。

与市场主导型金融结构相应的,是美国具有充分市场化的劳动力市场。而充分市场化的劳动力市场有利于突破型创新。首先,在充分市场化的劳动力市场上,由于经理人、普通员工和企业之间签订的都是相对短期的劳动合约,经理人和员工的薪酬更多地取决于短期的财务绩效表现,因此公司的经理人和员工都倾向于从事高风险的创新活动。普遍的高风险偏好以及股票期权等制度的实施,促使企业在不断推进技术创新的同时,也不断降低经理人和员工的创新风险。这样的制度安排显然有助于高风险、高收益的突破型技术创新的发展。其次,知识是技术创新的基础,技术创新的类型和绩效很大程度上是由知识的特点决定的。而在充分市场化的劳动力市场上,经理人和普通员工通常都具有在不同行业、不同企业、不同岗位工作的经历,掌握着行业通用性知识和技能,这是突破型技术创新的重要知识基础。因为,突破型技术创新往往与现有的知识体系和技能要求不同,具有飞跃性,而不同领域知识的交叉则相对容易产生突破性的创意和知识。因此,市场主导型金融结构与充分市场化的劳动力市场相匹配,可以促进知识的交流、创意的产生,进而会促进突破型技术创新。

更值得注意的是,美国也正在取长补短,进行战略性调整。战略性投资者的股权比重趋于上升,正在成为强有力的公司治理者(见表 11-1)。这些战略性投资者积极参与公司治理,不仅有助于降低代理成本,而且有助于促进企业投资长期性技术创新。与此同时,美国的企业也在对董事会进行改革,且大多数的改革都涉及提高外部董事在董事会中的相对数量。外部董事的增加能够影响公司的战略决策，提高公司治理的有效性。此外，美国公司实行的员工持股计划旨在对公司内部重要员工给予长期激励，有助于公司为长期的技术创新提供人力资本。

表 11 - 1 1985～2002 年美国机构投资者对最大 25 家

上市公司的平均持股比例

单位：%

投资者	1985 年		1990 年		1995 年	
	平均持股比例	占所有机构的比例	平均持股比例	占所有机构的比例	平均持股比例	占所有机构的比例
所有机构	36.1	100	45.3	100	48.6	100
最大 5 家机构	8.5	23.5	10.6	23.1	10.8	22.2
最大 10 家机构	12.6	34.9	15.1	33.3	15.1	31.1
最大 20 家机构	17.9	49.7	20.8	45.9	22.3	45.9
最大 25 家机构	19.8	54.8	22.9	50.6	24.5	50.4

投资者	2000 年		2002 年	
	平均持股比例	占所有机构的比例	平均持股比例	占所有机构的比例
所有机构	48.9	100	51.8	100
最大 5 家机构	13.1	26.8	13.8	26.6
最大 10 家机构	18.6	38.0	19.6	37.8
最大 20 家机构	26.3	53.8	27.9	53.9
最大 25 家机构	27.9	57.1	30.1	58.1

资料来源：The Conference Board，"Institution Investment Report：Patterns of Institution Investment and Control in the United States"，2003.

从总的情况看，市场主导型金融结构在公司治理功能的发挥上注重公司的短期绩效表现，有利于促进突破型技术创新的不断发展。持续的突破型技术创新则可使企业和行业获得明显的动态效率优势，并具有强大的国际竞争力。

市场主导型金融结构中技术创新的最新发展

20 世纪末至今，世界经济金融和科技发展呈现一些新的特点，其中金融与技术创新结合得越来越紧密成为一个重要的现象。尤其是在美国，利用其强大的金融资源、技术创新能力和完善的资金退出机制，已经创造了一条金融支持技术创新及创新型企业发展的新路。

美国新经济发展以及互联网科技时代到来的背后，都有强大的创新型金融的支持和推动。而在资本市场上，西部硅谷技术和东部 NASDAQ 的结合，推动美国顺利实现产业的升级换代和经济的转型升级，使美国能够延续较长时期的经济快速增长和保持世界经济"领头羊"的地位。

美国硅谷与金融的结合模式

硅谷是迄今为止最成功的高科技园区，其主导的产业包括计算机和通信硬件、电子元件、软件、创意和创新服务业等。美国硅谷成功的关键因素在于：不怕失败的硅谷文化、发达的金融市场、有利于技术创新的整套金融机制，它汇集了全球的金融资源、人才资源和创新资源等为维持美国技术创新的领先地位服务。

硅谷有 Google、Facebook 等著名创业公司，以及计算机网络、硬件和软件生产公司，如思科、网景、甲骨文、雅虎等，随后又有新一代网络服务公司出现，引发了硅谷新一轮引领世界高技术产业增长的浪潮。计算机网络使硅谷再次成为世界经济和科技的重心，互联网金融服务平台的搭建能够突破时空限制，为交易双方提供丰富的信息资源，省去了传统庞大的实体营业网点费用和高昂的人力资源成本，进一步促进了民间融资的增长，使硅谷的互联网金融呈现旺盛的生命力。硅谷采取以市场力量为主导的模式，即政府对硅谷的发展并不直接介入，其主要职责是提供自由的创新环境和健全的法律环境。硅谷人承袭了美国西部的传统冒险精神，具有敢想敢干的作风。基于传统冒险精神，政府积极培育和保持科技人员的创新精神以及私人企业家风险资本投资的冒险精神，并营造鼓励冒险与宽容失败的氛围。

美国风险投资最成功的地方在硅谷，风险投资是硅谷高科技企业成长的发动机，硅谷许多重要的技术创新都是在风险投资下实现产业化的。风险投资机构和天使投资网络根植于硅谷，它们在硅谷比世界上任何地方都要更加深入和富有。根据美国《企业家》杂志报道，2007 年，在做过 10 个或更多早期投资项目的私人风险投资机构中，60% 的机构在硅谷有办事处。根据全美风险投资协会统计，2014 年，最大的风险投资机构大部分都在硅谷（见表 11－2），硅谷拥有风险投资资金的大部分。在硅谷，80%以上的风险投资来源于私人独立基金。正如谷歌、Facebook 和 LinkedIn 这些最近几年兴起的公司所表明的，硅谷的天使投资（提供种子资金和投资早期公司的富人）常常是首先物色项目的。多元化的资本市场融资体系是硅谷成功的基础。

表 11 – 2   2014 年美国风险资本投资总额排名

地区	投资额（百万美元）	占比（%）	项目数（项）
硅谷	24224	49	1406
纽约	5044	10	477
新英格兰	4951	10	446
洛杉矶/橙县	2832	6	283
美国中西部	2157	4	380
美国东南部	1920	4	254
德克萨斯	1517	4	187

注：全美总投资额 43.11 亿美元，项目平均投资额 1130 万美元，总投资项目共 4361 项。

资料来源：美国风险投资协会 2015 年年报 3 月刊，整理者为 Buyout Insider。转引自〔美〕阿伦·拉奥、皮埃罗·斯加鲁菲《硅谷百年史——创业时代》，闫景立、侯爱华、闫勇译，人民邮电出版社，2016。

关于风险投资，与很多人所想象的情况不同的是，风险投资发端于政府行为，而且美国政府一直都是硅谷最大的风险投资者，也是硅谷最有影响力的战略师。1958 年，美国通过《小企业投资法案》被认为是具有专业管理的风险投资行业的开端。该法案允许美国小企业管理局（SBA）发执照给私营的小企业投资公司（SBIC），由其资助和管理美国的小企业创业。但 SBIC 的问题是，它每投资 1 美元，政府要配套提供 3 美元的担保贷款。这虽然扶持了许多企业，却不适合高风险投资，因为政府的贷款担保通常意味着用纳税人的钱去补贴那些失败的投资项目，而银行是最大的赢家。因此，很多风险投资的先驱者对于设立小企业投资公司能否促进风险投资的健康发展有着不同的看法。但是，小企业投资公司的运作确实提高了早期风险投资公司的地位，风险投资不仅是解决问题的方法，它还培育了创意的种子，也培养了一批优秀的风险投资人。很多人认为，小企业投资公司在1958年到20世纪70年代初，的确为许多初创企业弥补了资金缺口，此后，合伙人制的风险投资公司开始大行其道。在投资的方式上，美国政府致力于投资高风险、长周期的项目，而风险投资倾向于跟进短期项目。虽然活跃的民间资本已经成为风险投资的主力，但它实际上对硅谷的形成并非关键因素。

一般而言，风险投资公司追求的目标回报率为40%～80%，这取决于融资所处的阶段，典型的风险投资包括6个阶段，这6个阶段也正好对应公司发展的阶段（以下所示金额为约数）。

※种子基金：金额在5万～100万美元的小额投资，这些资金用于证实创意的可行性，一般由天使投资人或者小型风险投资公司提供。

※启动阶段：公司成立早期需要50万～200万美元的资金，以支付营销和产品开发的相关费用。

※第一轮融资：用于早期生产和销售的资金，通常为100万～1000万美元。

※第二轮融资：运营资金，为200万～2000万美元，公司用于早期销售产品/服务，但是尚未赢利。

※第三轮融资：也称夹层融资，用于可能赢利的新公司的扩张，通常是500万～5000万美元。

※第四轮融资：也称过桥融资，用于公司上市，通常是500万～1亿美元，甚至更多。

另外，投资业银行家们对硅谷的基础服务至关重要，他们帮助公司从小到大不断成长，帮助私人风险资金成长为大规模的公共产权资本。历史上，20世纪60～90年代，硅谷是由四家独立的、总部位于旧金山的精品投资银行提供服务的。2012年，华尔街的几家银行，如高盛、摩根大通、摩根士丹利、瑞士信贷和德意志银行等，主宰了硅谷公司的上市和并购市场。

硅谷的金融业务创新主要体现在以下五个方面。第一，银行与创投企业、证券公司建立了紧密的合作关系。硅谷银行是多家创业投资基金的股东或合伙人，建立了创业投资咨询顾问委员会，硅谷银行与创业投资共同编织了一个关系网络，便于更好地共享信息，开展更深层次的合作。第二，硅谷银行突破了债权式投资和股权式投资的限制。创业投资的大部分资金源于债券及股票销售，硅谷银行则从客户基金中提取部分资金作为创业投资的资本，而后将资金以借贷形式投入创业企业，收取高于市场一般借贷的利息，同时，与创业企业达成协议，获得其部分股权或认购股权。第三，建立咨询专家库，聘请外部专家，充分发挥他们对科技型企业的专业判断能力，为对科技型企业授信调查和融资决策提供咨询意见，提升对科技型企业的风险识别和控制能力，提高融资决策的科学性。第四，风险控制模式创新。采用慎重的投资选择与多元的风险控制，保证硅谷银行降低风险。在多元的风险控制中，将创业投资和一般业务风险隔离，对不同行业、不同阶段、不同地域、不同风险的项目进行组合投资。第五，退出方式创新。硅谷银行主要采用公开上市的方法实现创业投资退出，对于没有上市的创业企业，硅谷银行则采用收购方式退出。

需要特别指出的是，硅谷的发展动力并非来自初创公司，而是被一些大公司支撑的，这些跨国科技公司通常都拥有上百亿美元的销售额。新技术的诞生往往来自大公司的"溢出效应"。出现这种情况主要是由于大公司的科研工作产生的多余技术没有得到足够的开发。比如，IBM 发明了硬盘盒磁盘技术，它们被硅谷的一些创新公司所采用，由此出现了舒加特（Shugart）、希捷（Seagate）、昆腾（Quantum）、迈拓（Maxtor）。IBM 发明了关系型数据库技术，这给一些公司（如甲骨文、Sybase、Informix）带来了机会。与此相仿，施乐硅谷研发中心为个人电脑、图形用户界面（GUI）、局域网（苹果、微软、3Com）领域的公司做出了同样的贡献。

硅谷模式的特点及启示

成功的经验：美国技术创新与金融支持的完美结合。

硅谷是美国迄今为止最成功的高科技园区。其主导的产业包括计算机和通信硬件、电子元件、软件、创意和创新服务业等。美国硅谷成功的最关键因素在于：不怕失败的硅谷文化、发达的金融市场、有利于技术创新的整套金融机制，它汇集全球的金融资源、人才资源和创新资源等为维持美国技术创新的领先地位服务。

（1）不断完善的硅谷互联网金融服务平台。硅谷有 Google、Facebook 等著名创业公司，以及计算机网络、硬件和软件生产公司（3Com、思科、网景、甲骨文、雅虎等），还有新一代的网络服务公司（Akamai、Ariba、CommerceOne）。后者引发了硅谷新一轮引领世界高技术产业增长的浪潮，计算机网络使硅谷再次成为世界经济和科技的重心。互联网金融服务平台的搭建能够突破时空限制，为交易双方提供丰富的信息资源，可以省去传统庞大的实体营业网点费用和高昂的人力资源成本，进一步促进民间融资的增长，使硅谷的互联网金融呈现旺盛的生命力。

（2）政府重视法规制度和创业环境建设，塑造硅谷科技金融文化。硅谷采用以市场力量为主导的模式，即政府对硅谷的发展并不直接介入，其主要职责是提供自由的创新环境和健全的法律环境。硅谷人承袭了美国西部传统冒险精神，具有敢想敢干的作风。基于传统冒险精神，政府积极培育和保持科技人员的创新精神、私人企业家风险资本投资的冒险精神，营造鼓励冒险与宽容失败的氛围。

（3）美国政府采取间接扶持和引导的措施，以促进美国硅谷风险投资。首先，政府对风投业务基本不干预，任其自由发展。主要因为风投文化与政府文化很难相容。其次，政府的一些间接政策对风投的发展给予了极大的支持。最后，硅谷的风投资本家多数是懂技术、会管理的退休工程师或前任企业家，有助于做出正确的投资决策。

（4）多元化的资本市场融资体系。NASDAQ 是美国高科技产业和创业投资成功的一个重要原因，在整个资本市场中处于中间层次。在美国支持高科技产业化的多层次资本市场融资体系中，有以证券交易所为代表的主板市场，以 NASDAQ 为代表的二板市场，以 OTCBB 为代表的三板市场，以及非正规市场即私人权益资本市场。NASDAQ 可以为高科技企业由小到大的发展提供不同规模的融资服务，并为硅谷公司上市创造了有利条件。绝大多数硅谷公司由于初创时还不赢利，因此没有资格在纽约证券交易所上市，但 NASDAQ 为这些硅谷公司上市开了方便之门。公司上市既是通过资本市场筹措资金的通道，又能够成为激励创业者的重要动力。

成熟的模式：金融创新服务于技术创新（纽约国际金融中心 + NASDAQ 模式）。

欧美地区的科技金融在经历了几十年的发展后，已形成成熟的发展模式。目前，欧美地区的科技金融模式以初端、中端以及高端三条路径为主。

科技与金融的初端合作路径以科技企业的融资和金融机构的信息创新为主。一方面，在科技企业的融资问题上，欧美地区建立了一整套完善的资金支持体系。①国家财政支持，对技术创新企业设有财政性的金融拨款，以国际资源推动科学技术的创新。这也是保证"硅谷"等科技园区繁荣发展的关键。②华尔街的金融机构对科技企业的融资支持，包括企业债、垃圾债等债券市场和纽约证券交易所、NASDAQ 等多层次股票市场，使得科技企业拥有透明且市场化的融资平台。另一方面，科技企业在享受金融机构融资服务的同时，也以自身的专业技术促进了金融机构效率的提高。其中，主要是科技企业为交易所、商业银行、投资银行等金融机构提供了大量的数据处理技术、交易系统（包括软件和硬件）和网络商务技术，促进了金融创新。

科技与金融的中端合作路径体现在金融机构与科技企业的集聚化发展。随着科技与金融初端合作模式的不断壮大，科技企业与金融机构试图寻找新的合作契机与切入点。在"政、企、银"三者的合作下，金融机构与科技企业呈现集聚化的发展态势。这大大提升了欧美地区的金融和科技实力。

科技与金融的高端合作路径体现在集群化发展。目前，欧美地区的世界 500 强企业都展现出集金融、科技为一体的发展趋势，金融机构与科技企业实现了集群化发展，也可称为科技金融一体化。

（1）硅谷银行与高科技企业的成长。美国硅谷银行曾在支持早期阶段高科技企业信贷融资上取得显著成效，其金融创新服务模式也成为世界各国金融机构的学习榜样。硅谷银行敢于为早期阶段高科技企业提供贷款支持，关键在于硅谷银行研发出了一套独特的经营模式，比较有效地解决了银行和高科技企业之间的信息不对称。其主要特点是：构建强大的专家服务团队、持续专注服务特定的高科技领域企业、畅通与创业投资机构的合作渠道，以及提供多样性、适应性金融产品等。一是服务对象高度集中在特定高科技企业，如计算机硬件和软件、生命科学、清洁技术、新材料、互联网、移动或者消费技术领域的企业。二是为不同发展阶段的科技型企业提供定制产品和服务。针对不同类型的高科技企业的特点，硅谷的银行提供量身定制的金融产品和服务。三是加强与创业投资公司的联系，实行投贷结合。

（2）NASDAQ 成为高科技企业的助推器。美国的 NASDAQ，作为美国高科技企业成长的摇篮，在美国高科技产业的发展过程中扮演了极其重要的角色，也是全球知识经济迅速发展的强大助推器。NASDAQ 培育了美国的一大批高科技巨人，包括微软、英特尔、苹果、戴尔、思科、雅虎、亚马逊等。NASDAQ 对美国以电脑、信息及互联网为代表的高科技产业的发展，以及美国近年来经济的持续增长起到了十分巨大的推动作用。据统计，美国高科技行业上市公司中的 85% 是 NASDAQ 的上市公司。各高科技行业上市公司在 NASDAQ 上市的比例如下：软件行业为 93.6%，半导体行业为 84.8%，计算机及外围设备行业为 84.5%，通信服务业为 82.6%，通信设备业为 81.7%。硅谷的技术和 NASDAQ 的完美结合，孕育了信息时代的巨人骄子，使美国成为全球高科技领域中当之无愧的"领头羊"，并创造出了美国经济持续增长的奇迹。

有益的启示：金融创新需要大量人才的聚集。

硅谷不但拥有世界上最优秀的科学技术人才，还具有顶尖的领导人才、管理人才以及精明的商业奇才等知识多样化的综合性人才群体。如具有"硅谷之父"称号的特曼教授，是斯坦福和工业界结合的"酵母"。1951 年，其倡导创办的世界上第一个高新技术园区——"斯坦福工业园区"，首创大学和产业之间合作的模式。这也被认为是最成功的模式，可以说是硅谷的原型。微软的技术专家 David Cutler 开发了 Windows，引发了世界性的视窗革命。亚马逊网站的商业奇才 Jeff Bezos 创造了电子商务销售形式的革命。Cisco 公司的管理专家 John Chambers 将 Cisco 变成市值为世界第三的大公司。其他还有波士顿的 128 公路，北卡罗来纳的三角地（包括北卡罗来纳大学的 Campell 分校、杜克大学等）。

美国的金融支持技术创新模式，既推动了美国经济长期的高速增长，也促进了美国经济的产业升级和转型，缔造了新经济时代的经济神话。而硅谷等科技企业聚集的地方，基于金融创新的支持，克服了地理上的距离，实现了科技与金融跨越时空的对接，打造了美国先进而成熟的经济新模式。

从金融市场的风险配置和管理功能、公司治理功能看，直接融资型金融结构对促进突破型技术创新发展具有明显的优势。美国就是直接融资型金融结构的典型，美国的经济模式鼓励实时的毁灭性创新（包括鼓励过度消费和过度借贷），并因此在突破型技术创新方面始终走在世界的最前列，其中硅谷就是最终体现。但同时，美国的金融结构也导致其渐进型技术创新投资的相对不足，使美国传统制造业的国际竞争力相对下降。尽管如此，在新一轮技术创新中，美国仍然表现出强劲的创新能力，在突破型创新方面引领着世界潮流。

第十二章
银行主导型金融结构与技术创新
——以德国为例

　　银行主导型金融结构的风险管理可以通过代际跨期平滑来实现。作为金融中介的银行，可以依靠其专业能力积累风险较低、流动性较强的资产来减少跨期风险。在信息处理方面，稳定的银企关系能使银行更加有效地掌握借款人的相关信息。在公司治理方面，银行主导型的金融结构通过债权关系能减少"搭便车"等行为，有利于公司的战略决策。从这三个方面看，银行主导型金融结构更加有助于渐进型技术创新的发展。

　　一般来说，银行主导型金融结构的典型国家是德国、法国和日本，通过银行为企业提供资金支持是这几个国家的主导特征。相较英国和法国，德国是后起的较年轻的资本主义国家，其近代经济发展要比英国滞后近 100 年。德国政府为推动经济金融发展，早在 19 世纪中期就形成了富有德国特色的银行综合化制度。随着时代的变迁，德国的银行综合化制度也在不断演变和调整，并成为支持德国经济发展的重要力量。

风险配置和管理视角的经验

　　银行主导型金融结构在风险配置和管理方面的最大优势，就是能够通过跨期风险分担来重新配置和管理风险。银行实际起着"蓄水池"的作用，即将大量分散的中小短期投资集中起来，通过与长期投资的适当结合，来克服资本市场参与者受资产价格频繁波动影响做出的短期行为，这有助于投资于中长期的技术创新。

德国企业的融资模式基本上是以银行贷款融资为主，而且实行的是一种全能银行融资体制。所谓"全能"，顾名思义就是可以自主地从事从商业银行到投资银行的广泛业务，也就是说，银行既可以从事吸收存款、发放贷款的业务，也可以直接进行证券投资，还可以持有任何非金融企业任何数量的股票。

德国现代银行体系是由德国中央银行、全能银行体系和特殊目的银行体系组成的综合体，其核心是德国的中央银行。到 1991年，德国全能银行和特殊目的银行分别为 4457 家和 69 家，前者占同期德国银行总数 4526 家的 98.5%。全能银行作为单个金融机构提供着各种各样的金融服务，包括传统的银行业务、投资和证券业务、不动产交易、对陷入财务危机的企业进行救助、企业并购等。全能银行主要又可分为商业银行、储蓄银行和合作银行三类。商业银行是德国商业银行体系的主要部分，但业务权限远比美国商业银行宽泛。到 1991 年，德国共有商业银行 340 家，其中最重要的有 5 家，即德意志银行、德累斯顿银行、商业银行及其两家柏林子公司。储蓄银行属于地方性银行，分布比较分散，通过三层机构逐步集中。到 1991 年，储蓄银行共有 771 家。合作银行是具有互助合作性质的金融机构，其成员是工人、职员、小商人、农场主等，合作银行主要对这些成员开展放款业务，也对其中下游企业发放贷款。合作银行在州一级为信用合作中心，最高一级是德意志信用合作银行，它负责调节信用合作中心的资金，为其办理汇划业务，并向工业、运输业和戈恩消费提供贷款。据 1991 年的统计，其数量达到 3346 家。区域性银行又称地方性银行，主要从事地方性银行服务，1991 年共有 192 家。私人银行主要经营证券业务、工业放款业务、财务管理和房地产业务，为所在地的国内企业提供银行业务，到 1991 年时共有 83 家。它们被认为是德国银行业的先驱。外国银行主要是指外国银行在德国建立的分行等分支机构，到 1991 年共有 60 家，其业务主要是面向在德国的外国居民，办理外国与德国的资金支付往来业务。特殊目的银行指专业银行，有别于德国绝大多数全能银行，在特定的领域开展相关业务，如抵押银行、分期付款银行、特殊职能银行、投资公司和邮政储蓄机构等。

德国技术创新系统最具特色的就是拥有一批创新能力强的企业。其中，大型企业的研发部门是企业技术创新的主体，在提高工业技术水平、开发新产品过程中起龙头作用。大企业与银行有紧密的关系，银行对企业的经营活动有较为清楚的了解，对其经营中的各种风险也都有相对清晰的认识，并据此为大企业提供持续的金融支持。事实上，德国的许多大企业一直保持着较大规模的研发投入，在进行应用性研究的同时还进行基础性研究。据统计，约 31% 的国内产业研发能力（以雇用研发人员数量衡量）集中于七大工业巨头，即西门子、戴姆勒-奔驰、拜耳、赫斯特、大众、博世和巴斯夫。其中，西门子占据了电子技术产业研发37% 的份额；拜耳、赫斯特和巴斯夫占化学研发的 46%；大众和戴姆勒-奔驰占汽车交通产业的 53%。专利统计也显示了技术能力的集中：5 家德国公司拥有 29% 的德国在美国申请的专利。而德国的统计表明，随着时间的推移，企业 R&D 趋向集中于少量的企业。

另外，中小企业也是德国创新体系的重要支柱。德国有 10 万多家创新型企业，其中约 95% 的企业是员工少于 500 人的中小企业。中小企业在德国工业产值创造中发挥着不可忽视的作用，不仅向市场提供新产品，还提供面向未来的服务并研发新的工艺。它们也是创造新的就业的重要动力。自 20 世纪 90 年代以来，中小企业的研究开发活动趋于活跃，在其销售产品中，新产品的比重已远超过大企业，但其研究与发展投入则仅占企业界研究与发展投入的 14%。鉴于德国中小企业数量众多且在工业技术创新中有独特作用，为提升中小企业的技术创新能力、增加其在国际竞争中的地位，德国政府一直对中小企业给予支持和扶助。例如，德国工业研究协会联盟（AiF）作为基础研究与企业商业化研发之间的重要桥梁，负责政府对中小企业创新支持项目的实施。其作用在于为德国中小企业的合作研究提供公共平台，让中小企业可以就一些共用技术（也称"前竞争技术"）进行合作研究。截至 2009 年，AiF 共完成约 18 万个研究项目，有约 5 万家中小企业受益。因此，德国逐渐涌现了一批创新能力很强、专业化程度很高、富有活力的中小企业"隐形冠军"，并打造出了作为质量优良代名词的"Made in German"品牌。例如，专注于制造用于邮票和纸钞印刷的专业印刷机的德兰特－格贝尔印刷机械公司（Drent Goebel），专门为公共汽车生产配套空调设备的康唯特公司（Konvekta），生产螺丝、螺母等连接件产品的伍尔特公司

（Würth Group），等等。

一般认为，德国中小企业融资之所以能得到较好解决，主要是因为建立了一个由开发性金融机构引导、商业性金融机构广泛参与的金融服务体系。德国中小企业社会化融资体系的构成主要包括：德国联邦和州政府、开发性金融机构德国复兴信贷银行（KFW）、商业银行（储蓄银行集团、合作银行等）、工商协会和担保银行等。德国中小企业社会化融资体系中的这些参与主体相互合作，形成了风险共担、收益共享的中小企业社会化融资机制。

信息处理和传递视角的经验

在银行主导型金融结构中，很多情况下为了规避市场竞争、确保银行的垄断地位，关联的大型企业和金融机构在监督企业经理层的决策时，不会或者认为没必要把企业的真实情况和决策过程明示给大众。这导致大量的信息成为金融中介机构或者企业的"私人信息"，整个金融体系的透明度极低。

正因如此，银行对项目的筛选和监督能积累关于借贷人质量的私有信息。因为只有关系银行才能拥有企业的专有信息，而且为保持信息垄断优势会为企业保密。相对于多边融资和公共融资来说，银行信贷能有效避免信息的泄露，创新型企业也愿意向关系银行提供专有信息。这种机制鼓励了银企双方的信息交流，便利了对项目的筛选和监督，并能激励企业从事更多的研究开发，提高技术创新的融资效率，从而在解决信息扭曲问题中展示了银行信贷的独特作用。

由于信息透明度较低，资金主要是在一系列有关联的企业和机构之间周转。除了个别声誉显著的大企业之外，绝大多数借款人只能在其狭小的金融圈子里活动，不能轻易获得直接融资。这就决定了企业要想相对容易地获得融资，就必须与银行建立比较紧密的关系。

德国存在一种特殊的银企关系。德国银行制度的综合化和万能化，导致银行与工业相互依赖、关系密切。银行借助公司透支、长期贷款、发行股票债券、股份参与和人事渗透等，对工业企业有压倒性的优势和支配权。德国银行与日本银行相比，前者是企业的"保姆"，后者是企业的"保护神"。银行资本与工业资本的结合，经济金融与政权的融合，具有保证经济和金融迅速发展、整体协调及整体效益高的突出优点，并使得经济、金融、政权形成更为牢固的"铁三角"关系。

首先，由政府在中小企业社会化融资体系中提供政策性支持。其次，政府控制的开发性金融机构（德国复兴信贷银行、担保银行等）是整个中小企业融资体系的核心，具有引导和带动作用。开发性金融机构包括德国复兴信贷银行（下设专门的中小企业银行）和18家州立担保银行。德国复兴信贷银行利用国家信用支持发行债券，筹集低成本资金，再将资金批发给中小型银行，并给予技术援助，实施政府银行信贷项目。2010年，德国复兴信贷银行批发给商业银行的中小企业贷款资金占其贷款总额的40%。担保银行则由德国各州设立，是非营利的经济自助组织，不吸储也不放贷，受联邦金融监管局监督。担保银行为无法提供抵押的自主创业者和企业提供担保。再次，储蓄银行与合作银行是直接与中小企业合作的主要商业银行。这些银行的地区性网点密集，贴近客户，专注于直接面向中小企业的零售融资服务，是中小企业的主控银行。德国的每个中小企业都有自己的主控银行。主控银行和中小企业关系密切且稳定，在多次重复博弈情景下能够较大程度地克服信息不对称问题，从而有效控制融资风险。储蓄银行是德国最大的银行集团，也是最大的中小企业银行，占中小企业贷款市场份额的43%。储蓄银行由乡镇储蓄所、地区储蓄银行、跨地区汇划中心等构成，包括433家相对独立的中小型银行，共有21.5万个营业网点；合作银行（由农民、城市居民、中小企业等入股组成）也是中小企业银行，占中小企业贷款市场份额的15%。合作银行由地方、区域、中央三级体系构成，共有1150家独立法人实体，1.97万个营业网点。由于德国银行实行混业经营，各种金融产品和服务都没有准入或退出限制，业务对象均包括所有的客户群体、行业以及地区。任何一个地区、任何一个金融产品，都由两家以上的商业银行提供服务，以确保充分竞争。最后，依托覆盖全国的工商协会对中小企业的扶持和中介作用，建立社会化的融资服务和信用担保体系。工商协会在德国中小企业社会化服务体系中扮演着重要角色，包括对会员提供出口、创业、技术转让和法律等方面的咨询，以及一系列关于管理、生产、投资和融资计划等方面的培训，介绍各种政府支持项目，就融资和担保问题向银行提出建议等。

由于银行贷款具有关系型融资的特点，其信息处理过程一般是随银行对企业的信贷申请、运行以及偿还全过程的监督活动而实现的。一旦银行做出了贷款决策，银行与企业之间的关系就进

入了一个新的阶段。自此，一方面，银行为了进一步对企业进行
持续的监督，以观察贷款合约的执行情况，客观上必须进一步收
集与企业相关的信息；另一方面，企业在银行设立资金账户，银
行也就自然地具备并强化了其对企业信息的收集能力，使其可以
更方便地通过资金流动、账户核查来获得外部人无法获得且无法
证实的私人信息。而企业为了进一步降低激励问题带来的融资成
本，也在一定程度上存在向银行披露信息进而弱化信息不对称的
经济动机。银行资产、负债业务本身高度的不透明性，决定了这
种来自银行内部监督的信息往往只限于自身的范围，其被外界其
他主体分享的可能性很小。但也正是这种特性使得银行与企业关
系稳固，能为持续的渐进型技术创新提供稳定的金融支持。这也
正是德国企业在渐进型技术创新领域不断发展的一个重要原因。

德国的经验证明，社会化融资服务体系的有效运转需要政
府、政策性商业金融机构和社会力量的共同参与。具体到德国的
实践看，主要表现在以下几方面。

其一，政府制定有关法律和政策，为金融机构提供低成本资
金，通过市场化运作去支持中小企业发展。首先，立法明确了德
国复兴信贷银行促进中小企业发展的地位和职能，并提供政府担
保。《德国复兴信贷银行法》明确规定，政府为"德国复兴信贷
银行提供的贷款和发行的债券、签订的定息远期合约或期权，获
得的其他贷款以及由德国复兴信贷银行提供明确担保的给予第三
方的贷款"提供担保。为体现政府对政策性银行强有力的支持，
德国复兴信贷银行的国家信用被赋予以下内容：一是在资金困难
时，财政随时注资；二是在资金来源上，可以向财政借款或向央

行随时借款；三是政府对其亏损进行补偿。其次，是在上述法律保障和政府资金支持下，德国复兴信贷银行通过完全市场化运作的商业银行直接面对中小企业，为中小企业提供融资服务。最后，设立担保银行，分担中小银行的信贷风险。

其二，各类银行机构在中小企业融资领域分工明确、优势互补、风险共担，共同服务于中小企业发展。首先，德国复兴信贷银行引导和带动其他金融机构共同向中小企业提供融资，在融资体系中发挥核心作用。其次，各商业银行均认为，德国复兴信贷银行对中小企业融资的作用很重要，尤其是在提供长期低息融资推动产业发展方面，同时商业银行和德国复兴信贷银行之间在中小企业融资领域的合作是成功的。再次，设计合理、利益激励充分的转贷模式，是德国复兴信贷银行与商业银行实现优势互补、合作共赢的根本。转贷模式使得批发银行能够通过转贷银行向众多中小企业零售发放贷款，使得德国复兴信贷银行避免与商业银行竞争，保持竞争的中立性。最后，以中小商业银行为主体的主控银行制，是中小企业融资体系能够成功的一个关键因素，可以有效防范信息不对称带来的信用风险。

其三，社会力量的参与，覆盖全国的工商协会对中小企业的扶持和中介作用，对于成功的社会化融资服务意义重大。根据德国有关法律规定，所有德国境内企业（手工业者、自由职业者及农业加工业除外）均必须加入德国工商协会。该协会在德国国内承担着大量的公益任务，为企业提供各种服务，非常了解企业情况，可以有针对性地为中小企业融资提供有价值的建议，也可以为中小企业提供信息及扶助。

公司治理视角的经验

后发国家为了推动工业化进程，尽快赶超其他国家，在资本市场尚不发达，短时间内又难以快速发展并加以完善的情况下，大多会借助银行等金融机构来实现快速的资本积累，然后投资于实体经济。企业的外源融资多依赖大型金融机构的资金，债权融资所占比重大，银企关系相对密切；企业通过举债进行融资，使金融机构成为企业债权人的同时，也使得债权人成为企业的管理者并参与企业的内部治理具备了可能性。这些都为债权治理创造了条件。

从德国企业的股权结构来看，由于个人对企业的直接投资甚少，德国企业的持股结构多为法人持股。这与日本企业类似。德国企业的所有权集中度很高，持股者主要为银行、创业家族、基金会、其他公司和政府等。虽然德国银行一般并不是企业的第一大股东，它持有的股份只占德国国内所有上市公司股份的 9%，但银行除直接持有公司股票外，还能代表其所托管的个人股份参加每年召开的股东大会行使投票权。例如，1988 年末，德国银行中储存的客户股票达到 4115 亿马克，约占国内股市总值的 40%，再加上银行自己持有的股票，银行直接管理的股票就占德国上市公司股票的 50%；此外，还常常会有一些全能大银行从债权人发展成为企业的大股东。这样，银行在许多公司监事会中占有席位，并直接影响管理层。因此，德国的全能银行对企业具有很大的有效投票权利。这使德国银行成为企业治理结构中一支非常重要的力量，对企业的治理结构有重要的影响。

德国对银行与企业之间的持股没有严格的法律限制。如前文所说，德国实行的全能银行制度，实质是一种垄断银行制度。在这种制度下，银行既可以从事存贷款等一般的商业银行业务，又可以从事证券投资等投资银行业务，还可以从事信托业务等；同时，银行还可以持有任何比例的公司股份，尽管也有限制银行对企业持股的法规，但并不具有很强的约束力，在持股的集中度方面几乎没有什么限制。

德国公司的所有权相对集中，银行和企业法人占有较高的股权比重。银行主导型金融结构和以长期的劳动合同为核心的劳动力市场体制是德国公司治理制度体系的主要特征。在公司治理过程中，银行扮演着重要的相机治理角色。这种制度对于监督和控制经理的道德风险是比较有效的。在这种体制下，企业经理的行为选择更多地具有长期性。在德国企业中，员工和企业具有长期的雇佣关系。以银行为核心的公司资本制度和长期的雇佣关系相结合，使得德国的公司治理体系有利于渐进型技术创新。

在以银行主导型金融结构为主要基础的公司治理制度体系下，公司治理更关注公司的长期利润目标，而长期的雇佣合同也使经理人和员工追求短期利益的激励降低，从而有助于长期的渐进型技术创新。但这种以银行为核心的公司治理制度并不利于突破型技术创新的产生。银行和企业之间长期、稳定的关系以及外部资本市场的缺失，新成立的创业企业很难获得有效的筹资渠道，导致新企业和银行建立关系的成本比较高。这有利于享有企业的持续发展和风险相对较低的渐进型加速创新的发展，而不利于创新型高技术企业的成长和新兴产业领域的突破型创新。由于银行和公司法人参与公司治理的各个阶段，交叉持股的公司法人和相机治理的银行往往追求投资的低风险性，对于投资风险较大的突破型创新项目缺乏投资激励。由于缺乏分散突破型技术创新风险的资本市场体制，银行主导型金融结构不利于创新型高技术企业的成长和突破型创新的发展，而更有利于风险较低的渐进型技术创新的发展。

在劳动力市场，由于员工与公司的雇佣关系相对稳固，员工的薪酬和晋升与其在工作岗位的长期表现高度相关，所以，经理人和员工都具有很强的规避风险的倾向，没有激励去从事高风险的创新项目，而更愿意去从事风险相对较低的渐进型技术创新。在相对稳固的劳动力市场，企业和员工有长期、稳定的雇佣合同，这就使得企业有动力投资于员工的在职培训，员工也有动力投资于企业专用型技能和隐性专用知识。在德国企业中，很多的技术创新都来自基层岗位，跨车间的知识和信息一体化、团结组织的知识共享体制都促进了对已有技术知识的掌握和有效应用。这种知识和技能的产生方式和特点显然有助于渐进型技术创新的发展。由于过分依赖企业内的协调，跨行业、跨企业的协调则会被忽视，从而会限制知识和技能在企业外部的跨行业、跨企业交流。这会产生"向内看"的"近视眼"现象（Kogut and Zander，1992），不利于突破型技术创新。

总之，在银行主导型金融结构和稳定的劳动力市场共同作用下，德国企业更可能追求渐进型技术创新。以银行主导金融结构为基础的公司治理制度体系往往会与静态效率相伴，也就是说，效率的获得主要来自对现有产品、工艺和能力的深度挖掘使用。

银行主导型金融结构中技术创新的最新进展

在经历 2008 年后的欧洲主权债务危机之后，德国制造业强劲的国际竞争力得以凸显。而支撑竞争力的便是德国企业不断的技术创新。利用当代最先进的信息技术改造制造业，进而形成智能制造，已经成为德国企业在新的历史时期的创新点。这也就是所谓的"工业 4.0"概念。这一概念的提出是德国在原有的银行主导型金融结构下坚持技术创新的最新发展。德国希望借助"工业4.0"，在生产制造的各个环节应用信息技术，将信息技术与物理显示的社会之间的联系可视化，将生产工艺与管理流程全面融合。由此，通过智能制造，生产智能产品，形成智能工厂。

"工业 4.0"的概念，最初是在 2011 年德国举办的"汉诺威工业博览会 2011"上提出来的；两年后的"汉诺威工业博览会2013"发布了"工业 4.0"工作组的最终报告——《保障德国制造业的未来——关于实施工业 4.0 战略的建议》。"工业 4.0"在德国被认为是机械化（第一次）、电气应用（第二次）、自动化（第三次）之后的第四次工业革命，旨在通过深度应用信息技术和网络物理系统等技术手段，推动制造业向智能化转型。德国"工业 4.0"就是在制造业领域将各种资源、信息、物品和人融合在一起，使相互联网的众多"信息物理系统"（Cyber-Physical System，CPS）形成的智能工业体系。CPS 包括智能设备、数据存储系统和生产制造业务流程管理，从生产原材料采购到产品出厂，整个生产制造和物流管理过程，都基于信息技术实现数字化、可视化的智能制造。

"工业 4.0"时代的智能化，是建立在"工业 3.0"时代的自动化技术和架构的基础上的，旨在实现从集中式中央控制向分散式增强控制的生产模式的转变，利用传感器和互联网让生产设备互联，最终形成一个可以柔性生产的满足个性化需求的大批量生产模式。

从"工业 3.0"时代单一种类产品的大规模生产，到"工业 4.0"时代多个种类产品的大规模定制，这一发展既要满足个性化需要，又要获得大规模生产的成本优势。所以，"工业 4.0"和"工业 3.0"的主要差别体现在灵活性上。"工业 4.0"基于标准模块，加上针对客户的个性化需求，通过动态配置的单元式生产实现规模化，并满足个性化需求。同时，大规模定制从过去落后的面向库存的生产模式转变为面向订单的生产模式，在一定程度上缩短了交货期，并能够大幅度降低库存，甚至突现零库存运行。在生产制造领域，需求推动着新一轮的生产制造革命以及技术与解决方案的创新。对产品的差异化需求正促使生产制造业加速发布设计和推出产品。正因为人们对个性化需求的日益增强，当技术与市场环境成熟时，此前为了提高生产效率、降低产品成本的规模化、复制化生产方式，也随之发生改变。所以，"工业 4.0"是工业制造业的技术转型，是一次全新的变革。

"个性化"是有针对性的量身定制的代名词；"规模化"意味着大批量、重复生产。"工业 4.0"时代的智能制造就是将"个性化"和"规模化"这两个在工业生产中互相矛盾的概念融合起来的生产方式，通过互联网技术手段让供应链上的各个环节更加紧密联系、高效协作，使得个性化产品能够以高效的批量方式生产，这就是大规模定制生产。

大规模定制生产模式结合了定制生产和大规模生产两种生产方式的优势。大规模定制以顾客需求为导向，是一种需求拉动型的生产模式。其以模块化设计、单元化生产为基础，以信息技术和网络技术作为大规模定制的基本平台，基于差异化战略获取更广阔的竞争优势（见表 12 - 1）。所以，大规模定制生产模式在满足顾客个性化需求的同时，能够实现较低的生产成本和较短的交货期（见表 12 - 2）。

表 12 - 1　大规模生产和大规模定制生产的比较

项目	大规模生产	大规模定制生产
管理概念	以产品为中心,以低成本去竞争市场	以顾客为中心,以快速响应赢得市场
驱动方式	根据市场预测安排生产（推动式的生产方式）	根据客户需求安排生产(拉动式生产方式)
核心	通过未定型和控制力保持高效率	通过灵活性和快速响应来实现多样化和定制化
战略	成本领先战略:通过降低成本、提高生产效率获取竞争优势	差异化战略:通过快速反应、提供个性化的产品获得竞争优势
目标	以低价格开发、生产、销售、交付产品和服务	以多样化和定制化开发、生产、销售、交付顾客满意的产品和服务
适用范围	需求稳定的统一市场	需求动态变化、多元化的细分市场

表 12 - 2   大规模生产和大规模定制生产的过程比较

生产过程		大规模生产	大规模定制生产
订货		按照销售部门的预定组织生产	按照顾客订单组织生产,满足顾客个性化的要求
设计		针对某一个产品进行设计,产品系列趋于增大,零部件数量增加,零部件标准化程度低	针对产品族进行设计,设计任务模块化,零部件标准化程度高,模块重用率高
制造	生产计划	针对某一产品进行生产资源配置,大批量生产产品,生产自动化	批量且有效益地生产各种产品,制造网络化、个性化
	生产时间	产品开发周期长、生产周期长	产品随客户需求而变,开发周期短、生产周期短
	生产设备	设备专用,设备调整时间长,维护费用高	柔性的生产设备,设备调整时间短,维护费用低
	生产成本	低成本	低成本
	产品质量	追求质量稳定、标准化的产品和服务	追求高质量,定制化的产品和服务
销售		买方和卖方以客户为纽带,致力于推销已有的产品	顾客与企业以网络平台为纽带,关注如何使用技术满足客户的个性化需求
服务		难以达到顾客完全满意	顾客充分满意

　　通过比较可以看出,大规模定制生产既保留了大规模生产的低成本和高速度,又具有定制生产的灵活性,将工业化和个性化比较完美地结合在一起。大规模定制式生产也是企业参与竞争的新方法,是制造企业获得成功的一种新的思维模式。大规模定制生产以顾客愿意支付的价位和能获得一定利润的成本,来高效率地进行产品定制生产,满足顾客的个性化需求。

定制产品由于更接近个性化需求，所以比标准化产品具有更大的价值空间。此外，大规模定制生产通过互联网，使供应商、制造商、经销商以及顾客之间的关系更加紧密。借助互联网和电子商务平台进行大规模定制，也可以实现消费者、经销商和制造商等多方面的"满意"和"共赢"。

"工业4.0"能带来哪些改变

正在发生的"工业4.0"在制造业领域的市场中，必然会出现采用新的商业模式的企业。传统制造业或许还会继续留存在市场中，但是为了应对新的竞争对手，它们的经营管理者一定会在工业革命期间改变其组织结构、管理流程和业务功能。智能手机、可穿戴设备之所以能够成功，不只因为它们是新事物，更重要的是紧随其后的消费文化转变和社会转型。

1. 改变了制造业思维

信息技术的发展日新月异，人类社会步入信息时代后，随之而来的新的概念、理念不断冲击人们的头脑，带来巨大的变革。无界限、全民化、信息化、传播速度快是互联网的特征。普遍认为，互联网思维是基于互联网特征衍生的。互联网思维包括"标签思维""简约思维""NO.1思维""产品思维""痛点思维""尖叫点思维""屌丝思维""粉丝思维""爆点思维""迭代思维""流量思维""整合思维"等。其实，互联网思维归根到底是将传统工业时代的"价值链"转化为互联网时代的"价值链"。过去的互联网是信息的互联网，靠口碑营销。同时，用户不仅是消费者，而且通过体验与互换，成为创造价值的参与者。

互联网对传统商业的重构过程完整地为我们展现了互联网思维带来的颠覆性改变。随着互联网渗透及融合到各个领域、各个行业，互联网思维也将影响各个领域、各个行业。随着工业和信息化的深度融合，信息时代的制造业也毋庸置疑会面临巨大的变革。信息技术向制造业的渗透与融合，也将给制造业带来新的思维。

就制造业而言，随着制造业中互联网思维的深度应用，互联网的无界限、全民化、信息化、传播速度快等特性将推动其创新制造模式，整合生产资源，提升生产效率，从而促进制造业的转型升级。

德国"工业 4.0"是制造业互联网思维的一个体现，将带动制造业思维的转变。具体而言，在"智能工厂"以"智能生产"方式制造"智能产品"，整个过程贯穿"网络协同"。也就是说，"工业 4.0"将会改变制造业思维，给制造业带来更多的灵活性和想象空间。随着"工业 4.0"的发展和制造业思维的转变，制造业的游戏规则将被颠覆。

2. 改变了制造业模式

第一次工业革命，蒸汽机的发明带来了机械化。第二次工业革命是一系列电气技术的发明，让人类跨入了"电气时代"。从 20 世纪 70 年代开始，随着信息技术的发展，计算机服务系统、企业资源计划（Enterprise Resource Planning，ERP）等软件系统在制造业领域的应用，带来了制造业领域的数字化和自动化。可以说，前三次工业革命让制造业的生产模式不断进化。而"工业4.0"则在第三次工业革命的基础上，不断对制造业的模式加以转变。

过去的制造业只是一个环节，但随着互联网进一步向制造业渗透，网络协同制造已经开始出现。制造业的模式将随之发生巨大变化，传统的工业生产生命周期会被打破，从原材料的采购到产品的设计、研发、生产制造、市场营销、售后服务等各个环节构成闭环，彻底改变制造业以往仅作为一个环节的生产模式。在网络协同制造的闭环中，用户、设计师、供应商、分销商等角色都会发生改变。与之相伴，传统价值链也将不可避免地出现破裂和重构。

"工业4.0"代表新一轮工业革命的背后是智能制造，是向效率更高、更精细化的未来制造发展。在信息技术使得制造业从数字化走向网络化、智能化的同时，传统工业领域的界限也越来越模糊，工业和非工业也渐渐地难以区分。制造环节关注的重点不再是制造的过程本身，而将是用户个性化需求、产品设计方法、资源和渠道的整合，以及网络协同生产。所以，一些信息技术企业、电信运营商、互联网公司将与传统制造企业紧密衔接，而且很有可能成为传统制造业乃至工业行业的领导者。

3. 改变了创新模式

以往，"标准化"对"创新"是一种制约。而在"工业4.0"中，衍生出"研发"＋"行业支持"＋"标准化"＝"创新"

的方程式，令许多业界人士颇为震惊。

在传统制造业时代，标准决定着产品、决定着市场取向。所以，随着越来越多的高技术的诞生与发展，企业以专利和知识产权申报作为标准，树立标准成为制造业获取最大经济利益的最佳途径。标准成为专利技术、知识产权的最高体现形式，制造业的经济利益更多地取决于标准。正因如此，标准在一定程度上遏制了创新，它无视信息时代客户需求的差异化，不再符合新的互联网思维和未来制造业思维。

"工业 4.0"在分散的价值网络上实现横向互联，并进行适时管理。从用户下订单开始，直到产品物流交货，贯通原材料采购、产品研发与设计、生产制造与客户关系管理、供应链和生产能耗管理等信息系统，"工业 4.0"将帮助工厂实现产品的短期上市、更高的生产灵活性和资本利用率、更低的成本和可控的风险。这样一来，首先，用户参与"研发"互动，提供更多的创新思路；其次，智能工厂通过互联网网站接受个性化定制产品的生产订单，通过社会化媒体工具征集合作生产设备或合作伙伴，制造成品交货后，系统自动通过网上支付进行销售结算，形成跨领域的"行业支持"；最后，技术成熟、产品定型之后，开始"标准化"，保证"大规模定制"等模式的实施，从而实现既能适应市场对产品多样化的需求，又能享受大规模生产优势的目标。

"工业 4.0" 能产生多大价值

德国推出"工业 4.0"基于本国的产业结构。德国是一个以机械行业为支柱的制造业大国，国土狭小、资源匮乏，人口也相对较少。所以它只有向国外出口高附加值产品，在国外生产，才能使国家富强。而且德国90%的人员在不到500人的中小企业中工作。中小企业通过不断技术创新，并在各个企业之间交易，在固定的零部件和机床领域占据了较大的市场份额。如果某企业缺少德国中小企业的产品供货，自身的生产制造也将停滞，所以一般很容易接受中小企业的产品议价。基于此，中小企业之间也避免了激烈的价格竞争。

德国"工业4.0"有效地对本国中小企业进行了保护和扶持。中小企业相对于大企业缺乏资金和实力，面对"工业4.0"软件开发的巨额投入需求，中小企业自己开发将是非常困难的。所以，应由政府牵头，制造业的主要社会团体共同推进"工业4.0"的标准化，让缺乏自主研发软件能力的中小企业能享受技术上的扶持。

德国信息产业、电信和新媒体协会（BITKOM）对德国"工业4.0"的经济效益进行了预测。BITKOM的预测数据显示，相对于2013年，德国经济增加值将保持1.74%的年增长率，到2025年有望达到787.7亿欧元。从社会效益看，德国重视"工业4.0"的原因是它可以弥补老龄化带来的劳动力不足。2010年以来经济向好的德国，深深地感受到本国技术工人的数量不足。部分厂家通过招收一些经济不景气国家的工人来增加产量。因此，"工业4.0"对于德国来说，也是应对未来劳动力不足的一个方案。从生产力的发展来看，自200多年前发生的第一次工业革命开始，工厂的生产力已经成倍增长。随之增长的还有全球的社会生产总值。而"工业4.0"带来的产值将远远超过第一次、第二次和第三次工业革命的总和。在未来的"工业4.0"时期，数十亿人和数百万个组织机构将连接到工业互联网，以一种无法想象的方式在全球进行网络制造。

根据美国通用电气公司（GE）在2012年11月发表的研究报告，到2025年，智能工业网络可能实现的效率提升和生产力进步，将几乎覆盖每个经济领域，影响"大约一半的全球经济"。而根据德国电气制造商协会（ZVEI）的预测，到2020年，"工业4.0"带动下的全球国内生产总值将达到约90亿美元。

在银行主导型金融结构中，间接融资作为德国企业进行融资的主要方式，很大程度上满足了企业融资的需求，尤其是中小企业融资难的问题在德国得到了比较成功的解决。联邦政府对中小企业的大力支持，更有力推动了中小企业的发展。而企业是德国技术创新的主体，目前，德国中小高科技企业约有8000家，数量在欧洲居领先地位。总体看，虽然由于德国资本市场不发达，企业进行融资的主要方式是银行贷款，德国企业在突破型技术创新方面不占优势，但是德国鼓励渐进型创新和长期规划，这也使得德国企业在渐进型技术创新领域则取得了令人瞩目的发展成果。这就说明，建立合理的融资制度，充分发挥银行的融资作用，不仅可以解决好企业融资问题，尤其是中小企业融资难的问题，而且能够推动渐进型技术创新的发展，并且从量变到质变，促进突破型技术创新和模式创新的发生。

第十三章

"新常态下" 中国技术创新的金融支持

从历史上看，每次科技革命和产业革命都会带来世界经济的快速增长，导致世界各国间国力和地位对比的重大变化，并为新兴大国崛起提供难得的历史机遇。而那些新兴大国，也正是因为制度安排和发展战略得当，并能够抓住机遇实现科技创新能力的跨越式发展，才实现了成功崛起。

当前，我国经济在经历 30 多年的高速增长后，已经进入中高速增长的新阶段，呈现新常态——从高速增长转为中高速增长。经济结构因此面临优化升级的挑战，需要从要素驱动、投资驱动转向创新驱动。与此相适应，我国科技创新已进入从引进技术向自主创新转变的阶段。但也应看到，目前我国仍处在以引进技术的消化吸收再创新和集成创新为主的时期，还没有进入以原始创新为主的阶段，必须切实加强引进技术的消化吸收再创新和已有技术的集成创新。特别是要像美国那样注重实用性创新，紧紧围绕我国经济社会发展的重大需求，以市场为导向，以企业为主体，政产学研结合，更有效地推进全面创新和加快先进技术产业化。当然，也要有重点地加强基础研究和前沿技术研究，加快培育提升原始创新能力，夯实持续创新发展的科技基础。

中国经济进入"新常态"

"新常态"的提出

世界银行报告《2030 年的中国》（2012）指出，中国现在已经到达发展道路上的一个转折点，管理好从中等收入到高收入国家的转型充满挑战性。中国应该完成向市场经济转型，通过企业、土地、劳动力和金融部门的改革，加强民营经济实力，开放市场，促进竞争和创新，确保机会均等，以此形成新经济增长结构。时任世界银行行长罗伯特·佐利克（2012）就此认为，当前中国的经济增长模式无法长久持续。他指出，在未来可预见的一段时间，全球环境很可能仍不确定且大幅波动，转变战略的必要性就显得愈加重要。中国要避免进入"中等收入陷阱"，促进包容性增长，同时，要防止进一步侵害环境，并继续努力成为国际经济中负责任的利益攸关方。

斯蒂芬·罗奇（2014）表达了与此类似的观点。中国主要依靠固定资产投资和出口拉动的发展模式不可持续，中国最需要的是一个更加平衡和多元化的增长模式。原因在于：投资增长过快将带来产能过剩，进而产生通货紧缩；出口增长则将带来更多的贸易摩擦和保护主义。中国应逐步脱离单靠出口和投资驱动的模式，在结构上加以调整，更多地将注意力从投资和出口转向个人消费。

国内学界不少学者对中国投资导向型的经济增长和发展模式

也表示担忧。成思危（2012）认为，经济发展方式更重要的转变是从外延性的增长转为内涵性的增长，要通过内涵性的增长来提高劳动生产率，增加每个人创造的财富。还有一个角度就是在国家、企业个人之间的分配要合理，让人民收入和经济增长同步。再有就是要从外生型的动力转向内生型的动力。所谓外生型的动力是依靠政府的政策、银行的关系等；内生型的动力是靠职工的积极性和创造性，这是中国经济发展的最大动力。吴敬琏（2012）表示，从长期来看，中国急需改变经济增长的模式，要提高技术进步对于增长的贡献，这样才能维持一个比较合理、合适的经济增长水平。如果不能在经济增长中提高全要素生产率对于增长的贡献，那么，为了保持较高速度的经济增长就不得不增加投资，继续提高投资率。这就会形成一个恶性循环：不断地提高投资率，消费率就会持续降低，进一步导致需求不足；而要解决需求不足则只能再增加投资，增加投资的结果是最终需求更加不足。

"新常态"是本轮金融危机爆发以后，国际上描述发达国家经济与金融状况的一个常用说法。从世界范围内来看，"新常态"出自经济词汇，最早是由美国太平洋基金管理公司总裁埃里安在2010年的第40届达沃斯世界经济论坛上提出的。这也是这届论坛首场专题研讨会的主题。埃里安认为，"世界也许再也无法回到全球金融和经济危机前稳定的'正常'状态，它将面临一个全新的'正常'状态"。之后，"新常态"被西方媒体形容为危机之后经济恢复的缓慢而痛苦的过程，是对2008～2009年发生"大衰退"之后世界经济政治状态的一种描述和预测。

在发达经济世界,"新常态"可概括为"一低两高",即低增长、高失业和高债务。无论是美国,还是欧洲和日本,概莫能外。经过 20 世纪 80 年代后期以来欧美经济持续 20 多年相对稳定繁荣的"大稳定",2008 年发端于美国的全球金融危机使西方思想界深刻反思。"新常态"正是反思结果之一。如今,危机爆发已经过去十年,世界经济发展呈现新的复杂情况。按照埃里安的最新观点,虽然全球经济缓慢复苏,但是美国经济增速放缓、高失业率和政府债务高涨的"新常态"并未结束。更有悲观者,如美国前财政部部长劳伦斯·萨默斯认为,发达国家的经济增长停滞可能成为新常态。近年来,地缘政治风险不断为世界经济增添新变数。摩根士丹利新兴市场负责人鲁奇尔·夏尔马曾在美国《外交》杂志上撰文说,过去全球投资者常聚焦 GDP 增长、就业和贸易,并以此来预测投资,如今,市场更关注政治变化,尤其是新领导人如何推动经济改革,这成为观测世界经济的一种常态。

在世界经济复杂变化的背景下,中国经济已被公认为世界经济的发动机与稳定器,同时呈现独有的"新常态"。厉以宁(2014)认为,这是相对于我国前一段时间超长的经济高速增长而言的,意指经济应逐步转入常态,可以从两个方面加以分析。首先,做我们力所能及的事情,盲目追求超高速增长对中国长期经济增长是不利的。过高的增长率带来哪些不利呢?主要体现在五个方面:一是资源消耗过快;二是环境受到影响,生态恶化;三是带来低效率;四是一些行业出现产能过剩;五是错过结构调整的最佳时期。其次,从 2014 年 5 月至今,习近平主席多次在公开场合提及"新常态"。敏锐的学者与传媒意识到,这一决策语言的出现意味着新的政策信号。习近平指出，我国发展仍处于重要战略机遇期，我们要增强信心，从当前我国经济发展的阶段性特征出发，适应"新常态"，保持战略上的平常心。

尽管含义不同，"新常态"下的世界与中国将在全球化大潮中产生新的互动。2009 年出版的《黯然失色：生活在中国经济主导地位的阴影下》一书的作者，彼得森国际经济研究所高级研究员萨布拉曼尼安认为，中国经济将主导世界的未来趋势不可阻挡。尽管一些西方学者一时还走不出"旧世界"的惆怅，但识时务者已经把更多注意力投入对中国未来发展的关注。

对中国经济新常态、经济改革和发展前景的看法，国内外各大研究机构、学者莫衷一是。

美国智库卡内基国际和平基金会高级研究员黄育川说，鉴于中国经济的复杂性，没有单一的指标可以全面反映中国经济。由于中国的劳动力人口正在缩减，就业不再是大问题。黄育川认为，中国需要的是能够衡量经济增长更可持续的指标。结构性改革成效需要几年时间才会在关键指标上体现出来。过于关注季度经济数据并不合适。真正的挑战是政府能否落实致力于提高生产力的改革。

美国智库彼得森国际经济研究所中国经济研究员陆瑞安说，与房地产市场和第二产业降温相比，服务业增长保持强劲，这在意料之中。因为一些定向措施直接瞄准中小企业，其中大部分属于服务业。决策者应当进一步放松对私人和国外投资者的限制，特别是服务业领域。陆瑞安说，中国经济增速放缓可能是一个好的迹象。"长期来看，我愿意看到中国经济减少对投资和信贷的依赖,更加倚重消费和服务来推动经济增长。更加依靠服务业有利于增加就业。正如我们所看到的,尽管工业产出增速放缓,就业增长仍然强劲,因为与过去相比,中国服务业对经济增长的贡献增加了"。

加拿大蒙特利尔银行资本市场部发布的报告看好中国经济。报告说,中国经济增速在 2014 年前几个月有所放缓,但放缓之势在第二季度结束,经济已企稳回升。这受益于中国推出的微刺激和宽松货币政策。报告认为,应减少对中国经济急速下滑的担忧。

俄罗斯国际商业银行证券部首席经济学家基巴尔金说,中国政府出台的微刺激政策让持续增长成为可能。对中国来说,鉴于通胀水平持续稳定,现在是放弃刺激、专注改革的绝佳时机。中国目前已具备给利率市场松绑的条件,通过加速出口弥补内需增长放缓。

日本经济学家加藤义喜认为,持续了 30 多年高速增长的中国经济出现适度减速十分正常,有利于结构调整。中国不必太拘泥于国内生产总值在一定范围内的增减,更重要的是要看重经济发展质量。当前中国经济最大的课题不是促进高速增长,而是优化资源配置、调整经济结构、完善机制和技术创新、提高产品附加值,努力将产业结构提高到新水平。

巴西银行联合会前首席经济学家特勒斯特认为,基数变大导致中国经济增长放缓是正常现象。中国正在进行经济转型,暂时放缓是为了更长远的利益。

李稻葵(2014)表示,许多分析家认为中国经济新常态的基本点就是增长速度的逐步下降，以及债务水平的逐步调整。这些分析不一定全面，其原因在于：这些分析过多地关注宏观经济的表现，而我们需要更加深入地分析中国经济新常态的内涵。综合来看，中国经济的新常态远不是经济减速，它将有四个方面的重要表现：新旧增长点的拉锯式交替、渐进式的经济结构调整、改革的艰难推进、国际经济领域中中国要素的提升。

"新常态"成为中央对经济环境的基本判断

近年来，特别是2010年中国超越日本成为全球第二大经济体之后，中国经济增速持续下滑，过去30多年高速增长积累的矛盾和风险逐步凸显，中国经济明显出现了不同以往的特征。但是，对中国经济的下滑、风险的凸显以及红利的转换，究竟是受外部因素的影响，还是意味着中国经济进入一个新的和过去不同的阶段，各界争论和分歧很大。

习近平主席2014年5月在河南考察时指出，中国经济进入了"新常态"。应该指出，新一代领导层以"新常态"定义当下的中国经济，并按照"新常态"在战略上审慎选择中国的宏观政策，绝非简单制造新的政策词汇，而是对改革开放30多年后中国经济进入新的阶段的战略性思考和抉择。

仅从经济外交领域来看，中国领导人近两年来的世界足迹，习近平主席关于欢迎其他国家"搭乘"中国发展列车的表态，都已向世界表明，中国愿与世界合作发展、互惠共赢。无论世界还是中国，都迈入了一个新时代。要理解和适应这个时代的世界与中国，需要新的政治经济学。"新常态"不是一个静态的固化概念，而是动态的过程。它既复杂，又精要，既充满挑战，又有无限机遇。身处其中，需要新的视角、新的框架、新的逻辑。一个积极的更具有建设性的中国，必将增益世界。

"新常态" 意味着经济现实的变化，意味着中国经济正在增速、结构与改革三方面取得更科学的平衡。曾经助推中国增长的各种经济要素已不同以往。有经济学家将这种 "新常态" 概括为 "中高速、优结构、新动力、多挑战" 四大特征。"新常态" 意味着宏观政策的变化。注重微调控，不搞强刺激，定向调控，精准发力。"新常态" 更意味着思维的变化。中国决策层的行动已让世人观察到，中国不会沉溺于传统思维，一切惯例都可能被打破。2014 年 7 月 29 日的中央政治局会议上，中国决策者提出了 "三遵循三发展" 的方针，显示经济改革有了更明确的指向。党的十八届四中全会 "依法治国" 的主题令世界对中国改革有了更多期待。未来的改革不只局限于经济领域，国家治理体系的现代化改革更为关键。所谓 "新常态"，是指在新的发展阶段，出现的新机遇、新条件、新失衡等，正逐渐成为经济发展中较长时期稳定存在的特征。2014 年 12 月 11 日闭幕的中央经济工作会议，提出中国经济 "新常态" 的九大特征。会议认为，科学认识当前形势，准确研判未来走势，必须历史地辩证地认识我国经济发展的阶段性特征，准确把握经济发展的新常态。

从消费需求看，必须采取正确的消费政策，使消费继续在推动经济发展中发挥基础作用。从投资需求看，须善于把握投资方向，消除投资障碍，使投资继续对经济发展发挥关键作用。从出口和国际收支看，必须加紧培育新的优势，使出口继续对经济发展发挥支撑作用。从生产能力和产业组织方式看，产业结构必须优化升级。从生产要素相对优势看，人口老龄化日趋发展，农业富余劳动力减少，必须让创新成为驱动发展的新引擎。从市场竞争特点看，统一全国市场、提高资源配置效率是经济发展的内生性要求，必须深化改革开放，加快形成统一透明、有序规范的市场环境。从资源环境约束看，环境承载能力已经达到或接近上限，必须顺应人民群众对良好生态环境的期待，推动形成绿色低碳循环发展的新方式。从经济风险积累和化解方式看，化解以高杠杆和泡沫化为主要特征的各类风险将持续一段时间，必须标本兼治、对症下药，建立健全化解各类风险的体制机制。从资源配置模式和宏观调控方式看，全面刺激政策的边际效应明显递减，既要全面化解产能过剩，也要通过发挥市场机制作用探索未来产业发展的方向，必须全面把握总供求关系的新变化，科学进行宏观调控。

这些趋势性变化说明，我国经济正在向形态更高级、分工更复杂、结构更合理的阶段演化。经济发展进入新常态，意味着经济正从高速增长转向中高速增长，经济发展方式正从规模速度型粗放增长转向质量效率型集约增长，经济结构正从以增量扩能为主转向调整存量、做优增量并存的深度调整，经济发展动力正从传统增长点转向新的增长点。认识新常态、适应新常态、引领新常态，是当前和今后一个时期我国经济发展的大逻辑。

我国现阶段发展突破型创新的必要性

突破型创新的形成需要花费较长时间，原因有两方面：一是突破型创新需要经过从研发到技术转移，再到规模化的数个阶段，技术的成熟、消费者的接受等都需要时间；二是突破型创新需要适宜的条件也即制度互补性条件是一个系统推动的结果。以美国为例，虽然推动创新的是企业家，但大学的基础研究在其突破型创新中发挥了重要作用。同样不可或缺的还有美国鼓励创新的环境和金融条件。面对突破型创新可能给企业带来的巨大风险与困难，许多公司经营者倾向于采取渐进型创新模式。按照后发优势理论，发达国家的大型企业作为先发者一般进行突破型技术创新；而后发国家的企业规模比较小、技术能力弱，一般从事以技术引进、消化、吸收的二次创新为特征的渐进型创新。发展中国家实现跨越式发展的过程主要是引进、消化和吸收的过程，在技术能力和资源积累到一定程度之后，通过二次创新实现赶超。就创新的强度而言，这种创新显然是渐进型创新，或是以渐进型创新为主导的创新。一个国家和企业长期采用渐进型创新战略，往往会形成多重依附性。这里所指的依附性有技术的依附性、工具依附性、知识的依附性、方法论的依附性乃至话语权及其规则的依附性。上述五种依附性相互依赖、相互作用，彼此加深进程。

中国目前已经是世界第二大经济体，但在技术创新领域仍落后于发达国家。我国的技术创新能力基本上是以渐进型创新为主，如对产品外观、性能等进行改进创新。而企业的竞争力主要来源于低成本。以渐进型创新为主的创新模式在我国实行赶超战略、发挥后发优势的发展过程中功不可没。但随着产业的转型升级和国际竞争的加剧，目前的创新模式面临越来越严重的挑战：

一是劳动力成本不断上升；二是资源环境的压力越来越大；三是没有突破型创新的中国企业在国际上的地位只能是制造工厂，难以支撑中国成为以创新驱动发展为主的创新型国家。所以，中国需要通过突破型创新形成一批世界领先的企业，才能确保中国成为创新型国家。

20世纪70年代末我国实行改革开放政策后，由于工业基础薄弱，缺乏资金和先进的技术经验，政府出台了"以市场换技术"的战略，希望以巨大的国内市场吸引外商向本土企业转让先进技术或在中国投资以带来并扩散先进技术，从而整体提高我国本土企业的技术能力。尽管"以市场换技术"的战略使得我国技术水平有了一定的提升，但得到的大多是国外低水平技术。虽然，二次创新与集成创新模式加快了我国走向自主创新的步伐，但囿于国外的技术范式与技术轨道，我国众多领域的技术发展仍难以实现突破型创新。我国的技术与经济的领先地位，主要体现在接近或与发达国家的技术水平持平，只是缩小了与发达国家的科技水平的差距，并没有真正实现超越。因此，21世纪初，中央提出了实施以自主创新为主的技术创新战略，即在继续努力获取国外先进技术的同时，更要努力通过自主创新来解决我国自身技术需要与技术供给的矛盾。所谓自主创新，不同学者有不同的定义。然而追根溯源，经济领域的自主是相对依附而言的。自主创新的根本内涵，就在于更强调摆脱对技术输出国的技术依附。从这个意义上说，自主创新对创新强度的要求更高。创新强度较低的技术创新往往不容易打破技术的对外依附性。所谓打破技术依附性，就是要拥有对核心技术的控制能力，可以在新的技术轨道上凭借自身力量进行持续研发。由于技术创新中的领先者占有大量缄默知识,只有较大幅度的创新才能建立新的缄默知识范式,同时形成对核心技术的知识产权控制。如果自主创新的强度比较低,则在后续的技术轨道变更中,引进者仍然要跟随先发者的技术路径,后续发展必然还会陷入对先发者的技术依附。从这个意义上讲,突破型技术创新的成果对技术研发主体而言,更多的是自主创新;而渐进型创新更多的是模仿创新。我们所强调的自主创新,其主要构成应该是突破型技术创新。

历史上,在世界科技-经济中心从后发向先发的转移过程中,后发国家的技术超越选择的领域大多是新兴技术领域。大量的自主创新都是突破型技术创新。历史昭示,落后国家完全可以通过突破型创新实现自主创新。而绝大多数发达国家也都是通过突破型技术创新的自主创新模式来实现经济崛起和跨越的。历史和现实都告诉人们,要实现国家经济和企业发展的赶超,就必须实现从渐进型创新向突破型创新的转变。传统观点认为,后发国家的技术能力薄弱,只能从事渐进型创新。这种观点实际上立足于发达国家和企业的研发人员在技术和知识的积累和经验上具有优势。然而科学技术的发展充满不确定性和不平衡性。技术革命和技术变革比较频繁的时期,全新的技术往往层出不穷。这些全新的技术与知识是前一个技术范式的技术霸主没有任何积累的。相反,由于对自己技术能力的过于自信,对传统行业核心业务的关注,以及现有技术既得利益者的阻碍,先发国家往往还会处于劣势。这时,一些具有较高抱负水平的发展中国家反而可以轻装上阵,集中力量从事突破型创新。

20 世纪下半叶以来，技术创新的周期日益缩短。电话走进 50% 的美国家庭用了长达 60 年的时间，而互联网进入美国家庭只用了 5 年时间。近年来，信息产业的快速发展呈现技术创新周期加快的趋势，即"单位面积芯片的存储量每 18 个月增加 1 倍""主干网的带宽将每 6 个月增加 1 倍"。所以随着信息科技的发展，信息技术产业可能会出现这样的情况：当先发者完成新一代创新的时候，后发者刚刚学会前一代的创新成果，后发者陷入依附陷阱。因此，我国要摆脱依赖性、进行自主创新，就必须要重视突破型创新。要实现高新技术领域的技术跨越，仍旧遵从常规性技术创新的"慢跑式"改进是不行的，必须抓住突破型技术创新的机遇，通过新轨道上的突破前进实现不断的"跳跃式"发展。

我国金融业发展现状与技术创新的进展

中国金融结构的建立和发展是中国经济发展的产物；与此同时，在金融发展的支持下，中国的技术创新也取得了巨大成就。中国的技术创新走出了一条引进、消化、吸收与自主研发并举之路。而在这条路上，渐进型技术创新是最主要的技术创新方式。这既是基于中国经济发展的现实要求，也是中国银行主导型金融结构的必然结果。

金融业发展现状

经过新中国成立以来 60 多年的发展，尤其改革开放后 30 多年的快速发展，中国金融业经历了从小到大的发展，从单一的计划经济体制下的记账单位，到现在已经形成比较完整的现代金融体系，无论是间接融资还是直接融资都有了很大的发展。中国金融机构体系的建立与发展大致可分为以下五个阶段：初步形成（1948～1953 年）、"大一统"的金融机构体系（1953～1978 年）、初步改革和突破"大一统"金融机构体系（1979 年～1983 年 8月）、多样化的金融机构体系粗具规模（1983 年 9 月～1993 年）、建设和完善社会主义市场金融机构体系（1994 年以后）。到目前为止，中国金融业获得了巨大的发展，金融机构体系结构日臻完善，已经形成了以大中小型商业银行为主体、多种非银行金融机构为辅助的层次丰富、种类较为齐全、服务功能比较完备的金融机构体系，金融机构实力不断上升，金融产品日益丰富，金融服务普惠性提高，多层次金融市场逐步健全，金融基础设施日趋完善，金融体系防控风险能力显著增强，在国民经济发展中发挥了重要的作用。中国金融业增加值稳居全球第二位，与美国的差距也小于两国 GDP 的差距。

中国金融体系的变迁主要是顺应实体经济体制改革这一政治目标而进行的，也必定受特定时期国家总体经济发展战略、政治、法律、文化等金融外部运行环境的制约和影响。与很多后发国家相似，作为后发国家的中国的金融结构，也具有鲜明的银行主导型金融结构的特点，间接融资在金融体系中占主导地位。相应的，直接融资市场的发展还很不足，资本市场的规模还较小，还不能满足经济发展的需要。银行资本在资产中的占比还比较高，股票筹资与金融机构信贷资金相比，还只是很小一部分。

国际上研究企业融资结构普遍采用存量法，选取股市市值、企业债券余额和银行贷款余额等数据进行计算，得到直接融资比重。从存量法看，2008～2016 年，我国直接融资存量比重从 31.52% 上升至 39.2%。其中，银行贷款余额和企业债券融资额保持稳步增长，银行贷款年增长率稳定在 13%～15%，企业债券年增长率稳定在 22%～24%。因此，近几年直接融资存量比重的变化和股市市值的变化高度正相关。根据我国社会融资规模，直接融资比重也可以用增量法，选取每年股票新发行和增发额、企业债融资新增额和新增银行贷款进行计算，得到直接融资比重。2008～2016 年，我国直接融资增量比重从 15.28% 上升至 26.37%，其中主要的变化来自企业债券融资额的逐年稳步增长，股票融资在 2015 年开始迎来爆发式增长，2016 年企业 IPO 明显加快，直接融资增量比重比 2015 年上升了 4.65%。

我国直接融资存量一直不算高。2015 年末，我国直接融资存量比重为 41.9%，不仅低于美国（72.36%）这样的证券主导型国家，也低于传统的银行主导型国家德国（58.67%）和日本（58.15%），以及新兴市场国家印度（61.21%）和印度尼西亚（54.95%）。与美国、德国、日本三国的平均直接融资比重相比，我国直接融资存量比重从 2008 年底的 23.62% 到 2015 年底的 21.16%，比重差距缩窄了 2.46 个百分点。

我国企业债券规模与其他国家的差距并不是很大。2015 年，我国企业债券存量比重达 9.05%，低于德国的 38.93%，和其他国家相差较小。这反映了近几年我国债券市场已取得了较快发展（见图 13-1）。

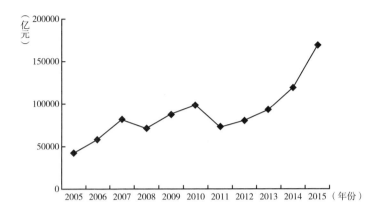

图 13 - 1 2005 ~ 2015 年债券市场发行量趋势

资料来源：中国债券信息网、上海清算所网站、中国结算网和万得资讯。

我国股票市场与其他国家的差距较大。2015 年，股票融资存量比重仅 32.85%，除了德国为 19.74%，其他国家均超过 50%。股市仍是我国直接融资的主要短板。

1991 ~ 2015 年我国上市公司数量见图 13 - 2。2000 ~ 2014 年美国和中国上市公司总市值占 GDP 比重见图 13 - 3。

金融支持下技术创新的进展

我国历来重视和倡导技术创新。可以说，我国之所以能取得巨大的建设成就，与对技术创新的重视密不可分。

近年来，我国科技经费投入力度加大，研究开发（R&D）经费、国家财政科技支出均实现较快增长，R&D 经费投入强度稳步提高。2016 年，全国共投入 R&D 经费 15676.7 亿元，

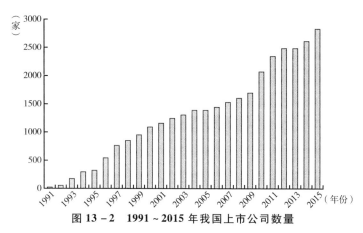

图 13 - 2　1991～2015 年我国上市公司数量

资料来源：作者根据相关材料整理而得。

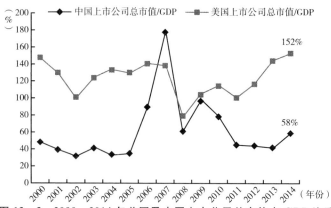

图 13 - 3　2000～2014 年美国及中国上市公司总市值占 GDP 比重

资料来源：作者根据相关材料整理而得。

经费投入强度①为 2.11% ，按 R&D 人员全时工作量计算的人均经费为 40.4 万元。2016 年，国家自然科学基金共资助 41184

----

① 为全国共投入 R&D 经费与 GDP 之比。

个项目。截至 2016 年底，累计建设国家重点实验室 488 个，
国家工程研究中心 131 个，国家工程实验室 194 个，国家企业
技术中心 1276 家。国家科技成果转化引导基金累计设立 9 只
子基金，资金总规模 173.5 亿元。2008～2012 年，平均增长
速度达到 29.1%（可比价），增速位居全球前列（见图 13－
4）。2012 年，我国 R&D 经费规模首次突破万亿元大关，达到
10298 亿元。按 2012 年平均汇率，折算为 1631 亿美元（1 美
元兑 6.312 元）。而同一时期，受国际金融危机影响，主要发
达国家对国内 R&D 活动的经费投入则呈增速放缓态势。按可
比价计算，2008～2011 年，美国 R&D 经费年均增长速度只有
2.1%，英国约 3.9%，法国和德国分别为 4.1% 和 4.5%；
2010 年与 2008 年相比，日本 R&D 经费下降约 12%。全球
R&D 经费分布仍呈亚洲、欧洲、北美洲三足鼎立的格局。由
于中国、韩国的 R&D 经费快速增长，全球 R&D 活动重心逐渐
向亚洲转移。截至 2011 年，各主要国家 R&D 经费占全球比重
为：美国占 31.2%，日本占 14.8%，中国占 10.1%，德国占
7.7%，法国占 4.7%，英国占 3.2%，韩国占 3.0%。2014
年，我国全社会 R&D 支出为 13016 亿元，其中企业支出占
76% 以上；R&D 经费占 GDP 比重估计可达 2.1%（见
图 13－5）。

从 R&D 经费投入的来源看，企业在 R&D 经费投入中的主体
地位稳步加强。2012 年，R&D 经费中企业投入的资金为 7625.02
亿元，占 R&D 经费的 74.0%（见表 13－1）。

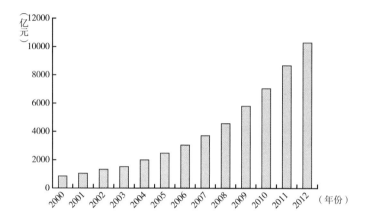

图 13 - 4　我国 R&D 经费投入额（2000～2012 年）

资料来源：国家科学技术部《中国高技术产业数据 2014》，http：//www. sts. org. cn/sjkl/gjscy/。

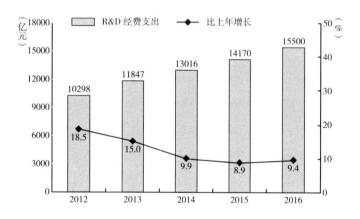

图 13 - 5　2012～2016 年我国 R&D
经费支出及其增长速度

资料来源：国家统计局《中华人民共和国 2016 年国民经济和社会发展统计公报》，2017 年 2 月 28 日。

表 13 - 1　R&D 经费的资金来源构成

单位：%

年份	政府资金	企业资金	国外资金	其他资金
2010	24.02	71.69	1.30	2.99
2011	21.68	73.91	1.34	3.08
2012	21.57	74.04	0.97	3.41

资料来源：国家科学技术部《中国高技术产业数据 2014》，http：//www. sts. org. cn/sjkl/gjscy/。

2014 年 7 月 18 日，世界知识产权组织（WIPO）等机构在悉尼联合发布了《2014 年全球创新指数报告》，① 中国排第 29 位。报告认为，与其他金砖国家相比，中国的创新能力正在快速提高，未来几年在榜单中的排名有望进入前 10。参与编撰这份指数报告的美国康奈尔大学专家说，这项指数显示，中等收入经济体在创新能力方面正在缩小与高收入经济体之间的差距，中国在创新领域的综合表现明显超过高收入经济体的平均水平。

金融支持技术创新存在的不足

尽管中国的技术创新取得了巨大成就，但也应看到，当前中国的技术创新主要是对国外技术成果的引进、消化、吸收、转化，大多属于渐进型技术创新。渐进型技术创新可以在一定程度

---

① 全球创新指数由美国康奈尔大学、欧洲商业管理学院和世界知识产权组织共同发布，设多个参数，包括机构、人力、研究、基础设施、市场、企业成熟度、知识、技术和创新，采集 143 个经济体的 81 项不同指标数据测算得出最后的排名。

上提升中国的技术创新能力，但在国际竞争越来越激烈、中国与世界先进技术的差距越来越小的情况下，仅仅依靠渐进型技术创新已经不能满足中国经济进一步发展的需要。通过不断努力推动突破型技术创新更好、更快地发展，已经成为增强中国创新能力和竞争力的关键所在。

我国技术创新存在的问题

尽管我国的技术创新在诸多方面取得了很大进步，如制造能力不断扩展、国内企业创新能力增强以及经济的知识密集度提高等，但中国仍然是技术创新领域的一名后来者，与国际技术前沿仍有很大差距（世界银行，2009），大量技术仍旧依赖海外供应，尤其是一些核心技术的对外依存度较高。以我国的高技术产品出口为例，虽然在过去几年我国高技术产品出口额大幅度增加，出口增速提高很快，但这些高技术产品的核心技术很多仍靠进口。

近几年我国高技术产品进出口总额及其占商品进口总额的比重见图 13－6。高技术产业主营业务收入占制造业的比重见图 13－7。

从图 13－8 可以看出，我国高技术产业就业人员占制造业就业人员和全社会就业人员的比重都比较低。这说明，在我国拥有更强创新能力的人才相对较少，企业创新能力不足。

从图 13－9 可以看出，我国的高技术产品出口中，一般贸易虽然有所上升，但所占比重仍然很低；而来料加工和进料加工贸易所占的比重较大。这说明，在我国的高技术产品贸易中，拥有自主知识产权的产品所占份额较小，而大部分出口产品不具有自主知识产权。总体来看，我国出口高技术产品的企业的创新能力

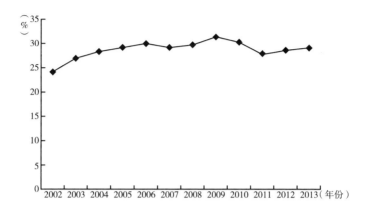

图 13 - 6 高技术产品进出口总额及其占商品进出口总额的比重

资料来源：国家科学技术部《中国高技术产业数据 2014》，http：//www. sts. org. cn/sjkl/gjscy/。

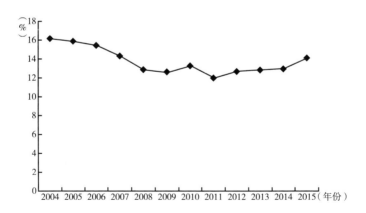

图 13 - 7 高技术产业主营业务收入占制造业的比重

资料来源：国家科技部《中国高技术产业发展状况分析》，http：//www. most. gov. cn/kjbgz/201709/P020170906315017505184. pdf。

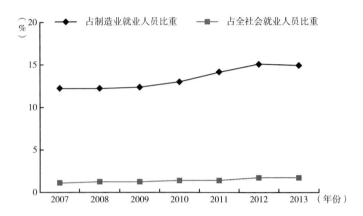

图 13 - 8 高技术产业就业人员占制造业及全社会的比重

资料来源：国家科学技术部《中国高技术产业数据 2014》，http：//www. sts. org. cn/sjkl/gjscy/。

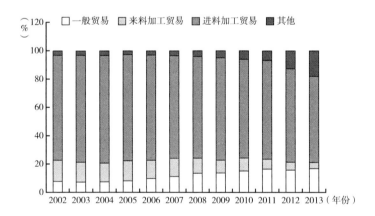

图 13 - 9 高技术产品出口按贸易方式分布（2002 ~ 2013 年）

资料来源：国家科学技术部《中国高技术产业数据 2014》，http：// www. sts. org. cn/sjkl/gjscy/。

还较低。这也说明，我国的技术创新尤其是企业的技术创新能力相对不足，与发达国家相比还有很大的差距。

我国技术引进经费与企业 R&D 经费的比值持续下降。2000年，技术引进经费占 R&D 经费的 62.3%，2008 年这一比例下降到 15.2%，到 2012 年进一步下降到 5.5%（见图 13 - 10）。这表明，我国规模以上工业企业已经由高度依赖国外技术逐渐转变为自主创新为主、技术引进为辅。

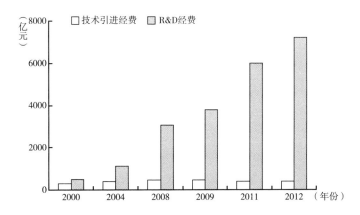

图 13 - 10　我国规模以上工业企业技术引进和 R&D 经费情况

资料来源：国家科学技术部《中国高技术产业数据 2014》，http：//www. sts. org. cn/sjkl/gjscy/。

支持 R&D 的直接融资仍有巨大发展空间

在我国，直接融资市场的不发达导致对间接融资的依赖度很高，也造成了银行在金融体系中的绝对优势地位。

从图 13 - 11 可以看出，在我国，股票市场筹资与金融机构提供的信贷相比规模较小。这说明，直接融资规模仍然较小，而间接融资的规模在全部融资中具有绝对优势。

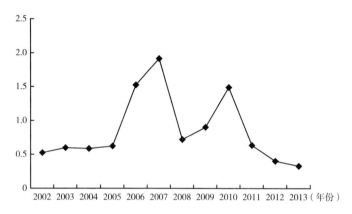

图 13 - 11　中国股票筹资与金融机构提供信贷资金的比率

资料来源：作者根据国家统计局数据整理而得。

从表 13 - 2 可以看出，中国国内上市公司的总数不仅明显低于美国、英国、日本、韩国等国，也明显低于印度，但高于德国、法国。由于我国已经是世界第二大经济体，企业数量已经很多，而上市公司数量却在世界主要国家中处于中等水平，说明我国资本市场仍然不发达，资本市场为企业提供资金支持的力度还很不够。

从表 13 - 3 可以看出，中国的上市公司市场资本总额占 GDP 的比重不仅明显低于美国、英国等发达国家，也低于印度、南非等发展中国家。这说明，我国的资本市场发展还很不完善，资本市场还没有发挥应有的作用。但值得注意的是，中国的上市公司的市场资本总额占 GDP 的比重高于德国，略低于日本和法国。德

表 13 - 2　部分国家国内上市公司总数

国家	2010 年	2011 年	2012 年
中国	2063	2342	2494
俄罗斯	345	327	276
南非	360	355	348
印度	4987	5112	5191
印度尼西亚	420	440	459
墨西哥	130	128	131
大韩民国	1781	1792	1767
巴西	373	366	353
德国	571	670	665
意大利	291	287	279
日本	3553	3961	3470
法国	901	893	862
澳大利亚	1913	1922	1959
美国	4279	4171	4102
英国	2056	2001	2179

注：国内上市公司是指截至年末在国内注册成立的公司在该国股票交易所挂牌的数量。此项指标不包括投资公司、共同基金或其他集体投资工具。

资料来源：《标准普尔全球股票市场手册》和补充 S&P 数据。

国是典型的银行主导的间接性融资国家，日本和法国也是主要的间接性融资国家，这三个国家的资本市场相对都不发达。中国的数据与这三个国家相近，进一步说明，中国也属于资本市场相对不发达的国家。

风险投资是支持突破型创新最重要的力量之一，尤其是在企业还处于种子期和起步期之时。在这两个阶段，由于企业没有抵押品，很难获得银行的贷款支持。而风险投资则是弥补这一不足

表 13 – 3　部分国家上市公司的市场资本总额占 GDP 的比重

单位：%

国家	2010 年	2011 年	2012 年
中国	80.3	46.3	44.9
俄罗斯	65.9	41.8	43.4
南非	169.3	125.5	154.1
印度	94.6	55.1	68.8
印度尼西亚	50.8	46.1	45.3
墨西哥	43.2	34.9	44.3
大韩民国	99.5	82.7	96.5
巴西	72.1	49.6	54.7
德国	41.9	31.6	42.1
意大利	15.0	18.9	23.0
日本	74.6	60.0	61.8
法国	72.8	54.8	67.9
澳大利亚	127.5	86.3	83.8
美国	114.5	100.8	115.5
英国	129.0	112.0	115.5

注：市场资本总额（也称作市场价值）是股票价格乘以已发行股票的数量。国内上市公司是指截至年末在国内注册成立的公司在该国股票交易所挂牌的数量。上市公司不包括投资公司、共同基金或其他集体投资工具。

资料来源：《标准普尔全球股票市场手册》和补充 S&P 数据。

的主要方式。2015 年，中国各类创业风险投资机构数达到 1775 家，① 全国创业风险投资管理资本总量达 6653.3 亿元，占 GDP 总量的 0.96%；全国风险投资机构累计投资项目达 17376 项，其中投资高技术企业项目 8047 项，占 46.3%。相比而言，同期

---

① 实际存量机构数，主要包括创业投资企业（基金）、创业投资管理企业以及少量从事创业投资业务的事业单位，该数据已剔除不再经营创投业务或注销的机构。

美国创业投资管理资本总额为 1663 亿美元，占 GDP 的 0.96%，欧洲创业投资机构基金管理资本总额约为 550 亿欧元。相比以前，中国的风险投资有了很大增长，在规模上仅次于美国，已经成为名副其实的创业投资大国。但是，近几年来，我国风险投资资金主要投向创新型企业的成长期而撤离了种子期，这使得我国的小微型创新型企业发展获得资金支持的难度增大。

表 13 - 4　创业风险投资项目所处阶段分布（2006～2015 年）

单位：%

成长阶段＼年份	2006	2007	2008	2009	2010	2011	2012	2013	2014	2015
种子期	37.4	26.6	1.3	32.2	19.9	9.7	12.3	18.36	20.8	18.2
起步期	21.3	18.9	30.2	20.3	27.1	22.7	28.7	32.46	36.6	35.6
成长（扩张）期	30.0	36.6	34.0	35.2	40.9	48.3	45.0	38.21	35.9	40.1
成熟（过渡）期	7.7	12.4	12.1	9.0	10.0	16.7	13.2	10.0	6.5	5.4
重建期	3.6	5.4	4.4	3.4	2.2	2.6	0.8	0.97	0.3	0.7

资料来源：《中国科技统计报告》。

支持创新的金融体系的建设

从历史上看，美国、德国和日本等国依靠科技创新实现大国崛起，都结合自身国情和发展阶段采取了恰当的科技创新模式。这些各有特色的科技创新模式，大致可以归并为两种类型。

一种是技术追赶型模式，以日本在 20 世纪中期经济高速增长阶段的做法为典型代表。其主要特点是：国家战略着重依靠对引进技术的消化吸收再创新以加快产业技术进步；以倾斜式产业结构政策和财政投融资政策支持重点产业升级换代；在政府的强力主导下，以大企业为主导，构建产学研合作机制，迅速突破重大核心技术和产业化。

二是技术领跑型模式，以美国从"二战"至今的做法为代表。其主要特点是：着眼于不断构建和始终保持在全球科技创新中的全面领先优势；在政府财政民用预算和国防预算中，以专项资金资助前沿性、原创性基础科学研究和重大技术应用研究；以政府采购和国防订货的方式，为创新技术产品培育市场，并引导军民两用技术双向转移；以实力雄厚的大企业尤其是大跨国公司大力度研发投入和并购创新型中小企业，主导产业技术发展；众多富有活力的中小企业在风险投资支持下，成为持续推动产业技术发展的源泉。

上述两种模式，都有值得我国借鉴、吸纳的长处，从中可以获得许多重要的启示。当然，我国与美国等西方发达国家的国情和发展阶段不同，不能简单照搬发达国家的科技创新模式和创新战略，必须结合我们的国情和发展阶段，走中国特色的科技创新道路。

不同类型的金融结构与不同类型技术创新存在匹配性。中国作为后发国家，金融结构的建立和发展主要是为了适应国家经济发展的需要。通过比较制度分析可以发现，中国金融结构的产生和发展所具有的各种因素，与很多后发国家相似，特别是中国的金融结构也体现出明显的银行主导型特征。这种金融结构在风险管理、信息处理和公司治理方面所发挥的作用具有鲜明的特点。

同样，中国的技术创新也具有鲜明的后发国家特点。那么，目前中国的金融结构对技术创新的促进作用如何，以及怎样进一步发挥其作用呢？

由于不同类型的技术创新要求不同的金融制度体系相匹配，因此在不同的金融制度体系下，技术创新具有明显的差异性。通过前面的分析结论可知，市场导向型的金融结构有利于突破型创新，而银行主导型的金融结构对渐进型技术创新有重要意义。特别是关系型融资对于渐进型技术创新的发展功不可没。渐进型技术创新往往具有逐步演进的特点，它需要企业具有稳定的发展环境，企业与员工、银行之间具有长期的工作合约和合作关系，员工具有企业专用性知识，以及长期稳定的持续资本投入。而突破型创新往往具有高风险性和革命性，因此，需要企业具有非常强的创新意识，人员要具有跨学科的交叉知识，需要一大批有创新意识的企业家群体和风险投资体制，并有成熟的功能完备的资本市场为风险投资提供退出机制。所以，市场主导型的金融结构对突破型创新具有积极作用。国际经验表明，在支持 R&D 尤其是原创性创新活动方面，直接融资具有更加积极的作用。在两种不同的融资模式下，美国的原创性技术创新始终处于世界领先的地位，尤其是在当前互联网及其相关产业的发展中表现得更加突出，而其对于传统的制造业的渐进型创新发展的支持力度却不足。与之相应，德国则在机械制造等传统产业的渐进型技术创新方面始终处于国际前端，其企业的竞争力也始终处于世界最前列，尤其是当前的"工业4.0"，更成为引领制造业潮流的新型创新，但其对于突破型创新的支持则显得不足。

根据前面的分析可知，处于不同阶段的技术创新需要不同的金融结构与之匹配。在突破型技术创新的初创阶段，市场上关于该技术的相关信息很少或几乎没有，投资者对该技术的前景存在多元化观点，技术市场化的不确定性很高。这就要求有不同风险偏好的投资者能够直接参与决策，并根据自己的判断投入或收回资金。也就是说，需要金融市场为该技术创新提供金融服务，以便能使更多人参与到技术创新中来。而在技术创新的扩散阶段，对技术进行改进或二次创新的渐进型创新的阶段中，市场上对于该技术已有部分历史信息，相关信息相比突破型创新更为丰富，对于该技术市场化的观点也基本达成了一定的一致性，这时通过授权而获得规模效应的银行等金融中介，便能为其提供服务。总之，在发展新兴产业、促进突破型技术创新的过程中，市场主导型金融结构相比银行主导型金融结构，从三大机制上看可能更有效率；而在学习和推广成熟技术和促进产业转型升级、引导渐进型技术创新的过程中，银行主导型金融结构的效率则可能更高。

值得注意的是，以上的分析只是一个倾向性和趋势性分析，并不具有绝对意义上的优劣之分。同时，上述作用能够充分发挥的前提是银行或市场在各自的资源配置领域是有效率的。如果银行体系不能履行对企业的风险监督和管理职能，资本市场也不能履行对企业的评价和监督职能，那么争论哪一种金融机构对哪一种技术创新更有利是毫无意义的。

我国发展金融市场需要的制度互补性条件

在我国加快转变经济发展方式，实施创新驱动发展战略的过程中，突破型创新需要银行等金融中介的支持，更需要金融市场和资本市场的支持。当前，我国经济发展已经进入新常态，如何进一步优化金融结构，充分发挥金融在创新与创业中的积极作用，已经成为金融领域、企业界以及学界等各方高度关注的重要课题。中国金融结构的演进过程同样具有路径依赖的特点，并需要具备制度互补性条件。

1. 三大机制发挥作用的互补性条件

下面，从不同金融结构的三大功能发挥作用的互补性条件入手，分析我国发展金融市场以促进技术创新需要的制度条件。

（1）不同金融结构的市场信息透明度要求不同

金融市场要想发挥促进技术创新的作用，需要以严格的强制性信息披露制度为依托来确保市场参与者的信心，因此，市场透明度（即信息公开化）是资本市场赖以生存的前提，也是参与者发挥观点多样化机制的基础。而银行等金融中介为了保持信息垄断优势、避免市场竞争危及自身利益，不会把企业的专有信息和决策过程公示于众，因而对于创新型企业的专利技术、研发过程等私人信息具有一定的保护作用，所以银行主导型的金融体系的透明度较低。

在我国发展资本市场、发挥直接融资作用的过程中，首先需要重视的就是金融市场的制度建设问题。如果我们不能有效满足透明度要求，不能使上市公司和中介机构如实向社会披露信息，那么资本市场就没有发展前途。由于信号传递机制作为信息不对称条件下纠正市场失灵的手段有很大的局限性，所以强制性的信息披露制度和对虚假信息的零容忍态度在缓解信息不对称、纠正市场失灵等方面具有重要作用。从信息收集的角度看，强制性信息披露是一种降低社会成本、提高市场效率的途径。目前我国的信息披露制度还不够完善，信息披露严重滞后，而且仍存在信息操纵等现象。这对于资本市场的健康发展和资源配置作用的发挥极为不利。因此，大力完善信息披露和监督机制，通过法律法规建设不断加强对上市公司的管理和监督，充分保障投资者特别是中小投资者的利益，是资本市场制度建设的重要方面；同时要通过加强对一些信息中介机构如会计师事务所、律师事务所、资产评估机构等的监督，充分发挥这些机构的监督、审查职能，来促进信息及时、准确地得以传播和披露。

（2）不同金融结构的风险处理机制及效应不同

市场主导型金融结构尽管可以提供有效的横向风险分散机制，但在应对股票市场崩溃、经济危机等宏观经济环境变化引致的系统性风险方面，该模式显得有些无能为力；而银行主导型金融结构则可借助代际平滑或资产积累机制，通过改善竞争性资本市场的风险分散功能，产生有效的跨期风险分担效应，从而有效应对系统性风险，提高社会福利水平。纵观世界经济发展史的数次金融危机，一般都始于股市危机或货币危机，而后波及银行体系。所以银行体系在金融市场中，处于金融体系安全性的"第二个层次"，往往是金融体系的"最后一道防线"。[1]

我国目前的股票市场尚处于起步阶段，发展极不健全，所以

---

① 陈雨露、马勇：《大金融论纲》，中国人民大学出版社，2013，第 549～550 页。

在发展直接融资来支持技术创新的过程中，要注意防范系统性风险，避免资产泡沫的产生和无限放大。理论上，一个发达的金融衍生品市场能够对冲风险，从而实现金融市场的横向风险管理功能；然而衍生品的创新和复杂组合往往会降低信息透明度，提高对专业能力的要求，从而带来新的金融风险，增加产生系统性风险的可能。这就需要充分发挥政府监管的作用，在促进金融创新以更好地服务技术向市场的转化与控制系统性风险、维持金融稳定之间，找到一个平衡点。

（3）不同金融结构的公司治理效应不同

由前面的分析可知，在银行主导型和市场主导型的金融结构下，企业的公司治理结构差异显著。在市场主导型的金融结构下，公司的治理结构为外部控制模式，主要利用资本市场的接管来对经营者施加压力，通过外部市场和敌意并购来控制企业。外部控制的治理主要表现在公司控制权市场的争夺上，它是在董事会功能失灵的情况下，对经理行为的约束和控制，是对董事会治理机制的一种补充性控制机制。

显然，我国目前的上市公司治理结构和市场控制主导型治理模式相距甚远。股权融资外部控制治理效应实现的前提是发达的控制权市场和有效的经理人市场，而我国目前的控制权市场和经理人市场尚未真正建立。部分实证研究结果表明，我国股票市场仍处于或接近弱式有效状态。我国大多数上市公司的控股股东处于绝对控股地位，外来收购兼并很难形成，公司经理较少考虑控制权丧失带来的私人利益损失。而经理人市场的作用在于不断评价经理的业绩，不称职的经理将不再只遭受名誉损失，在他们被解雇或更换工作时，其预期收益将会减少，从而降低其保留效用。

同时，我国的资本市场的退市机制尚需完善。良好的退市机制是提高资本市场运行效率与质量的重要基础，特别是创业板和中小企业板，更要避免"只倒不闭""只亏不退"的现象。只有"有进有退"才能使那些真正致力于技术创新和技术创新商业化的企业融到资金，从而得到长远发展，也才能为上市公司构筑有效的外部治理环境，对经理人的业绩表现形成一定的压力，约束其道德风险行为。

可见，市场控制主导型治理模式发挥作用的相应制度条件如果缺乏，则资本市场的公司治理效应将很难发挥作用。

2. 金融结构的制度互补性条件

中国金融结构的演进路径属于一种自上而下的强制性制度变迁，带有明显的路径依赖特征。实际上，不仅金融领域，在多项国家重大改革中，政府都起着不可或缺的主导作用。对于一个从缺乏灵活性的经济调节和社会保障初始条件出发的改革，政府主导下的渐进式金融改革具有短期成本较低、不确定性小的优点，但其面临着金融体系变迁进程中"耗散"造成的改革动力不足的问题。这种情况下，不仅既得利益集团的反对会使改革进程受阻①，而且容易出现因阶段性目标较为短视而偏离总体目标的情

---

① 补充说明一下，在金融改革进程中，既得利益集团在原有制度建设中花费了较大的前期投入，如金融机构的原有适应性投资具有沉没成本的性质，而制度变革则要花费成本协调不同利益集团之间的关系。面对未来的不确定性风险，避免当初适应性投资失效而维持既有格局的动机，会促使既得利益集团抵制改革行为的出现。

况。路径依赖原理告诉我们,"历史是至关重要的",并且制度变迁选择何种方式,受一个社会的利益集团之间的权利结构和偏好结构的影响。Rajan 和 Zingle(2003)指出,已有利益集团和大企业享有的"在位租金",将导致其选择对自己有利的金融体系:利益集团不喜欢金融发展,但更不喜欢市场主导金融体系。市场主导型金融体系要求更加透明,这会损害它们通过合约和关系等传统方式进行的商业活动。

此外,政府对金融的控制不利于非正规金融的成长,会形成对自下而上、市场自发演化的诱致性制度创新的压制。正如"诺斯悖论"所言,政府力量在改革中扮演的角色是一个积极因素和消极因素共存的矛盾体,金融体系演进中的路径依赖使得政府力量不能也不愿从金融控制中退出,从而使改革在达到一定阶段后,速度和成效会明显减弱。[①]

(1) 经济环境

基于新结构经济学的分析框架,林毅夫等(2011)认为,一个有效的金融结构必须反映实体经济的需求。从根本上来说,要素禀赋(资本、劳动力和自然资源)决定产业结构,而产业结构又需要特定的金融结构支持。一国在发展的不同阶段具有不同的要素禀赋组合,该组合决定最适合的行业结构、相关风险特征和企业分布。由于不同行业企业在经营规模、风险和融资需求方面有差异,实体经济对金融结构的需要也是随之变化的。所以,在

---

① 中国金融体系演进过程中的路径依赖因素,表现为国家即使通过分税制改革在一定程度上提升了财政能力,也仍不情愿轻易放弃对金融业的控制。

经济发展的每一阶段，都有一个与之匹配的最优金融结构，也即最优金融结构是动态变化的。

所以，我国目前的金融结构调整需要考虑与实体经济的匹配问题。在金融支持技术创新的问题上，不但需要考虑新兴产业、高新技术产业的创新与发展问题，也需要考虑传统产业、成熟产业的转型升级问题。目前，产业周期缩短、产业升级加速和技术含量提升都会对金融体系和制度建设产生重要影响。这就要求我国在以往的间接融资主导体系下，发展和改革适应现阶段经济发展和企业融资要求的直接融资市场，更好地为创新和创业服务。

（2）制度环境

除了在前文中提到的金融市场基础制度建设外，以尊重和保护产权等因素为主要内容的法律制度，也可以降低金融合约的交易成本，有效遏制恶意逃废金融债务、金融合约违约等行为的发生，提高投资者的投融资意愿。因此，法制环境是建立和完善现代金融体系的前提和基础性因素之一。法制因素已经渗透到金融业的各个领域和运行环节，金融创新、金融监管等无不受到法律的调整和约束，金融体系资源配置功能的发挥随着外部法制环境的变化而呈现高低不同的水准。

在某种意义上，中国金融体系演进的历史就是中国金融法制环境不断深化、不断完善的历史。通过持续不断的金融法制建设，我国目前已经为金融机构以及金融市场的健康有序发展构筑起了一个基础性的法律框架，中国金融业已逐渐驶入法制化、规范化发展的良性轨道。但对于中国这样一个处于经济转型中的国家，金融法制建设仍有许多不足之处，影响和限制了国家金融改革政策的实施效果。就立法思想来看,金融立法依然没有摆脱过去计划经济的影响,缺乏现代市场法制的思维方式。行政权力至上的现象仍普遍存在,大多数法律、法规、规章制度都给各级行政机关留下了较大的自由裁量权,行政规章与相关法律相互抵制与冲突层出不穷。此外,中国的金融法律体系建设也仍需完善。随着金融开放程度的不断提升和金融管制的逐步放松,针对金融机构市场退出的法制建设仍处于空白状态,这十分不利于金融市场的竞争和优胜劣汰。同时,相对于静态的法律条文,法律执行力度和实施效力的缺乏也是制约各个时期中国金融改革实效的一个重要原因。

值得一提的是,一般认为,我国是一个大陆法系国家,成文法是其基本特征。大陆法系强调国家权力,和银行主导型金融结构关联度较高。然而中国金融市场仍处于初创阶段,其法律较多地借鉴了英美法的经验,判例法的法律形式不断出现。这在一定程度上为市场主导型金融结构的发展提供了有利条件。

(3) 政治因素

Girma 和 Shortland (2004、2008) 的研究表明,法律体系的影响只是间接作用,金融发展受政治因素如民主程度、政权稳定时间等的影响更大也更直接。如果精英们觉得自由、竞争的市场于己有利,就会通过向执政者施压来创建和形成金融发展所需要的法律和制度。同时,他们认为,专制的制度下不能形成金融市场,即便形成金融市场也难以发展起来;反之,政治制度的民主化转变对金融发展是有利的。

改革开放以来,中国经济发展是一个由传统计划经济向现代市场经济转型的过程。中国金融体系是顺应实体经济改革需求尤其是国有企业改革需求而恢复和发展的。随着经济改革引致的国民收入分配格局的变迁，为维持国有经济稳定发展，对国有企业的注资也就由财政"补贴"转变为由金融系统"输血"。金融业的角色随之变为经济体制改革的"缓冲器"，承担了经济转型所需支付的大部分成本。例如，除了"拨改贷"政策的实施，股票市场最初也是以为国有企业筹集资金，帮助国有企业"脱困"为基本出发点的。

所以，我国金融体系的演进从一开始就打上了政治的深刻烙印，政府行为和政治权力在很大程度上影响金融体系的运行和功能发挥。我国现阶段的金融市场化改革，就是在对政府行为进行规范，逐渐减少政府对金融领域的直接干预，通过引入价格机制、商品关系等市场化配置方式，提高金融资源的配置效率。金融改革的过程就是一个确定市场交易机制和政府干预机制最佳作用范围的过程，从而使金融资源流向生产效率更高、更具创新活力的领域和企业。

（4）社会文化环境

就本质而言，金融体系是一类基于诚信文化实现跨期交易的社会信用体系。在经济运行过程中，金融合约的执行机制主要有两种：一是以法律制度为保障的外部显性契约执行机制，二是以文化信用为依托的因经济需求而内生的隐性契约执行机制（陈志武，2005）。诚信文化是构成金融生态环境的重要因素之一。诚信文化结构的变化及其在不同区域、历史时期的差异，对中国经济体制的变迁和金融体系演进的发展方向均产生了深刻的影响。

中国经济改革的历程，也是一个由传统社会结构向现代契约社会结构转型的过程。传统社会与现代社会的主要区别有两个：一是传统社会是一个交际圈子狭小的熟人社会，而现代社会由于社会分工和交易的增多而扩展为一个由更多陌生人进行交往的社会；二是传统社会的基础是与生俱来的由熟悉维持的信任，而现代社会依赖的是由契约约定和保障的权利与义务。在向现代社会转型的过程中，一个积极进取、开拓创新、诚实守信的文化信用环境，有助于约束资金使用者的道德风险，避免使诚信更多地被局限于血缘、地缘关系之中。这种社会性的诚信文化与制度是现代金融制度得以确立的社会基础。如果缺乏优良的社会诚信文化，也没有较好的正式制度安排来弥补诚信文化的不足，则基于金融交易重要性及其风险特质的市场化的金融交易，就可能由于高昂的交易成本而中止（李义奇，2005）。金融改革的早期阶段，也正是以国家信誉（国家隐性担保）代替社会诚信文化的功能，通过全民储蓄的动员机制为实体经济发展提供充足的低成本启动资金，同时带来了较大的金融系统风险。因此，对于处于双重转轨（由计划经济向市场经济的转轨，以及由传统乡土社会向契约社会的转轨）进程中的中国，其社会文化环境深刻地影响着金融生态的形成。

由此可见，市场主导型金融制度的比较优势不仅依赖市场发育本身，而且依赖较好的经济基础、信用基础和制度基础。我国在发展直接融资、完善资本市场的道路上，只有重视制度性影响因素的建设，构筑良好的为市场机制提供支撑的法制环境、政治环境和信用文化环境，才能发挥金融体系对突破型创新的支持作用。

中国金融结构的形成与发展，是中国经济、社会发展的产物，具有明显的后发国家的特征，也是典型的银行主导型金融结构。在这种金融结构中，我国的技术创新已取得了举世瞩目的成就，技术创新经费不断增加，技术创新能力不断提高。但是，我国的技术创新总体上属于渐进型技术创新，而且模仿的成分很大。在新的国际经济竞争环境下，我国的技术创新能力急需得到有效提升。这就需要我国进一步完善银行主导型金融结构，增强金融服务实体经济能力，在继续加大力度支持渐进型技术创新的同时，积极发展直接融资市场，提高直接融资比重，促进多层次资本市场健康发展，以适应突破型技术创新的需要。

第十四章
中国城镇化与经济增长

在城镇化过程中，随着农村人口越来越多地向城市和城镇集中，城市和城镇的人口数量会急速膨胀。农村人口进入城市会对国内需求产生重大影响，包括消费需求和投资需求。由于城乡二元经济结构的存在，中国城市的人均收入是农村的 3 倍左右，从而使城乡的消费需求存在明显差距。而随着越来越多的农村人口进入城市工作、生活，这种消费差距会缩小，使社会总体的消费能力和消费意愿得到提高。这种提高有利于促进经济增长。

城镇化所形成的农村人口向城镇转移和集中，不仅为第二、第三产业源源不断地提供相对廉价的劳动力资源，也成为第二、第三产业产品和服务的重要购买者。在这样一个循环中，城镇化与产业结构高度化相伴而生。产业结构的高度化又会促进劳动生产率的提高。尤其是在第一产业的劳动力转移至第二、第三产业的过程中，劳动生产率会显著提高。劳动生产率的提高是促进经济增长的核心要素之一，尤其是在资源集约型发展模式下，劳动生产率的提高是推动经济增长的关键因素。

城镇化与城市

城镇化是以城市和城镇为载体的，只有足够数量、足够规模的城市和城镇，才能吸纳从农村地区转移出来的众多人口；同时，城市具有经济集聚功能，能吸引企业、产业在其区域内集中，产生匹配、共享效应，从而可能使企业的边际收益递增。

城镇化的载体是城市和城镇

城镇化是工业化和现代化发展过程中产生的人口从农村地区向城市和城镇转移的过程，因此，城市和城镇是城镇化的载体。只有城市地区这种相对狭小的地域，才能集中相对较多的生产者和消费者。

什么是城市？经济学家 Hirsh 对城市的定义是：城市是个区域，它具有一定的面积，还有一定的住户，同时，在这个区域中有一定的经济活动，区域中的私人企业和公共部门可以进行规模化生产活动。英国城市经济学家 K. J. Button 对城市的定义是：城市坐落在一个有限空间，且在这个有限空间内，包括住房、劳动力、土地、运输等各种经济成分相互交织，形成了一个网络系统。城市经济学家 Arthur O. Sullivan 指出了美国使用的 6 种城市概念：城市区域（Urban area）、自治市（Municipality）、城市（City）、城市化地区（Urbanized area）、大城市地区（Metropolitan area, MA）、城镇（Urban place）。[①] 其中，自治市（Municipality）和人口普查中提到的城市（City）都是政治城市而不是经济城市，是指地方政府行使政治权力的区域。《不列颠百科全书》对

---

① 阿瑟·奥莎利文：《城市经济学（第 4 版）》，苏晓燕等译，中信出版社，2003，第 6～11 页。

"City"的解释是，城市是个相对永久的人口被高度组织、集中起来地方。很显然，城市应该比城镇和村庄规模大，在经济和社会活动中的作用也更为重要。①《中国城市统计年鉴》将城市的统计口径分为两个：一是"全市"，包括市政府所管辖的区、县；二是"市辖区"，它以城市建成区为主。本文对城市的定义选取经济学的定义，对城市的界定为"市辖区"，所使用城市数据也全部为市辖区的数据。

从历史的观点看，技术进步促进了农业剩余的增加，也由此为城市的形成提供了必要条件。从相关研究文献看，经济学家、地理学家和历史学家之间似乎已经达成共识，即"报酬递增"是城市形成的一个关键因素。

一旦人口集聚在一个地理空间——城市，人们之间的相互关系也就加强了，从而产生正的外部性，包括获得规模经济和范围经济，促进劳动分工、知识交流和创新，但同时也会产生"拥挤效应"等负的外部性。《1999/2000 年世界发展报告》认为，在推动增长和摆脱贫困方面，经济集聚区和城市具有重要作用。

观察当今世界，城市在各个国家、各个区域的经济发展中都起着举足轻重的作用。世界各地的人口主要集中在城市，世界各地的经济活动也主要集聚在城市（见表 14 - 1）。城市化（我国称之为城镇化）水平，已经成为衡量区域经济发展水平的一个重要指标：越是经济发达的地区，城市化水平越高；反之，城市化水平就会相对较低。

---

① http://www.britannica.com/EBchecked/topic/118952/city，2012 年 5 月 29 日。

表 14 - 1　2012 年城镇人口占总人口比例及按图表集法衡量的

人均国民总收入

地区	城镇人口占总人口 比例（%）	人均国民总收入 （现价美元）
世界	53	10138
东亚与太平洋	50	4884
中东与北非①	60	3439
其他小国	48	4598
加勒比小国	43	8833
南亚	31	1462
太平洋岛国	37	3139
小国	46	5498
拉丁美洲与加勒比海地区	79	8981
撒哈拉以南非洲	37	1351
最不发达国家（按联合国分类）	29	760
欧洲和中亚	60	6691
欧洲联盟	74	33641
欧洲货币联盟	76	37884
经合组织成员	80	37612
阿拉伯联盟国家②	57	6305

注：①中东与北非为 2009 年数据；②阿拉伯联盟国家为 2011 年数据。
资料来源：世界银行。

　　世界各国不仅城市人口占总人口比例较高，而且城市人口也有再集中的趋势，即城市人口会更多向大城市集中。尤其是国家最大的城市，其人口占城市总人口的比例会更高。这一点在经济较发达国家的表现十分明显（见表 14 - 2）。

表 14 – 2　2012 年城镇人口比例及按图表集法衡量的

人均国民总收入

国家	城镇人口占总人口比例(%)	最大城市中的人口占城市人口的比例(%)	按购买力平价(PPP)衡量的人均国民总收入(现价国际元)
中国	52	2	9040
加拿大	81	20	42530
南非	62	12	11010
印度	32	6	3910
印度尼西亚	51	7	4730
土耳其	72	20	18190
墨西哥	78	21	16450
韩国	83	23	30970
巴西	85	12	11530
德国	74	6	42230
意大利	69	8	32920
捷克	73	15	18120
日本	92	32	36300
法国	86	19	36720
波兰	61	7	21170
泰国	34	31	9280
澳大利亚	89	22	43300
爱尔兰	63	39	35670
美国	83	8	52610
英国	80	17	37340
葡萄牙	62	44	24770
西班牙	78	17	31670

资料来源：世界银行。

美国的国土面积约为 962.9 万平方千米。2013 年，其人口超过 3.15 亿人。作为一个国土面积大国、人口大国，其大部分人口却主要集中在 30 个最大的都市区内（见表 14 – 3）。

表 14 – 3　美国 30 个最大都市区的人口数量（2000 年）

都市区	人口	变化率 （1990～2000 年）
纽约 – 北新泽西 – 长岛	18323002	8.8
洛杉矶 – 长堤 – 圣塔安娜	12365627	9.7
芝加哥 – 内伯威尔 – 约里特	9098316	11.2
费城 – 卡姆登 – 威密尔登	5678147	4.6
达拉斯 – 沃斯堡 – 阿林顿	5161544	29.4
迈阿密 – 劳德代尔堡 – 迈阿密海滩	5007564	23.5
华盛顿 – 阿灵顿 – 亚历山德里亚	4796183	16.3
休斯敦 – 贝顿 – 糖城	4715407	25.2
底特律 – 沃伦 – 利沃尼亚	4452557	4.8
波士顿 – 剑桥 – 昆西	4391344	6.2
亚特兰大 – 沙泉 – 玛丽埃塔	4247981	38.4
旧金山 – 奥克兰 – 弗里蒙特	4123740	11.9
河畔 – 圣贝纳迪诺 – 安大略湖	3254821	25.7
菲尼克斯 – 梅萨 – 斯科特斯德	3251876	45.3
西雅图 – 塔科马 – 贝尔维尤	3043878	18.9
明尼阿波利斯 – 圣保罗 – 布鲁明顿	2986806	16.8
圣地亚哥 – 卡尔斯巴德 – 圣马科斯	2813833	12.6
圣路易斯	2698687	4.6
巴尔的摩 – 托森	2552994	7.2
匹兹堡	2431087	– 1.5
坦帕 – 彼得斯堡 – 清水湾	2395997	15.9
丹佛 – 奥罗拉	2179240	30.7
克利夫兰 – 伊利亚 – 门特	2148143	2.2
辛辛那提 – 中镇	2009632	8.9
波特兰 – 范库弗尔 – 比佛顿	1927881	26.5
堪萨斯城	1836038	12.2
萨克拉曼多 – 雅顿 – 阿克德 – 罗斯威尔	1796857	21.3
圣何塞 – 硅谷 – 圣克拉拉	1735819	13.1
圣安东尼奥	1711703	21.6
奥兰多	1644561	34.3

资料来源：U. S. Census Bureau, Census 2000 and 1990 Census。

过去，人口超过 100 万人的都市区主要集中在发达经济体，但到了 21 世纪，随着世界经济的发展，尤其是随着一些发展中国家经济的快速增长，人口数量超过 100 万人的大都市越来越多地出现在发展中国家（见表 14 - 4）。

表 14 - 4　世界不同地区大都市的数量（1950~2015 年）

经济体	1950 年	1970 年	1996 年	2015 年
发达经济体	49	83	115	129
欠发达经济体	44	82	221	527

资料来源：United Nations World Population Prospects, New York：United Nations, 2001。

在中国，尽管存在严格的户籍管理制度，但是自 1978 年改革开放以来，中国的城市人口便不断增加，城市人口数量占全国人口数量的比重（城镇化率）也不断上升（见图 14 - 1），各省主要城市的人口数量占全省人口数量的比重也相对集中；同时，城市（地级市和县级市）的个数也在增加，成为我国人口和经济活动的主要载体。

从经验观察看，城市越来越成为人们居住、生活、工作的主要载体。随着经济的发展，这一趋势将更加明显。尽管城市人口不会无限制地扩张下去，但作为发展中国家，在经济发展过程中，人口向城市集聚几乎是一个不可逆转的趋势，直到城乡之间的差别基本消除为止。

城市与就业创造

人口高密集是城市的主要特征，从而使城市成为就业密度较高的区域。除劳动力从农村向城市转移外，城市本身也具有吸纳

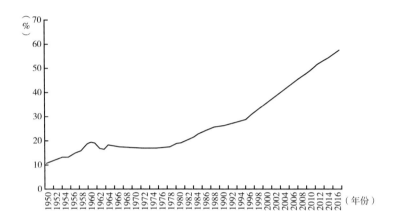

图 14 - 1　中国城镇化率（1950 ~ 2016 年）

资料来源：作者根据国家统计局数据整理。

更多人口进入的能力。假设劳动力需求仅来自本城市的企业，而劳动力的供给则源于生活在城市的家庭；同时，假设可以将城市经济生产部门简单地分为两种类型：出口部门和本地部门。出口产品被卖给其他城市化的居民，本地产品仅售给本地居民。

两种类型的就业通过乘数效应使彼此之间产生联系。出口部门就业的增加会提高出口部门劳动力的工资水平，促使他们购买更多的本地产品，进而促进本地部门就业率的提高。本地经济部门的消费和再消费行为支撑了本地就业，因此，总就业的增加规模将超过出口部门的初始增加额。那么，出口部门就业的增加会创造多少个本地就业岗位呢？这需要检验城市经济体内企业间的相互影响程度，并估算其就业乘数（它被定义为出口部门就业每增加 1% 导致总就业规模的变化量）。从表 14 - 5 可以看出，美国波特兰都市区不同产业的就业乘数值有很大差异：服务业部门，如法律服务业、建筑设计和工程服务业、计算机程序服务业、计算机系统设计服务业、管理咨询服务业、科学研究和发展服务业、广告和相关服务业等，就业乘数为 1.51～2.21。对 423 个产业进行估计后得出，这些产业平均的就业乘数为 2.13，也就是对于大都市区而言，出口部门就业增加 1%，那么总就业规模平均增加 2.13%。

表 14 - 5　美国波特兰都市区不同行业的就业乘数值

产业	就业乘数值
冷冻食品制造业	2.40
葡萄酒酿造业	2.74
纺织业	1.82
地毯制造业	1.88
制鞋业	1.92
包装业	2.13
照相胶片和化学制品业	2.53
光学仪器和透镜制造业	1.46
纤维光纤电缆制造业	2.71
重型卡车制造业	2.55
摩托车、自行车及其配件制造业	1.92
软件开发业	2.17
保险服务业	2.49
法律服务业	1.76
建筑设计和工程服务业	1.74
计算机程序服务业	1.58
计算机系统设计服务业	2.21
其他计算机相关服务业	1.60
管理咨询服务业	1.66
环境和其他技术咨询业	1.78

续表

产　业	就业乘数值
科学研究和发展服务业	1.51
广告和相关服务业	1.67
医疗服务业	2.13
大众体育业	1.54
独立艺术家、作家及表演业	2.77
博物馆、历史文化遗址和公园	2.19

资料来源：ECONorthwest。

巴蒂克（Bartik，1991）利用 89 个都市区的数据，研究了就业增长对失业率、劳动力参与率和迁移率的影响。[①] 他的结论显示，失业率（没有找到工作的想就业人口除以总就业人口）从 5.4% 下降到 5.33%。

总就业的增长也会影响城市的人均实际收入，提高城市收入的方法主要有如下两种。一是实际工资的增长。总就业增长以后，名义工资的上涨将与生活成本的增加相互抵销，因此工人获得的实际收入并没有受到影响。二是职务晋升。随着劳动力需求的增长，企业将以更快的速度推动工人转向高薪岗位。职位晋升速度最快的工人主要是那些受教育程度较低的人、年轻人或者黑人。

表 14 - 6 给出了实际工资、职业等级、失业率和参与率的变化带来的混合影响。高收入背后最重要的因素是晋升效应（向高

---

① Timothy J. Bartik, "Who Benefits from State and Local Economic Development Policies?", Kalamazoo, MI: Upjohn Institute, 1991.

薪岗位晋升）和参与率（较高的劳动力参与率）。一般家庭的收入 - 就业弹性值较大，而其他类型的家庭则具有更高的晋升效应（受教育程度较低的人、年轻人或者黑人）。

表 14 - 6　总就业增长 1% 对人均实际收入的影响

家庭类别	一般家庭	低教育水平家庭	年轻家庭	黑人家庭
实际收入增长（%）	0.40	0.47	0.41	0.49

资料来源：Timothy J. Bartik, "Who Benefits from State and Local Economic Development Policies?", Kalamazoo, MI: Upjohn Institute, 1991。

陆铭（2012）等基于个人层面的 IVProbit 模型数据，考查了城市规模对个人就业的影响。他们发现，城市发展对就业的积极效应主要来自高技能劳动者的集中。他们的研究结果和巴蒂克的研究结果几乎一致，都表明城市经济尤其是城市规模经济，不仅有利于高技能者就业和提高收入，更有利于低技能者、年轻人就业和提高收入。这将使城市成为经济增长的重要引擎。

观察我国进入 21 世纪以来就业状况和城乡人均收入状况，可以看到，2000 ~ 2012 年，我国的总就业人数在不断增加，与之相应的是，城镇就业人数也在持续增加，而农村就业人数却在持续减少（见图 14 - 2）。同时，城镇单位就业人员的平均工资起点更高、增长更快。

综上所述，城市因人口集聚而形成，又成为吸纳更多人口的空间形态。经济活动离不开人的参与，人口密度又会对经济活动产生直接的影响。

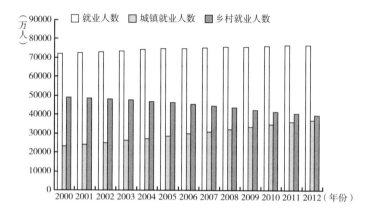

**图 14 - 2　中国历年就业人数及城镇就业人数、农村
就业人数（2000 ~ 2012 年）**

资料来源：根据国家统计局数据库相关资料整理。

城镇化与劳动力转移

中国存在明显的城乡二元经济结构。随着市场化进程的推进，中国的劳动力流动也在加快。其中最大的特点就是，广大农村剩余劳动力向城市流动，即城镇化。农村剩余劳动力向城镇流动，城市人口快速增加，为工业和服务业的发展提供了大量的廉价劳动力，成为促进经济增长的重要力量。

城镇化的主体是农业转移人口

所谓农业转移人口是指已经从传统的农业生产部门转移至非农生产部门的人口，也就是我们常说的"农民工"。由于我国存在明显的城乡二元经济，在政策上与之对应就存在城乡二元户籍制度，即城镇居民（或市民）和农村居民（或农民）。按规定，市民可以转为农民，而农民一般情况下不能转为市民。在计划经济年代，人口的流动受到严格限制，除非国家工作需要，一般情况下，不允许人口流动。尤其是农村人口向城市流动，受到的管制更为严格。随着改革开放的深化，沿海地区外向型经济发展，这些地区创造了大量的就业岗位、提供了相对较高的劳动报酬，从而吸引了一批农村人口离开农村涌向这些地区，在沿海的工厂里工作。这些人成为不被国家政策认可，但又确实在进行工业生产的工人。还有些人在城市从事商业活动，成为工商业者。在理论上，其也应该算市民，但由于政策的限制，他们的身份依然只能是农民，而且还是原户籍地的农民。城镇化是要实现农业转移人口的市民化，人是城镇化的主体。只有城镇人口在自然增长的基础上实现规模扩大而不只因外来人口流入而不断增加，才是真正的城镇化。

从城镇化率增长率与人口自然增长率的对比看，2000～2012年二者存在一个稳定的差额。我国的城镇化增长率约为每年1.3%，而人口的自然增长率则约为0.5%。这二者之间存在约0.8个百分点的差距（见图14－3）。这说明，城镇化率的增长率始终高于人口的自然增长率。

从人口自然增长的数量和城镇人口增长的数量看，假设城乡具有相同的人口自然增长率，分别以1992年的全国人口总数和城镇人口总数为基数，以下一年的人口自然增长率为全国和城镇的人口自然增长率，通过测算，可以得出：1996年后，城镇人口的

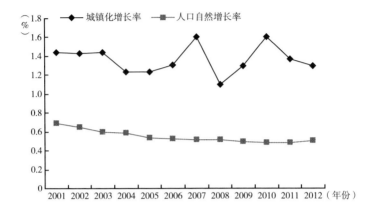

**图 14-3　我国城镇化率增长率与人口自然增长率
的比较（2001~2012 年）**

资料来源：作者根据国家统计局数据整理。

增长数量要远大于全国人口的自然增长数量（见图 14-4）。二者
之间的巨大差额说明，城镇人口数量的增长要明显快于全国人口
的自然增长。换句话说，就是中国人口增长主要是城镇人口的增
长，而农村人口则是负增长。由于城乡具有相同的人口自然增长
率，这一差异也就意味着不断有大量人口离开农村进入城镇（见
图 14-5）。

　　综上可知，一方面，我国数以亿计的农业转移人口尽管在城
镇工作，但其生活并未被纳入城镇的生活体系；另一方面，相较
中等发达水平国家和地区 85% 的城镇化率，我国的城镇化水平仍
较低，城镇化仍有巨大的发展空间。而上述已经进入城镇的农民
工的市民化，正是城镇化的重要工作和巨大潜力所在。多年来，
中国人口自然增长率一直在下降（见图 14-6），且保持在一个较

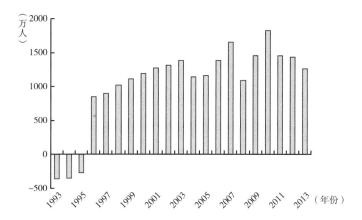

图 14 - 4　城镇人口增长与全国人口自然增长的差额
(1993 ~ 2013 年)

资料来源：根据国家统计局数据测算。

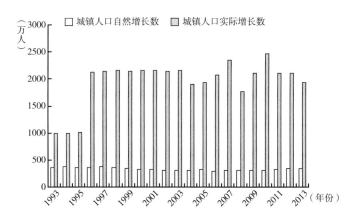

图 14 - 5　城镇人口实际增长数与自然增长数
(1993 ~ 2013 年)

资料来源：根据国家统计局数据测算。

低的水平。如果这一趋势在未来持续下去，那么中国城镇化的主体仍是农业转移人口。

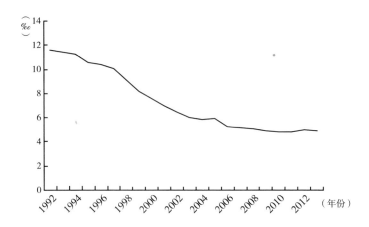

图 14 - 6　中国人口自然增长率（1992～2013 年）

资料来源：国家统计局。

我国农业转移人口数量巨大

自 20 世纪 70 年代末我国实行改革开放政策以来，农业转移人口便呈快速增长势头，成为我国劳动力转移中最重要的一支力量。

改革开放初期，我国的农业转移人口数量很少，约 200 万人，之后逐渐增多。1992 年，我国明确建立社会主义市场经济体制。随着各种要素流动的加快，劳动力作为一种活跃的生产要素也加快了流动、转移。截至 1993 年末，全国的农业转移人口为 6200 万人，其中，跨省的农业转移人口就达 2200 万人。根据国家统计局的数据，1997～2000 年，我国农村外出务工劳动力占农村劳动力的

比重由 18.15% 上升到 24.64%，转移总数由 8638 万人增加到 1.13
亿人；2000～2012 年，我国的人户分离人口[①]和流动人口[②]也在持
续增加（见表 14－7）。可以说，农业转移人口已经成为我国就业
的主体之一，是推动我国经济发展的重要经济要素。第三次到第六
次人口普查的相关情况见表 14－8。

表 14－7　我国的流动人口（2000～2012 年）

单位：亿人

年份	人户分离人口	流动人口
2000	1.44	1.21
2005	—	1.47
2010	2.61	2.21
2011	2.71	2.30
2012	2.79	2.36

注：2000 年、2010 年为人口普查数据，其余年份数据为年度抽样调查推算。
资料来源：国家统计局。

表 14－8　中国第三次到第六次人口普查

（抽查）中的迁移人口规模

人口普查	总迁移人口（万人）	农村迁移人口（万人）	农村迁移人口占总迁移人口比重（%）
第三次人口普查（1982～1987 年）	3050	2076	68.00
第四次人口普查（1985～1990 年）	3410	2134	62.58

---

① 人户分离人口是指居住地与户口登记地所在的乡镇街道不一致且离开户口登记地半
　年以上的人口。
② 流动人口是指人户分离人口中不包括市辖区内人户分离人口的部分。市辖区内人户
　分离人口是指一个直辖市或地级市所辖区内和区与区之间，居住地和户口登记地不
　在同一乡镇街道的人口。

人口普查	总迁移人口（万人）	农村迁移人口（万人）	农村迁移人口占总迁移人口比重（%）
第五次人口普查（1995~2000年）	14440	7316	50.66
第六次人口普查（2010年）	22100	18000*	81.45

注：* 根据劳动和社会保障部劳动科学研究所莫荣测算而得。
资料来源：第三次至第六次全国人口普查资料。

以当前我国的人口规模、城乡人口结构为基准，预计到2020年，人口总量将控制在14.5亿人以内。如果到2020年我国的城镇化率达到60%左右，那么，就得实现1亿人从农村转移至城市或城镇。据魏后凯测算，2013~2030年，我国城镇化的年平均增长速度为0.8%~1%；2030~2050年，城镇化年增长率为0.6%~0.8%。以此估计到2030年，我国的城镇化率将达到68%左右；到2033年，我国的城镇化率将达到70%左右；2050年，我国的城镇化率可能会超过80%，从而基本完成城镇化。根据美国人口普查局国际数据基地对2050年世界及各国人口的预测，到2050年，中国总人口约为13亿人。如果届时中国的城镇化率达到80%，那就是说，约有10.4亿人居住在城镇；而2012年，中国约有7.12亿人居住在城镇。这说明，2012~2050年，中国将有约3亿人口从农村转移至城镇。根据中国人民大学人口与发展研究中心陈卫的研究，2005~2050年，我国的总人口将先增加后减少，其间，2030年我国人口总数将达到峰值。如果按照他的研究预测，2050年，我国的人口总数约为13.8亿人，如果届时城镇化率达到 80%，那么，就有约 11.04 亿人居住在城镇，与 2012 年相比，将会有 3.92 亿人从农村迁移至城镇（见表 14 - 9）。

表 14 - 9　我国人口总数和劳动力人口数量的测算

年份	年末总人口（万人）	劳动力人口（万人）	劳动力人口占比（%）
2015	139456	99624	0.71
2016	140199	99747	0.71
2017	140873	99610	0.71
2018	141477	99511	0.70
2019	142013	99265	0.70
2020	142484	98943	0.69
2025	143930	99052	0.69
2030	144155	97467	0.68
2035	143860	93530	0.65
2040	143103	89566	0.63
2045	141290	87085	0.62
2050	138270	84138	0.61

注：劳动力人口为 15～64 岁人口。

资料来源：陈卫《中国未来人口发展趋势：2005～2050 年》，《人口研究》2006 年 7 月第 4 期。

城镇化与需求变化、产业发展

城镇化过程中，越来越多的人口进入城市、城镇工作和生活，随之而来的是对城市基础设施及住房的需求。城市投资将因此增加，并以此带动全社会资本存量的增加。同时，当越来越多的劳动力进入城市工作，厂商的固定资产投资也会随之增加，同样会提高全社会的资本存量。

城镇化与消费需求增加

需求（Demand）也就是价格与需求量的关系。在经济学中，需求可划分为消费需求和投资需求。对经济增长而言，消费和投资都是影响经济增长的关键因素。毋庸置疑，在城镇化过程中，随着农业转移人口的增加，人们的消费量和消费结构会随之发生变化，而消费需求的变化会直接影响全要素生产率，进而影响经济增长。

关于中国城镇化水平的提高对扩大消费的影响，已有许多研究成果和文献（陈昌兵，2010；李通屏和成金华，2005；等等）。但是，相关的研究还是不够完善。因为农业转移人口进入城镇以后，如果享受不到与城市市民同样的基本福利待遇，那么，二者之间的消费意愿和消费能力还是会有很大差别的。本书认为，研究城镇化对扩大消费的影响，应该分两步进行：第一步是农业转移人口进入城镇后，与此前在农村地区相比消费增加对经济增加的影响；第二步是农业转移人口转变为城镇市民后与之前相比，消费增加对经济增长的影响。农民转变为农业转移人口进入城镇只是"半城镇化"，或者可称为"数量城镇化"。实际上，只有在农业转移人口真正转变为城镇市民以后，才能算真正实现了城镇化，也就是通常所说的"质量城镇化"。本文将根据实际情况，分两步研究城镇化对扩大消费的作用以及对经济增长的影响。

根据《中国统计年鉴》的数据计算，2012 年城镇化率每提高1%，就有 1147.3 万农村人口迁移到城镇。假定农业转移人口是同质的，即他们的边际消费倾向和消费率相同，如果农民外出打工成为农业转移人口后随着其收入的增加，他的现金消费支出增加 1

倍，那么，由农业转移人口增加带来的消费扩张可达 677.8 亿元。如果按不变价格计算，可推动 2012 年中国经济增长约 0.13%。

消费需求不足是我国经济长期以来的一个重要特征。消费需求不足是由多种因素造成的，既有经济因素，又有制度因素，还有文化因素等。在这些因素之中，应该说城乡二元经济结构造成的城乡居民可支配收入的差距、消费水平的差距是重要因素之一。

从图 14-7 至图 14-9 可以清晰地看出，尽管自 1990 年以来，我国城乡居民的人均收入和人均现金消费支出都在不断提高，但是，城乡居民人均收入之比基本上维持在 3 倍左右，人均现金消费的差距也在 3 倍左右。这说明，我国始终存在明显的城乡二元经济结构，城镇居民的收入和消费明显高于农村居民。这也就预示着，如果通过城镇化将更多的农民转化为市民，那么，我国的消费支出将大幅度提高。

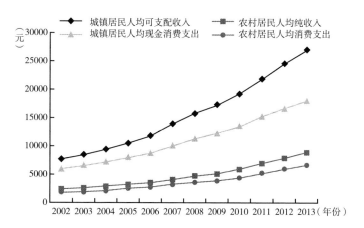

图 14-7 我国城乡收入与消费情况（2002~2013 年）

资料来源：国家统计局。

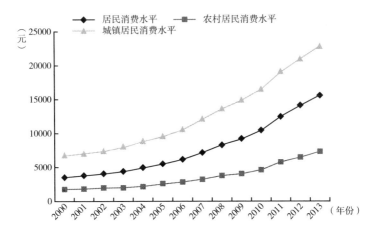

图 14-8　城乡居民消费水平（2000～2013 年）

资料来源：国家统计局。

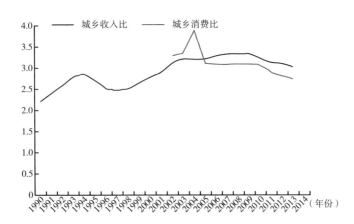

图 14-9　我国城乡收入比和消费比（1990～2013 年）

资料来源：根据国家统计局数据整理。

以全国平均水平计算，2012 年农业转移人口的人均年收入可达 27480 元，这一收入水平已经达到城镇居民可支配收入（2012年人均 24565 元）的水平，明显高于农村居民年均纯收入（2012年 7916.6 元）。同样的劳动力在城镇务工与在农村从事生产，其收入之比基本上是 3 倍。如果农村人口转移后的人均收入提高到与城镇居民可支配收入相当的水平，其消费水平也必将相应有所提高。单从人均收入和消费的变化看，如果一个农村人口转移后的年收入提高至原来的 3 倍，他的消费相应提高至原来的 2 倍，即从原来的 5908 元，提高到 11816 元。按 2012 年我国农业转移人口 2.626 亿人的平均消费增长计，农村人口迁往城镇务工将增加 1.55 万亿元的消费支出。如果一个农村家庭有两人在城镇务工，并且将其五口之家安置在城镇，他们的消费比在农村生活时会提高 1 倍，并会因此使全国的消费支出增加 3.1 万亿元。而 2012 年全国社会消费品零售总额约为 21 万亿元，按此计算，农业转移人口所带来的新增消费支出可占 12.86%。

从农业转移人口的收入、消费和基本生活保障等情况看，通过城镇化吸纳更多的农业转移人口进入城镇和城市，可以显著提高居民的消费水平，从而拉动经济增长。

中国城镇化与投资需求

投资在人们的日常认识中往往是指资金在资本市场上的再循环，如有价证券投资、艺术品投资等。而在经济学上，萨缪尔森和诺德豪斯（1992）认为，"在经济学上，投资（Investment）是对用于未来生产更多物品和劳务的物品的购买。它是资本设备、存货和建筑物购买的总和，指的是进行固定资产的新建、扩建、改建、重建（恢复）、迁建这一类所谓的'基本建设'（Capital construction）投资或其所运用的资金，以及包括设备更新在内的'技术改造'（Technological innovation）投资或其所运用的资金，实际上也可以称为'固定资产投资'（Fixed assets investment）"。投资的概念是经济学的基础概念之一。

城镇化过程最显著的一个特点是投资的增加，尤其是基础设施投资的增加（见图 14-10）。基础设施是一个城市的公共品或准公共品，因而具备公共品或准公共品的四个基本特征。一是非排他性，即无法排除消费者。也就是说，无法将任何一个社会成员排除在这些基础设施所带来的好处之外。二是边际成本为零。即在一定范围内，增加对基础设施提供的产品和服务的消费，不会带来额外的成本。三是具有一定的拥挤性。即消费增加到一定程度，就产生一定程度的竞争，使得边际成本不再为零。四是不可分割性。包括供给的不可分割、需求的不可分割和存量的不可分割。也正因为基础设施具有以上特点，对它的投资必须在政府的主导下进行。对基础设施的投资要根据城市人口规模和流动性等情况而定。

基础设施投资在未完成之前可以被看作需求的增加，而在其完成之后则变为供给的增加。投资需求的增加无疑会拉动经济增长；而供给增加的作用则表现在建成的基础设施会形成新的资本存量，成为新的公共品或准公共品而被多个厂商无成本或低成本地共同使用，从而降低企业经营活动的成本，刺激企业增加经济活动，进而对经济增长产生推动作用。

　　长期以来，我国存在明显的城乡二元经济。这种二元经济在具体形态上体现在各个方面，其中固定资产投资便存在明显的差异。具体来看，我国城镇人均固定资产投资额与农村固定资产投资额之间存在巨大差距，并有逐年拉大的趋势（见图 14 - 11）。

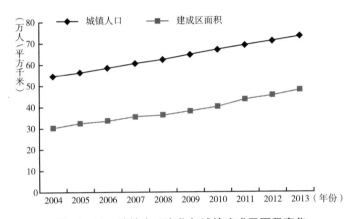

图 14 - 10　城镇人口变化与城镇建成区面积变化

资料来源：国家统计局。

　　从图 14 - 12 可以看出，1992 ~ 2009 年，城乡人均固定资产投资比在 7 左右，即城镇人均固定资产投资是农村人均固定资产投资的 7 倍；2010 ~ 2013 年，这一差异迅速扩大到 30 倍以上。不管是 7 倍还是 30 倍，都表明我国城乡之间人均固定资产投资始终存在明显而巨大的差距。这一差距是由多种原因造成的，但是不可否认的是，这种差异的存在，对推进我国城镇化起到了积极作用；同时，随着城镇化，人口越来越多地向城市和城镇集中，也反过来强化了城市和城镇固定资产投资需求的增加。

　　城乡固定资产投资占全社会固定资产投资的比重见图 14 - 13。

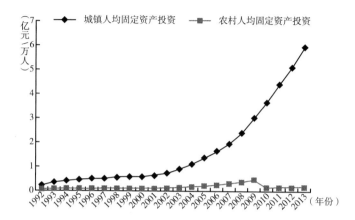

图 14 – 11　城乡人均固定资产投资的差异（1992～2013 年）

资料来源：作者根据国家统计局数据整理。

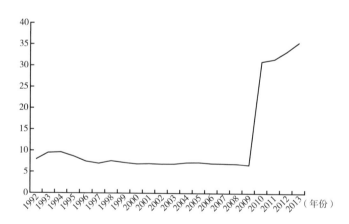

图 14 – 12　城乡人均固定资产投资比（1992～2013 年）

资料来源：作者根据国家统计局数据整理。

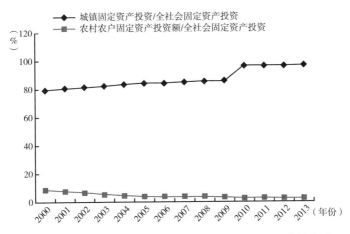

图 14 - 13 城乡固定资产投资占全社会固定资产投资的比重

资料来源：作者根据国家统计局数据整理。

城乡住宅投资占全社会住宅投资的比重见图 14 - 14。

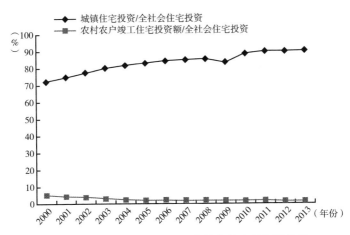

图 14 - 14 城乡住宅投资占全社会住宅投资的比重

资料来源：作者根据国家统计局数据整理。

在城镇化使相对分散的农村人口向城市和城镇集中的过程中，对城市基础设施的需求必然会随着人口数量的增加和密度的提高而增加（见图 14－15）。世界银行（1994）将基础设施分为经济性基础设施和社会性基础设施，涵盖了城镇化需要的硬件和软件设施。改革开放以来，尤其是进入 21 世纪以来，我国城镇化速度加快，城市基础设施建设的速度也随之加快。但是，城市基础设施供给不足仍然严重制约着我国经济、社会的发展。尤其是社会性基础设施投资严重不足，并还有下降趋势。因此，以城镇化带动投资增长仍具有巨大的空间。

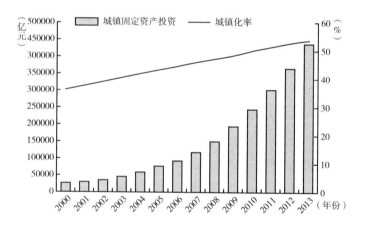

图 14－15　中国城镇化率与城镇固定资产投资

资料来源：国家统计局。

具体来看，随着城镇人口数量的增加，城镇基础设施投资额度也在不断增加。除 2008～2012 年城镇住宅投资明显上涨之外，城镇基础设施的投资增长趋势与城镇人口数量的增长趋势基本相似，几乎为平行线（见图 14-16）。这表明，随着城镇化的推进，城市和城镇基础设施投资也在相应增加。

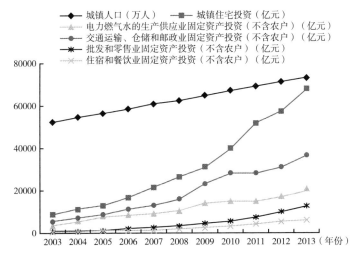

图 14-16　城镇人口与城镇经济性基础设施投资变化（2003~2013 年）

资料来源：国家统计局。

进入 21 世纪以来，城镇化进程继续保持较快的速度，中国对基础设施建设的投资金额随之提升，全国市政公用设施建设固定资产投资额从 2000 年的 1890.7 亿元增长到 2015 年的 16204.4 亿元。最近几年每年的投资额稳定在 1.6 万亿元左右。现在通常认可的市场预期是，到 2030 年中国的城镇化率将达到 65%~70%，将有约 10 亿人生活在城市。与之相伴的是巨大的基础设施和公共服务融资需求。中国铁路和公路建设相对滞后，依然存在较大投资空间。目前，我国铁路营业里程长度居世界第二位。但从路网密度来看，中国铁路路网密度仅为 G7 国家人均里程的 24%，人均公路里程是 G7 国家均值的 24%，公路密度为 G7 国家均值的 31%。从基础设施质量来看，中国仍处于落后阶段。根据 2015 年世界经济论坛的报告，中国在 144 个国家和地区中基础设施质量排名第 39，远落后于各发达国家。此外，公共设施供给不足，投资将随着城市化进程的推进而不断加大。随着基本的道路、桥梁等建设完善，政府的社会公共服务职能就愈显重要，城市污水的处理、燃气管道的铺设、绿化、垃圾处理、公园的建设等公共设施投资持续加大。

与经济性基础设施相比，我国社会性基础设施建设相对滞后。金融业，教育，卫生、社会保障和社会福利业，公共管理和社会组织这四项投资占固定资产投资的比重不仅很低，而且，教育、公共管理和社会组织领域的固定资产投资占总固定资产投资的比重还在明显下降（见图 14 – 17）。随着城镇化的推进，教育、医疗、卫生、社会保障、公共服务与管理的方面存在的资源短缺已经成为严重影响城镇化的重要因素：投资需求亟待满足，投资增长的空间很大。社会性基础设施投资的增加将会有效降低生产成本。这有利于人力资本的提高和居民生活水平的提高，进而提高劳动生产率。

2015 ~ 2050 年，我国有 3 亿 ~ 4 亿人口，即每年约 1000 万人口从农村转移至城市和城镇。这样一个庞大的人群进入城市和城镇势必对城市和城镇的投资需求产生重大影响。假定我国的城镇化率以当前的每年 1% 的速度提升，每年从农村转移出 1000 万人口到城市和城镇，那么，以 2009 年农村人均固定资产投资约为

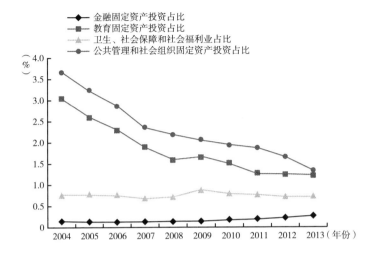

图 14 – 17　社会性基础设施投资占固定资产投资的比重

资料来源：统计局国家。

0.45 亿元/万人计，如果以增至原来的 7 倍测算，每年将增加固定资产投资 3150 亿元以上；如果以增至原来的 30 倍测算，每年将增加固定资产投资 13500 亿元。投资的大幅度增加，实际上就是资本流量的大幅度增加，而资本流量的大幅度增加又提高了资本存量的水平。

在城镇化过程中，住宅投资是最重要的投资领域之一，尤其是城市廉租房的投资。按照国家住建部的规定，目前城市廉租房的建设标准是人均 13 平方米，2010 年全国竣工的房屋造价为 2228 元/平方米左右。如果按照香港建设廉租房的经验，政府提供保障房的人口比例为 30%，那么，每年廉租房建设的投资支出总计需要 8689.20 亿元（见表 14 – 10）。如果保持廉租房建设单价不变，按未来 3 亿农村人口转移至城市计，廉租房建设投资总额会达到 26067.60 亿元；如果按 4 亿农村人口转移至城市计，廉租房建设的投资总额会达到 34756.80 亿元。

表 14 - 10　农村转移人口住房建设费用

农村转移人口总数(万人)	政府提供廉租房的比例(%)	人均面积(平方米)	每平方米造价(元)	总计投入(亿元)
1000	30	13	2228	8689.20

资料来源：作者根据住建部数据测算。

2016 年，我国的城镇化率达到 57.35%，其中包含大量非市民的农业转移人口。他们在城镇并没有充分享受城镇基础设施带来的福利。如果剔除这部分农业转移人口，真实的城镇化率约为 41.2%。其中的差值说明，即便我国的人口不再发生流动，仅让现有的农业转移人口变为市民，就需要庞大的城镇基础设施建设。而未来，我国还会有超过 3 亿人从农村转移至城镇，这更需要大量的城镇基础设施建设。2012 年城镇人均固定资产投资额约为 5 亿元/万人。根据中国社会科学院《中国投资发展报告(2012)》的预测，到 2030 年，中国的城镇化水平将达到 70%，而中国总人口将超过 15 亿人。按此比例，将有超过 10 亿人居住在城市和城镇。照这样的速度，未来 20 年，中国农村人口将在当前数量的基础上减少 1/3 以上，也就是说，将有 3 亿人由农村移居到城市和城镇。如果按不变价格估算，那么，

如果每年有 1500 万人从农村转移至城镇，每年城镇需增加的
基础设施投资额就达 7500 亿元，可拉动 2012 年 GDP 增长 1.45
个百分点。

城镇化与产业结构变迁

与城镇化相伴的是产业结构的高度化，及主导产业由传统农
业向第二、第三产业转移。由于三次产业间全要素生产率存在明
显的差异，因此，城镇化过程也是全要素生产率不断提高的过
程。主要国家劳动力在三次产业中的转移状况见表 14 – 11。

经济增长不仅与资源投入、知识积累、制度创新等因素有
关，而且与经济的产业结构密切相关。也就是说，经济增长不仅
是一个总量问题，还是一个结构问题。

经济总量的高增长会对资本流动、劳动力流动、商品流动的
效率提出更高的要求。库茨涅茨从经济总量的增长推动产业结构
的演变入手，分析了部门变化和总量变化的关系。罗斯托则强调
了产业部门的变动对经济增长的作用。他认为，离开了部门的变
化，根本无法解释总量的增长，所以，部门变动才是实质，而总
量的增长只是部门变动带来的结果。[①] 钱纳里运用结构分析法得
出的结论是，在增长过程中出现的增长要素的边际收益差异，会
使资本和劳动力等生产要素从边际收益低的产业转移至边际收益
较高的产业（见表 14 – 12）。

---

① 罗斯托：《从起飞到持续增长的经济学》，四川人民出版社，1988。

表 14 - 11　主要国家劳动力在三次产业中的转移状况

日本	时间	1872年	1978年	1897年	20世纪初	1912年	1930年	1936年	1958年	1963年	1971年
	第一产业	85	78	72		62	52	45	37	29	16
	第二产业	5	9	13		18	19	24	26	31	35
	第三产业	10	13	15		20	29	31	37	40	49
美国	时间	1870年	1880年	1890年	1900年	1910年	1930年	1940年	1950年	1960年	1971年
	第一产业	50	50	42	37	31	22	17	12	7	4
	第二产业	25	25	28	30	31	31	31	35	34	31
	第三产业	25	25	30	33	38	47	52	53	59	65
英国	时间	1881年	1891年	1901年	1911年	1931年	1938年	1951年	1966年	1971年	
	第一产业	13	11	9	8	6	6	5	3	2	
	第二产业	50	49	47	47	47	46	45	34	40	
	第三产业	37	40	44	45	47	48	52	59	58	
德国	时间	1882年		1895年	1907年		1933年	1939年	1950年	1963年	1971年
	第一产业	42		36	34		29	27	23	12	8
	第二产业	36		39	40		41	41	44	48	48
	第三产业	22		25	26		30	32	33	40	44
法国	时间	1866年			1901年		1931年	1946年		1962年	1971年
	第一产业	43			33		24	21		20	13
	第二产业	38			42		41	35		37	39
	第三产业	18			25		35	44		43	48

资料来源：转引自安腾良《近代日本经济史要览（第 2 版）》，第 25 页。

表 14 - 12　产业份额变化的标准形式

人均 GNP (1964 年美元)	占 GDP 份额(%)			占总就业人口份额(%)		
	农业	工业	服务业	农业	工业	服务业
低于 100	52.2	12.5	35.3	71.2	7.8	21.0
100	45.2	14.9	39.9	65.8	9.1	25.1
200	32.7	21.5	45.7	55.7	16.4	27.9
300	26.6	25.1	48.2	48.9	20.6	30.4
400	22.8	27.6	49.6	43.8	23.5	34.7
500	20.2	29.4	50.4	39.5	25.5	34.7
800	15.6	33.1	51.4	30.0	30.3	39.6
1000	13.8	34.7	51.5	25.2	32.5	42.3
高于 1000	12.7	37.9	49.5	15.9	36.8	47.3

　　资料来源：钱纳里、赛尔昆：《发展的形式 1950～1970》，经济科学出版社，1988，第 32 页。

　　城镇化与产业发展应该是相互协调、相互促进的，其途径主要有两条：一是农村人口离开土地进入城镇，为城镇提供了更充足的劳动力，有利于城镇制造业和服务业的发展，从要素供给方面推动产业结构的变化；二是城镇化过程中，随着农村人口的减少和城镇人口的快速增加，人们对商品和服务的需求发生了变化，从而使得产业结构也随之变化，以满足新的需求。

　　首先，随着城镇化进程的推进，农业人口大量减少，越来越多的人进入城镇的制造业和服务业。与第一产业就业人员占总就业人员数持续减少相对应，第二、第三产业的就业人员占总就业人员数的比重持续上升（见图 14 - 18）。

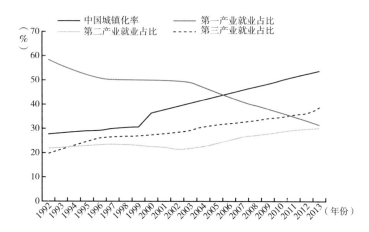

图 14 – 18　城镇化率与三次产业就业变化（1992～2013 年）

资料来源：国家统计局。

　　其次，随着城镇化的推进，人们的消费需求也在发生变化。越来越多的人在城镇生活和消费，必然要求越来越多的商品生产和服务提供，而这就必然带来劳动产业结构的变化。从图 14－19 可以看出，1990 年至今，城乡家庭恩格尔系数之间存在相对稳定的差距。如果越来越多的家庭从农村迁移至城镇，那么，越来越多的家庭的恩格尔系数会变小。这也就意味着越来越多的家庭的消费结构会发生变化，而这又会促使产业结构发生变化。

　　从国际经验看，发达经济体的产业结构也在不断演进。进入后城镇化和后工业化之后，发达经济体的第三产业在就业人数和产值占比两个方面都很高（见表 14－13），并呈现显著的特点。

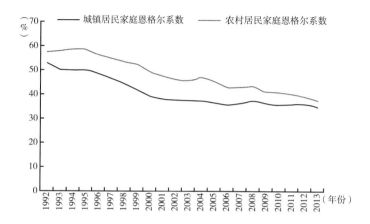

图 14 - 19 我国城乡居民家庭恩格尔系数变化
（1992 ~ 2013 年）

资料来源：国家统计局。

表 14 - 13 美、英、日三国国内生产总值的三次产业构成

单位：%

年份	1980	1990	1995	2000	2005	2010
美国						
第一产业	2.5	2	1.6	1.2	1.3	1.1
第二产业	33.4	28.1	26.9	24.2	22	18.9
第三产业	64.1	69.9	71.5	74.6	76.7	80.0
英国						
第一产业	2.2	1.9	1.9	1	1	
第二产业	42.6	35	31.7	28.2	26.2	
第三产业	55.2	63.1	66.4	70.7	72.8	
日本						
第一产业	3.7	2.5	1.9	1.8	1.7	
第二产业	41.9	41.2	38.2	32.4	30.2	
第三产业	54.4	56.3	59.9	65.8	68.1	

资料来源：相关年份的《国际统计年鉴》。

通过国际比较可以看出，无论是三次产业的产值对国民经济的贡献度还是三次产业的就业人数，我国与发达经济体都存在明显的差异。这也预示着，中国经济的产业结构演变还有很大的空间；同时，由于第三产业能吸纳大量的劳动力，也预示着中国的城镇化还有很大的提升空间。

产业结构高度化与劳动生产率的提高

从国际经验可以看出，在三次产业之间，第二产业一般具有最高的劳动生产率，第三产业的劳动生产率也相对较高，而第一产业的劳动生产率则最低。因此，产业结构高度化的过程也就是劳动生产率提高的过程。而且，越是经济发达的国家，其服务业增加值占 GDP 的比重就越高（见图 14－20）；与之相应，其农业就业人口占总就业人口的比重也就越低，一般都在 5% 以下（见图 14－21）。

我国的实际情况与国际经验有着相同的表现，即三次产业劳动生产率的顺序也是二、三、一（见图 14－22）。因此，越来越多的农村劳动力转移至城镇从事第二、第三产业，这会大大提高全社会的劳动生产率。而劳动生产率的提高正是促进经济增长的核心要素之一。

因此，与城镇化相伴而生的产业结构高度化使得越来越多的农村劳动力离开第一产业进入第二、第三产业。由于第二、第三产业的劳动生产率要高于第一产业的劳动生产率（见图 14－23），因而城镇化也就间接地推进了全社会劳动生产率的提高，从而也就促进了经济增长。

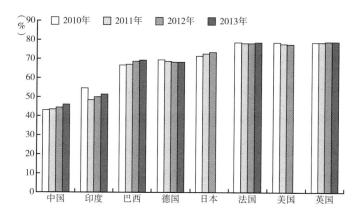

图 14 - 20　世界主要国家服务业增加值占 GDP 的比重

资料来源：世界银行的国民经济核算数据，以及经济合作与发展组织的国民经济核算数据。

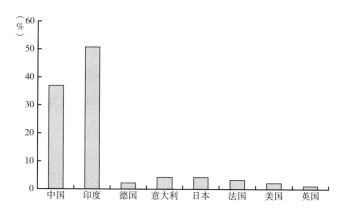

图 14 - 21　世界主要国家农业就业人口占全部就业
人口的比重（2010 年）

资料来源：国际劳工组织的劳动力市场主要指标数据库。

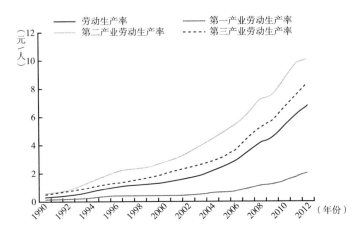

图 14 - 22　我国三次产业的劳动生产率

资料来源：作者根据国家统计局数据整理。

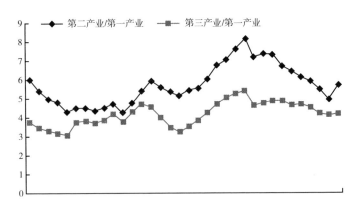

图 14 - 23　我国三次产业劳动生产率的比较

（1980 ~ 2012 年）

资料来源：作者根据国家统计局数据整理。

空间效应与经济增长

与城镇化相伴而生的是城市的大量产生。城市的大量形成则可能在空间上形成更高形态的城市群（Urban Agglomeration）。城市群是城市的集聚。在现实中，城市群对经济增长具有显著的影响——城市群能让区域经济增长潜力得到充分的发挥。下文将分析城市群的空间效应与经济增长之间的关系。

城镇化与城市群

Henderson（2003）通过跨国研究发现，国家经济增长过程中存在最优的城市集中度。该最优城市集中度受到经济发展水平和人口规模的影响。城市集中度的一个集中表现就是城市群。形成城市群不仅意味着城镇化水平高，还表明城市集中度也很高。

直观地看，城市群应该是城镇化的产物。但是，城市群又不是单个城市的加单加总，它是一个整体，是一个区域内形成的相关城市集合体，是城市在区域空间形成的高级形态。

城市群思想的出现可以追溯到 19 世纪末。1898 年，英国城市学家霍华德在其著作《明天：一条通向真正改革的和平道路》（*Tomorrow：A Peaceful Path to Real Reform*）中提出了城镇集群（town cluster）的概念。① 1915 年，英国人本主义城市规划思想家 P. Geddes 通过对英国城市的研究，发现当时的城市处于这样的

---

① 〔英〕埃比尼泽·霍华德：《明日的田园城市》，金经元译，商务印书馆，2000。

变化中，他将这类地区称为集合城市（conurbations）或城市群（urban agglomeration）①。1957 年，法国地理学家戈特曼在《经济地理》（*Economic Geography*）杂志发表《大城市带：美国东北海岸的城市化》（"Megalopolis：or the urbanization of northeastern seaboard"）②，给出了 Megalopolis 的特定的条件：沿特定轴线发展的巨大多核心城市体系；城市间存在多种形式的相互作用；空间形态上相互邻近以及产业高度集聚的都市区。

根据上述对城市群的定义，我们可以将城市群概括为"城市之间地理位置相邻、经济活动密切关联、相互影响较大的一片城市集团"。城市群往往吸纳大量的人口，形成密集的人口集聚区，成为区域的人口中心、人口交流密集区；城市群还形成了较为完备的产业链，在各个城市之间形成了不同层级、不同结构、不同功能的产业集群。当然，虽然城市群内部的人口交流更频繁、产业的关联度更强，但这并不意味着城市群是一个封闭的体系。相反，城市群是一个开放系统，它作为一个整体对区域外的经济发展也具有巨大的作用。

19 世纪，随着欧洲大陆经济的发展，西欧成为新的世界加工工厂。西欧相对密集的人口和广阔的土地，使其形成了多个城市群。进入 20 世纪，世界经济逐渐从欧洲转向北美洲，美国成为世界加工厂、世界经济中心，并逐步形成了几个城市群。此后，随着日本经济

---

① P. Geddes, *Cities in Evolution：An Introduction to the Town planning Movement and the Study of Cities*, London：Williams and Norgate, 1915.

② Gottmann Jean, "Megalopolis：or the urbanization of northeastern seaboard", *Economic Geography*, 1957, (3), pp. 189 – 200.

的崛起，日本东部地区也形成了庞大的城市群。

自 20 世纪 70 年代以来，世界范围内的城市群数量不断增加。据雅典统计中心统计，到 2002 年，全世界的城市群已达 160 多个，集聚了全世界人口总数的 45% ~ 50%。[①] 经济合作与发展组织（OECD）根据城市间交流频繁程度和劳动力流动性这两项指标，将 OECD 国家人口超过 150 万人的若干城市划分为 78 个城市群（见表 14 - 14）。[②]

表 14 - 14 OECD 国家城市群

国家	城市群数（个）	城市群 GDP 占所在国比例(%)	国家	城市群数（个）	城市群 GDP 占所在国比例(%)
韩 国	3	70.9	挪 威	1	36.5
日 本	4	55.5	新 西 兰	1	36.1
荷 兰	1	51.3	希 腊	1	37.6
德 国	6	50.7	加 拿 大	3	35.4
丹 麦	1	49.5	西 班 牙	3	35.0
美 国	23	48.7	法 国	3	34.9
爱 尔 兰	1	47.6	捷 克	1	34.7
匈 牙 利	1	45.6	奥 地 利	1	33.7
比 利 时	1	44.4	意 大 利	4	33.3
土 耳 其	3	42.7	瑞 士	1	33.1
澳 大 利 亚	2	42.1	瑞 典	1	31.5
芬 兰	1	42.1	英 国	4	31.4
墨 西 哥	4	40.4	波 兰	1	31.8
葡 萄 牙	1	37.9	合 计	78	

资料来源：中国城市发展网。

---

① 景本华、陈孟平：《2006 ~ 2007 年：中国区域经济发展报告》，社会科学文献出版社，2007。

② 倪鹏飞等：《中国城市竞争力报告》，社会科学文献出版社，2008，第 391 页。

目前，世界公认的城市群有六个（见表 14 – 15）。这些城市群不仅人口众多、产业发达、区域经济总量占其国内经济总量的比例较高，而且区域经济的影响力也很大、创新能力很强，对其本国乃至全世界的经济贡献度都很高。

城市群具有规模经济效应

城市群虽然数量少，但是它们分别以各自的核心城市为中心，将若干个大中小城市、城镇有机地连接起来，形成了一个庞大的人口网、产业网。城市群的存在不仅克服了农村经济不具规模性的缺点，还弥补了单个城市经济结构相对单一、功能不强等弱点，形成了一个由众多"点"组成的"面"，由个体的规模不经济质变为总体的规模经济。

我国改革开放以前实行的是计划经济体制，区域经济发展的指导思想是区域间平衡发展。在当时的国际、国内经济条件下，区域平衡发展曾经对于更好、更快地发展我国的工业生产起到了重要作用。但是，由于人口几乎不能流动，经济效率的损失也很大。改革开放以来，我国人口的流动明显加快，除了城乡人口流动即城镇化速度加快外，我国人口流动还呈现明显的区域性，即人口从广大的中西部地区大量向东部沿海地区流动。进入 21 世纪，随着我国加入 WTO 后外贸呈年均两位数的增速，我国的跨区域人口迁移也越来越活跃，迁移规模迅速扩大，尤其是中西部省份的人口向空间距离较近的东部省份的迁移比重越来越高（Fan，2005）。[①]

[①]　姚枝仲、周素芳：《劳动力流动与地区差距》，《世界经济》2003 年第 4 期，第 35 ~ 44 页。

表 14-15 世界六大城市群概况

城市群名称	区位	主要城市	人口（万人）	占全国人口比重（%）	面积（万平方千米）	占全国面积比重（%）	经济特征
美国东北部大西洋沿岸城市群	北起波士顿，南至华盛顿，故又被称作"波士华"，共包括 200 多座城镇	波士顿，纽约，费城，巴尔的摩，华盛顿	4500	20	13.8	1.5	是美国经济的核心地带，制造业产值占全国的 30%。这里不仅是美国的商业贸易中心，最大且是世界最大的国际金融中心
北美五大湖城市群	分布于北美五大湖沿岸，跨美国和加拿大两国	芝加哥，底特律，克里夫兰，匹兹堡，多伦多，蒙特利尔	5000（估计）	61	24.5（估计）		与美国东北部大西洋沿岸城市群共同构成北美制造业带。目前形成了五大钢铁工业中心
日本太平洋沿岸城市群	一般分为以东京为中心的东京城市圈，以大阪为中心的大阪城市圈，以名古屋为中心的中京城市圈	东京，横滨，静冈，名古屋，京都，大阪神户	7000（估计）	61	10（估计）	20	是全国政治、经济、文化交通的中枢，分布着日本 80% 以上的金融、教育、出版、信息和研究开发机构

487

续表

城市群名称	区位	主要城市	人口（万人）	占全国人口比重（%）	面积（万平方公里）	占全国面积比重（%）	经济特征
英国以伦敦为核心的城市群	以伦敦为核心，以伦敦——利物浦为轴线的地区	大伦敦地区，伯明翰，谢菲尔德，曼彻斯特，利物浦	3650	50（估计）	4.5（估计）	20（估计）	在财富上已经大大超过整个不列颠的任何地区。伦敦成为欧洲最大，世界第三大金融中心
欧洲西北部城市群	由大巴黎地区城市群、莱茵－鲁尔城市群、荷兰比利时城市群构成	巴黎，阿姆斯特丹，鹿特丹，海牙，安特卫普，布鲁塞尔，科隆	4600（估计）	10（估计）	14.5（估计）		这是一个超级城市带，其中，10万人以上的城市有40座。巴黎是西欧重要的交通中心之一
中国长三角城市群	它以上海为中心，南京、杭州为副中心。以沪杭、沪宁高速公路以及多条铁路为纽带构成	上海，南京，苏州，无锡，扬州，南通，泰州，淮安，杭州，宁波，嘉兴，温州，合肥等		10（估计）	20.16		中国乃至世界经济增长最迅速，城市化进程最快的地区之一

注：数据截至 2010 年末。

资料来源：作者根据有关资料整理

进入 21 世纪，随着经济的发展、人口的迁移，我国的城市群也逐渐形成，并且逐渐成为区域经济发展的一大特点。尤其是在东部沿海地区，由于经济基础本来就较好，外向型经济发展更为迅速。在我国加入 WTO 后，沿海城市的开放更加迅速，区域经济一体化愈加凸显。随着我国内陆地区扩大开放、经济发展，内陆地区也逐渐形成了一些新的城市群。

城市群的空间效应

与单一城市相比，城市群不仅具有很好的经济集聚效应，而且更有利于进行广泛的专业化分工和协作，充分发挥规模效应，从而提高全要素生产率（TFP）。随着经济的发展，以中心城市为支点，周边城市（镇）与中心城市的交流越来越紧密，广度和深度都得到拓展，从而形成了由"点"到"线"到"面"的发展态势。

从欧美国家主要城市群的发展历程看，外向型经济是他们兴起、壮大的主要驱动力。一方面，沿海、沿河地区的城市在利用全球资源和拓展国际市场方面具有明显的优势，使这些地区经济能够率先兴起；另一方面，这些沿海、沿河地区的城市可以率先利用先进技术，承接国际产业转移，发挥经济"桥头堡"的作用。上述外向型经济的发展，使这些城市的经济向周边地区辐射，通过转移链接和产业转移，将周边城市也逐步纳入其外向型经济体系，参与世界经济大循环。

在我国，外向型经济同样是城市群发展的驱动力，它造就了我国三大城市群：在长三角地区，以上海为核心，外向型经济逐渐向浙江、江苏、安徽等周边地区辐射，将上海周边的城市纳入巨大的外向型经济大循环中，形成了庞大的城市群，从而使产业更加集聚，经济发展更具活力；在珠三角地区，依托香港、澳门所形成的区域经济一体化优势巨大，始终处于我国改革开放的最前沿，其经济总量和经济质量始终处于高位，是我国乃至亚洲最具活力的经济区域之一；在京津冀地区，各个城市的互补性更强，在发挥各自优势的情况下，区域经济得以迅速发展，成为21世纪初我国新的经济增长极。

从表14－16的数据可以看出，三大城市群产生了明显的人口集聚和经济集聚效应——人口占比明显高于土地占比，经济占比又明显高于土地占比和人口占比。其中，长三角城市群人口占比是土地占比的5.5倍，即在相对狭小的空间里集聚了相对较多的人口；而经济占比又是人口占比的2.78倍，是土地占比的15.32倍。也就是说，在相对狭小的空间里集聚了3倍的人口，创造了15倍以上的财富。这说明，城市群具有明显的集聚效应和空间效应，即在相对狭小的土地面积上集聚了相对多的人口，创造出了更多的财富。另外，从数据还能看出，三大城市群二、三次产业占全国的比重也都明显高于土地占比，而第一产业比重却明显低于土地占比，说明三大城市群的产业结构是以二、三次产业为主导的。本书已经在前面论述过，二、三次产业的TFP要明显高于第一产业的TFP，三大城市群产业结构的比例说明其TFP明显高于其他区域。总的来看，不管是区域经济总量，还是区域的TFP，三大城市群都具有明显的优势，是促进经济更好、更快增长的重要载体。

表 14 - 16 中国三大城市群的经济指标（2010 年）

城市群	占全国土地面积比重（%）	占全国人口总数比重（%）	占全国GDP比重（%）	全国人均GDP的倍数	三次产业结构
长三角	1.15	6.33	17.62	2.78	3.26：50.88：45.85
珠三角	0.58	2.26	9.39	4.15	2.15：48.61：49.24
京津冀	1.9	5.52	9.87	1.78	5.54：41.96：52.5

城市群	第一产业比重与全国对比（个百分点）	第二产业比重与全国对比（个百分点）	第三产业比重与全国对比（个百分点）	实际利用外资占全国比重（%）
长三角	- 6.84	4.08	2.78	42.94
珠三角	- 7.95	1.81	6.14	19.17
京津冀	- 4.56	4.84	9.4	19.11

资料来源：国家统计局。

从历史经验和现实情况看，人口的集聚都将带来经济的集聚。城市群在形成和发展的过程中，其集聚效应和空间效应将会发挥重要作用，使得这些区域的经济总量和 TFP 都得到显著的提高。

以城镇化推动经济高质量地增长

结合以上理论和实证分析所得出的结论，针对中国经济发展的新阶段、面临的新常态，结合中国当前的现实情况，更应该强调从制度层面上加快改革步伐，积极推进城镇化，促进经济增长方式的转变。

积极推进城镇化

可以看出，虽然我国的城镇化已经取得了显著进展，城镇化率已经从改革开放初期的不足20%增加到现在的近58%，但我国的城乡二元经济结构并没有被彻底打破。特别是我国的城镇化率是按城市和城镇现有常住人口数量统计而得的，如果按照户籍人口统计，尚不足42%。而现实的情况却是各种关于城镇化的错误论点、错误措施层出不穷，城镇化被肆意歪曲，甚至被妖魔化。因此，特提出以下政策建议：

1. 要坚持改革创新，使城镇化与工业化、现代化相匹配

积极推进城镇化与工业化、现代化发展水平相适应，要充分考虑各个地区、各个城市的自然条件，使人口规模与资源承载能力相适应。抑制城镇化会阻碍经济、社会发展，而过度城镇化同样也会阻碍经济、社会发展，情况甚至更加难以控制。中国的城镇化没有现成的经验可以复制，需要紧密结合国情，在创新中推进城镇化。

城镇化与产业发展应该是"一枚硬币的两面"，二者应该互为因果，因此，要坚决摒弃只要产业不要人的错误思想和错误政策。

城镇化离不开城市和建设，但是，城市和城市群的建设与发展不能通过行政力量进行，而应该是在市场环境下自然形成以及相关政策跟进的结果。

在城市及城市群的发展方面，要坚持以资源的集约利用为导向，提高各级城市和城镇的承载能力，特别是要提高人口的承载力。

2. 要逐步废除户口制度，推进市民社会建设

经过 60 多年的发展，尤其是经过改革开放以来 30 多年的发展，现有的户口制度已经完全不能适应经济、社会发展的需要，甚至成为阻碍经济、社会公平发展的主要障碍之一，必须予以改革。与经济、社会发展相适应，人口登记制度改革要"以人为本"，核心是建立属地管理的人口登记制度。

户籍制度改革的核心不是户籍登记等制度，而是附着在户籍上的社会福利。社会福利覆盖面不全、不公平、与社会发展需求不相适应是当前中国社会的一个突出问题。而这一问题又与户口制度紧紧地捆绑在一起。因此，要建立公平、公正的社会，完善社会主义市场经济体系，就必须要建立公平、公正的社会保障体系。其重点是建立与经济、社会发展相适应的社会福利制度。

废除现有的户口制度既不能一蹴而就，也不能止步不前。户籍制度改革应依循渐进式改革的步伐进行，户籍管理应该与就业管理相应，即在哪里就业就属于哪个地区管理；其创造的价值与其所应获得的社会福利相对应，在哪里创造价值就在哪里获得社会福利。要真正实现按劳分配，多劳多得、少劳少得，不劳动者不能享受增值的社会福利。

3. 重点要解决好农民工市民化的问题

以农民工为主体推进城镇化，首先要允许在城市或城镇拥有固定工作一定期限的农民工能够享受所在城市或城镇的基本社会福利，如医保、社保等。其次要允许农民工在所工作的城市或城镇享有与其他户籍居民一样的经济权益，如购房、买车等。最后

要允许农民工的家人享有与其他户籍居民相同的社会福利，如子女教育等。当然，农民工享有的权益要与其对所在城市或城镇的贡献度挂钩，判别的标准可以包括就业年限、所缴个人所得税、参加社保的情况等。

进一步完善房地产市场，让农民工有条件、有能力在城市或城镇购房、安居。对于保障性住房的建设可以以 PPP（公私合营模式）的方式进行，将保障性住房建设的经济效益与社会效益有机地结合起来。需要特别注意的是，住房建设要与人口规模、城市的承载能力相适应，坚决抵制以城镇化为名、行房地产开发之实的行为。在现有房产比较充裕的城市，要先盘活存量，通过政府购买、租用等多种方式，先行消化现有住房，避免出现大面积的空房，避免出现空城、"鬼城"。

管理好城乡建设用地。应该限定在一定的总量范围内，通过不断提高土地的利用率和承载能力来提升土地的价值。对于确实需要新增的建设用地要通过土地置换的方式进行，即将一部分非生产性用地恢复成生产性用地，然后按照一定比例增加建设性用地，在各类土地利用面积上做到总量平衡。最终的目的，是要实现单位土地面积上的人口数量增加，使土地的承载能力提高，且不仅要实现人口从农村向城市或城镇的转移，还要实现分散人口的相对集中。

积极转变经济增长模式

保持经济增长是一个国家经济活动的核心。作为世界上最大的发展中国家，保持可持续、速度适当的经济增长是改善我国整体经济状况、提升综合国力的基础。在过去 60 多年的发展过程中，我国的经济增长大体上可以 1978 年改革开放为界，分为前、后两个阶段。在第一阶段，我国依靠自力更生、在封闭体系下建成了完整的经济体系，经济增长更多是依靠资源的持续投入，通过扩大供给来实现，即抑制消费、扩大投资；在第二阶段，我国积极融入国际经济体系，经济增长从扩大供给和增加消费两个方面拉动，投资、消费和出口成为拉动经济增长的"三驾马车"。2012 年后，我国经济进入新常态，经济增长速度从高速转为中高速，或可称为第三阶段。如何理解新常态、把握新常态则成为这一阶段我们必须面对的核心问题。要想通过城镇化为中国的经济增长提供持续的活力和动力，就必须积极改变经济增长模式，实现创新发展。

1. 转变经济增长模式的关键在于转变政府职能

现代经济学是建立在自由市场、完全竞争等基本假设基础之上的。然而，这些理想化的前提假设造成了市场失灵。也就是说，分散的个人在自身私利的驱使下的行为无法达到帕累托效率，再加上市场竞争体制中的其他限制，如偏好问题、不确定性问题、跨期问题、调整成本问题等，为政府介入私人事务、提供公共品和调控市场的公共政策提供了传统的理论基础。

当个体理性与集体理性产生矛盾时，就需要通过市场外的力量——政府来加以弥补和修复。但是，如市场会失灵一样，政府也会失灵——市场失灵问题的解决方案也可能存在先天不足甚至致命的缺陷。因此，政府与市场之间的关系需要重新定位。近几年兴起的新公共管理运动，围绕着政府与市场的关系，更加重视契约与市场，鼓励对公共服务进行监督，以求通过对公共部门职能重新划分与定位、转变政府组织与公共治理方式等渠道，最终完善政府的作用。

就当前中国现实而言，应将培育市场经济主体、确立市场规则与维护市场秩序作为政府工作的重心，处理好政府弥补市场失灵与市场自发调节的关系，理顺财政分权体制和改革地方政府的政绩考核机制，切实弱化地方政府干预经济活动的动机。

2. 通过城镇化释放活力，创造更加健全的市场经济环境

城镇化必然会使人口流动并集聚。而人始终是经济活动的主体，流动的人口会有新的思维、新的需求并释放新的活力；集聚的人群会共享信息，产生更多创意。劳动力是经济的核心要素，因此，人口的流动是市场经济的基础，城镇化进程实际上就是市场经济体制形成和完善的过程。城镇化可以极大地释放人的活力，让劳动力市场更加活跃，使经济增长从更多依靠物质资源的投入转变为更多依靠劳动者素质的提高。

经济增长可以源于投入的积累，也可以源于给定一组生产要素的生产率提高。传统的经济理论强调要素积累是经济增长的推动力量，但人们也注意到，从长期看，不断刺激私人部门进行投资还需要有生产力的提高。科学发明固然会推动技术创新，但要将抽象的理论转化为可以商业化的产品，还需要大规模地追加投资。后发国家固然能够直接借鉴已有的知识，但其生产力的发展还有赖于在技术适应和技术消化方面追加投资。

在古典的资本积累模型中，除非外生的生产率提高能维持投资的积极性，否则增长终将停滞。然而，在内生经济增长模型中，投资积极性则内生地由技术溢出决定。技术溢出使得后代发明家能用比前辈更少的资源实现技术上的突破。知识积累的过程内生地带来了生产率的提高，而生产率的提高创造了长期持续的经济增长。

3. 充分发挥集聚经济优势，提升全要素生产率

空间经济学的第一个政策含义是所有的非区域政策可能都有"区域副效应"，即它们会潜在影响经济活动的区位，从而影响福利的地理分布。

产业集聚并非零和博弈。经济由分散变为集聚会产生不平衡的空间资源配置，但创新的步伐则得以加快，经济得以增长。如果仅从空间公平方面考虑而推行工业资源配置空间平衡的区域政策，那么就很可能使整个国家的增长放缓。社会主义和谐社会的建立必须以经济的增长为基础，空间资源的平均配置并不符合增长与发展的理性。对此，人们必须树立"空间合理配置资源"这一新的理念。

集聚的市场结果由支出的地理配置决定，而集聚的社会最优结果由人口的地理分布决定。市场失灵可能导致高度集中和地区收入差距加大的"坏"平衡。那些降低较贫穷地区内部交易成本的基础设施建设，以及便利区域间思想"贸易"的基础设施政策，能够帮助这些地区吸引流动要素。因此，政府适时制定区域协调发展战略（如改革配套综合实验区的选择），可以起到引导

市场预期，帮助各区域根据资源环境承载能力、发展基础和潜力，选择符合市场需求的均衡，逐步形成不同区域间的良性互动。

城镇化是世界性的现象，不是中国特有的，是从农业社会到工业社会的过程，居住在农村的农民转移到城市，从事工业和服务业。在相当长一段时间里，伴随工业化过程，我国并没有把农村人口同步转移到城市，形成了压制城镇化的局面。在推进新型城镇化的过程中，人口的转移效应和集聚效应会促进经济的供给与需求两个方面都发生显著变化，从而使经济增长的数量和质量都有较大幅度的提高。而城镇化带来的信息共享和匹配、学习的便捷，会让创新变得更加容易，使得经济发展更加集约、智能、绿色、低碳，更具可持续性。

第十五章

"一带一路"倡议下的中国路径

"一带一路"（One Belt and One Road，OBAOR；或 One Belt One Road，OBOR；或 Belt and Road，BAR）是"丝绸之路经济带"和"21 世纪海上丝绸之路"的简称。"一带一路"不是一个实体和机制，而是合作发展的理念和倡议。该倡议充分依靠中国与有关国家既有的双多边机制，借助既有的行之有效的区域合作平台，借用古代"丝绸之路"的历史符号宣示和平发展的理念，旨在通过积极主动地推进与沿线国家的经济合作，共同打造政治互信、经济融合、文化包容的利益共同体、命运共同体和责任共同体。

"一带一路"倡议的构想及其背景

"一带一路"的意义和内在动力

1. 意义：是对现存以美国为主导的国际秩序的补充

"一带一路"是新一届中央领导沿用古代"丝绸之路"理念，按照新时期、新要求就扩大中国的影响而集体提出的新话题，既包括历史的痕迹和延续，也包括中国文化和世界文化交流的过程，还包括中国经济和世界经济互惠、互利、共赢的基本走向和要求。"一带一路"从宏观上看，中国就是一个点，因为按国与国的关系，涉及这么多国家，中国也只是一个国家而已，受益的则是一个群体或国家群乃至全球。这是其最大的特点。因而不能只考虑中国一个点，还要与现存的国际秩序相结合，让更多的国家参与进来，融入受益群，否则不可能发展起来。也就是说，互利、互惠、共赢是"一带一路"基本的要求和原则。它对中国来说确实是一个战略性的要求，意味着更高、更远、更长期的事，而绝不是只看眼前。

"丝绸之路经济带"通过对古"丝绸之路"的重新定义，强化了中国与中亚国家的经济贸易合作，强调中国与中亚国家悠久的历史渊源，在中国的西部地区打开了一片经济合作与发展的新天地。实际上，早在20世纪90年代初，中国就曾提出过"新丝绸之路"的概念，联合国开发计划署也一直致力于"丝绸之路"沿线国家和地区经济、文化的交流与合作。

"丝绸之路经济带"促进中国的西进战略。"丝绸之路经济带"将从根本上改善中国西部特别是西北各省经济社会发展所面临的基础薄弱问题，形成中国向西开放的崭新局势，为中国西北部经济发展带来新的发展机遇。由于地缘因素，中亚五国均为无出海口的内陆国家，其中哈萨克斯坦、吉尔吉斯斯坦和塔吉克斯坦与中国新疆陆地接壤。随着苏联解体，中国与中亚各个国家的经济贸易往来逐渐加深，中国已成为中亚国家重要的经贸合作伙伴之一。从中亚国家扩大对外交往和中国西部大开发、向西开放、拓展中亚市场的现实以及长远需要来看,"丝绸之路经济带"的构想无论是对中国还是对中亚五国甚至全球来说,都是一次难得的机遇。

"21 世纪海上丝绸之路",其政治意义就是历史上中国作为亚洲强国,对邻国不进行征服占领,不执行殖民政策,而通过友好通商实现彼此互惠、共同繁荣。当今形势下,随着中国经济的发展和影响力的提升,中国将继承历史传统,与周边邻国加强贸易往来,团结友好国家,形成区域共同市场,实现共同发展、共同繁荣的宏伟目标。因此,中国提出建设"21 世纪海上丝绸之路"不但继承古代中国与东南亚各国友好往来的传统,而且在格局与规模方面将开辟一个崭新的局面。李建军认为,"21 世纪海上丝绸之路"沿线国家与中国有良好的经贸合作条件和合作基础,是人民币迈向区域化进而实现国际化的第一块"实验田"。恰逢美欧金融危机引发东南亚对美元风险的警觉,中国成为全球第二大经济体,第一大货物贸易国,人民币"南下"正迎来窗口期。袁堂军等认为,人民币"南下"需依托实体经济,通过树立中国在亚洲产业分工中的枢纽地位,推动贸易结构平衡。

2. 内在动力:"一带"和"一路"将是中国经济的东、西两翼

改革开放 30 多年来,中国经济取得了举世瞩目的成就,但受地理区位、历史沿革、资源禀赋等因素的影响,中国的对外开放和经济发展总体呈现东快西慢、海强陆弱的格局,且贸易和投资合作的相当一部分集中于欧美发达国家。而"一带一路"这一战略构想则将同时平衡东、西两条发展线路:国际,在推动与欧美发达国家经贸发展的同时，加强与新兴经济体和发展中国家的合作；国内，在推动中西部地区开放的同时，推动东部地区升级。党的十八大之后，中国经济将进入"第三季"（党的十八大的召开，标志着中国经济进入新的历史时期）。与第一季（改革开放前 30 年）和第二季（改革开放后 30 年）不同的是，第三季的中国经济开放范围和程度将实质性地扩大，中国经济将在一个更国际化的舞台上起舞。而"一带"和"一路"将是中国经济腾飞的两大翅膀。这就是"一带一路"的重要战略使命。

（1）推动"一带一路"双翼出击是中国经济现阶段的内在要求

内需不足是中国经济的现状。从内需对 GDP 增长的拉动能力来看，资本形成总额的拉动力在 2009 年前后达到高点，最终消费支出的拉动力则在 2011 年前后达到高点，之后两者的趋势性下滑均非常明显。从工业、固定资产投资、社销零售等代表内需的主要指标来看，2009 年之后，主要指标增速均逐年下行。

与内需不足对应的是供给端的产能过剩。据统计，2013 年，中国大宗商品中存在产能过剩的产品占比为 48%；在产能过剩产品中，产能利用率低于 80% 的产品数占 3/4。产能过剩的情况依然严重。2012 年以来，中国出口增速明显下移，出口潜在增速已由连续 10 年的 20% 以上变为连续三年的 7% 左右。出口动能不足导致部分出口产品的产能来不及转型，反而加剧了产能过剩。以平板玻璃为例，不难看出由于玻璃出口加速下滑，2013 年之后产能过剩更为严重。中国制造业必须寻找新的出路。

中国资本充裕，基础设施及部分产业有优势，与"一带一路"沿线其他国家可以互补。

"一带一路"沿线的很多国家存在基础设施落后的现象，而这一点是制约它们经济发展的瓶颈。基础设施建设需要大量的资本投入，中国拥有充裕的资本。目前，中国政府、企业、居民存款已超110万亿元，同时，还有3万亿美元的国家外汇储备，规模冠绝全球。中国有大量产业资本在寻求投资机会。随着地产投资的触顶，预计大量资本将从地产领域撤出，资本充裕的局面将更为显著。中国充裕的资本也在海外寻找投资机会，对外直接投资在规模上逐渐有超越FDI之势。同时，中国与"一带一路"沿线的其他新兴市场国家和部分发达国家存在技术上的优势互补和错位竞争。中国在高铁、高速公路、核电、水电、装备制造等领域具备技术优势，可以向新兴市场国家及部分发达国家进行技术输出和基础设施输出，与其形成互补。

（2）"一带一路"倡议前瞻及影响分析

新阶段"走出去"的战略原则是"亲诚惠容、远邦近邻"。习近平总书记在2013年9月和10月分别提出建设"丝绸之路经济带"和"21世纪海上丝绸之路"的战略构想，以"一带一路"规划作为实施"走出去"战略的首要突破口。

"一带一路"前瞻

中国科学院地理科学与资源研究所提出，"丝绸之路经济带"可以有3条路线：已初步形成的以亚欧大陆桥为主的北线、以石油天然气管道为主的中线和以跨国公路为主的南线。

北线：北京－俄罗斯－德国－北欧。

中线：北京－西安－乌鲁木齐－阿富汗－哈萨克斯坦－匈牙利－巴黎。

南线：泉州－福州－广州－海口－北海－河内－吉隆坡－雅加达－科伦坡－加尔各答－内罗毕－雅典－威尼斯。

而正在积极申请纳入"一带一路"的河南洛阳和连云港就在亚欧大陆桥上；上海则在以石油天然气管道为主的中线上；云南等则在以跨国公路为主的南线上。"一带一路"的规划已超出上海合作组织、亚信会议等现有框架，中国倾向于将其认定为一个横贯东西的合作网络，从波罗的海到太平洋、从中亚到印度洋和波斯湾。"丝绸之路经济带"以古代"丝绸之路"为基础；而"21世纪海上丝绸之路"再做提升，主要目标是促进东部沿海第二次开放，因此实施范围有望扩容并向东部延伸。

"一带"区域的安全合作取得了一定成果。2001年，为解决区域边界争端及加强边境军事信任而建立的上海合作组织（SCO），经过十多年的发展，逐渐形成以反恐为中心，兼顾打击毒品武器走私、跨国有组织犯罪等多元一体的安全合作体制。近年来，该组织在经贸、人文等非传统安全领域合作不断扩大，尤其是在经济领域，通过区域合作增强了地区整体竞争力。2008年，南亚区域合作联盟（SAARC）第15届首脑会议重点讨论了粮食安全、能源危机、恐怖主义威胁等问题，并提出了应对措施，推动了地区安全合作的发展。北约（NATO）针对欧洲安全环境的变化，先后在1991年、1999年和2010年提出了新的战略概念，在干预、解决和参与欧洲安全治理的过程中发挥了重要作用；欧盟（EU）经过半个多世纪的不懈努力，初步建立安全与防务能力，其在解决地区冲突方面发挥的作用日益增长；欧洲安全与合作组织（OSCE）则意在阻止和解决冲突，恢复战争造成的破坏。

"21世纪海上丝绸之路"航线大体上分为三段：东南亚航线、南亚及波斯湾航线、红海湾及印度洋西岸航线。

一是中国至东南亚航线。古代海上"丝绸之路"早已把中国与东南亚各国密切联系起来。中国至东南亚航线节点国家包含越南、菲律宾、马来西亚、文莱、印度尼西亚、泰国、新加坡、柬埔寨、缅甸。为便于研究，这里所指的中国至东南亚航线的国家就是整个东盟。东盟十国总面积约448万平方千米，2012年人口约6.86亿人，GDP为2.32万亿美元。中国与东盟经贸关系密切，2010年建立了自由贸易区，并与新加坡单独建立了中新自由贸易区。这是该段"21世纪海上丝绸之路"共同建设的基础。

二是中国至南亚及波斯湾航线。中国至南亚及波斯湾航线节点国家包括孟加拉国、斯里兰卡、印度、巴基斯坦、伊朗、伊拉克、科威特、沙特阿拉伯、卡塔尔、巴林、阿拉伯联合酋长国、阿曼共12个国家。该航线区域855万平方千米，2012年人口约17.48亿人，GDP为4.53万亿美元。该航线地处西亚、中亚和南亚交汇处，南濒印度洋，无论陆路还是海洋，南亚和印度洋都是中国的重要出海通道。中国与巴基斯坦关系良好，于2007年建立了中国与巴基斯坦自由贸易区；中国与印度的自由贸易区建设也在进行前期可行性研究。

三是中国与红海湾及印度洋西岸航线。该航线节点国家包括也门、埃及、苏丹、厄立特里亚、吉布提、索马里、肯尼亚、坦桑尼亚、莫桑比克 9 个国家。该航线区域 714 万平方千米，2012年人口约 2.75 亿人，GDP 为 4507 亿美元，经济发展相对落后。坦桑尼亚、莫桑比克等国与中国早就建立了传统友谊，有助于该航线的共同建设。

六省六港有望成为突破口

"走出去"倡议落实之后的受益主要体现在区域和产业两个维度。从区域来看，实施范围有望扩容并向东部延伸，甚至包括北线、中线、南线 3 条路线。综合分析认为，新疆、江苏、浙江、福建、广东、广西以及重要枢纽城市连云港、宁波、泉州、厦门、广州以及北部湾地区值得重点关注。

第一，要看"带"与"路"途经哪里。"丝绸之路经济带"，在古"丝绸之路"的基础上横贯东亚，包括西北五省份（陕西、甘肃、青海、宁夏、新疆）与西南四省份（重庆、四川、云南、广西）；"21 世纪海上丝绸之路"将对接东南亚临海港口，可能涵盖的范围有三个主港（泉州、广州、宁波）和其他支线港，及东部六省（广东、福建、浙江、云南、广西、海南）。

第二，重视"带"与"路"的接合部。其指处于"丝绸之路经济带"的沿线，又可与"21 世纪海上丝绸之路"相连的中间地带。这些地区的地理位置与经济发展水平均处于东西部之间。其中需要特别重视已形成经济发展带的地区，以其作为两条丝路的纽带和大后方来间接参与"一带一路"的建设，如长江经济带、渝新欧铁路线。此外需要关注福建、广东部分省份与自贸区"可复制、可推广"的开放政策重叠效应。

第三，虽然几条主要交通线路的沿途省份均面临同样的历史机遇，但从投资的角度来说，不同省份的机会又有很大差异。首先，地理重叠省份在国家的投入和政策支持方面具备优势；其次，已具备一定经济基础的地区发展前景比较明确。经济带须有产业作支撑，须与其他经济发展较强省份合作，方能发挥最大效用。

五大行业值得重点关注

"一带一路"必定能获得成功的原因在于，以欧亚国家共享和平发展为目标，从陆路和海陆现实地将中国未来全球化发展的设想有理有据地展现出来。其包括三个维度。第一，通道。包括有形和无形的贸易通道的形成。第二，物流。鼓励各国人民友好往来。第三，文化。增进相互了解和传统友谊，为开展区域合作奠定坚实的民意基础和社会基础。具体可以落实为习近平提出的"五通"，即政策沟通、道路联通、贸易畅通、货币流通、民心相通。可以预计，受益产业将集中在交通运输（港口机场、贸易物流）、建筑建材（铁路、公路、基建）、能源建设、商旅文化和具有比较优势的制造业等方面。

比较优势行业依托"一带一路"打造区域利益共同体和命运共同体，打破地区经济发展的瓶颈，加快实现"走出去"。重点是推动沿线国家经贸合作由简单商品贸易向更高级的相互投资转变，鼓励企业到沿线国家扩大对外工程承包业务，积极参与沿线国家基础设施建设，通过对外投资和工程承包带动大型成套设备、机电产品和高新技术产品的出口，包括高铁、核电水利设备的出口。

"一带一路"与国际合作

"一带一路"得到了沿途各国的积极响应，吸引了国际社会的高度关注。俄罗斯愿将俄方跨欧亚铁路与"一带一路"对接，创造更大效益；乌兹别克斯坦愿将"福利与繁荣年"规划衔接"丝绸之路经济带"，促进经贸往来和互联互通；哈萨克斯坦的"2050年发展战略"呼应"一带一路"建设；海湾阿拉伯国家合作委员会各成员国愿积极参与"丝绸之路经济带"和"21世纪海上丝绸之路"建设，其中，科威特已在筹建"丝绸之城"，并在科威特与伊朗边境地区建立一个250平方千米的自由贸易区，与"丝绸之城"连通。中国和欧盟作为世界两大重要经济体，将双方合作和"丝绸之路经济带"建设相结合，以构建亚欧大市场为目标，促进中欧成为世界经济增长的双引擎。2013年，中国与"一带一路"国家的贸易额超过1万亿美元，占中国外贸总额的1/4；过去10年，中国与沿线国家的贸易额年均增长19%。未来5年，中国将进口10万亿美元的商品，对外投资将超过5000亿美元，出境游客数量约5亿人次，周边国家及沿线国家将率先受益。截至2016年底，我国企业在"一带一路"沿线国家建立粗具规模的合作区56个，累计投资185.5亿美元；入区企业1082家，总产值506.9亿美元，为有关国家创造近11亿美元税收和18万个就业岗位。

"一带一路" 倡议下的中国对外直接投资

"一带一路" 作为一个国际合作的理念和倡议，其落实有利于推动沿线各国的发展，为沿线各国人民带来福祉。中国作为发起者和最主要的推动者，可以以更加积极的方式参与其中。其中，鼓励企业扩大对外直接投资（FDI）便是重要的一环。在对外直接投资的过程中，企业既要对自身的生产、经营能力有充分的了解，也要对投资目的地的情况有详细的了解，并及时做好信息的收集和双方的交流磋商。特别是管理好政治风险对中国企业进行跨国投资尤为重要，关系到投资的成功与失败。

"一带一路" 倡议下中国对外直接投资的优势

理论上，企业进行跨国投资主要基于三个方面考虑。一是比较优势，即企业在自由贸易、完全竞争、没有不确定性、无信息成本和无政府干涉的状况下，可以扬长避短，充分发挥自身的优势，将生产、销售等环节放在整个国际市场上进行，以实现成本最小化、利润最大化。二是充分运用市场的不完整性，即公司会尽可能地利用各国产品市场、生产要素市场和金融资本市场的不完善性，利用自身在管理和技术技能、产品差异化和财务实力等方面的竞争优势，抓住全球市场的差异性特征，实现全球化布局。三是保持和转移竞争优势，即企业在将自身的竞争优势向外转移，以在更大的市场上获得更丰厚的回报的同时，为培养其自身新的竞争力创造更大的空间。

经过 60 多年的发展，尤其是经过改革开放 30 多年来的快速发展，中国政府和中国企业在上述各方面已经形成了一定的优势，为中国企业跨国投资奠定了良好的基础。

1. 资金优势

中国具有强大的资金优势。截至 2017 年底，中国国家外汇储备规模高达 3 万亿美元，在世界各国的官方外汇储备排名中位居第一并且远超过第二名，占全球外汇储备的近 30%。比较世界主要国家的总储备也可以发现，2010 年以来，中国的总储备始终远远高于世界其他国家（见图 15 - 1）。由于美元充当世界货币的角色，美国的总储备相对较少；但是，中国的总储备仍远远高于日

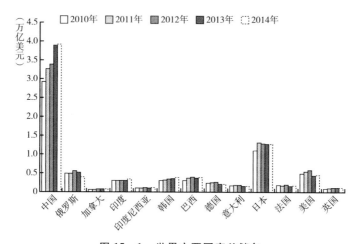

图 15 - 1　世界主要国家总储备

注：总储备包括持有的货币黄金、特别提款权、国际货币基金组织持有的国际货币基金组织成员国的储备以及在货币当局控制下的外汇资产。这些储备中的黄金成分的价值是根据伦敦 2014 年底（12 月 31 日）价格确定的。数据按现价美元计。

资料来源：国际货币基金组织《国际金融统计》和数据文件。

本、德国等发达国家。由此可见,从绝对和相对两个角度来看,中国的总储备规模都很大,具有明显的资金优势。

资金的相对充裕推动中国对外直接投资的步伐不断加快。2014 年,我国境内投资者共对全球 156 个国家和地区的 6128 家境外企业进行了直接投资。以美元计,全年累计实现非金融类对外直接投资 1028. 9 亿美元,同比增长 14. 1%,继续保持世界第三位。截至 2014 年底,我国累计非金融类对外直接投资 3. 97 万亿元(折合 6463 亿美元)。

从中国对外直接投资流量地区构成看,亚洲仍是我国对外直接投资的主要地区,占流量总额的 70% 以上(见图 15 - 2)。这是因为亚洲国家和地区与我国在经济发展上的联系更加紧密,地

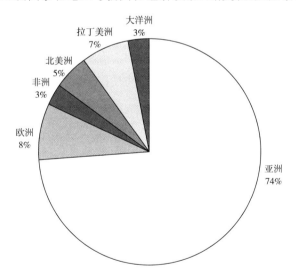

图 15 - 2 2012 年中国对外直接投资流量地区分布

资料来源:2012 年中国对外直接投资统计公报。

缘优势明显，文化差异也相对较小等，从而使亚洲国家在吸引中国投资方面具有相对优势。

2012 年末，中国对外直接投资存量排在前 20 位的国家（地区）分别为中国香港、英属维尔京群岛、开曼群岛、美国、澳大利亚、新加坡、卢森堡、英国、哈萨克斯坦、加拿大、俄罗斯、南非、法国、百慕大群岛、德国、印度尼西亚、缅甸、韩国、蒙古国、中国澳门，存量达 4750.93 亿美元，占中国对外直接投资存量的 89.3%。2012 年中国对外投资存量的地区分布情况见图15 - 3。其中，中国对中国香港的直接投资占全部对外直接投资的 57.6%，居绝对领先的地位。

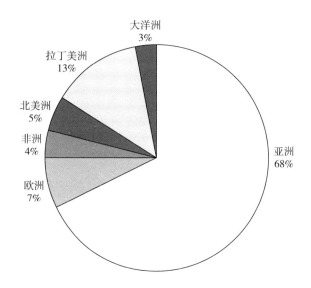

图 15 - 3   2012 年中国对外直接投资存量地区分布情况

资料来源：2012 年中国对外直接投资统计公报。

2. 产业优势

中国与"一带一路"沿线的其他新兴市场国家及部分发达国家存在技术上的优势互补和错位竞争。中国在高铁、高速公路、核电、水电、装备制造等领域具备技术优势，可以向新兴市场国家及部分发达国家进行技术输出和基础设施输出。

经过 30 多年的发展，中国的一些产业和企业在国际竞争中已经具备一定的比较优势，如基础设施建设、高铁、电子通信、家电等行业的竞争优势，不仅得到了发展中国家的认可，也得到了发达国家的认可。一批从事这些行业的企业，已经成为具有世界影响力的企业。

以基础设施建设为例。基础设施对经济社会发展至关重要，且发达国家和发展中国家对基础设施建设都有巨大的需求。对于广大发展中国家而言，基础设施落后始终是制约其发展的主要瓶颈，因而急需扩大基础设施建设；而发达国家则大多处于基础设施更新换代时期。相对而言，在改革开放的进程中，中国的基础设施建设发展迅速，取得了举世瞩目的成就。目前，中国在能源、通信、铁路、机场、公路、港口、口岸等各个领域，都具有国际竞争的比较优势，且从基础设施项目的规划、设计、施工到相关机械设备和自动控制系统的安装、运营与管理，乃至设备维护和人员培训，中国的优势可以贯穿基建全产业链。也正因如此，"中国施工"取得了明显的成果。

以高铁为例。随着世界经济一体化，各国对快速、便捷的交通、物流的需求大大提高，世界上很多发达国家和发展中国家的铁路和高速铁路正处于新一轮快速发展期，并呈现多强竞争的格局。而经过十多年的引进、消化、吸收、创新、实践，我国在轨道技术、车辆装备、移动信号等各个方面都已经具备过硬的实力，具有国际竞争的优势。在当前以及今后的国际竞争中，中国高铁企业及相关企业完全可以通过成立包括设计、施工、整车、关键部件、运营等相关单位在内的联合体，充分发挥高铁行业的整体优势，形成国际级产业力量，通过异地投资、兼并重组、合资合作等方式，逐步实现从设备出口到技术、资本、服务、系统标准输出的转换。

尽管近几年中国制造的成本有所上升，并在未来仍有上涨的可能，但从另一个角度看，我国的一些产业已经站上了一个更高的起点，且具有良好的发展前景：中国企业已经由单纯低成本制造，逐步转变为低成本制造和低成本研发相结合、中国制造与中国创造相结合。这主要体现在以下方面。

一是企业的高质量生产要素相对充足。这主要是指随着我国高等教育水平的提高、职业培训的逐步普及，我国产业工人的整体素质有了很大提高，从而使得高质量的人力资本相对充足，为企业创新发展创造了有利条件，为企业参与国际竞争奠定了基础。

二是企业的组织和管理能力有了很大提高。随着中国特色社会主义市场经济体制的建立和不断完善，中国的市场环境已经发生了巨大变化，越来越与国际市场融为一体，同时，企业适应市场、引领市场的能力也在不断提高。此外，随着我国职业经理人培训体系的发展和完善，我国的企业家队伍和职业经理人队伍也越来越成熟,逐步具有在国际市场上发挥才干的能力。

三是产业配套能力有了显著提高。我国工业生产已经发生重大变化,主要产品产量居世界前列,产业配套相对齐全。当前,我国工业生产已拥有 39 个大类、191 个中类、525 个小类,成为实实在在的"世界工厂"。完善的配套设施为企业发展创造了更有利的空间。

在何处投资

1. 理论基础

在何处进行跨国投资的决策会受各种因素的影响。理论上,有意愿进行跨国投资的企业应该首先确定自身的竞争优势,然后根据竞争优势在世界范围内寻找不完善的市场和具有比较优势的国家(地区)。需要注意的是,企业的竞争优势必须足够大,以使企业在该国投资生产的经风险调整的回报高于企业的最低预期资本收益率。实践中,企业会遵循一系列寻找模式,包括不停地收集和整理信息,并基于所获得的信息做出合理的决策。行为主义方法和国际网络理论为企业进行跨国投资时的信息搜寻提供了理论支撑。

瑞典学派的经济学家是用行为主义方法(behavioral approach)分析 FDI 决策的代表。瑞典学派的经济学家在对瑞典某些公司的国际化过程进行研究后发现,那些有意愿进行跨国投资的企业的管理层都倾向于先在那些与他们熟悉的环境条件差异不大的国家进行投资,如挪威、丹麦、德国等国家。该学派用紧密的心理距离（close psychic distance）来定义文化、法律和制度环境的差异。从这一概念出发，瑞典企业一般是都先在心理距离相对较小的地区进行少量的投资，在从初始的少量投资中学到经验之后，则渐渐在心理距离相对较大的地区进行较大规模的投资。这样可以最小化不确定的国外环境带来的风险。该学派的这一论点不仅相对成功地解释了跨国投资的最初决策问题，而且还解释了随着时间的推移，公司在其他地区再投资和改变其国际介入结构的后续决策问题。

对中国企业而言，参与国际投资的优势除源于企业自身实力的自我集聚和东道国区位优势外，还与中国的产业优势息息相关。中国的经济发展状况是中国企业对外投资的基石，它造就了中国的产业优势、规模优势、区位优势、组织优势及其他特定优势。同时，东道国的经济发展状况、人口状况也是企业投资需要关注的方面。企业在对外投资中需要从中国竞争优势、企业竞争优势、东道国优势三个方面制定投资策略（见表15-1）。

表15-1　企业对外投资需要考虑的三个方面

中国竞争优势		企业竞争优势	东道国优势
基础条件	国民收入水平 产业发展水平	技术优势 人才优势	经济条件　人口状况 法律条件　政治条件
特定优势	行业优势 规模优势 组织优势	资金优势 管理优势 其他优势	社会条件　文化条件 自然条件

2. 如何投资

企业在进行跨国投资时，还必须考虑是与当地企业建立合资公司，还是在当地建立全资子公司。尽管这两种投资方式都是 FDI 的一部分，但是所面对的情况有很大的差别。

只有当跨国公司在东道国找到合适的合作伙伴的时候，跨国公司与当地企业进行合资才有可能。对于跨国投资的企业而言，选择合资的方式进行投资有一定的优势。

一是当地的合作伙伴了解当地的经济、社会、文化环境，而这些是企业在进行投资时必须考虑并掌握的。

二是拥有本地的合作伙伴可以使得企业高层、中层与基层员工的沟通更加有效，也便于企业管理。

三是合资可以让跨国公司更容易得到东道国政府的批准。

四是当地合作伙伴的关系网和声誉可以帮助跨国公司更容易地打开当地市场、树立企业在当地的形象，推销更多的产品。

五是当地合作伙伴所拥有的技术和经验可以在全球范围内使用。

当然，建立合资公司并不都具有优势，它同样也存在很多风险和困难。

一是选择错误的合作伙伴会大大提高政治风险。这在发展中国家尤其明显。

二是跨国公司和本地合作伙伴很可能在分红、融资等业务领域存在分歧。一般来说，跨国公司会在更广阔的空间投放资金，而当地企业则会更多考虑将资金留在本地。

三是跨国公司往往会利用自己的网络进行产品或元件的内部交易，并实施贸易的转移定价，这会与合作伙伴产生利益冲突。

四是对融资的控制，一般来说，跨国公司不会用在一国筹集的廉价资金或可利用资金为另一国的合资经营者融资。

五是如果跨国公司在世界范围内合理化其生产操作，会对当地合作伙伴产生不利影响，以致使这种合理化的生产能力受到危害。

六是在财务信息披露方面，跨国公司和本地企业也存在差异。本地经营状况的财务披露对本地的流通股来说是必需的，而对跨国公司来说这种披露不是必需的。

总之，究竟是采用合资方式还是采用独资方式进行投资，企业需根据自己的生产、经营状况决定。

3. "一带一路"沿线国家概况

"一带一路"沿线共涉及 64 个国家，其中，亚洲 43 个国家，中东欧 16 个国家，独联体 4 个国家，非洲 1 个国家。这 64 个相关国家可以划分为七大地区（见表 15 - 2）。这七大地区经济社会发展各不相同，文化环境差异明显。在不同地区的投资会有不同的机遇与挑战。

表 15 - 2　"一带一路"沿线国家分布

地区分布	国家
东南亚 11 个国家	印度尼西亚、马来西亚、菲律宾、新加坡、泰国、文莱、越南、老挝、缅甸、柬埔寨、东帝汶
南亚 7 个国家	尼泊尔、不丹、印度、巴基斯坦、孟加拉国、斯里兰卡、马尔代夫
中亚 6 个国家	哈萨克斯坦、土库曼斯坦、吉尔吉斯斯坦、乌兹别克斯坦、塔吉克斯坦、阿富汗

续表

地区分布	国家
西亚 18 个国家	伊朗、伊拉克、格鲁吉亚、亚美尼亚、阿塞拜疆、土耳其、叙利亚、约旦、以色列、巴基斯坦、沙特阿拉伯、巴林、卡塔尔、也门、阿曼、阿拉伯联合酋长国、科威特、黎巴嫩
中东欧 16 个国家	阿尔巴尼亚、波斯尼亚和黑塞哥维那、保加利亚、克罗地亚、捷克、爱沙尼亚、匈牙利、拉脱维亚、立陶宛、马其顿、黑山、罗马尼亚、波兰、塞尔维亚、斯洛伐克、斯洛文尼亚
独联体 4 个国家	俄罗斯、白俄罗斯、乌克兰、摩尔多瓦
其他 2 个国家	蒙古国、埃及

东南亚（Southeast Asia）位于亚洲的东南部，包括中南半岛和马来群岛两大部分，面积约 447 万平方千米。东南亚是当今世界经济发展最有活力和潜力的地区之一，但除新加坡外其余国家经济均落后。东南亚是世界上人口比较稠密的地区之一，人口多分布在平原和河口三角洲地区。东南亚各国都是多民族的国家，全区有 90 多个民族，人种以黄色人种为主。东南亚也是世界上外籍华人和华侨最集中的地区之一，全区约有华侨和外籍华人 3348.6 万人，约占东南亚总人口的 6%，约占全球 4543 万华侨和外籍华人的 73.5%。东南亚各国拥有丰富的自然资源和人力资源，为经济发展奠定了良好的基础，形成了以季风水田农业和热带种植园为主的农业地域，但是经济结构比较单一。20 世纪 60 年代以后，各国通过基于国家干预的经济发展模式发展外向型市场经济。东南亚地处亚洲与大洋洲、太平洋与印度洋的"十字路口"，在未来新的世界政治、经济格局中具有重要的政治、经济和战略地位。东南亚是中国的南邻，自古以来就是中国通向世界

的必经之地。历史上，绝大多数国家与中国有友好往来，在政治、经济、文化上关系密切。在悠久的历史交往中，中国人民和东南亚各国人民结下了深厚的友谊。在未来的历史进程中，随着中国和东南亚国家经济建设的飞速发展和社会进步，双边和多边的合作关系有望进入一个不断发展、更加密切的历史时期。

南亚（South Asia）指位于亚洲南部的喜马拉雅山脉中、西段以南及印度洋之间的广大地区。它东濒孟加拉湾，西临阿拉伯海。南亚地区南北和东西距离各约 3100 千米，总面积约 495 万平方千米（包含阿富汗）。总人口为 16 亿人左右，超过世界总人口的 1/5，是世界上人口最密集的地域。但是，南亚种族和语言众多，共有 210 余种语言。同时，南亚也是除非洲撒哈拉地区外全球最贫穷的地区之一。由于政治及宗教上的分别，当地的政局都不太稳定，经济合作主要是区内合作。

西亚（Western Asia）又称西南亚，亚洲西南部地理区域。因位于亚洲、非洲、欧洲三大洲的交界地带，处于阿拉伯海、红海、地中海、黑海和里海（内陆湖）之间，所以被称为"五海三洲之地"，是联系亚、欧、非三大洲和沟通大西洋、印度洋的枢纽，地理位置十分重要。西亚的主要居民有阿拉伯人、波斯人、土耳其人和犹太人等。其中阿拉伯人的分布最为广泛。西亚是世界人口最稀疏地区之一，人口密度每平方公里平均为 22 人，人口分布极不平衡：地中海沿岸、两河平原人口最为稠密，而沙漠地区人烟稀少。按其经济特点可分为两种经济类型，即石油输出国和非石油输出国。石油输出国包括沙特阿拉伯、阿拉伯联合首长国、卡塔尔、巴林、科威特、伊拉克、伊朗和阿曼 8 国。石油是这些国家的经济命脉，石油业在其国民生产总值、国民收入和出口中占最大比重。非石油输出国经济多以农牧业为主，采矿业、加工业均较薄弱，但凭借地理位置优势，在运输、加工和提供劳务上颇得石油之利，通过收取高额的过境费用，也可获得相当多的收入。

中亚（Central Asia）即亚洲中部地区。狭义的中亚包括 6 个国家，即哈萨克斯坦、土库曼斯坦、吉尔吉斯斯坦、乌兹别克斯坦、塔吉克斯坦、阿富汗斯坦（阿富汗）。此地区的居民多为突厥语民族，所以中亚也被称为"突厥斯坦"。中亚地区的采矿、冶金业等重工业和军事工业发达，最大的工业区是卡拉干达工业区，也是苏联四大工业区之一，此处还有位于乌兹别克斯坦的中亚工业区。中亚地区经济发展极不平衡，哈萨克斯坦和土库曼斯坦属于经济与科技相对较发达的国家。这一地区的地形、地貌和经济发展等因素决定其人口分布及构成的突出特点：一是人口密度很小，平均每平方公里仅 12 人；二是人口分布极不均匀；三是出生率和自然增长率高，中亚各国出生率普遍在 30‰以上，自然增长率在 25‰左右，与世界最不发达国家的情况相似，但并不适应其经济的发展程度；四是 21 世纪以来城市化有长足发展。城市人口由原先的 10% 左右增长到 40% 左右。中亚国家是以伊斯兰教为主的多宗教地区。

中东欧地区是一个相对特殊的地区，它不是一个单纯的地理概念，而是一个地缘政治概念。它泛指欧洲大陆地区曾受苏联控制的原社会主义国家（即冷战时期的东欧国家），以及除俄罗斯以外的曾经是苏联的欧洲成员国的国家。中东欧是近年来为避免引起意识形态和政治上的歧义，同时弥补政治地理与自然地理的差距而兴起的一种称呼。中东欧国家处于西欧和俄罗斯之间，在国际地缘政治中处于中间地带、缓冲地带，因此它们要发展只能在夹缝中求生存：如果西欧与俄罗斯关系良好，那么它们便会有很好的发展空间；如果西欧与俄罗斯之间出现冲突，它们的发展就会受到很大的影响——经济发展必然会让位于国家安全利益。中东欧国家的经济社会发展水平相对较高，国际社会一度将中东欧看作新兴市场国家富有潜力地区。在对华关系上，中东欧国家对华态度基本上基于实用主义考虑。但近十几年来，中国和中东欧国家都处于经济转型期，加上中东欧又处于中国进入西欧的通道上，双方合作的空间较大。

4. 主要国家的经济指标

无论是地缘优势，还是现实情况，亚洲都是我国对外直接投资的重中之重。"一带一路"从中国开始，向外延伸的第一站就是亚洲相关国家。同时，亚洲国家基础设施建设的需求非常旺盛。但是，投资需要考虑投资回报率，而投资回报率与投资承接地的经济发展、基础设施等情况有密切的关系。因此，深入了解亚洲相关国家的经济社会发展状况对中国对外直接投资有重要的价值。"一带一路"亚洲相关国家的主要经济指标见表 15 - 3 至表 15 - 8。

5. 重点投资区域

综合分析亚洲各国的经济社会发展指标，从中国周边国家以及其他亚洲国家的经济、社会发展和地理、自然环境来看，东南亚应该是中国对外投资的首选目的地。东南亚各国的优势是经济

表 15 – 3 "一带一路" 亚洲相关国家人均 GDP

单位：美元（现价）

国家	2010 年	2011 年	2012 年	2013 年
中国	4433	5447	6093	6807
伊拉克	4613	6019	6625	6670
伊朗	5675	7006	6578	4763
俄罗斯	10710	13324	14091	14612
印度	1417	1540	1503	1499
印度尼西亚	2947	3470	3551	3475
吉尔吉斯斯坦	880	1124	1178	1263
哈萨克斯坦	9071	11358	12120	13172
土库曼斯坦	4393	5725	6798	7987
塔吉克斯坦	740	835	953	1037
韩国	22151	24156	24454	25977
孟加拉国	664	732	750	829
尼泊尔	596	694	699	694
巴基斯坦	1023	1213	1255	1299
新加坡	46570	52871	54007	55182
日本	43118	46204	46548	38492
柬埔寨	783	878	945	1008
泰国	4803	5192	5480	5779
老挝	1123	1266	1412	1646
菲律宾	2136	2358	2587	2765
蒙古国	2286	3181	3691	4056
越南	1334	1543	1755	1911
阿富汗	561	614	688	678
马来西亚	8754	10058	10432	10514

注：人均 GDP 是国内生产总值除以年中人口数。GDP 是一个经济体内所有居民生产者创造的增加值的总和加上产品税并减去不包括在产品价值中的补贴。计算时未扣除资产折旧或自然资源损耗和退化。

资料来源：世界银行国民经济核算数据，以及经济合作与发展组织国民经济核算数据。

表 15 - 4 　 "一带一路" 亚洲相关国家城镇人口占总人口比例

单位：%

国家	2010 年	2011 年	2012 年	2013 年
不丹	35	36	36	37
中国	49	51	52	53
乌兹别克斯坦	36	36	36	36
伊拉克	69	69	69	69
伊朗	71	71	72	72
俄罗斯	74	74	74	74
印度	31	31	32	32
印度尼西亚	50	51	51	52
吉尔吉斯斯坦	35	35	35	35
哈萨克斯坦	54	54	53	53
土库曼斯坦	48	49	49	49
塔吉克斯坦	27	27	27	27
韩国	82	82	82	82
巴基斯坦	37	37	37	38
斯里兰卡	18	18	18	18
新加坡	100	100	100	100
日本	91	91	92	92
朝鲜	60	60	60	61
柬埔寨	20	20	20	20
泰国	44	45	47	48
缅甸	31	32	32	33
老挝	33	34	35	36
蒙古国	68	69	69	70
越南	30	31	32	32
阿富汗	25	25	25	26
马来西亚	71	72	73	73

注：城镇人口是指生活在国家统计机构所定义的城镇地区的人口。根据世界银行人口预测及联合国《世界城市化展望》所提供的城镇化比率计算得出。

资料来源：联合国《世界城市化前景》。

表 15 – 5 "一带一路" 亚洲相关国家铁路建设情况

单位：千米

国家	2010 年	2011 年	2012 年
中国	66239	66050	66298
乌兹别克斯坦	4227	4258	4192
伊拉克	2025	2138	2138
伊朗	6073	8368	8368
俄罗斯	85292	85167	84249
印度	63974	64460	64460
印度尼西亚		4684	4684
哈萨克斯坦	14202	14184	14319
土库曼斯坦	3115	3115	3115
塔吉克斯坦	621	621	621
韩国	3379	3637	3650
孟加拉国	2835	2835	2835
巴基斯坦	7791	7791	7791
日本	20035	20140	20140
智利	5352	5520	5529
马来西亚	1665	1987	2250

注：可用于提供铁路服务的铁路总长度，并行的铁路线亦计算在内。

资料来源：世界银行，运输、水、信息和通信技术部、交通部。

表 15 – 6 "一带一路" 亚洲相关国家年度铺设道路

占道路总量的比例

单位：%

国家	2010 年	2011 年
不丹	40. 4	34. 2
中国	60. 9	63. 7
伊朗	80. 6	74. 3
印度	53. 1	53. 8
印度尼西亚	57. 0	57. 0

续表

国家	2010 年	2011 年
哈萨克斯坦	89.5	88.7
韩国	79.8	80.4
斯里兰卡	14.9	
新加坡	100.0	100.0
缅甸	48.4	45.7
阿富汗	36.4	
马来西亚	80.4	80.9

注：铺设的道路是指表面铺有碾碎的石子（碎石）和碳氢结合物或沥青，并加有混凝土或圆石的道路（按长度衡量）。

资料来源：国际路联《世界道路统计》和电子文件。

表 15-7 "一带一路"亚洲相关国家外国直接投资净流入

单位：美元（现价）

国家	2010 年	2011 年	2012 年	2013 年
不丹	75274009	31141615	24380674	21076899
中国	272986562273	331591710742	295625587109	347848740397
乌兹别克斯坦	1628000000	1651000000	674000000	1077000000
伊拉克	1396200000	2082000000	3400000000	2852000000
伊朗	3648972410	4276718690	4661734400	3049945000
俄罗斯	43167769100	55083632500	50587554700	70653718709
印度	27396885034	36498654598	23995685014	28153031270
印度尼西亚	13770580771	19241252762	19618049398	18444000000
吉尔吉斯斯坦	437586100	693528000	292663900	757642400
哈萨克斯坦	7456117901	13760291529	13784782314	9738521652
土库曼斯坦	3631000000	3399000000	3117000000	3061000000
塔吉克斯坦	-15675300	67496200	198280200	107812500
韩国	9497400000	9773000000	9495900000	12220700000
孟加拉国	861736237	1184776059	1474542605	1501647072
尼泊尔	87799642	94022275	91996290	73630690
巴基斯坦	2018000000	1308770000	858730000	1307000000

国家	2010 年	2011 年	2012 年	2013 年
斯里兰卡	477559000	955920000	941116591	915570803
新加坡	55075864345	50367876463	61159602602	63772316791
日本	1082389234	79081205	2525407957	3715043055
朝鲜	37656667	56000000	120000000	227000000
柬埔寨	735199191	795460489	1440978035	1345044252
泰国	9103993910	3867529586	10691545420	12649747952
缅甸	901133535	1000557266	2242980000	2621000000
老挝	278805903	300743507	294375016	296000000
菲律宾	1070386940	2007150725	3215415155	3859792447
蒙古国	1691421732	4714590841	4451761799	2150897062
越南	8000000000	7430000000	8368000000	8900000000
阿富汗	75649209	91227567	94013759	69290000
马来西亚	10885613792	15119371105	9733616207	11582675744

注：外国直接投资是指投资者为获得在另一经济体中运作的企业的永久性管理权益（10%以上表决权）所做的投资的净流入。它是股权资本、收益再投资、其他长期资本以及国际收支平衡表中显示的短期资本之和。表中数据显示报告经济体来自外国投资者的净流入（新投资流入减去撤资）。

资料来源：国际货币基金组织，平衡国际收支数据库，并辅以由联合国贸易与发展会议和国家官方来源的数据。

表 15 – 8 "一带一路"亚洲相关国家偿还债务总量

占货物、服务和收入出口比例

单位：%

国家	2010 年	2011 年	2012 年
不丹	13.5	10.8	17.8
中国	3.4	3.5	3.3
印度	6.8	6.4	6.8
印度尼西亚	17.4	14.7	17.1
吉尔吉斯斯坦	22.0	11.9	10.9
哈萨克斯坦	58.5	34.5	23.5

续表

国家	2010 年	2011 年	2012 年
塔吉克斯坦	76.3	48.3	25.5
孟加拉国	4.7	5.5	5.4
尼泊尔	10.6	9.2	10.3
巴基斯坦	15.0	9.2	14.9
斯里兰卡	12.3	9.4	13.3
柬埔寨	1.2	1.2	1.5
泰国	4.7	3.9	4.1
缅甸	7.2	0.1	
老挝	13.2	11.5	8.2
菲律宾	19.4	15.3	8.0
蒙古国	5.0	2.0	4.5
马来西亚	5.5	3.9	3.5

注：债务还本付息总额为以外币、货物或服务形式实际支付的本金偿还额和利息额、短期债务的利息支付额以及 IMF 贷款的偿还额（回购和收费）。

资料来源：世界银行《全球发展金融》。

发展较好、发展前景向好、人口稠密、城市较多，城市之间的距离相对较近。东南亚各国的劣势是基础设施落后，而且已成为制约其发展的重大瓶颈，同时，东南亚各国既缺乏大规模开展基础设施建设的资金，又缺乏相应的技术能力。

相较东南亚地区，对亚洲其他区域的投资应该相对放缓。例如，东北亚地区局势不稳，政治风险较高；南亚经济发展落后且主要开展区域内合作；西亚人口稀少，城市也较少，缺少大规模基础设施建设的需求；中亚人口稀少、教派冲突较多，需求不足且政治风险较大。相比而言，东南亚是投资环境最好的区域。更重要的是，中国的竞争优势刚好与东南亚的发展劣势形成互补。

当然，投资东南亚也具有一定的风险，其中最主要的是政治风险。管理、化解政治风险是中国企业跨国投资首先应该考虑的问题。

从中国经济发展阶段和中国企业具备的能力看，扩大中国对外直接投资、积极引导中国企业"走出去"，让中国企业在全球范围内利用资源、配置产能、运用市场，对于解决中国经济发展过程面临的一些困难、提升企业竞争力，具有积极而重要的作用。"一带一路"倡议为此提供了广阔而有效的舞台。落实"一带一路"倡议，需要中国企业充分利用好国内、国际两种资源和两个市场，积极参与国际竞争，以进一步巩固、扩大自身的优势。

从现实情况看，中国企业"走出去"最理想的区域是东南亚。这一区域经济社会发展状况较好，人口密度大，基础设施需求较大，且与中国具有相近的文化环境。中国企业可以以东南亚为起点，通过"走出去"不断提升自己的竞争力，同时要特别关注政治风险，管理好政治风险。

改革开放近40年来，中国是全球化和国际贸易最大的受益者。当前，中国已经成为经济全球化最主要的推动者。中国正大力推进的"一带一路"倡议，是营造新的全球秩序的核心内容，其重点是"五通"：一是机制互通，和沿线国家实现经济运行机制的一体化，借以实现中国国内经济运行体制的转变；二是基础设施互通，帮助"一带一路"沿线国家实现基础设施建设水平的提升；三是贸易互通，实现与沿线国家的自由贸易，打破贸易保护主义；四是资金互通，实现金融合作；五是民心要通，加强教育、文化、旅游等方面的合作。"一带一路"秉持的理念是开放的区域主义，强调共享、共建、共商。"一带一路"构建了一种全新的经济政治格局，必将引发全球经济和政治格局的深刻变化。而中国在文化传统上的包容性，将是未来成为世界大国的精神基础，也是中国的优势所在。

"一带一路"的大幕刚刚拉开，且在不到四年时间里已经得到国际社会的广泛认可和积极参与。对我国而言，"一带一路"是一次重大创新。通过"一带一路"，我国的对外开放将不再仅依靠沿海地区向发达国家开放，而可以形成"多点开花"的全新局面；同时，通过"一带一路"倡议，中国可以在国际贸易、国际投资领域实现深度参与，有利于塑造合作共赢的国际经济新秩序，使中国借助更加合理的国际贸易投资新机制，充分发挥自身的优势，有效提高全球经济资源的配置能力，闯出一条新的适合中国扩展对外经济活动的路径。尽管道路必然崎岖，但光明的前途已经显现。"一带一路"不仅会为中国，也会为世界带来不可估量的深远影响。

参考文献

P. Aghion and J. Tirole. "Formal and real authority in organizations", *Journal of Political Economy*, Vol. 105 ,1997 ,pp. 1 – 29.

F. Allen, "Strategic management and financial markets", *Strategic management Journal*, Vol. 14 ,1993 ,pp. 11 – 22.

F. Allen , "Theoretical foundations of corporate finance. ", *Journal of Economics-Zeitschrift Fur Nationalokonomie*, Vol. 79 ,2003 ,pp. 212 – 214.

F. Allen , and E. Carletti. "Credit risk transfer and contagion", *Journal of Monetary Economics*, Vol. 53 ,2006 ,pp. 89 – 111.

F. , Allen ,E. Carletti and R. Marquez. "Credit market competition and capital regulation", *Review of Financial Studies*, Vol. 24 , 2011 , pp. 983 – 1018.

F. Allen , and D. Gale. *Financial innovation and risk sharing*, MIT press,1994.

F. Allen , and D. Gale. "Financial markets, intermediaries, and intertemporal smoothing", *Journal of Political Economy*, Vol. 105 ,1997 , pp. 523 – 546.

F. Allen , and D. Gale. "Diversity of opinion and financing of new technologies",*Journal of financial intermediation*, Vol. 8,1999,pp. 68 – 89.

F. Allen, and D. Gale. *Comparing financial systems*,MIT press,2000.

F. Allen, and J. Qian. "China's Financial System and the Law", *Cornell International Law Journal*, Vol. 47,2014,pp. 499 – 553.

F. Allen,J. Qian and M. Qian. "China's financial system: past, present,and future",*Present,and Future*（*March 28,2007*）,2007.

F. ,Allen, J. Qian and M. J. Qian. "Law, finance, and economic growth in China",*Journal of Financial Economics*, Vol. 77,2005,pp. 57 – 116.

M. Aoki, and S. Dinç. *Relational Financing as an Institution and its Viability under Competition*,Robert Schuman Centre-European University Institute,1997.

W. B. Arthur, "Competing technologies, increasing returns, and lock-in by historical events", *The Economic Journal*,1989,pp. 116 – 131.

J. ,V. K. Atanassov,Nanda and A. Seru. "Finance and innovation: The case of publicly traded firms",*Ross School of Business Paper*,2007.

D. B. , B. Audretsch, Bozeman, K. L. Combs, M. Feldman, A. N. Link, D. S. Siegel, P. Stephan, G. Tassey and C. Wessner. "The economics of science and technology", *The Journal of Technology Transfer*, Vol. 27,2002,pp. 155 – 203.

Aghion,Philippe,and Peter Howitt（1992）,"A Model of Growth through Creative Destruction. " Econometrica,60: 323 – 351.

P,Aghion Akcigit U,Howitt P.（2013）,"What Do We Learn From Schumpeterian Growth Theory?" *NBER Working paper w18824*.

Acemoglu, Daron, and Veronica Guerrieri（2008）, "Capital

Deepening and Non-Balanced Economic Growth. " *Journal of Political Economy* 116: 467 - 498.

Acemoglu, Daron (2009) Introduction to Modern Economic Growth, Princeton University Press, Princeton and Oxford.

A. F. Ades, and E. L. Glaeser. Evidence on growth, increasing returns and the extent of the market, National Bureau of Economic Research. 1994.

Z. K. An-lu and ZHANG. "An Econometric Analysis of the Relationships Among Urban Construction Land, Economic Development and Level of Urbanization", *China Population*, *Resources and Environment*, Vol. 1, 2011, p. 003.

K. J. Arrow, " The Economic-Implications Of Learning by Doing", *Review of Economic Studies*, Vol. 29, 1962, pp. 155 - 173.

C. Autant-Bernard, "Spatial Econometrics of Innovation: Recent Contributions and Research Perspectives", *Spatial Economic Analysis*, Vol. 7, 2012, pp. 403 - 419.

F. Allen, and E. Carletti. " Credit risk transfer and contagion ", *Journal of Monetary Economics*, Vol. 53, 2006, pp. 89 - 111.

F. , E. Allen, Carletti and R. Marquez. "Credit market competition and capital regulation", *Review of Financial Studies*, Vol. 24, 2011, pp. 983 - 1018.

F. Allen, and D. Gale. " Financial markets, intermediaries, and intertemporal smoothing", *Journal of Political Economy*, Vol. 105, 1997, pp. 523 - 546.

F. Allen, and D. Gale. Comparing financial systems, MIT press, 2000.

F. Allen, and J. Qian. "China's Financial System and the Law", *Cornell International Law Journal*, Vol. 47, 2014, pp. 499 – 553.

J. , V. K. Atanassov, Nanda and A. Seru. "Finance and innovation: The case of publicly traded firms", *Ross School of Business Paper*, 2007.

J. Baumol, William (1967) "Macroeconomics of Unbalanced Growth: The Anatomy of Urban Crisis." *American Economic Review* 57: 415 – 426.

Y. , R. J. G. M. Bao, Florax and J. Le Gallo. "Contributions to Spatial Econometrics", *International Regional Science Review*, Vol. 37, 2014, pp. 247 – 250.

T. J. Bartik, "Who benefits from state and local economic development policies?", *Books from Upjohn Press*, 1991.

M. , S. K. Berliant, Peng and P. Wang. "Production externalities and urban configuration", *Journal of Economic Theory*, Vol. 104, 2002, pp. 275 – 303.

L. Bertinelli, and D. Black. "Urbanization and growth", *Journal of Urban Economics*, Vol. 56, 2004, pp. 80 – 96.

D. Black, and V. Henderson. "A theory of urban growth", *Journal of Political Economy*, Vol. 107, 1999, pp. 252 – 284.

O. J. Blanchard, and S. Fischer. Lectures on macroeconomics, MIT press, 1989.

D. E. , D. Bloom, Canning and G. Fink. "Urbanization and the wealth of nations", *Science*, Vol. 319, 2008, pp. 772 – 775.

Y. W. Bradshaw, "Urbanization and underdevelopment: A global

study of modernization, urban bias, and economic dependency ",
American Sociological Review, 1987, pp. 224 – 239.

J. Buera, Francisco , and Joseph P. Kaboski (2012) , " The Rise of
the Service Economy. " *American Economic Review*, 102 (6) : 2540 – 69.

T. , A. Beck, Demirgüç – Kunt and R. Levine. " A new database
on the structure and development of the financial sector ", *The World
Bank Economic Review*, Vol. 14 , 2000, pp. 597 – 605.

T. , A. Beck, Demirguc-Kunt and R. Levine. " Law, endowments,
and finance", *Journal Of Financial Economics*, Vol. 70, 2003, pp. 137 – 181.

T. Beck, and R. Levine. *Legal institutions and financial development*,
Springer, 2008.

T. Beck, and R. Levine. " Stock markets, banks, and growth : Panel
evidence", *Journal of Banking & Finance*, Vol. 28, 2004, pp. 423 – 442.

T. Beck, and R. Levine. " Industry growth and capital allocation : :
does having a market-or bank-based system matter? ", *Journal of Financial
Economics*, Vol. 64, 2002, pp. 147 – 180.

T. , R. Beck, Levine and N. Loayza. " Finance and the sources of
growth", *Journal of Financial Economics*, Vol. 58, 2000, pp. 261 – 300.

V. R. Bencivenga, and B. D. Smith. " Financial intermediation and
endogenous growth ", *The Review of Economic Studies*, Vol. 58, 1991,
pp. 195 – 209.

S. V. , J. Berg, Duncan and P. Friedman. *Joint venture strategies and
corporate innovation*, Oelgeschlager, Gunn & Hain, 1982.

A. N. Berger, and D. B. Humphrey. " Efficiency of financial

institutions: International survey and directions for future research", *European journal of operational research*, Vol. 98, 1997, pp. 175 – 212.

A. N. Berger, and G. F. Udell. "Relationship lending and lines of credit in small firm finance", *Journal of business*, 1995, pp. 351 – 381.

A. N. Berger, and G. F. Udell. "The economics of small business finance: The roles of private equity and debt markets in the financial growth cycle", *Journal of Banking & Finance*, Vol. 22, 1998, pp. 613 – 673.

F. Black, "International capital market equilibrium with investment barriers", *Journal of Financial Economics*, Vol. 1, 1974, pp. 337 – 352.

Z. Bodie, "On the risk of stocks in the long run", *Financial Analysts Journal*, Vol. 51, 1995, pp. 18 – 22.

A. W. Boot, and A. V. Thakor. "Financial system architecture", *Review of Financial Studies*, Vol. 10, 1997, pp. 693 – 733.

J. R., G. Brown, Martinsson and B. C. Petersen. "Law, stock markets, and innovation", *The Journal of Finance*, Vol. 68, 2013, pp. 1517 – 1549.

J. R., G. Brown, Martinsson and B. C. Petersen. "Do financing constraints matter for R&D?", *European Economic Review*, Vol. 56, 2012, pp. 1512 – 1529.

B. J., M. E. Bushee, Carter and J. Gerakos. "Institutional investor preferences for corporate governance mechanisms", *Journal of Management Accounting Research*, Vol. 26, 2013, pp. 123 – 149.

T., A. Beck, Demirguc-Kunt and R. Levine. "Law, endowments,

and finance", *Journal of Financial Economics*, Vol. 70,2003, pp. 137 – 181.

T. Beck, and R. Levine. Legal institutions and financial development, Springer, 2008.

V. R. Bencivenga, and B. D. Smith. " Financial intermediation and endogenous growth ", *The Review of Economic Studies*, Vol. 58, 1991, pp. 195 – 209.

F. Black, "International capital market equilibrium with investment barriers", *Journal of Financial Economics*, Vol. 1,1974, pp. 337 – 352.

A. W. Boot, and A. V. Thakor. " Financial system architecture ", *Review of Financial Studies*, Vol. 10,1997, pp. 693 – 733.

M., W. Carpenter, Lazonick and M. O'Sullivan. " The stock market and innovative capability in the new economy: the optical networking industry ", *Industrial and Corporate Change*, Vol. 12, 2003, pp. 963 – 1034.

D. A., B. J. Carter, Simkins and W. G. Simpson. " Corporate governance, board diversity, and firm value ", *Financial Review*, Vol. 38, 2003, pp. 33 – 53.

R. Carter, and S. Manaster. "Initial public offerings and underwriter reputation ", *The Journal of Finance*, Vol. 45,1990, pp. 1045 – 1067.

C. M. Christensen, *The Innovator's Dilemma: When New Technologies Cause Great Firms to Fail*, Harvard Business Press, 1997.

M., A. Cihak, Demirgüç-Kunt, E. Feyen and R. Levine. "Benchmarking financial systems around the world ", *World Bank Policy Research Working Paper*, 2012.

R. A. Cole, "The importance of relationships to the availability of credit", *Journal of Banking & Finance*, Vol. 22, 1998, pp. 959 – 977.

G. A., S. Carlino, Chatterjee and R. M. Hunt. "Urban density and the rate of invention", *Journal of Urban Economics*, Vol. 61, 2007, pp. 389 – 419.

T. Champion, "Urbanization, suburbanization, counterurbanization and reurbanization", *Handbook of urban studies*, Vol. 160, 2001.

K. W. Chan, Cities with invisible walls: reinterpreting urbanization in post – 1949 China, Oxford University Press, 1994.

G. H. Chang, and J. C. Brada. "The paradox of China's growing under-urbanization", *Economic Systems*, Vol. 30, 2006, pp. 24 – 40.

S. Charlot, and G. Duranton. "Communication externalities in cities", *Journal of Urban Economics*, Vol. 56, 2004, pp. 581 – 613.

A. Chen, "Urbanization and disparities in China: challenges of growth and development", *China Economic Review*, Vol. 13, 2002, pp. 407 – 411.

P. Cheshire, and G. Carbonaro. "Urban economic growth in Europe: Testing theory and policy prescriptions", *Urban Studies*, Vol. 33, 1996, pp. 1111 – 1128.

C. Chun, "Research on healthy development of urbanization [J]", *Territory & Natural Resources Study*, Vol. 4, 2008, pp. 7 – 9.

A. Ciccone, and R. E. Hall. Productivity and the density of economic activity, National Bureau of Economic Research. 1993.

L. Corrado, and B. Fingleton. "Where Is the Economics In Spatial

Econometrics?", *Journal of Regional Science*, Vol. 52, 2012, pp. 210 – 239.

P. A. David, " Clio and the Economics of QWERTY ", *The American economic review*, 1985, pp. 332 – 337.

A. Demirgüç-Kunt, and R. Levine. *Financial structure and economic growth: A cross-country comparison of banks, markets, and development*, MIT press, 2004.

A. Demirgüç-Kunt, and R. Levine. " Finance, financial sector policies, and long-run growth", *World Bank Policy Research Working Paper Series, Vol*, 2008.

A. Demirgüç-Kunt, and V. Maksimovic. " Institutions, financial markets, and firm debt maturity", *Journal of financial economics*, Vol. 54, 1999, pp. 295 – 336.

A. , E. Demirguc-Kunt, Feyen and R. Levine. " The Evolving Importance of Banks and Securities Markets ", *World Bank Economic Review*, Vol. 27, 2013, pp. 476 – 490.

A. , L. Demirguc-Kunt, Laeven and R. Levine. *Regulations, market structure, institutions, and the cost of financial intermediation*, National Bureau of Economic Research. 2003.

A. Demirguc-Kunt, and R. Levine. " Stock markets, corporate finance, and economic growth: An overview ", *World Bank Economic Review*, Vol. 10, 1996, pp. 223 – 239.

A. Demirguc-Kunt, and R. Levine. 2001. Financial Structure and Economic Growth: Perspective andLessons. *Financial structure and economic growth: A cross-country comparison of banks, markets, and development.* 2001. pp. 3 – 14.

M. Dewatripont, and J. Tirole. "A theory of debt and equity: Diversity of securities and manager-shareholder congruence", *The Quarterly Journal of Economics*, 1994, pp. 1027 – 1054.

D. W. Diamond, "Presidential Address, Committing to Commit: Short-term Debt When Enforcement Is Costly", *The Journal of Finance*, Vol. 59, 2004, pp. 1447 – 1479.

D. W. Diamond, "Financial intermediation and delegated monitoring", *The Review of Economic Studies*, Vol. 51, 1984, pp. 393 – 414.

D. W. Diamond, "Monitoring and reputation: The choice between bank loans and directly placed debt", *Journal of political Economy*, 1991, pp. 689 – 721.

D. W. Diamond, "Debt maturity structure and liquidity risk", *The Quarterly Journal of Economics*, 1991, pp. 709 – 737.

D. W. Diamond, "Seniority and maturity of debt contracts", *Journal of Financial Economics*, Vol. 33, 1993, pp. 341 – 368.

D. W. Diamond, and P. H. Dybvig. "Bank runs, deposit insurance, and liquidity", *The journal of political economy*, 1983, pp. 401 – 419.

D. W. Diamond, and R. G. Rajan. *Liquidity risk, liquidity creation and financial fragility: A theory of banking*, National bureau of economic research. 1999.

D. W. Diamond, and R. E. Verrecchia. "Disclosure, liquidity, and the cost of capital", *The journal of Finance*, Vol. 46, 1991, pp. 1325 – 1359.

P. G. M. Dickson, *The Financial Revolution in England: a study in the development of public credit*, 1688 – 1756, Macmillan, 1967.

G. Dosi, "Technological paradigms and technological trajectories: a suggested interpretation of the determinants and directions of technical change", *Research policy*, Vol. 11, 1982, pp. 147 – 162.

A. Demirgüç-Kunt, and R. Levine. Financial structure and economic growth: A cross-country comparison of banks, markets, and development, MIT press, 2004.

A. , E. Demirguc-Kunt, Feyen and R. Levine. "The Evolving Importance of Banks and Securities Markets", World Bank Economic Review, Vol. 27, 2013, pp. 476 – 490.

A. Demirguc-Kunt, and R. Levine. 2001. Financial Structure and Economic Growth: Perspective and Lessons. Financial structure and economic growth: A cross-country comparison of banks, markets, and development. 2001. pp. 3 – 14.

D. W. Diamond, "Monitoring and reputation: The choice between bank loans and directly placed debt", Journal of political Economy, 1991, pp. 689 – 721.

D. W. Diamond, and R. E. Verrecchia. "Disclosure, liquidity, and the cost of capital", The journal ofFinance, Vol. 46, 1991, pp. 1325 – 1359.

M. N. Danielson, and R. Keles. "The politics of rapid urbanization: government and growth in modern Turkey", 1985.

J. C. Davis, and J. V. Henderson. "Evidence on the political economy of the urbanization process", *Journal of Urban Economics*, Vol. 53, 2003, pp. 98 – 125.

K. Davis, "The urbanization of the human population", *The City Reader*, 2011, pp. 2 – 11.

M. Dear, and A. J. Scott. "Urbanization and urban planning in capitalist society", 1981.

J. Eaton, and Z. Eckstein. "Cities and growth: Theory and evidence from France and Japan", *Regional science and urban Economics*, Vol. 27, 1997, pp. 443 – 474.

R. Elsas, and J. P. Krahnen. "Is relationship lending special? Evidence from credit-file data in Germany", *Journal of Banking & Finance*, Vol. 22, 1998, pp. 1283 – 1316.

E. F. Fama, "Efficient capital markets: A review of theory and empirical work *", *The journal of Finance*, Vol. 25, 1970, pp. 383 – 417.

E. F. Fama, "What's different about banks?", *Journal of monetary economics*, Vol. 15, 1985, pp. 29 – 39.

J. R. Faria, and A. Mollick. "Urbanization, economic growth, and welfare", Economics Letters, Vol. 52, 1996, pp. 109 – 115.

M. Fay, and C. Opal. Urbanization without growth: A not so uncommon phenomenon, World Bank Publications, 2000.

M. Fujita, and J. F. Thisse. "Does geographical agglomeration foster economic growth? And who gains and loses from it?", *Japanese Economic Review*, Vol. 54, 2003, pp. 121 – 145.

J. GASPAR, " Urbanization: growth, problems and policies ", Southern Europe transformed, Harper & Row, London, 1984, pp. 208 – 235.

S. P. , P. Geddes, Geddes, S. Biologist, P. Geddes, S. Biologiste and G. B. Urbaniste. Cities in evolution: an introduction to the town planning movement and to the study of civics, Williams & Norgate London, 1915.

A. Gilbert, and J. Gugler. " Cities poverty and development: Urbanization in the third world", 1982.

E. L. Glaeser, " The new economics of urban and regional growth", The Oxford handbook of economic geography, 2000, pp. 83 – 98.

E. L. Glaeser, and M. E. Kahn. " Sprawl and urban growth ", Handbook of regional and urban economics, Vol. 4, 2004, pp. 2481 – 2527.

E. L. , H. D. Glaeser, Kallal, J. A. Scheinkman and A. Shleifer. Growth in cities, National Bureau of Economic Research. 1991.

J. Gottmann, "Megalopolis or the Urbanization of the Northeastern Seaboard", Economic geography, 1957, pp. 189 – 200.

U. Grasjo, " Spatial econometrics: Methods and applications ", Papers In Regional Science, Vol. 90, 2011, pp. 886 – 888.

J. W. , C. G. Gregg, Jones and T. E. Dawson. "Urbanization effects on tree growth in the vicinity of New York City", Nature, Vol. 424, 2003, pp. 183 – 187.

M. Grossman, Gene, and Elhanan Helpman (1991a), "Quality Ladders in the Theory of Growth." Review of Economic Studies 68: 43 – 61.

M. Grossman, Gene, and Elhanan Helpman (1991b), Innovation and Growth in the Global Economy. Cambridge, Mass.: MIT Press.

M. Grossman, Gene, Pablo Fajgelbaum and Elhanan Helpman (2011), "Income Distribution, Product Quality, and International Trade", *Journal of Political Economy*, 119(4):721 – 765.

S. Girma, and A. Shortland. "The political economy of financial development", *Oxford Economic Papers*, Vol. 60, 2008, pp. 567 – 596.

S. Girma, and A. Shortland. "The political economy of financial liberalisation", 2005.

R. W. Goldsmith, *Financial structure and development*, New Haven: Yale University Press, 1969.

M. Granovetter, "Economic institutions as social constructions: a framework for analysis", *Acta sociologica*, Vol. 35, 1992, pp. 3 – 11.

M. Granovetter, "Economic action and social structure: the problem of embeddedness", *American journal of sociology*, 1985, pp. 481 – 510.

J. Greenwood, and B. Jovanovic. *Financial development, growth, and the distribution of income*, National Bureau of Economic Research. 1989.

J. Greenwood, and B. D. Smith. "Financial markets in

development, and the development of financial markets", *Journal of Economic Dynamics and Control*, Vol. 21, 1997, pp. 145 – 181.

A. Greif, "Cultural beliefs and the organization of society: A historical and theoretical reflection on collectivist and individualist societies", *Journal of political economy*, 1994, pp. 912 – 950.

A. Greif, Contracting, enforcement and efficiency: Economics beyond the law. in Proceedings of the World Bank Annual Conference on Development Economics. Citeseer: 1997.

A. Greif, "Historical and comparative institutional analysis", *American Economic Review*, 1998, pp. 80 – 84.

A. Greif, *Genoa and the Maghribi Traders: Historical and Comparative Institutional Analysis*. Cambridge: Cambridge University Press, 1998: P. 82.

S. Grossman, "On the efficiency of competitive stock markets where trades have diverse information", *The Journal of finance*, Vol. 31, 1976, pp. 573 – 585.

S. J. Grossman, and J. E. Stiglitz. "On the impossibility of informationally efficient markets", *The American economic review*, 1980, pp. 393 – 408.

J. G. , E. S. Gurley, Shaw and A. C. Enthoven. *Money in a Theory of Finance*, Washington, DC: Brookings Institution, 1960.

S. Girma, and A. Shortland. "The political economy of financial development", Oxford Economic Papers, Vol. 60, 2008, pp. 567 – 596.

S. Girma, and A. Shortland. "The political economy of financial liberalisation", 2005.

J. Greenwood, and B. D. Smith. "Financial markets in development, and the development of financial markets", Journal of Economic Dynamics and Control, Vol. 21, 1997, pp. 145 – 181.

A. Greif, "Cultural beliefs and the organization of society: A historical and theoretical reflection on collectivist and individualist societies", Journal of political economy, 1994, pp. 912 – 950.

A. Greif, Contracting, enforcement and efficiency: Economics beyond the law. in Proceedings of the World Bank Annual Conference on Development Economics. Citeseer; 1997.

A. Greif, "Historical and comparative institutional analysis", American Economic Review, 1998, pp. 80 – 84.

J. R. Hicks, "A theory of economic history", *OUP Catalogue*, 1969.

P. -H. , X. Hsu, Tian and Y. Xu. "Financial development and innovation: Cross-country evidence", *Journal of Financial Economics*, Vol. 112, 2014, pp. 116 – 135.

B. Harrison, Urban economic development: suburbanization, minority opportunity, and the condition of the central city, Urban Institute, 1974.

D. Harvey, The urbanization of capital: studies in the history and theory of capitalist urbanization, Johns Hopkins University Press Baltimore, 1985.

J. V. Henderson, "Urbanization, Economic Geography and

Growth", Handbook of Economic Geography, 2003.

J. V. Henderson, " Urbanization and growth ", Handbook of economic growth, Vol. 1, 2005, pp. 1543 – 1591.

J. V. Henderson, and H. G. Wang. "Urbanization and city growth: The role of institutions ", Regional Science and Urban Economics, Vol. 37, 2007, pp. 283 – 313.

V. Henderson, "The urbanization process and economic growth: The so-what question ", Journal of Economic Growth, Vol. 8, 2003, pp. 47 – 71.

B. F. Hoselitz, " Urbanization and economic growth in Asia ", Economic Development and Cultural Change, Vol. 6, 1957, pp. 42 – 54.

P. -H. , X. Hsu, Tian and Y. Xu. " Financial development and innovation: Cross-country evidence ", Journal of Financial Economics, Vol. 112, 2014, pp. 116 – 135.

M. C. Jensen, "Agency cost of free cash flow, corporate finance, and takeovers ", *Corporate Finance, and Takeovers. American Economic Review*, Vol. 76, 1986.

M. C. Jensen, and W. H. Meckling. *Theory of the firm: Managerial behavior, agency costs, and ownership structure*, Springer, 1979.

M. C. Jensen, and R. S. Ruback. " The market for corporate control: The scientific evidence ", *Journal of Financial economics*, Vol. 11, 1983, pp. 5 – 50.

S. , J. Johnson, McMillan and C. Woodruff. *Property rights and finance*, National Bureau of Economic Research. 2002.

D. W. Jorgenson, " The development of a dual economy", The Economic Journal, 1961, pp. 309 – 334.

M. I. Kamien, and N. L. Schwartz. " Market Structure And Innovation-Survey", *Journal of Economic Literature*, Vol. 13, 1975, pp. 1 – 37.

M. I. Kamien, and N. L. Schwartz. " Timing of Innovations under Rivalry", *Econometrica*, Vol. 40, 1972, pp. 43 – 60.

M. I. Kamien, and N. L. Schwartz. " Some Economic Consequences Of Anticipating Technical Advance", *Western Economic Journal*, Vol. 10, 1972, pp. 123 – 138.

M. I. Kamien, and N. L. Schwartz. " Risky R And D with Rivalry", *Annals of Economic And Social Measurement*, Vol. 3, 1974, pp. 267 – 277.

C. P. Kindleberger, "Financial institutions and economic development: A comparison of Great Britain and France in the eighteenth and nineteenth centuries", *Explorations in Economic History*, Vol. 21, 1984, pp. 103 – 124.

R. G. King, and R. Levine. " Finance And Growth-Schumpeter Might Be Right", *Quarterly Journal of Economics*, Vol. 108, 1993, pp. 717 – 737.

R. G. King, and R. Levine. " Finance, Entrepreneurship, And Growth-Theory And Evidence", *Journal of Monetary Economics*, Vol. 32, 1993, pp. 513 – 542.

Kongsamut, Piyabha, Sergio Rebelo, and Danyang Xie (2001), "Beyond Balanced Growth." Review of Economic Studies 48: 869 – 882.

Koren, Miklós, and Silvana Tenreyro (2013), "Technological Diversification." American Economic Review, 103(1): 378 – 414.

Kuznets, Simon (1966), Modern Economic Growth. New Haven, Conn. : Yale University Press.

M. A. Kawsar, "Urbanization, Economic Development and Inequality", *Bangladesh Res. Pub. J*, Vol. 6, 2012, pp. 440 – 448.

R. J. Kirkby, "Urbanization in China: town and country in a developing economy 1949 – 2000 AD", 1985.

A. L. Krause, and C. Bitter. "Spatial econometrics, land values and sustainability: Trends in real estate valuation research", Cities, Vol. 29, 2012, pp. S19 – S25.

P. Krugman, "Confronting the mystery of urban hierarchy", *Journal of the Japanese and Internationaleconomies*, Vol. 10, 1996, pp. 399 – 418.

S. Kunrong, and J. Rui. "How Does Urbanization Affect Economic Growth in China [J]", Statistical Research, Vol. 6, 2007, p. 002.

R., F. La Porta, Lopez-de-Silanes, A. Shleifer and R. Vishny. "Investor protection and corporate governance", *Journal of financial economics*, Vol. 58, 2000, pp. 3 – 27.

R., F. La Porta, Lopez-de-Silanes, A. Shleifer and R. W. Vishny. "Legal determinants of external finance", *Journal of finance*, 1997, pp. 1131 –

1150.

W. Lazonick, " The US stock market and the governance of innovative enterprise ", *Industrial and Corporate Change*, Vol. 16, 2007, pp. 983 – 1035.

W. Lazonick, and M. O'sullivan. "Maximizing shareholder value: a new ideology for corporate governance", *Economy and society*, Vol. 29, 2000, pp. 13 – 35.

P. M. Lee, and H. M. O'neill. " Ownership structures and R&D investments of US and Japanese firms: Agency and stewardship perspectives", *Academy of Management Journal*, Vol. 46, 2003, pp. 212 – 225.

H. E. Leland, and D. H. Pyle. " Informational Asymmetries, Financial Structure, and Financial Intermediation ", THE JOURNAL OF FINANCE, Vol. 32, 1977.

R. Levine, "Financial development and economic growth: Views and agenda", *Journal of Economic Literature*, Vol. 35, 1997, pp. 688 – 726.

R. Levine, " Law, finance, and economic growth ", *Journal of Financial Intermediation*, Vol. 8, 1999, pp. 8 – 35.

R. Levine, and S. Zervos. " Stock market development and long-run growth ", *The World Bank Economic Review*, Vol. 10, 1996, pp. 323 – 339.

R. Lucas, " On the mechanics of economic development ". *Journal of Monetary Economics*, 1988, 22 (1): 3 – 42.

R. Lucas, " On the mechanics of economic development ",

ECONOMETRIC SOCIETY MONOGRAPHS, Vol. 29,1998,pp. 61 – 70.

J. G. Lambooy, "Knowledge and urban economic development: an evolutionary perspective", Urban Studies, Vol. 39, 2002, pp. 1019 – 1035.

J. -c. LI, and K. -m. CHENG. " An Analysis of Dynamic Econometric Relationship between Urbanization and Economic Growth in China [J]", Journal of Finance and Economics, Vol. 9,2006, pp. 19 – 30.

S. -h. LIU, " CAUSAL ANALYSIS ON THE REGIONAL DISPARITIES OF URBANIZATION IN CHINA", Resources and Environment in the Yangtze Basin, Vol. 6,2004, pp. 530 – 535.

M. Lu, and Z. Chen. " Urbanization, Urban-Biased Economic Policies and Urban-Rural Inequality", *Economic Research Journal*, Vol. 6, 2004.

R. , F. La Porta, Lopez-de-Silanes, A. Shleifer and R. Vishny. " Investor protection and corporate governance ", *Journal of financial economics*, Vol. 58,2000, pp. 3 – 27.

R. , F. La Porta, Lopez-de-Silanes, A. Shleifer and R. W. Vishny. " Legal determinants of external finance ", *Journal of finance*, 1997, pp. 1131 – 1150.

R. Levine, "Financial development and economic growth: Views and agenda", *Journal of Economic Literature*, Vol. 35,1997, pp. 688 – 726.

R. Levine, " Law, finance, and economic growth ", *Journal of*

Financial Intermediation, Vol. 8, 1999, pp. 8 – 35.

H. M. Markowitz, *Portfolio selection: efficient diversification of investments*, Yale university press, 1968.

G. Martinsson, " Equity financing and innovation: Is Europe different from the United States?", *Journal of Banking & Finance*, Vol. 34, 2010, pp. 1215 – 1224.

A. Maddison, Economic progress and policy in developing countries, Routledge, 2013.

L. M. McCarthy, and P. L. Knox. Urbanization: An introduction to urban geography, Pearson Prentice Hall, 2005.

M. L. McKinney, " Urbanization, Biodiversity, and Conservation The impacts of urbanization on native species are poorly studied, but educating a highly urbanized human population about these impacts can greatly improve species conservation in all ecosystems ", *BioScience*, Vol. 52, 2002, pp. 883 – 890.

D. P. McMillen, " Perspectives on Spatial Econometrics: Linear Smoothing with Structured Models", *Journal of Regional Science*, Vol. 52, 2012, pp. 192 – 209.

R. L. Moomaw, and A. M. Shatter. " Urbanization and economic development: a bias toward large cities?", *Journal of Urban Economics*, Vol. 40, 1996, pp. 13 – 37.

R. I. McKinnon, *Money and capital in economic development*, Brookings Institution Press, 1973.

J. McMillan, and C. Woodruff. 2003. The central role of entrepreneurs in transition economies. *Pathways Out of Poverty*. Springer; 2003. pp. 105 – 121.

R. C. Merton, and Z. Bodie. " A Conceptual Framework for Analyzing the Financial System", *The global financial system: A functional perspective*, 1995, pp. 3 – 31.

R. C. Merton, and Z. Bodie. *The design of financial systems: towards a synthesis of function and structure*, National Bureau of Economic Research. 2004.

M. Miozzo, and P. Dewick. " Building competitive advantage: innovation and corporate governance in European construction ", *Research policy*, Vol. 31, 2002, pp. 989 – 1008.

J. A. Mirrlees, " The optimal structure of incentives and authority within an organization", *The Bell Journal of Economics*, 1976, pp. 105 – 131.

J. A. Mirrlees, " The theory of moral hazard and unobservable behaviour: Part I", *The Review of Economic Studies*, Vol. 66, 1999, pp. 3 – 21.

C. Monnet, and E. Quintin. "Why do financial systems differ? History matters", *Journal of Monetary Economics*, Vol. 54, 2007, pp. 1002 – 1017.

R. , M. Morck, Nakamura and A. Shivdasani. " Banks, Ownership Structure, and Firm Value in Japan * ", *The Journal of Business*, Vol. 73, 2000, pp. 539 – 567.

Mokyr, Joel (1990), The Lever of Riches: Technological Creativity and Economic Progress. New York: Oxford University

Press.

G. Martinsson, "Equity financing and innovation: Is Europe different from the United States?", *Journal of Banking & Finance*, Vol. 34, 2010, pp. 1215 – 1224.

R. M. Northam, Urban geography, John Wiley & Sons, 1979.

D. C. North, "Institutions, ideology, and economic performance", *Cato J.*, Vol. 11, 1991, p. 477.

D. C. North, and B. R. Weingast. "Constitutions and commitment: the evolution of institutions governing public choice in seventeenth-century England", *The journal of economic history*, Vol. 49, 1989, pp. 803 – 832.

M. O'Sullivan, "The innovative enterprise and corporate governance", *Cambridge Journal of Economics*, Vol. 24, 2000, pp. 393 – 416.

M. O'Sullivan, "Contests for corporate control: Corporate governance and economic performance in the United States and Germany", *OUP Catalogue*, 2001.

M. O'Sullivan, 2006. Finance and innovation. *The Oxford handbook of innovation.* Oxford University Press: Oxford, U. K., 2006. pp. 240 – 265.

M. O'Sullivan, 2006. Finance and innovation. The Oxford handbook of innovation. Oxford University Press: Oxford, U. K.; 2006. pp. 240 – 265.

A., S. Otsu, Araki, R. Sakai, K. Yokoyama and A. S. Voorhees. "Effects of urbanization, economic development, and migration of workers on suicide mortality in Japan", *Social Science & Medicine*, Vol. 58, 2004, pp. 1137 – 1146.

X. -j., F. OU, ZHEN, Y. -d. QIN, L. -z. ZHU and H. Wu. "Study on compression level and ideal impetus of regional urbanization: The case of Jiangsu Province [J]", *Geographical Research*, Vol. 5, 2008, p. 005.

H. T. Patrick, "Financial development and economic growth in underdeveloped countries", *Economic development and Cultural change*, 1966, pp. 174 – 189.

M. A. Petersen, and R. G. Rajan. "The benefits of lending relationships: Evidence from small business data", *The journal of finance*, Vol. 49, 1994, pp. 3 – 37.

M. A. Petersen, and R. G. Rajan. "The effect of credit market competition on lending relationships", *The Quarterly Journal of Economics*, 1995, pp. 407 – 443.

M. E. Porter, *Competition in global industries*, Harvard Business Press, 1986.

M. E. Porter, "Capital choices: Changing the way America invests in industry", *Journal of Applied Corporate Finance*, Vol. 5, 1992, pp. 4 – 16.

M. E. Porter, and M. Sakakibara. "Competition in Japan", *Journal of Economic Perspectives*, 2004, pp. 27 – 50.

A. Pred, Urban growth and the circulation of information: the United States system of cities, 1790 – 1840, Harvard Univ Pr, 1973.

J. Qian, and P. E. Strahan. "How laws and institutions shape financial contracts: The case of bank loans", *The Journal of Finance*, Vol. 62, 2007, pp. 2803 – 2834.

R. G. Rajan, and L. Zingales. *The firm as a dedicated hierarchy: a theory of the origin and growth of firms*, National bureau of economic research. 2000.

R. G. Rajan, and L. Zingales. *The influence of the financial revolution on the nature of firms*, National Bureau of Economic Research. 2001.

R. G. Rajan, and L. Zingales. "The great reversals: the politics of financial development in the twentieth century", *Journal of financial economics*, Vol. 69, 2003, pp. 5 – 50.

R. G. Rajan, and L. Zingales. "Banks and markets: The changing character of European finance", 2003.

R. G. Rajan, and L. Zingales. *Saving capitalism from the capitalists: Unleashing the power of financial markets to create wealth and spread opportunity*, Princeton University Press, 2004.

M. J. Roe, "Strong managers, weak owners", *The Political Roots of American Corporate Finance. Princeton*, 1994.

M. J. Roe, *Strong managers, weak owners: The political roots of American corporate finance*, Princeton University Press, 1996.

M. J. Roe, "Juries and the political economy of legal origin", *Journal of Comparative Economics*, Vol. 35, 2007, pp. 294 – 308.

P. M. Romer, "Increasing returns and long-run growth", *The journal of political economy*, 1986, pp. 1002 – 1037.

M. Romer, Paul (1986) , " Increasing Returns and Long-Run Growth. " *Journal of Political Economy* 94 : 1002 – 1037.

M. Romer, Paul (1987) , " Growth Based on Increasing Returns Due to Specialization. " American Economic Review 77 : 56 – 62.

M. Romer, Paul (1990) , " Endogenous Technological Change. " Journal of Political Economy 98 (partI) : S71 – S102.

B. Renaud, " National urbanization policy in developing countries" , 1981.

D. A. Rondinelli, " Secondary cities in developing countries : Policies for diffusing urbanization" , 1983.

D. A. Rondinelli, and K. Ruddle. " Urbanization and rural development : A spatial policy for equitable growth" , 1978.

A. Schumpeter, Joseph, 1912, Theorie der wirtschaftlichen Entwicklung (Dunker and Humboldt, Leipzig) ; translated by Redvers Opie, *The Theory of Economic Development* (Harvard University Press, Cambridge, MA) , 1934.

E. S. Shaw, *Financial deepening in economic development*, New York : Oxford University Press, 1973.

G. , G. Silverberg, Dosi and L. Orsenigo. " Innovation, diversity and diffusion : a self-organisation model" , *The Economic Journal*, 1988, pp. 1032 – 1054.

J. E. Stiglitz, and A. Weiss. " Credit rationing in markets with imperfect information " , *The American economic review*, 1981, pp. 393 – 410.

S. Tadesse, "Financial architecture and economic performance: international evidence", *Journal of financial intermediation*, Vol. 11, 2002, pp. 429 – 454.

G. Tassey, "The functions of technology infrastructure in a competitive economy", *Research Policy*, Vol. 20, 1991, pp. 345 – 361.

G. Tassey, "Technology infrastructure and competitive position", 1992.

G. Tassey, "The economic impacts of inadequate infrastructure for software testing", *National Institute of Standards and Technology*, *RTI Project*, Vol. 7007, 2002.

A. V. Thakor, "The design of financial systems: An overview", *Journal of Banking & Finance*, Vol. 20, 1996, pp. 917 – 948.

P. Thomond, and F. Lettice. 2002. Disruptive innovation explored. Cranfield University, Cranfield, England. Presented at: 9th IPSE International Conference on Concurrent Engineering: Research and Applications (CE2002). 2002.

P., T. Thomond, Herzberg and F. Lettice. 2003. Disruptive innovation: Removing the innovators dilemma. British Academy of Management Annual Conference: 'Knowledge into Practice. 2003.

P. Thomond, and F. Lettice. 2002. Disruptive innovation explored. Cranfield University, Cranfield, England. Presented at: 9th IPSE International Conference on Concurrent Engineering: Research and Applications (CE2002). 2002.

E. -L. Von Thadden, "Long-term contracts, short-term investment and monitoring", *The Review of Economic Studies*, Vol. 62, 1995, pp. 557 – 575.

J. Zysman, *Governments, markets, and growth: financial systems and the politics of industrial change*, Cornell University Press, 1984.

John Johansen, and F. Wiedersheim-paul, "The Internationalization of the Firm: Four Swedish Cases Studies", Journal of Management Studies, Vol. 12, No. 3, 1975; and John Johansen and Jan Erik Vahlne, "The Internationalization of the Firm: A Model of Knowledge Development and Increasing Foreign Market Commitments", *Journal of International Business Studies*, Vol. 8, No. 1, 1977.

Peter J. Buckley and Mark Casson, The Future of the Multinational Enterprise, London: McMillan, 1976; and John H. Duning, "Trade Location of Economic Activity and the MNE: A Search for an Eclectic Approach", in The International Allocation of Economic Activity, Bertil Ohlin Per Magnus Wijkman, eds., New York: Holmes and Meier 1977, pp. 395 – 418.

〔英〕安格斯·麦迪森:《世界经济千年史》,伍晓鹰、施发启等译,北京大学出版社,2003。

〔英〕安格斯·麦迪森:《中国经济的长期表现》,伍晓鹰、马德斌译,上海人民出版社,2008。

〔英〕M. M. 波斯坦、H. J. 哈巴库克:《剑桥欧洲经济史》,经济科学出版社,2002。

〔美〕道格拉斯·诺斯、罗伯特·托马斯（Robert Paul Thomas）：《西方世界的兴起》，厉以平、蔡磊译，华夏出版社，2008.

〔英〕斯坦利·L. 恩格尔曼、罗伯特·E. 高尔曼：《剑桥美国经济史》，人民大学出版社，2008。

〔英〕克拉潘：《现代英国经济史》，姚曾廙译，商务印书馆，1977。

〔英〕卡萝塔·佩蕾丝：《技术革命与金融资本》，田方萌、胡叶青、刘然、王黎明译，人民大学出版社，2007。

〔美〕乔纳森·休斯、路易斯·P. 凯恩：《美国经济史》，邸晓燕、邢露译，北京大学出版社，2011。

〔美〕杰里米·阿塔克、彼得·帕塞尔：《新美国经济史》，罗涛等译，中国社会科学出版社，2000。

〔美〕弗雷德里克·L. 艾伦：《美国崛起三部曲》，高国伟译，京华出版社，2011。

〔美〕保罗·肯尼迪：《大国的兴衰》，陈景彪等译，国际文化出版公司，2006。

〔德〕乌尔里希·森德勒主编《工业 4.0：即将来袭的第四次工业革命》，邓敏、李现民译，机械工业出版社，2014。

〔美〕富兰克林·艾伦：《比较金融系统》，王晋斌等译，中国人民大学出版社，2002。

〔美〕米什金：《货币金融学 第 4 版》，李扬等译，中国人民大学出版社，1998。

〔美〕约瑟夫·阿洛伊斯·熊彼特：《经济发展理论》，叶华译，九州出版社，2007。

〔美〕埃斯里·德米尔古克－肯特、罗斯·莱文:《金融结构和经济增长 银行、市场和发展的跨国比较》,黄纯纯译,中国人民大学出版社,2006。

〔日〕浜野洁、井奥成彦、中村宗悦、岸田真、永江雅和、牛岛利明:《日本经济史》,彭曦、刘姝含、韩秋燕、唐帅译,南京大学出版社,2010。

〔苏〕B. T. 琼图洛夫等:《苏联经济史》,郑彪等译,吉林大学出版社,1988。

〔日〕青木昌彦、奥野正宽编著《经济体制的比较制度分析》,魏加宁等译,中国发展出版社,2005。

〔日〕青木昌彦、钱颖一主编《转轨经济中的公司治理结构 内部人控制和银行的作用》,中国经济出版社,1995。

〔美〕H. 钱纳里等:《工业化和经济增长的比较研究》,吴奇等译,上海人民出版社,1995。

〔德〕沃尔德·克里斯塔勒:《德国南部中心地理原理》,常正文译,商务印书馆,1998。

〔美〕沃纳·赫希:《城市经济学》,刘世庆译,中国社会科学出版社,1990,第22页。

〔日〕山鹿城次:《城市地理学》,朱德泽译,湖北教育出版社,1986,第106页。

〔英〕凯恩斯:《就业、利息和货币通论》,徐毓丹译,中文版第2版,商务印书馆,1996。

〔美〕A. 霍拉萨尼杨等:《科技进步与城市发展》,申议等译,中国城市规划设计研究情报所,第1页。

〔美〕埃比尼泽·霍华德：《明日的田园城市》，金经元译，商务印书馆，2000。

〔美〕J. O. 赫茨勒：《世界人口的危机》，何新译，商务印书馆，1963，第52页。

〔美〕R. E. 帕克等：《城市社会学》，宋俊岭等译，华夏出版社，1987，第2页。

〔美〕罗伯塔·卡佩罗、罗伯塔·卡马格尼：《从"最佳规模"到"有效规模"》，朱玮、王德译，《城市规划》2003年第3期，第91～96页。

〔美〕阿瑟·奥莎利文：《城市经济学》（第4版），苏晓燕等译，中信出版社，2003，第6～11页。

〔美〕阿瑟·奥莎利文：《城市经济学》（第4版），周京奎译，中信出版社，2008。

〔美〕埃斯里·德米尔古克-肯特、罗斯·莱文：《金融结构和经济增长 银行、市场和发展的跨国比较》，黄纯纯译，中国人民大学出版社，2006。

〔美〕富兰克林·艾伦：《比较金融系统》，王晋斌等译，中国人民大学出版社，2002。

〔美〕约瑟夫·阿洛伊斯·熊彼特：《经济发展理论》，叶华译，九州出版社，2007。

〔美〕杰弗里·萨克斯、费利普·拉雷恩：《全球视角的宏观经济学》，费方域译，上海人民出版社2003年，第81页。

〔日〕青木昌彦、奥野正宽编著《经济体制的比较制度分析》，魏加宁等译，中国发展出版社，2005。

〔日〕青木昌彦、钱颖一主编《转轨经济中的公司治理结构 内部人控制和银行的作用》，中国经济出版社，1995。

〔日〕藤田昌久、雅克－弗朗科斯－蒂斯：《集聚经济学》，刘峰等译，西南财经大学出版社，2004 年版，第 500 页。

〔日〕藤田昌久等：《空间经济学——城市、区域与国际贸易》，梁琦译，中国人民大学出版社，2005。

〔美〕麦克莱伦第三、多恩：《世界科学技术通史》，王鸣阳译，上海科技教育出版社，2007。

〔美〕约翰·克拉克、迈克尔·阿拉比：《世界科学史》，张海译，黑龙江科学技术出版社，2009。

胡显章、曾国屏：《科学技术概论》，高等教育出版社，1998。

刘二中：《技术发明史》，中国科学技术大学出版社，2006。

王鸿生：《世界科学技术史》，中国人民大学出版社，1996。

陈吉明：《科学技术简史》，西南交通大学出版社，2013。

曾青春、刘科：《中国城市化与经济增长的省际差异分析》，《城市问题》2006 年第 8 期。

高德步、王珏著《世界经济史》，中国人民大学出版社，2005。

周尚文、叶宗书、王斯德：《苏联兴亡史》，上海人民出版社，2002。

白钦先、高霞：《日本产业结构变迁与金融支持政策分析》，《现代日本经济》2015 年第 2 期，第 1～11 页。

白钦先、赫国胜、张荔：《赶超型国家金融体制变迁研究》，中国金融出版社，2007。

白钦先、刘刚、郭翠荣编著《各国金融体制比较》，中国金融出版社,2008。

白钦先:《金融结构、金融功能演进与金融发展理论的研究历程》,《经济评论》2005 年第 3 期,第 39 ~ 45 页。

毕克新、高岩:《美日公司治理模式对技术创新的影响及对我国的启示》,《科技进步与对策》2008 年第 6 期,第 185 ~ 189 页。

蔡则祥:《金融结构优化论》,中国社会科学出版社,2006。

陈傲、柳卸林:《突破性技术从何而来?——一个文献评述》,《科学学研究》2011 年第 9 期,第 1281 ~ 1290 页。

陈承、朱新华:《论中国金融结构对金融资源配置的负面影响》,《特区经济》2007 年第 9 期,第 63 ~ 65 页。

陈继祥编《颠覆性创新与企业竞争优势研究》,上海交通大学出版社,2012。

陈劲、郑刚编著《创新管理 赢得持续竞争优势》,北京大学出版社,2013。

陈隆、张宗益、杨雪松:《上市企业公司治理结构对技术创新的影响》,《科技管理研究》2005 年第 9 期,第 141 ~ 145 页。

陈雨露、马勇:《大金融论纲》,中国人民大学出版社,2013。

陈雨露、汪昌云主笔:《金融学文献通论 宏观金融卷》,中国人民大学出版社,2006。

程贵:《技术创新与金融结构关系的研究进展》,《财会研究》2011 年第 7 期,第 72 ~ 74 页。

董钢锋、姚耀军:《金融发展、金融结构与技术进步——来自中国省级面板数据的经验证据》,《当代财经》2013 年第 11 期,第 56 ~ 65 页。

董琳:《大规模定制下突破性创新和渐进性创新战略选择》,《价值工程》2009 年第 12 期,第 47 ~ 49 页。

冯根福:《中国公司治理前沿问题研究》,经济科学出版社,2009。

傅家骥等主编《技术创新 中国企业发展之路》,企业管理出版社,1992。

傅家骥主编《技术创新学》,清华大学出版社,1998。

傅元略:《企业资本结构的选择》,《财务与会计》1996 年第 3 期,第 30 ~ 32 页。

傅元略:《寻求最优的企业资本结构》,《中国工业经济》1997 年第 8 期,第 71 ~ 75 页。

高闯、邵剑兵:《公司治理模式的演进机理及发展趋势》,《经济社会体制比较》2006 年第 1 期,第 129 ~ 132 页。

高志:《中国金融结构调整的经济效应研究》,安徽大学,2014。

龚强、张一林、林毅夫:《产业结构、风险特性与最优金融结构》,《经济研究》2014 年第 4 期,第 4 ~ 16 页。

龚强、张一林、林毅夫:《产业结构、风险特性与最优金融结构》,《经济研究》2014 年第 4 期,第 4 ~ 16 页。

韩毅:《历史的制度分析 西方制度经济史学的新进展》,辽宁大学出版社,2002。

贺俊、王钦:《创新型企业的产权基础和治理机制:理论分野与融合》,《国外社会科学》2013 年第 1 期,第 82 ~ 89 页。

胡海峰、罗惠良:《风险分担、信息不对称与资本市场层次演进》,《经济学动态》2009 年第 6 期,第 23 ~ 26 页。

胡显章、曾国屏主编《科学技术概论》，高等教育出版社，1998。

黄新华：《公共政策的政治经济学》，中国社会科学出版社，2012。

姜炳麟、李梅：《金融结构与技术创新》，《产业与科技论坛》2006 年第 6 期，第 68～69 页。

金碚、谢晓霞：《美国高技术产业的创业与创新机制及启示》，《管理世界》2001 年第 4 期，第 63～70 页。

金碚：《中国工业的技术创新》，《中国工业经济》2004 年第 5 期，第 5～14 页。

赖溟溟：《金融结构变迁与持续的经济增长 基于银行主导型和市场主导型金融体系视角的分析》，中国金融出版社，2011。

劳平：《融资结构的变迁研究》，中山大学出版社，2004。

李红霞：《融资结构与公司治理研究》，立信会计出版社，2004。

李建伟：《技术创新的金融支持 理论与政策》，上海财经大学出版社，2005。

李萌、高波：《"银行主导"或"市场主导"金融体系结构：文化视角的解释》，《江苏社会科学》2014 年第 3 期，第 54～62 页。

李明辉：《制度互补性与公司治理趋同》，《经济评论》2007 年第 1 期，第 144～151 页。

李木祥、钟子明、冯宗茂著《中国金融结构与经济发展》，中国金融出版社，2004。

李涛、徐昕：《企业因素、金融结构与财务约束：基于中国企业规模与产权结构的实证分析》，《金融研究》2005 年第 5 期，第 80～92 页。

李维安、邱艾超、牛建波、徐业坤:《公司治理研究的新进展:国际趋势与中国模式》,《南开管理评论》2010 年第 6 期,第 13～24 页。

李维安、武立东编著《公司治理教程》,上海人民出版社,2002,

李维安主编《中国公司治理原则与国际比较》,中国财政经济出版社,2001。

李延凯、韩廷春:《金融生态演进作用于实体经济增长的机制分析——透过资本配置效率的视角》,《中国工业经济》2011 年第 2 期,第 26～35 页。

李永刚:《金融结构调整对发达经济体和新兴经济体的差异性影响》,《金融论坛》2014 年第 1 期,第 36～42 页。

李垣等:《企业治理结构与企业创新行为选择》,河南人民出版社,2004。

梁能主编《公司治理结构 中国的实践与美国的经验》,中国人民大学出版社,2000。

林三强、胡日东、张秀武:《我国金融结构体系促进技术创新的实证分析》,《科技管理研究》2009 年第 5 期,第 294～295 页。

林毅夫、孙希芳、姜烨:《经济发展中的最优金融结构理论初探》,《经济研究》2009 年第 8 期,第 4～17 页。

林毅夫、徐立新、寇宏、周叶菁、裴思纬:《金融结构与经济发展相关性的最新研究进展》,《金融监管研究》2012 年第 3 期,第 4～20 页。

林毅夫、姚洋主编《中国奇迹 回顾与展望》,北京大学出版社,2006。

林毅夫、章奇、刘明兴：《金融结构与经济增长：以制造业为例》，《世界经济》2003 年第 1 期，第 3 ~ 21 页。

林毅夫：《新结构经济学 反思经济发展与政策的理论框架》，苏剑译，北京大学出版社，2012。

林毅夫：《林毅夫自选集》，山西经济出版社，2010。

林毅夫：《自生能力、经济发展与转型 理论与实证》，北京大学出版社，2004。

刘湘丽编《日本的技术创新机制》，经济管理出版社，2011。

卢光松、卢平《技术路线图与颠覆性技术创新》，《科技进步与对策》2011 年第 3 期，第 11 ~ 15 页。

卢现祥主编《新制度经济学》，武汉大学出版社，2011。

罗仲伟、卢彬彬：《技术范式变革环境下组织的战略适应性》，《经济管理》2011 年第 12 期，第 33 ~ 42 页。

吕明元：《技术创新与产业成长》，经济管理出版社，2009。

吕铁、贺俊、李晓华：《技术经济范式协同转变与战略性新兴产业发展》，中国社会科学出版社，2014。

吕铁、贺俊：《技术经济范式协同转变与战略性新兴产业政策重构》，《学术月刊》2013 年第 7 期，第 78 ~ 89 页。

马军伟：《金融支持战略性新兴产业发展的障碍与对策》，《经济纵横》2013 年第 1 期，第 94 ~ 97 页。

马宇：《金融促进经济增长的机理研究：基于风险分担的视角》，《金融理论与实践》2008 年第 3 期，第 11 ~ 15 页。

梅德强、龙勇：《高新技术企业创业能力、创新类型与融资方式关系研究》，《管理评论》2012 年第 1 期，第 67 ~ 74 页。

孟科学:《金融结构理论对我国金融结构调整优化的启示》,《商业研究》2006 年第 7 期,第 135～139 页。

莫申生:《制度安排视角下的中国金融结构调整与经济发展》,浙江大学出版社,2014。

潘永明、张婷婷、李雪:《博弈论视角下的科技型中小企业关系型融资分析及实证研究》,《大连理工大学学报(社会科学版)》2014 年第 1 期,第 13～18 页。

佩蕾丝:《技术革命与金融资本 泡沫与黄金时代的动力学》,田方萌等译,中国人民大学出版社,2007。

彭涛、魏建:《内生制度变迁理论:阿西莫格鲁、青木昌彦和格雷夫的比较》,《经济社会体制比较》2011 年第 2 期,第 126～133 页。

秦辉、傅梅烂:《渐进性创新与突破性创新:科技型中小企业的选择策略》,《软科学》2005 年第 1 期,第 78～80 页。

屈耀辉、傅元略:《优序融资理论的中国上市公司数据验证——兼对股权融资偏好再检验》,《财经研究》2007 年第 2 期,第 108～118 页。

阮国祥编《突破性创新的网络组织模式及治理》,西南交通大学出版社,2012。

上海财经大学产业经济研究中心编《2009 中国产业发展报告 产业技术进步与自主创新》,上海财经大学出版社,2009。

盛亚等:《企业技术创新管理 利益相关者方法》,光明日报出版社,2009。

施培公:《后发优势 模仿创新的理论与实证研究》,清华大学出版社,1999。

施锡铨:《博弈论》,上海财经大学出版社,2000。

史龙祥、马宇:《经济全球化视角的金融结构变迁研究》,《世界经济研究》2007 年第 6 期,第 30 ~ 37 页。

舒小昀:《英国工业革命前期的资本来源初探》,《湖北师范学院学报(哲学社会科学版)》1995 年第 4 期,第 19 ~ 25 页。

苏建军、徐璋勇:《金融发展、产业结构升级与经济增长——理论与经验研究》,《工业技术经济》2014 年第 2 期,第 139 ~ 149 页。

孙伍琴:《不同金融结构下的金融功能比较研究》,复旦大学出版社,2003。

孙伍琴:《论不同金融结构对技术创新的影响》,《经济地理》2004 年第 2 期,第 182 ~ 186 页。

孙伍琴:《金融发展促进技术创新研究》,科学出版社,2014。

谭庆美、郝丽萍:《不对称信息下中小企业融资博弈模型》,《哈尔滨工业大学学报》2004 年第 9 期,第 1253 ~ 1255 页。

田树喜、白钦先主编《中国金融倾斜的实证分析》,中国金融出版社,2010。

汪办兴、汪兴隆:《金融体系比较与演进:理论综述》,《经济评论》2005 年第 6 期,第 79 ~ 86 页。

王昌林、蒲勇健:《基于公司治理机制的技术创新行为研究》,华文出版社,2005。

王刚:《西方各国金融系统演进和功能的制度分析——兼论我国金融系统的改革》,吉林大学,2004。

王建秀、李常洪、张改枝:《基于不同风险类别的中小企业融资博弈模型分析》,《中国软科学》2012 年第 3 期,第 181 ~ 186 页。

王莉:《基于技术创新的金融结构比较研究》,浙江大学出版社,2004。

王莉:《技术创新、金融结构与新经济发展》,经济科学出版社,2007。

王钦等:《中国企业自主创新战略研究》,经济管理出版社,2011。

王喜文:《工业 4.0:最后一次工业革命》,电子工业出版社,2015。

王旭:《中国上市公司债权人治理机制及效应研究》,山东大学出版社,2013。

吴贵生:《技术革命与创新战略》,《创新驱动:新机遇新挑战》,2013 年全国企业管理创新大会资料汇编,2013。

吴晓求主笔:《市场主导型金融体系 中国的战略选择》,中国人民大学出版社,2005。

吴勇民:《技术进步与金融结构的协同演化研究:理论和实证》,吉林大学出版社,2014。

武春友等:《技术创新扩散》,化学工业出版社,1997。

夏太寿、褚保金编著《科技金融创新与发展》,东南大学出版社,2011。

谢清河:《金融结构与金融效率》,经济管理出版社,2008。

谢识予:《经济博弈论》,复旦大学出版社,2011。

辛祥晶、武翠芳、王峥:《当代金融结构理论综述与最优金融结构》,《经济问题探索》2008 年第 6 期,第 139 ~ 143 页。

邢来顺：《德国第一次工业革命述略》，《华中师范大学学报（人文社会科学版）》1999 年第 6 期，第 85～89 页。

熊鸿儒、王毅、林敏、吴贵生：《技术轨道研究：述评与展望》，《科学学与科学技术管理》2012 年第 7 期，第 21～28 页。

徐景：《美国金融结构研究》，吉林大学出版社，2013。

徐向艺主编《公司治理前沿问题研究》，经济管理出版社，2012。

许庆瑞主编《技术创新管理》，浙江大学出版社，1990。

许庆瑞主编《研究、发展与技术创新管理》，高等教育出版社，2010。

许文彬、张亦春：《信息结构、制度变迁与金融风险演进》，中国财政经济出版社，2004。

严清华、吴广灼：《博弈论视角的制度观》，《当代财经》2007 年第 10 期，第 23～28 页。

燕红忠：《试论近代中国金融业的发展：路径与结构》，《山东大学学报（哲学社会科学版）》2013 年第 1 期，第 87～99 页。

杨哲英、关宇编著《比较制度经济学》，清华大学出版社，2004。

杨志群：《金融集聚、金融发展对企业技术创新的影响研究》，南开大学出版社，2013。

姚耀军、董钢锋：《金融发展、金融结构与技术进步——来自中国省级面板数据的经验证据》，《当代财经》2013 年第 11 期，第 56～65 页。

姚耀军、董钢锋：《中小银行发展与中小企业融资约束——新结构经济学最优金融结构理论视角下的经验研究》，《财经研究》

2014 年第 1 期,第 105～115 页。

殷剑峰:《金融系统的功能、结构和经济增长》,中国社会科学院研究生院,2003。

殷剑峰主编《十年回眸 中国社会科学院金融研究所文集 2002～2012 上》,社会科学文献出版社,2012。

殷剑峰:《金融结构与经济增长》,人民出版社,2006。

尹中升:《高科技企业发展研究》,东北财经大学出版社,2011。

张洪石、陈劲、付玉秀:《突破性创新:跨越式发展之基》,《自然辩证法通讯》2005 年第 1 期,第 69～78 页。

张洪石、卢显文:《突破性创新和渐进性创新辨析》,《科技进步与对策》2005 年第 2 期,第 164～166 页。

张立君:《论企业利益相关者共同治理》,上海财经大学出版社,2008。

张立强:《转型时期我国金融结构优化研究》,财政部财政科学研究所,2012。

张维迎:《产业组织理论的新发展——兼评吉恩·泰勒尔的〈产业组织理论〉》,《教学与研究》1998 年第 7 期,第 25～30 页。

张维迎:《控制权损失的不可补偿性与国有企业兼并中的产权障碍》,《经济研究》1998 年第 7 期,第 4～15 页。

张涌:《市场主导型融资模式研究》,学林出版社,2005。

张宗益、宋增基:《中国公司治理 理论与实证分析》,北京大学出版社,2011。

赵晓雷主编《外国经济史》,东北财经大学出版社,2013。

赵玉林等:《科技成果转化的经济学分析》,企业管理出版社,

2000。

赵增耀：《股权结构与公司治理》，《经济管理》2001 年第 16 期，第 24～30 页。

赵子栋：《我国金融结构对企业技术创新的作用机理和实证研究》，《财经界（学术版）》2010 年第 12 期，第 33 页。

郑鸣、肖健：《关系型融资制度的经济学分析——兼论日本关系型融资制度的变迁》，《福建论坛（人文社会科学版）》2007 年第 6 期，第 16～19 页。

郑蔚、王思慧：《战后日本金融制度变迁与转型：一个制度金融学的考察》，《现代日本经济》2014 年第 1 期，第 18～27 页。

郑长德、伍艳主编《发展金融学》，中国经济出版社，2011。

仲深：《中国经济发展中的金融结构研究》，哈尔滨商业大学，2012。

朱欢：《中国金融发展的企业技术创新效应研究》，经济科学出版社，2014。

陈柳钦：《新的区域经济增长极：城市群》，福建行政学院学报，2008，No. 4。

陈锡文：《走中国特色农业现代化道路》，《求是》2007 年 11 月 26 日。

城镇化与小城镇课题组：《国外城市化：译文集》，中国城市规划设计研究情报所，1987，第 93 页。

城镇化与小城镇课题组：《国外城市化：译文集》，中国城市规划设计研究情报所，1987，第 94 页。

程开明：《城市化与经济增长的互动机制及理论模型述评》，

《经济评论》2007 年第 4 期。

崔功豪等:《城市经济学》,南京:江苏教育出版社,1992,第 68 页。

段瑞君、安虎森:《中国城市化和经济增长关系的计量分析》,《经济问题探索》2009 年第 3 期。

高珮义:《中外城市化比较研究》,天津:南开大学出版社,2004,第 409～411 页。

高珮义:《中外城市化比较研究》,南开大学出版社,2004。

郭克莎:《产业结构偏差对我国增长的制约及调整思路》,《经济研究》,1999。

国务院发展研究中心课题组:《中国发展报告 2010:促进人的发展的中国新型城市化战略》,人民出版社,2010。

国务院研究室课题组:《中国农民工调查报告》,中国言实出版社,2006 年 3 月版,第 3～4 页。

韩俊、崔传义:《农民工回乡创业潮正在兴起》,《中国经济时报》2007 年 12 月 27 日。

何艳玲:《做好农村富余劳动力转移工作》,《学习与研究》(中共中央政策研究室主办)2007 年第 8 期。

何志方:《高等教育规模与城市化联动发展的国际经验》,《比较教育研究》2001 年第 9 期。

胡序威:《城市发展的区域研究》,区域经济研究,科学出版社,1998,第 106～116 页。

简新华:《城市化和城市化道路》,中国经济发展探索,武汉大学出版社,2007,第 159 页。

景本华、陈孟平：《2006～2007 年：中国区域经济发展报告》，社会科学文献出版社，2007。

邝小文：《中国产业结构升级中的人力资本研究》，中共中央党校，2007，第 121 页。

赖德胜、郑勤华：《当代中国的城市化与教育发展》，北京师范大学学报（社会科学版）2005 年第 5 期（总第 191 期）。

李树坤：《我国城市化与经济增长的计量分析》，《统计与决策》2008 年第 16 期。

李雪松、张莹、陈光炎：《中国经济增长动力的需求分析》，《数量经济技术经济研究》2005 年第 11 期。

联合国经济和社会事务部：《世界城市化展望》，http：//www. hse365. net/renjuhuanjing/yiju/2012051543201_2. html。

刘家强：《中国人口城市化》。

刘耀彬：《中国城市化发展与经济增长关系的实证分析》，《商业研究》2006 年第 24 期。

刘易斯：《劳动力无限供给条件下的经济发展》，载刘易斯《二元经济论》，北京经济学院出版社，1989 年。

刘易斯：《劳动力无限供给下的经济增长》，中国经济出版社，1998。

罗斯托：《从起飞到持续增长的经济学》，四川人民出版社，1988。

马薇著《协整理论与应用》，南开大学出版社，2004

《毛泽东选集》第 5 卷，人民出版社，1977。

倪鹏飞等：《中国城市竞争力报告 No. 6》，社会科学文献出版社,2008,第 391 页。

钱纳里:《工业化和经济增长的比较研究》,生活·读书·新知三联书店,1993。

乔彬、李国平:《城市群形成的产业机理》,《经济管理》2006 年第 22 期。

山田浩之:《都市的经济分析》,东洋经济新报出版社,1980 年11 月。

沈坤荣、蒋锐:《中国城市化对经济增长影响机制的实证研究》,《统计研究》2007 年第 6 期。

施岳群等:《城市化中的都市圈发展战略研究》,上海财经大学出版社,2007,第 63 ~ 64 页。

宋元梁、肖卫东:《中国城镇化发展与农民收入增长关系的动态计量经济分析》,《数量经济技术经济研究》2005 年第 9 期。

孙敬水主编《计量经济学教程》,北京交通大学出版社,2005。

王放:《中国城市化与可持续发展》,科学出版社,2000,第 63 ~67 页。

王少平:《宏观计量的若干前沿理论与应用》,南开大学出版社,2003。

王绍光、胡鞍钢:《中国:不平衡发展的政治经济学》,中国计划出版社,1999。武剑:《储蓄、投资与中国经济增长——中国资金供求动态分析》,《经济研究》1999 年第 11 期,第 29 ~ 38 页。

王小鲁、樊纲:《中国经济增长的可持续性》,《亚太经济》2001年第 3 期,第 45 ~ 48 页。

吴玉鸣:《中国经济增长与收入分配差异的空间计量经济分

析》,经济科学出版社,2005。

武剑:《储蓄、投资与中国经济增长——中国资金供求动态分析》,《经济研究》1999 年第 11 期,第 29～38 页。

许学强、周春山:《论珠江三角洲大都会区的形成》,《城市问题》1994 年第 3 期。

许学强等:《现代城市地理学》,中国建筑工业出版社,1988,第 47 页。

阳立高、廖进中:《城市化拉动中国经济增长实证研究》,《经济问题》2009 年第 1 期。

杨小凯、张永生著:《新兴古典经济学和超边际分析》,中国人民大学出版社,2000。

姚枝仲、周素芳,《劳动力流动与地区差距》,《世界经济》2003 年第 4 期,第 35～44 页。

易丹辉主编《数据分析与 Eviews 应用》,中国统计出版社,2002。

战明华、许月丽:《规模和产业结构的关联效应、城市化与经济内生增长——转轨时期我国城市化与经济增长关系的一个解释框架与经验结果》,《经济科学》2006 年第 3 期。

张建平等:《区域经济理论与实践》,中央民族大学出版社,2007,第 4～5 页。

张景华:《城市化驱动经济增长的机制与实证分析》,《财经科学》2007 年第 5 期。

张晓峒主编《计量经济学软件 Eviews 使用指南》,南开大学出版社,2003。

郑长德、钟海燕：《现代西方城市经济理论》，经济日报出版社，2007，第 38～39 页。

中国社会科学院语言研究所词典编辑室编《现代汉语词典》，商务印书馆，2007，第 176 页。

周牧之：《城市化：中国现代化的主旋律》，湖南人民出版社，2001，第 281 页。

周一星：《城市地理学》，商务印书馆，1995。

陈雨露、马勇：《大金融论纲》，中国人民大学出版社，2013。

陈雨露、汪昌云主笔：《金融学文献通论 宏观金融卷》，中国人民大学出版社，2006。

傅家骥等主编《技术创新 中国企业发展之路》，企业管理出版社，1992。

傅家骥主编《技术创新学》，清华大学出版社，1998。

龚强、张一林、林毅夫：《产业结构、风险特性与最优金融结构》，《经济研究》2014 年第 4 期，第 4～16 页。

韩毅：《历史的制度分析 西方制度经济史学的新进展》，辽宁大学出版社，2002。

黄新华：《公共政策的政治经济学》，中国社会科学出版社，2012。

金碚：《中国工业的技术创新》，《中国工业经济》2004 年第 5 期，第 5～14 页。

赖溟溟：《金融结构变迁与持续的经济增长 基于银行主导型和市场主导型金融体系视角的分析》，中国金融出版社，2011。

李萌、高波：《"银行主导"或"市场主导"金融体系结构：文化视角的解释》,《江苏社会科学》2014 年第 3 期,第 54 ~ 62 页。

李明辉:《制度互补性与公司治理趋同》,《经济评论》2007 年第 1 期,第 144 ~ 151 页。

李木祥、钟子明、冯宗茂:《中国金融结构与经济发展》,中国金融出版社,2004。

李永刚:《金融结构调整对发达经济体和新兴经济体的差异性影响》,《金融论坛》2014 年第 1 期,第 36 ~ 42 页。

林毅夫、孙希芳、姜烨:《经济发展中的最优金融结构理论初探》,《经济研究》2009 年第 8 期,第 4 ~ 17 页。

林毅夫、徐立新、寇宏、周叶菁、裴思纬:《金融结构与经济发展相关性的最新研究进展》,《金融监管研究》2012 年第 3 期,第 4 ~ 20 页。

林毅夫:《新结构经济学 反思经济发展与政策的理论框架》,苏剑译,北京大学出版社,2012。

卢现祥主编《新制度经济学》,武汉大学出版社,2011。

莫申生:《制度安排视角下的中国金融结构调整与经济发展》,浙江大学,2014。

潘永明、张婷婷、李雪:《博弈论视角下的科技型中小企业关系型融资分析及实证研究》,《大连理工大学学报(社会科学版)》2014 年第 1 期,第 13 ~ 18 页。

彭涛、魏建:《内生制度变迁理论:阿西莫格鲁、青木昌彦和格雷夫的比较》,《经济社会体制比较》2011 年第 2 期,第 126 ~ 133 页。

施锡铨:《博弈论》,上海财经大学出版社,2000。

史龙祥、马宇:《经济全球化视角的金融结构变迁研究》,《世界经济研究》2007 年第 6 期,第 30~37 页。

孙伍琴:《金融发展促进技术创新研究》,科学出版社,2014。

谭庆美、郝丽萍:《不对称信息下中小企业融资博弈模型》,《哈尔滨工业大学学报》2004 年第 9 期,第 1253~1255 页。

汪办兴、汪兴隆:《金融体系比较与演进:理论综述》,《经济评论》2005 年第 6 期,第 79~86 页。

王刚:《西方各国金融系统演进和功能的制度分析——兼论我国金融系统的改革》,吉林大学出版社,2004。

王莉:《基于技术创新的金融结构比较研究》,浙江大学出版社,2004。

王建秀、李常洪、张改枝:《基于不同风险类别的中小企业融资博弈模型分析》,《中国软科学》2012 年第 3 期,第 181~186 页。

吴勇民:《技术进步与金融结构的协同演化研究:理论和实证》,吉林大学出版社,2014。

谢识予:《经济博弈论》,复旦大学出版社,2011。

辛祥晶、武翠芳、王峥:《当代金融结构理论综述与最优金融结构》,《经济问题探索》2008 年第 6 期,第 139~143 页。

严清华、吴广灼:《博弈论视角的制度观》,《当代财经》2007 年第 10 期,第 23~28 页。

燕红忠:《试论近代中国金融业的发展:路径与结构》,《山东大学学报(哲学社会科学版)》2013 年第 1 期,第 87~99 页。

杨哲英、关宇编著《比较制度经济学》,清华大学出版社,2004。

姚耀军、董钢锋:《中小银行发展与中小企业融资约束——新结构经济学最优金融结构理论视角下的经验研究》,《财经研究》2014 年第 1 期,第 105 ~ 115 页。

殷剑峰:《金融系统的功能、结构和经济增长》,中国社会科学院研究生院,2003。

殷剑峰:《金融结构与经济增长》,人民出版社,2006。

张洪石、陈劲、付玉秀:《突破性创新:跨越式发展之基》,《自然辩证法通讯》2005 年第 1 期,第 69 ~ 78 页。

张洪石、卢显文:《突破性创新和渐进性创新辨析》,《科技进步与对策》2005 年第 2 期,第 164 ~ 166 页。

郑鸣、肖健:《关系型融资制度的经济学分析——兼论日本关系型融资制度的变迁》,《福建论坛(人文社会科学版)》2007 年第 6 期,第 16 ~ 19 页。

郑蔚、王思慧:《战后日本金融制度变迁与转型:一个制度金融学的考察》,《现代日本经济》2014 年第 1 期,第 18 ~ 27 页。

朱欢:《中国金融发展的企业技术创新效应研究》,经济科学出版社,2014。

张贡生:《经济全球化问题研究综述》,《财经政法资讯》2002 年第 1 期。

虞学群:《世界经济全球化与世界经济一体化的区别》,《学海》1999 年第 5 期。

唐海燕:《当代经济全球化的发展及其后果》,《华东师范大学学报(哲学社会科学版)》1999 年第 4 期。

陈德照:《经济全球化对中国的机遇与挑战》,《国际问题研究》1999 年第 3 期。

杨争光:《经济全球化:发展中国家的机遇与挑战》,《思想战线》2000 年第 2 期。

褚鸣:《趋势与现实——论经济全球化的负面影响》,《国外社会科学》1999 年第 6 期。

杨鲜兰:《论经济全球化的实质》,《湖北大学成人教育学院学报》2009 年第 12 期。

陈军:《经济全球化的利弊分析》,《国际市场》2010 年第 8 期。

林清华:《经济全球化的影响分析》,《商业研究》2003 年第 15 期。

薛敬孝、曾令波:《论经济全球化的内涵和表现形式》,《北华大学学报(社会科学版)》2003 年第 3 期。

喻志军:《经济全球化的实质及利弊》,《成人高教学刊》2003 年第 3 期。

吕有志:《经济全球化对发展中国家的负面影响》,《浙江社会科学》2000 年第 3 期。

郭田勇、李琼:《"新丝绸之路"的经贸金融战略意义》,《人民论坛·学术前沿》2014 年第 4 期,第 64~70 页。

郭田勇、李琼:《"新丝绸之路"的经贸金融战略意义》,《人民论坛·学术前沿》2014 年第 4 期,第 64~70 页。

陈万灵、何传添:《海上丝绸之路的各方博弈及其经贸定位》,《改革》2014 年第 3 期,第 74~83 页。

王义桅:《绸缪一带一路风险》,《中国投资》2015 年第 2 期,第 51~54+8 页。

陈经纬在 2014 中国经济社会论坛开幕式上的发言。

王义桅：《绸缪一带一路风险》，《中国投资》2015 年第 2 期，第 51 ~ 54 + 8 页。

刘海泉：《"一带一路"战略的安全挑战与中国的选择》，《太平洋学报》2015 年第 2 期，第 72 ~ 79 页。

刘海泉：《"一带一路"战略的安全挑战与中国的选择》，《太平洋学报》2015 年第 2 期，第 72 ~ 79 页。

刘海泉：《"一带一路"战略的安全挑战与中国的选择》，《太平洋学报》2015 年第 2 期，第 72 ~ 79 页。

刘海泉：《"一带一路"战略的安全挑战与中国的选择》，《太平洋学报》2015 年第 2 期，第 72 ~ 79 页。

后 记

经济增长，这实在是一个很大、很深的话题，以我的能力本不足以去深究，但多年来，完全是出于个人兴趣，自己又始终割舍不掉对它的关注。探讨经济增长的书籍早已汗牛充栋，我似有画蛇添足之感，但又想想，或许另眼看世界可以带来新的启示。在经过反复纠结之后，还是决定把自己的一点粗浅想法表述出来。

出于对历史的爱好，我最先关注的是科学技术史，科技作为人类文明进步的成果，在不断地推进着人类的发展，这种发展具有全面性，主要表现在经济发展方面。科技改变着人们的生产和生活方式，从刀耕火种到机器大生产，从口口相传到信息化时代，人类的生产能力依靠科技的力量获得了巨大的提升，带来了更加丰富的物质生活和精神生活。与此同时，人们生产和生活的范围也在不断扩大，从"邻国相望，鸡犬之声相闻，民至老死不相往来"到地球村的形成，再到人类命运共同体的构建。人类的生产力在不断提高，物资交换的广度和深度在急速扩大。当然，正如科技的发展不是直线式的，经济发展也表现出其独有的特点。美国著名社会学家阿尔文·托夫勒（Alvin Toffler，1928 ~

2016）将人类社会划分为四个阶段：史前时期、农业社会、工业社会和后工业社会。每一个阶段向后一个阶段转化过程称为新的文明浪潮。在新的文明浪潮的冲击下，那些曾经一成不变的被认为是天经地义的事情，在某个时间点却开始悄然发生变化，并引起连锁反应，把人类社会的发展推向新的高度。那些顺应浪潮、引领浪潮者往往成为时代的强者，而漠视浪潮者则往往被时代淘汰。我想，这或许就是人类社会发展的可敬之处，也是可爱之处。

经过近 70 年的发展，中国已经从一个传统、弱小的农业国转变成一个处于工业化中后期的大国。天翻地覆慨而慷！未来的中国经济会是怎样的？很多专家都对此做出了预测，沿着既定的方向和道路，在可预见的将来，中国的经济总量会位居全球第一，中国人均收入也将达到高收入国家水平。可以说，中国经过几代人的努力实现了过去人们想都不敢想的成就！然而，难道这就够了吗？就经济发展而言，近 70 年的巨大成就中有创新，但更多的是追赶，我们的前面有目标和样板，苏联也罢，"四小龙"也好，都为我们的发展提供了很好的参考。

我们曾经长期骄傲于自己泱泱大国的文明史，我们也曾经在一波又一波的冲击下遍体鳞伤。所幸的是，在经历了难以想象的艰难探索之后，我们再度崛起并找回自我。进入新时代，仅依靠原来的发展模式去实现中华民族的伟大复兴是远远不够的。新时代有新任务，新时代得有新思想，新时代需要开启新征程。未来的路怎么走？有传承，有借鉴，更要有创新。发展总是在创新驱动下才可持续，才有美感。

寻迹历史并不是要在历史的故纸堆里寻求答案，更不是要去复制照搬。说到意义，更多的是多一只眼睛看世界。经济史上已经出现过超越式增长，实现了发展的突变，未来会怎么样？我想各种各样的所谓预测大多不过是臆测，预测的成功率和失败率恐怕旗鼓相当。对于未来，我们有太多的无知。借用一句饶舌的话来表达，我们有已知的已知，已知的未知，我们更有未知的未知。我们所能做的就是不断去探索，或许这条探索之路艰辛而漫长，但那又如何呢？能登上山顶自然是豪迈的，但就登山过程而言，也处处有美景、时时有体验，一样充满着乐趣。下一个超越在哪里？不是想出来的，也不是等出来的，要靠我们一步一个脚印地去走出来，正如鲁迅先生所言，"其实这世上本没有路，走的人多了也变成了路"。

国家的发展时刻都在影响着个人的生活。作为一名"漂"在北京的人，这么多年有太多人给予我关心和帮助。我在参加工作之后转向经济学研究，更是离不开老师和同学们的帮助、指导。特别感谢俞乔教授、肖金成教授、刘涛雄教授！俞乔教授是改革开放后第一批大学生和第一批官派留学生，多年海内外的研究经历使他具有广阔的视野、深邃的思想；肖金成教授也是改革开放后第一批大学生，长期在财政部、建设银行、国家发改委工作，对国情和政策的把握见解独到；刘涛雄教授作为清华大学的青年才俊，在与我现在的年纪时就已经是清华大学的学科带头人。在他们的悉心教导下，我对经济学、经济增长有了较为系统的理解，也圆了多年的经济学之梦。他们挤出宝贵的学术研究时间为拙作写序，是对我莫大的鼓励。同时，也要感谢清华大学经济学研究所、清华大学公共管理学院、国家发改委国土开发与区域经济研究所的老师和朋友们！

在本书的出版过程中，我得到了中国建银投资有限责任公司石宝华女士的帮助。社会科学文献出版社的王婧怡主任和陈欣编辑付出了很多心血。没有她们的帮助，本书很难这么快出版。

最该感谢的当然是我的家人，在整个学习、工作过程中，家人给予我最大的帮助。仅以此书作为微薄的回馈，感念家人多年来的理解、支持！

许　涛

2018 年 2 月于壹间公寓

图书在版编目(CIP)数据

超越：技术、市场与经济增长的历程／许涛著. --
北京：社会科学文献出版社，2018.3
ISBN 978 - 7 - 5201 - 2214 - 6

Ⅰ.①超…　Ⅱ.①许…　Ⅲ.①经济增长 - 研究　Ⅳ.
①F061.2

中国版本图书馆 CIP 数据核字（2018）第 027537 号

超越：技术、市场与经济增长的历程

著　　者／许　涛

出 版 人／谢寿光
项目统筹／王婧怡
责任编辑／陈　欣

出　　版／社会科学文献出版社·经济与管理分社（010）59367226
　　　　　地址：北京市北三环中路甲 29 号院华龙大厦　邮编：100029
　　　　　网址：www.ssap.com.cn
发　　行／市场营销中心（010）59367081　59367018
印　　装／三河市东方印刷有限公司

规　　格／开　本：880mm×1230mm　1/32
　　　　　印　张：19.375　字　数：435 千字
版　　次／2018 年 3 月第 1 版　2018 年 3 月第 1 次印刷
书　　号／ISBN 978 - 7 - 5201 - 2214 - 6
定　　价／98.00 元

本书如有印装质量问题，请与读者服务中心（010 - 59367028）联系